DONGGUAN ZHINENG ZHIZAO CHANYE
YINGYONG YU FAZHAN BAOGAO 2018

东莞智能制造产业应用与发展报告
（2018）

广东省社会科学院 编
东莞市智能制造产业协会 著

中山大学出版社
·广州·

版权所有　翻印必究

图书在版编目（CIP）数据

东莞智能制造产业应用与发展报告. 2018/广东省社会科学院东莞市智能制造产业协会编著. —广州：中山大学出版社，2019.10
ISBN 978 - 7 - 306 - 06705 - 0

Ⅰ. ①东… Ⅱ. ①广… Ⅲ. ①智能制造系统—制造工业—工业发展—研究报告—东莞—2018 Ⅳ. ①F426.4

中国版本图书馆 CIP 数据核字（2019）第 198179 号

出 版 人：	王天琪
策划编辑：	金继伟
责任编辑：	黄浩佳
封面设计：	曾　斌
责任校对：	叶　枫
责任技编：	何雅涛
出版发行：	中山大学出版社
电　　话：	编辑部 020 - 84110771，84113349，84111997，84110779
	发行部 020 - 84111998，84111981，84111160
地　　址：	广州市新港西路 135 号
邮　　编：	510275　传　真：020 - 84036565
网　　址：	http://www.zsup.com.cn　E-mail：zdcbs@mail.sysu.edu.cn
印 刷 者：	广州一龙印刷有限公司
规　　格：	787mm×1092mm　1/16　24 印张　460 千字
版次印次：	2019 年 10 月第 1 版　2019 年 10 月第 1 次印刷
定　　价：	98.00 元

如发现本书因印装质量影响阅读，请与出版社发行部联系调换

编委会

主　　编： 章扬定

副 主 编： 向晓梅　王　建　卢　钢　胡耀华　王　洁
　　　　　　 帅建华　黄　河

编　　委： 严若谷　邓江年　谷　雨　陈志明　李超海
　　　　　　 邹润榕　陈奕毅　杨　凯　曹莉莎　任　斌
　　　　　　 戴　敏

企业顾问： 谭颂斌　吴丰礼　张平良

组织单位： 广东省社科院东莞市智能制造产业协会

参与单位： 东莞市高新技术产业协会
　　　　　　 东莞市成长型企业联合会

序　言

　　制造业是我国的立国之本，先进制造业是推动我国向制造强国转型的关键。我国要从制造业大国转向制造业强国，就必须加快发展先进制造业，把握智能制造发展的契机，以智能制造推动制造业全面转型升级。但面向自动化、信息化、智能化转型升级的先进制造之路对国内大部分工业企业而言还很漫长，在智能制造产业链中初见作为的企业也只称得上是刚刚启程。

　　中国不同地区、不同行业、不同企业的智能制造发展极不平衡，在制造业集聚地区树立典范，"以用为先"为广大制造企业提供可复制推广的应用案例，成为智能制造落地的可行途径。广东省作为我国工业基础发达地区，得到了党和国家的高度重视和精准扶持，率先成为我国制造大省和全球重要制造基地，在信息技术、信息产业、工业机器人应用和关键基础零部件、通用部件、智能专用装备生产方面具有明显优势，是中国全面发展智能制造产业和技术的最佳土壤之一。其中，作为粤港澳大湾区主要核心城市的东莞市，自改革开放以来就一直以制造业立市，创造了从农业县向制造大市蝶变的"东莞奇迹"，为广东地区实体经济发展做出了突出贡献。

　　经过多年探索及实践，东莞地区已培育并壮大包括智能制造系统集成商、智能装备、工业数据库和云计算、工业生产软件、工业互联网、智能产品等覆盖全产业链条的若干企业集群，东莞以"主体全面性、结构层次性、系统有效性"为特征的智能制造全生态链发展模式，以及从智能装备到智能生产单元、智能生产线、数字化车间、智能工厂，再到智能制造系统集成的升级路径，成为其他地区转型升级的参考模式和效仿路径，同时也吸引更多的智能化转型应用主体、智能装备与技术创新企业及智能化综合解决方案供应商纷至沓来、参与其中，共同实践智能制造，这为东莞智能制造产业的发展提供了有力支撑，为东莞未来的发展增添了强劲动力。

　　东莞是中国制造业的缩影，东莞走出的这条"以信息化带动工业化"到"工业化和信息化'两化融合'发展"再到"东莞智造"的成功发展路径，是中国制造业转型升级必走的路径。本书的可贵之处，便是东莞市政府组织相关单位将东莞智能制造的宝贵经验编写成书，为其他城市发展智能制造提供了系统而真实的借鉴。

相对于工业发达国家,推动中国制造业智能转型的环境更为复杂,形势更为严峻,任务更为艰巨。智能制造在东莞乃至全国的发展壮大还将有一个漫长的探索与实践过程,希望这本书的出版,能够引起更多人对东莞智能制造的关注,并加入到推动中国制造业转型升级的队伍中来。

和利时科技集团有限公司
邵柏庆
2019 年 5 月 28 日

目　录

总论篇 ··· 1
引言 ··· 3
2018 年东莞智能制造及其应用报告 ······················ 7

产业篇 ·· 47
"十三五"时期东莞市产业结构分析 ······················ 49
东莞市电子信息产业发展报告 ···························· 65
东莞市高端装备制造发展报告 ···························· 75
东莞市家具制造产业发展报告 ···························· 92
东莞市服装纺织产业发展报告 ··························· 102
东莞市食品加工行业发展报告 ··························· 114

技术篇 ··· 129
东莞市工业软件技术发展及应用报告 ··················· 131
东莞市数据采集技术发展及应用报告 ··················· 135
东莞市自动化设备发展及应用报告 ······················ 138
东莞市工业大数据和工业互联网发展报告 ·············· 144

人才篇 ··· 151
东莞市产业高端人才引进政策报告 ······················ 153

区域篇 ··· 169
东莞市各镇街（片区）产业布局发展报告 ·············· 171
长安镇产业发展报告 ······································· 182
松山湖高新区产业发展报告 ······························ 192
东城街产业发展报告 ······································· 199
万江街产业发展报告 ······································· 208
寮步镇产业发展报告 ······································· 217

专题篇 ·· 227
    行业案例：东莞中创智能制造系统有限公司················ 229
    技术案例：广东速美达自动化股份有限公司················ 234
    技术案例：华中数控新一代 iNC 智能数控系统·············· 240
    产业案例：东莞汇乐环保股份有限公司···················· 242
    行业案例：广东安昂智能制造供应链技术有限公司·········· 243

附录 ·· 245
    东莞市战略性新兴产业发展"十三五"规划················ 247
    东莞市重点新兴产业发展规划（2018—2025 年）············ 278
    东莞市产业结构调整规划（2008—2017 年）··············· 308
    东莞市核心技术攻关"攀登计划"实施方案（2017—2020 年）····· 341
    东莞市特色人才特殊政策实施办法（2018 年修订版）········ 348
    东莞市加快新型研发机构发展实施办法（修订）············ 369

后记 ·· 374

DongGuan

总论篇

引　言

自工业革命以来，工业化成功国家普遍遵循"国家自主权—原始手工业—轻工业—重工业"的发展路径和技术路线，在国家独立的基础上利用原始手工业的积累发展轻工业，进而利用轻工业发展的积累推进重工业发展，从而实现民族富强。与此同时，地区成功的标志与国家工业化崛起路线高度吻合，依旧遵循着"轻工业/劳动密集—重工业/资金、技术密集"的演化规律。因此，一个国家或地区要走上繁荣富强的发展道路，首要是发展轻工业，搞活经济，培育市场，积累要素；其次是发展重工业，创新技术，善用资本，高端引领。从价值增加的来源来看，首先发展劳动密集型产业，然后通过转型升级、创新驱动，发展资本和技术密集型产业。从具体实践来看，步入工业化发达阶段的产业的升级核心是智能制造，通过智能技术与制造技术结合，用智能技术解决制造的问题，进而降低生产成本、提升制造效率和实现剩余价值。可见，智能制造是一个国家和地区工业化成功发展的核心要件，更是一个国家和地区维持可持续发展的关键所在，自然也就成为新时期世界各国竞相发展的重点领域。

基于此，本蓝皮书从智能制造的概念出发，概括分析了全球主要发达国家的智能制造发展现状；结合实际情况总结探讨东莞智能制造有什么，特别是有哪些发展特色与发展成效；再通过对标全球先进，指出东莞的智能制造缺什么，特别是与行业标杆相比存在哪些差距与短板；在精准聚焦东莞现状和科学对标全球先进的基础上，指出东莞智能制造未来需要补什么，特别是政府需要在生态链、产业链和创新链方面深化哪些工作与举措；最后展望东莞智能制造的发展愿景，描绘东莞智能制造的未来图景和发展趋势。

智能制造是成熟工业化基础上的新技术革命，是传统制造在新技术应用过程中的高水平重构，是基于新一代信息通信技术与先进制造技术深度融合，贯穿于设计、生产、管理、服务等制造活动的各个环节，是具有自感知、自学习、自决策、自执行、自适应等功能属性的新型生产方式。世界各国的实践和经验表明，智能制造是各国原有发展基础和产业优势上的嵌入性使用和创新性再造，不管是作为理论概念还是作为发展实践，都不能脱离地区发展实际进行讨论和研究。就全球主要发达国家的智能制造战略来看：一方面，智能制造深度嵌入本国的发展基础。无论是美国提出"对新一轮技术革命领导权的争夺"，还是日本提出"打造智能制造时代机器人新优势"；无论是德国提出"全力打造智能化生产系统"，还是英国提出"夯实智能制造价值链优势"，无一不是基于其本国既有的技术创新优势、机器人研发优势、生产制造优势和价值创新优势，并与智能制造融合、叠加构成新一轮发展的新起点。另一方面，智能制造已经成为新时代全球竞争的新目标。智能制造作为信息社会的核心和关键，其发展水平和质量决定了一个国家或地区的竞争力和影响力。随着新一轮信息技术的发展，抢占技术创新和推广技术应用成为很多国家和地区的首要任务，西方主要发达资本主义国家纷纷推出各种扶持性政策用于发展智能制造，比如美国，先后制定《重振美国制造业框架》《制造业促进法案》《先进制造业伙伴计划》和《从互联网到机器人——美国机器人路线图》，支持技术升级与变革，发展下一代机器人；比如德国，先后出台《高技术战略2020》《保障德国制造业的未来：关于实施"工业4.0"战略的建议》，基于数据、云技术等，打造全链条智能化生产系统；比如英国，先后发布《未来制造业：一个新时代给英国带来的机遇与挑战》《工业战略：政府与工业之间的伙伴关系》，力图重新构建智能化的先进产业链；比如日本，积极实施《机器人新战略》，在夯实全球机器人强国地位的同时，推动建立迈向世界领先的机器人新时代。

东莞智能制造的发展，既是工业生产需求和经营成本倒逼下的结果，也是政府和企业联动、主动作为的结果。作为全球重要的生产基地，东莞布局智能制造、推进智能制造，对于维持其"世界工厂"的领先地位取得了较大成效。第一，东莞的制造智能化强调规划先行。2014年8月，东莞市政府发布《东莞市推进企业"机器换人"行动计划（2014—2016年）》，提出客观可实现的技改目标以及切实可行的推进路径；2015年1月，东莞市政府发布"一号文"《关于实施"东莞制造2025"战略的意见》，强调要力争在2025年使东莞实现"从制造业大市向制造业强市的转变"；2016年1月东莞市政府"一号文"《关于大力发展机器人智能装备产业打造有全球影响力的先进制造基地的意见》再次聚焦"机器人产业"，旗帜鲜明地提出以全面实施"机器人智造"计划为统领，大力发展机器人智能装备产业；2017年2月，东莞相继出台《实施重点企业规模与效益倍增计划行动方案》《强化新要素配置打造智能制造全生态链工作方案》《东莞市打造智能制造全生态链财政资助实施细则（试行）》，为企业实施智能制造提供全方位的服务和支撑，是国内首个提出以全生态链的概念系统推进智能制造发展的城市。第二，东莞的制造智能化坚持技术主导，推进生产再造。针对东莞制造业发展过程中存在着机械化、电气化、自动化、数字化并存，不同产业发展不平衡和不充分的现状，东莞有针对性地启动自动化、智能化、智能制造示范这三种路径，有序稳步推进制造业的升级改造。针对纺织服装鞋帽、玩具及文体用品、家具、包装印刷等传统产业进行的自动化改造，主要利用自动化设备对单个生产工序或产品工艺进行改造升级，逐步实现设备的模块化、标准化制造，并在单机改造升级的基础上，基于产品工艺、生产工序和车间物流，逐步实现多个自动化设备的集成，形成全自动化生产线和系统性的工艺流程再造。针对电子信息等优势3C产业制造企业进行的智能化改造，主要应用相关工业软件和现代信息技术进行信息化改造，通过对企业的生产流程、运营体系、物流管理的信息化系统建设推进数字化改造，通过推广物联网、工业互联网等技术应用，对车间、生产线、设备等各环节进行网络化改造。针对生产自动化水平高、智能化改造基础强的智能制造示范车间和示范工厂，则主要从产品和设计智能化、装备和物流智能化、数据智能化、决策智能化这四个层次推进智能制造示范。第三，东莞制造智能化突出政企联动。在东莞智能制造推进的过程中，企业的需求和政府的规划之间形成了较为完善的供需对接，企业的需求能够得到政府的回应，政府的供给能够满足企业的需求。在市场和政策双重作用下，形成环环相连、共生共荣的发展体系，构建出在全生态链内良性循环的发展闭环，即东莞智能制造"全生态链"发展模式。其中，技术、金融、人才、公共服务和政策构成了生态链支撑体系，自动化升级改造、智能化升级改造和智能制造示范构成了生态链的三个层次，软件和信息技术服务、系统解决方案供应商和先进装备提供商构成了生态链的供给体系，制造企业构成生态链的发展主体，最终在供给体系和发展主体之间形成有效的闭环。

对东莞来说，在大力发展智能制造技术应用的同时，也面临着智能制造原创型技术水平不高、核心技术外向依存度较高、全产业链覆盖程度不够等问题。虽然东莞的工业机器人生产和应用初具规模，但企业生产工业机器人所需要的核心部件仍然要从美国、日本等发达国家厂商进行采购，国产核心零部件在稳定性、精度、寿命、噪音控制等方面仍存在较大差距。具体来看，与美国相比，人工智能、信息科技的原创水平存在较为明显的差距；与德国相比，智能制造的设备基础、制造系统、生产体系等硬件差距较为明显；与日本相比，工业机器人的智能化水平、创新型程度有明显差距，并且在机器人产业链上存在着不小的差距。

作为全球工业体系有影响力的制造业中心,东莞正处于技术创新引领下的制造业高质量跨越发展转型关键期。如何利用已有的产业优势,推进应用型智能制造向技术创新型智能制造转变,将会成为新时代东莞建设创新型经济所面临的核心关键问题。面向创新驱动战略下的东莞智能制造,未来需要在持续跟踪引进国外先进技术的同时,高度重视原创型技术研发,加大对基础研发的投入力度。以研发促应用,以应用促研发,研发应用同步,创新跟踪并重,努力在智能制造的重要基础技术和关键零部件实现新突破,全面提升东莞在全球制造体系中的地位和影响。未来,东莞可以结合自身智能制造的发展基础和发展优势,有选择、有重点地在新型传感器等感知和在线分析技术,典型控制系统与工业网络技术,高性能液压件与气动元件、高速精密轴承、大功率变频技术,在伺服电机、精密减速器、伺服驱动器、控制器等关键核心部件,在精密工作母机设计制造基础技术包和工艺包方面集中力量攻克。更要积极培育、引进和储备智能制造重点领域的高端人才,如高端数控机床、工业机器人等智能制造装备重点领域急需专业人才和统筹装备制造经济管理的管理型人才等。

　　展望创新驱动发展下的东莞智能制造,通过合理科学的政策干预,以技术创新和人才储备为抓手,东莞智能制造的未来发展图景必将十分广阔,会逐步由应用型的智能制造转型为技术创新型和应用型并重的高水平智能制造体系,会逐步由跟踪引进型智能制造升级为研发引领型的高质量智能制造生态,最终打造出具有国际先进水平、东莞制造特色的智能制造共同体和引导中国智能制造发展风向的先行区。

2018年东莞智能制造及其应用报告

东莞，又称"莞城"，位于广东省东南部，广州、深圳之间，珠江口东岸，有着1700多年的历史积淀，是岭南文明的重要发源地、中国近代史的开篇地和改革开放的先行地，为"广东四小虎"之首，号称"世界工厂"，是国家文明城市、国家森林城市、国际花园城市、国家创新型城市……2018年，东莞GDP8278.59亿元，位居广东省第4位、全国地级以上市第19位。其中，规模以上先进制造业增加值2043.77亿元，高技术制造业增加值1520.62亿元，先进制造业和高技术制造业比重分别达到50.5%和39.0%。

改革开放以来，东莞仅用40年的时间就走过了发达经济体200多年产业升级的各个阶段，取得了令人瞩目的成绩。尤其是党的十八大以来，东莞遵照中央和省委的部署，积极主动适应经济发展新常态，以实现高质量发展为目标，加快产业转型升级，产业结构持续优化调整，产业效益不断提高。

一、步入智能制造发展新时代

（一）智能制造的概念内涵

1. 主要制造业强国对智能制造的定义与理解

1）美国

美国于2011年首次提出智能制造概念[①]，指出智能制造是先进智能系统强化应用、新产品快速制造、产品需求动态响应，以及工业生产和供应链网络实时优化的制造，其核心技术是网络化传感器、数据互操作性、多尺度动态建模与仿真、智能自动化以及可扩展的多层次网络安全。2014年12月，美国政府建立了智能制造创新研究院并进一步深化了智能制造的定义：智能制造是先进传感、仪器、监测、控制和过程优化的技术和实践的组合，它们将信息和通信技术与制造环境融合在一起，实现工厂和企业中

---

① 2011年6月，美国智能制造领导联盟（Smart Manufacturing Leadership Coalition，SMLC）发表了《实施21世纪智能制造》报告，在报告中首次提出智能制造的概念。

能量、生产率、成本的实时管理。

2）德国

德国在2013年推出"工业4.0"战略，即将生产资源形成一个循环网络，使生产资源具有自主性、可自我调节以应对不同的形势、可自我配置的能力。2015年4月，德国《工业4.0战略计划实施》报告指出：第四次工业革命意味着在产品生命周期内所有参与价值创造的相关实体形成网络，获得随时从数据中创造最大价值流的能力，从而实现所有相关信息的实时共享。以此为基础，通过人、物和系统的连接，实现企业价值网络的动态建立、实时优化和自组织，根据不同的标准对成本、效率和能耗进行优化。

3）中国

中国对智能制造的定义发端于20世纪90年代的学术研究，宋天虎（1999年）、杨叔子和吴波（2003年）、熊有伦等（2008年）、卢秉恒和李涤尘（2013年）等学者相继提出过适用于中国实际的智能制造发展定义。2011年中国机械工程学会提出，智能制造是研究制造活动中的信息感知与分析、知识表达与学习、智能决策与执行的一门综合交叉技术，是实现知识属性和功能的必然手段。2015年，工业和信息化部将智能制造定义为：基于新一代信息技术，贯穿设计、生产、管理、服务等制造活动各个环节，具有信息深度自感知、智慧优化自决策、精准控制自执行等功能的先进制造过程、系统与模式的总称。

2. 智能制造的关联理论

除各国政府部门外，全球范围内企业、学术界，特别是美国的企业和学术界对智能制造内涵也做了深入研究，其中影响最大的是"第三次工业革命"与"工业互联网"理论。

1994年，美国未来学家杰里米·里夫金首次提出"第三次工业革命"①是新能源技术和新通信技术的出现以及新能源和新通信技术融合的技术革命。美国的以制造业"数字化"为标志的"第三次工业革命"表现在大量高新技术"聚合发酵"和综合应用上，包括"更聪慧"的软件、"更神奇"（质量更轻、强度更高、更加耐用）的新材料、功能更强大的机器人、更完美的程序设计、3D打印技术以及更全面的网络服务等。由此实现生产成本更低、生产周期更短、生产过程更灵活、产品从设计到生产再到销售的关联更紧密，以及从"福特制"下的传统"大规模流水线生产"转向更适应

---

① 杰里米·里夫金在2011年出版的专著《第三次工业革命》中系统阐述了"第三次工业革命"的概念。

"个性化需求"的"大规模定制"等。

"工业互联网"的概念最早由通用电气在2012年提出,倡导将人、数据和机器连接起来,形成开放且全球化的工业网络,其内涵已经超越制造过程以及制造业本身,跨越产品生命周期的整个价值链。工业互联网系统由智能设备、智能系统和智能决策三大核心要素构成,涉及数据流、硬件、软件和智能的交互(见表1)。将智能设备和网络收集的数据存储之后,利用大数据分析工具进行数据分析和可视化,由此产生的"智能信息"可以供决策者在必要时进行实时判断处理,使其成为大范围工业系统中工业资产优化战略决策过程的一部分。

表1 工业互联网系统组成结构

要素	定义	门槛条件
智能设备	将信息技术嵌入装备中,使装备成为可智能互联的产品	仪器仪表成下降、微处理器芯片的计算能力、"大数据"软件高级分析能力
智能系统	部署在机组和网络中并广泛结合的机器仪表和软件所形成的系统	机器和设备加入工业互联网的可接入性
智能决策	大数据和互联网基础上的实时判断处理	数据驱动型学习成为可能

3. 本报告的定义

本报告认为,智能制造始于人工智能在制造业领域中的应用,发展于智能制造技术和智能制造系统的提出,成熟于基于信息技术的"intelligent manufacturing"(智能制造)的发展,它将智能技术、网络技术和制造技术等应用于产品管理和服务的全过程中,并能在产品的制造过程中分析、推理、感知等,满足产品的动态需求。它也改变了制造业中的生产方式、人机关系和商业模式,因此,智能制造不是简单的技术突破,也不是简单的传统产业改造,而是通信技术和制造业的深度融合、创新集成。从这个意义上,智能制造可定义为是基于新一代信息通信技术与先进制造技术深度融合,贯穿于设计、生产、管理、服务等制造活动的各个环节,具有自感知、自学习、自决策、自执行、自适应等功能的新型生产方式。

(二)智能制造的结构特征与产业生态

1. 智能制造的结构特征

智能制造具有复杂系统性,归纳其结构特征可以从宏观、产业、技术三个层面展开。

1）宏观结构特征

（1）新能源革命。"向可再生能源转型"，寻求生产过程节能、低碳、高效之道。使用纳米技术和钠、钾等低成本材料，促进太阳能、风能开发，促使世界加速向"后石油经济时代"过渡。

（2）新材料革命。制造业广泛采用新型复合材料和纳米材料。这些新材料的强度、质量、性能均优于传统材料，而且适用性强，成本低。

（3）新信息技术革命。主要是设计、生产、销售等借助网络信息技术全面数字化、智能化，互联网成为设计、生产、贸易、信息以及各种新技术交流的关键性平台与渠道，同时也构成经济、社会发展的新基础，从而深刻改变人类生产、生活方式。

（4）制造业"数字化"革命。主要是生产、制造快速成型等，尤其是以3D打印机为代表的新型生产设备，利用产品从设计到生产再到销售的全过程一体化，使产品由大工业时代的"大规模生产"转向"大规模定制"，以适应消费者"个性化"需求。

2）产业结构特征

在产业层面，智能制造主要通过充分利用信息通信技术和网络空间虚拟系统相结合的手段，使制造业向智能化转型。

（1）向智能工厂的转型。侧重于智能化生产系统及过程，以及网络化分布式生产设施的实现。

（2）向智能生产转型。主要涉及整个企业的生产物流管理、人机互动以及3D技术在工业生产过程中的应用等。

（3）向智能物流转型。主要通过互联网、物联网、务联网，整合物流资源，充分发挥现有物流资源供应方的效率，而需求方则能够快速获得服务匹配，得到物流支持。

3）产业技术特征

智能制造的技术内涵涉及传感技术、测试技术、信息技术、数控技术、数据库技术、数据采集与处理技术、互联网技术、人工智能技术、生产管理等与产品生产全生命周期相关的广泛先进技术联系。其中，"数字"部门对智能制造发展的侧重点是通过基于计算机的集成系统（由仿真、三维可视化、分析学和各类协同工具组成）将设计、制造、保障和报废系统的要求进行连接，完善整条全生命周期与价值链的"数字线"。"制造"部门对智能制造发展的侧重点是将其用于高能效制造工艺的耐用传感器、控制和性能优化算法、高逼真建模与仿真技术，将其用于技术集成的开源平台——集成所有制造过程中的清洁能源和高能效应用、能量优化的控制与决策支持、原料和运行资源等。

2. 智能制造的产业生态

智能制造产业集中度高，行业垄断性普遍较强，垄断力量主要来自发达国家的领先跨国企业。在数控机床、工业机器人、智能控制系统、自动化仪表、3D打印制造、工业软件等智能制造细分领域，美国、德国、日本在产业规模、产品质量、技术水平等方面有很大优势。把智能制造产业链划分为自动化生产线集成、自动化装备、工业信息化、工业互联/物联网和智能化生产等五大领域，其产业生态结构见表2。

（三）智能制造的全球战略与未来趋势

智能制造具有更快和更准确的感知、反馈和分析决策能力，能够使生产工艺和供应链管理更具有效率，也更加满足个性化的市场需求，从而实现更高水平的资源优化配置。国际金融危机之后，智能制造成为许多发达国家刺激本国经济增长，重新塑造在实体经济领域的竞争力的国家战略。

1. 全球战略

1）美国战略：以智能制造弥补劳动力成本劣势

高劳动力成本是美国发展制造业的最大约束。为重振本国制造业，美国密集出台了多项政策文件，以抢占新一轮技术革命领导权，促进高端制造业回归。2009年以来，美国先后发布了《重振美国制造业框架》《制造业促进法案》和《先进制造业伙伴计划》，以发展先进机器人技术作为美国智能制造的重要抓手。提出要推出耗资7000万美元的下一代机器人研究计划。2011年6月，美国启动国家机器人技术计划，并进一步制定了制造机器人、医疗保健机器人、服务机器人、空间机器人、国防机器人的发展路线图，推动机器人技术在各领域的广泛应用。

2）德国战略："工业4.0"构建智能生产系统

德国始终重视制造业发展，并且专注于工业科技产品的创新和对复杂工业过程的管理。2010年，德国发布《高技术战略2020》，着眼于未来科技和全球竞争提出"工业4.0"战略。在"工业4.0"阶段，智能工厂成为发展方向。新型的智能工厂基于信息物理系统并借助社交网络，可实现自然的人机互动，这将重塑传统制造工厂模式下人与生产设备之间操控与被动反应的机械关系。通过在制造装备、原材料、零部件及生产设施上广泛植入智能终端，借助物联网实现终端之间的实时互动，自动信息交换，自动触发行动。为此，构建嵌入式制造"智能生产"系统就成为德国"工业4.0"的主要技术趋势

表 2 智能制造产业链市场状况分析

序号	产业链领域	核心业务	业务形式	应用市场及规模	典型企业
1	自动化生产线集成	• 为终端客户提供应用解决方案 • 工业机器人软件系统开发和集成	• 关键设备生产线集成和工厂产线技术改造 • 现有设备升级和联网 • 工业控制、传动、通讯、生产与管理信息等系统设计、系统集成、设备集成及EPC工程等服务	• 集中于汽车工业，规模已超百亿 • 2016年市场空间已达134亿~178亿 • 2020年市场规模接近830亿元，2016—2020年年均复合增长率可达20% • 拓展至农业加工业、酒、饮料和精制茶制造业，医药制造业，餐饮业、金属制造业和以家用电器制造、电子元器件、计算机和外部设备制造等为代表的电器机械和器材制造行业	• 国际：ABB、柯玛、KUKA • 国内：新松机器人、大连奥托、成焊宝玛、晓奥享荣
2	自动化装备	• 工业机器人	• 工业机器人生产制造与应用	• 2016年我国工业机器人销量已高达9万台，占全球比重达31% • 我国工业机器人密度仍偏低，截止2015年每万人拥有数量达49台，仍显著低于全球每万人69台 • 2016—2020年我国工业机器人市场销售总规模将达1653亿元 • 减速器、伺服系统、控制系统重要核心零部件受制于进口	• 国际：ABB、FANUC、YASKAWA、KUKA • 国内：新松机器人、埃斯顿

续表 2

序号	产业链领域	核心业务	业务形式	应用市场及规模	典型企业
2	自动化装备	• 数控机床	数控机床生产、制造与应用	• 2016年，中国数控金属切削机床产量为78万台，同比增长2.2%；2017—2021年将达到85万台合计增长率约为3.47%，2021年将达到85万台 • 2016年，中国数控金属成形机床产量31.8万台，同比增长4.3%；2017—2021年年均复合增长率约为6.33%，2021年达到38.9万台 • 到2020年我国数控机床行业的资产规模将达到2700亿元 • 高端数控机床（数控系统）主要依靠进口，2016年我国数控机床进口额约为26亿美元	• 国际：西门子、德玛吉、FANUC • 国内：沈阳机床、大连机床、济南机床、华中数控、广州数控
3	工业信息化	• 工业软件	工业软件系统研发、实施、集成和应用	• 产业由欧美企业主导，呈"两极多强"态势，Siemens在多个领域均崭露头角，而IBM、达索系统各自专业领域形成优势，SAP、Autodesk和达索系统 • 2015年全球MES软件市场规模达到78亿美元，维持17%左右的高增长率 • ERP产业格局稳定，SAP和Oracle两家企业占据主导 • CAD产业主导是Autodesk和达索系统，排名前五位的国内厂商占据整体市场份额较低，且其96%的销售在国内市场，全球份额不足0.3% • 我国工业软件产品多集中于OA、CRM等门槛较低的软件类型，国外产品在MES、ERP、PLM等主流工业软件市场占据主导	• 国际：SAP、Siemens、Autodesk、PTC • 国内：用友、金蝶、开目、CAXA

13

续表2

序号	产业链领域	核心业务	业务形式	应用市场及规模	典型企业
4	工业互联网与物联网	• RFID • 机器视觉等物联技术 • 传感器	RFID、传感器生产制造	• 我国RFID企业缺乏芯片、中间件等关键核心技术，还未形成成熟的RFID产业链 • 国内机器视觉厂商多未引进国外产品做系统集成，从事生产机器视觉产品企业少 • 国内有1700多家传感器生产研发企业，从事微系统研制，生产有50多家，已建成安徽、陕西、黑龙江三大传感器生产基地 • 2015年我国传感器销售额突破1300亿元，全球市场约为1770亿美元，2017—2021年全球传感器领域年均复合增长率超过15%	• 国际：德国海德汉、英国雷尼绍 • 国内：歌尔声学、纳芯微华润半导体、电子
5	智能生产	• 3D打印制造	3D打印设备生产制造与应用	• 全球3D打印产业链初步形成，包括3D打印生产制造商、原材供应商、3D打印软件、3D扫描和产品服务商等 • 2016年，全球3D打印市场规模为70亿美元，至2020年将达到212亿，未来5年复合增速为32% • 消费电子和汽车行业各贡献了3D打印总收入的20%	• 国际：Stratasys、3D systems、EOS、ExOne • 国内：大族激光、先临三维

之一。通过物联网和务联网,将智能交通、智能物流、智能建筑、智能产品和智能电网等相互连接,以新型工业化实现经济社会系统的全面智能化。

3) 英国战略:重构制造业价值链

2011年12月,英国政府提出"先进制造业产业链倡议",计划投资1.25亿英镑,打造先进制造业产业链,从而带动制造业竞争力的恢复。2013年10月,《未来制造业:一个新时代给英国带来的机遇与挑战》[①] 报告提出:制造业并不是传统意义上"制造之后进行销售",而是"服务+再制造"(以生产为中心的价值链),并在通信、传感器、发光材料、生物技术、绿色技术、大数据、物联网、机器人、增材制造、移动网络等多个技术领域开展布局,从而形成智能制造的格局。

4) 日本战略:巩固"机器人大国"地位

日本是全球工业机器人装机数量最多的国家,其机器人产业也极具竞争力。为适应产业变革的需求和维持其"机器人大国"的地位,2015年1月,日本政府发布了《机器人新战略》,并提出成为"世界机器人创新基地""世界第一的机器人应用国家"和"迈向世界领先的机器人新时代"这三大核心目标。实施严格技术保密是日本智能制造设计研发的重要特征。为确保核心技术不被泄露和盗版,所有的大中型制造企业一般都设立了相应的智能制造"设计中心",其主要职能是将研发中心产生的新工艺技术固化在所生产的智能制造装备之中。通过加大对智能装备硬件核心技术和智能软件核心技术的加密和保护,保障了智能制造产品的长期竞争力。

5) 中国智能制造的愿景

经过几十年的快速发展,中国制造业规模跃居世界第一位,建立起门类齐全、独立完整的制造体系,但与先进国家相比,"大而不强"的问题突出。随着新一代信息技术和制造业的深度融合,中国智能制造发展取得明显成效,以高档数控机床、工业机器人、智能仪器仪表为代表的关键技术装备取得积极进展;智能制造装备和先进工艺在重点行业不断普及,离散型行业制造装备的数字化、网络化、智能化步伐加快,流程型行业过程控制和制造执行系统全面普及,关键工艺流程数控化率大大提高;在典型行业不断探索、逐步形成了一些可复制推广的智能制造新模式,为深入推进智能制造初步奠定了一定的基础。

目前,中国制造业尚处于机械化、电气化、自动化、数字化并存,不同地区、不同行业、不同企业发展不平衡的阶段。发展智能制造面临关键

---

① 该报告由英国政府科技办公室发布。

共性技术和核心装备受制于人，智能制造标准、软件、网络、信息安全基础薄弱，智能制造新模式成熟度不高，系统整体解决方案供给能力不足，缺乏国际性的行业巨头企业和跨界融合的智能制造人才等突出问题。相对于工业发达国家，推动中国制造业智能转型，环境更为复杂，形势更为严峻，任务更加艰巨。

2. 智能制造的未来趋势

1）技术趋势

在全球范围内，智能设备正在通过与自动化技术、人工智能和云计算的组合，真正实现传统工业向智能制造的转变。在这一转变过程中，数字孪生、人机交互、预测性维护、网络安全、自动化和边缘计算已经成为智能制造的6个未来的特征性趋势。

（1）数字孪生（digital twin）。这是充分利用物理模型、传感器更新、运行历史等数据，集成多学科、多物理量、多尺度、多概率的仿真过程，在虚拟空间中完成映射，从而反映相对应的实体装备的全生命周期过程。数字孪生提供了与工业部门中使用的物理组件相对应的虚拟对象。例如，制造汽车的机器人手臂可以使用数字孪生进行监控，数字孪生收集有关机械手臂操作的数据，并提供有关需要定期维护或更换的组件的信息。

（2）人机交互。目前，计算机屏幕，甚至是更原始的显示器仍然在工业领域占主导地位，但这种情况正在改变：人机交互技术中的两项最为成熟的技术已开始在消费领域快速应用，并可以针对特定任务量身定制。随着头戴设备和智能眼镜的普及与价格下降，增强现实应用（AR）和虚拟现实（VR）两项人机交互技术将更多地应用于制造业环境中，这些技术将更受欢迎。其中，增强现实应用可以提供更有价值的反馈，并为制造业从业人员提供有关制造设备的物联网衍生信息，使企业能够更好地进行管理与维护；虚拟现实也可以使用更传统的技术为工作人员提供强大的可视化功能。

（3）预测性维护。在工业环境中，预测性维护一直扮演着日益重要的角色，物联网组件的持续增长也提供了比以前更多的信息。结合机器学习和其他人工智能工具，现代工业软件比过去凭借个人经验判断确定何时需要更换设备部件更加有效。

（4）网络安全。随着智能制造技术的快速应用和发展，网络安全防范能力和水平较低的工业设备将成为网络攻击的有利可图的重要目标。因此，越来越多的智能设备制造企业和投资公司开始注重和投入网络安全设备和软件，确保生产销售和应用的设备、系统免于受网络攻击的困扰。

（5）自动化技术。自动化一直是工业的核心，数字技术正在扩展这一趋势。企业现在可以依靠低成本设备来补充更广泛的制造组件，而不是投资昂贵的重型设备。

（6）边缘计算。由于物联网组件收集的数据规模将达到前所未有的数量，处理海量数据并确保系统能够实时监控必要的信息就成为智能制造发展的关键技术环节之一。智能制造系统必须存在一个边缘计算组件，这些组件和设备可在数据被发送到更集中的服务器之前对其进行收集、处理并分析，通俗地说，这个边缘计算的子系统在某种程度上可等同于当下流行的云计算概念。

2）产业趋势

就智能制造产业本身而言，实现制造过程的最优化、自动化、智能化是其最终目标。

（1）制造全系统、全过程应用建模与仿真技术。建模与仿真技术是制造业不可或缺的工具与手段。基于建模的工程、基于建模的制造、基于建模的维护作为单一数据源的数字化企业系统建模中三个主要组成部分，涵盖从产品设计、制造到服务完整的产品全生命周期业务，从虚拟的工程设计到现实的制造工厂直至产品的上市流通，建模与仿真技术始终服务于产品生命周期的每个阶段，为制造系统的智能化及高效运转提供技术。

（2）机器人的全面使用和柔性化生产（弹性制造）。柔性与自动生产线和机器人的使用可以积极应对劳动力短缺和用工成本上涨。同时，利用机器人高精度操作，提高产品品质和作业安全，是市场竞争的取胜之道。以工业机器人为代表的自动化制造装备在生产过程中应用日趋广泛，汽车、电子设备、奶制品和饮料等行业已大量使用基于工业机器人的自动化生产线。

（3）物联网和务联网在制造业中作用日益突出。通过虚拟网络—实体物理系统，整合职能机器、储存系统和生产设施。通过物联网、服务计算、云计算等信息技术与制造技术融合，构成制造务联网，实现软硬件制造资源和能力的全系统、全生命周期、全方位的透彻的感知、互联、决策、控制、执行和服务化，使从入场物流配送到生产、销售、出厂物流和服务实现泛在的人、机、物、信息的集成、共享、协同与优化的云制造。

（4）供应链动态管理、整合与优化。供应链管理是一个复杂、动态、多变的过程，供应链管理更多地应用物联网、互联网、人工智能、大数据等新一代信息技术，更倾向于使用可视化的手段来显示数据，采用移动化的手段来访问数据；供应链管理更加重视人机系统的协调性，实现人性化的技术和管理系统。企业通过供应链的全过程管理、信息集中化管理、系统动态化管理实现整个供应链的可持续发展，进而缩短了满足客户订单的时间，提高了价值链协同效率，提升了生产效率，使全球范围的供应链管理更具效率。

（5）增材制造技术与工作发展迅速。增材制造技术（3D打印技术）是综合材料、制造、信息技术的多学科技术。它以数字模型文件为基础，运用粉末状的沉积、黏合材料，采用分层加工或叠加成行的方式逐层增加材料来生成各三维实体。它突出的特点是无须机械加工或模具，就能直接从计算机数据库中生成任何形状的物体，从而缩短研制周期、提高生产效率和降低生产成本。3D打印与云制造技术的融合将是实现个性化、社会化制造的有效制造模式与手段。

3）其他趋势

从领域布局来看，机床、纺织机械、电子设备等市场有望成为智能制造应用的主战场。目前，这些传统行业仍处于转型期，设备的升级换代需求十分巨大，巨大的发展空间将成为未来人机界面产品的成长沃土。

从外观、应用场合等方面分析，智能制造的人机界面市场将发生全新变革。不同应用场景对人机界面提出不同要求，为适应多元化的用户需求，人机界面产品将在形状、观念上所有改变。

从平台、服务来看，人机界面市场中的平台及服务数量和种类不断增加是必然。资本的涌入、企业数量的增多、市场需求的变化都将在一定程度上推动人机界面产品的出货量，服务也随着市场变化而得到不断优化升级，硬件的持续发展以及软件的更新迭代都将推动着人机界面的演变进程。

从技术人才来看，从传统的劳动力转变成智能操作，工业自动化需要的必然是更高技术含量的技术性人才。因此，在机器、企业经营模式抑或是人才类型等方面上，都发生了天翻地覆的改变。因此，技术性人才招聘垂直网站快速涌向，专为新型智能制造企业解决技术人才问题。

二、东莞智能制造及其应用现状

（一）东莞制造智能化历程回顾

作为中国制造业转型的一个样板城市，东莞积极对接"中国制造2025"，紧紧依靠科技创新培育发展新动能，大力实施智能制造工程。其智能制造升级是政府政策驱动和市场需求拉动双重作用的结果，因此报告根据政策的演化,将东莞制造智能化分为以下几个阶段。

1. 智能制造的起步阶段——以"机器换人"为抓手开启智能制造发展之路

2014年8月,东莞市发布了《"机器换人"专项资金管理办法》(东府办〔2014〕77号),开启以"机器换人"为抓手的智能制造发展之路。通过每年安排出资不少于2亿元来支持企业实施"机器换人",有力缓解了东莞企业招工荒等生产经营成本快速上升压力。数据显示,2014年9月至2017年1月底,东莞市"机器换人"专项资金项目达2698个,总投资约386亿元,"机器换人"设备已经超过8万台。"机器换人"为东莞带来了显著的"三提升",即工业技术改造投资增速,技术改造累计投入资金超过386亿元,同比增长近50%;产业竞争力提升,劳动生产率平均提高2.1倍;产品质量明显改善,产品合格率平均从87.4%提升到92.2%。

2. 智能制造的发展阶段——发力"东莞制造2025"

为对接"中国制造2025"国家战略,东莞在2015年8月率先以"制造2025"为主题,发布市政府一号文件《关于实施"东莞制造2025"战略的意见》(东府〔2015〕1号),并编制出台了《"东莞制造2025"规划》(东府办〔2016〕111号),深入推进信息技术与制造技术深度融合的两化融合展开。通过20%的政府补贴,加速推进数字化、网络化、智能化制造转型升级。

3. 智能制造的转型升级阶段——构建工业互联网,大力发展机器人智能装备产业

2016年,东莞出台了一系列政策文件,大力发展机器人智能装备产业。基于《关于大力发展机器人智能装备产业打造有全球影响力的先进制造基地的意见》(东府办〔2016〕6号)、《东莞市推广建设普及型智能制造示范生产线工作方案》(东府办〔2016〕70号)等文件的出台,率先在全国建立最全面的支持机器人产业发展的政策文件体系。内容涉及建设智能制造示范生产线、首台(套)重点技术装备推广奖励和保险补贴等多元化的激励措施。至此,东莞在实现自动化、数字化改造的基础上,向智能制造数字网络化这一初级阶段迈进。

4. 智能制造的普及深化阶段——打造智能制造全生态链,从自动化向智能化转型

2017年2月,东莞推出《实施重点企业规模与效益倍增计划行动方案》(东府办〔2017〕11号)和《强化新要素配置打造智能制造全生态链工作方案》(东府办〔2017〕12号),同时出台了《东莞市打造智能制造全生态链财政资助实施细则（试行）》，为企业实施智能制造提供了技术、人才、金融等全方位的服务和支撑，在国内城市首次提出以全生态链的概念系统推进智能制造发展。通过对企业提供全方位的支持，包括从人才引进到企业内部管理，到产学研政经界的共同推动，逐步形成具有东莞产业特色的智能制造全生态链，进一步推动制造业从自动化向智能化转型。

（二）东莞智能制造及其应用现状

当前，东莞智能制造已先于全国进入加速发展期，人工智能、物联网等新技术向东莞本土工业领域的渗透进一步加强，各细分领域不断孕育着新的生机与活力，具体表现出以下特征。

1. 市场整体需求上涨推动东莞工业机器人行业快速发展

近年来，在"工业4.0"及"中国制造2025"政策的引导下，中国机器人产业整体市场规模持续扩大。2018年，中国机器人产业整体规模已接近90亿美元，近五年平均增长率高达30%，增速保持全球第一，中国机器人使用密度达88台/万人，首次超过全球平均水平的69台/万人[①]。在东莞，受到广东省技术改造扶持专项资金和市机器换人计划的政策驱动，本地制造业企业大量实施自动化改造，尤其是成本收益率控制在18个月以内的中小型智能化产线设备受到3C行业的广泛推崇。调研和行业多信息渠道反映，2018年东莞多家机器人厂商销量持续快速增长，部分机器人厂商和核心零部件厂商甚至出现延长供货期的情况。据分析预测，东莞作为全球3C制造业中心，未来自动化设备换代速度将进一步加快。3C制造分行业领域的机器人定制化服务将从需求侧加速推动东莞智能制造领先发展。

2. 系统集成领域具有一定竞争力，国产替代将成为东莞抢占智能制造高地的重要突破口

系统集成商位于工业机器人产业链下游，市场进入壁垒相对较低。由于系统集成具有非标特性，无法完全复制，东莞本土系统集成商更多专注于汽车焊接、3C电子和物流仓储等特定行业，在小负载机器人等低端市场依靠价格竞争形成一定的比较优势，但在高端市场尤其在汽车等机器人高端应用领域仍然无法与外资系统集成商抗衡。在机器人本体与核心零部件方面，国外品牌依然占绝对主导，这也为东莞实施国产替代提供了可观的潜力空间。

---

① 《中国机器人产业发展报告2018》。

3. 技术创新氛围与市场环境比较优势明显,为东莞在机器人新技术应用方面赢得更多机会

东莞在感知、认知等技术方面的创新氛围较好,与国外起点接近。一方面,东莞政府较早形成培育智能制造发展的可操作政策体系;另一方面,东莞智能制造新技术研发推广应用相关市场、组织网络已初具规模,各类行业协会、产学研机构、知识产权服务机构的广泛参与为东莞机器人国产化提供更多机会。随着技术本身的不断进步,东莞机器人在更强的感知能力、柔性控制、网络协作等方向具有实现突破性创新的资源储备。

(三)东莞智能制造的生态图

智能制造及其应用的细分概念范围广泛,涉及领域众多,本报告结合东莞产业体系现状和制造智能化特点,重点关注制造业的智能化生产环境技术升级,大体从工业机器人、工业视觉、工业数字化与智能化这三个方面对标分领域前沿水准,精准识别东莞智能制造在各细分领域的生态地图。

1. 工业机器人

1) 轻型工业机器人的技术水平与国外接近,且本地市场认同度高。在中国制造业产业升级和东莞"机器换人"的大背景下,东莞本土轻型工业机器人需求呈爆发态势。在3C、家电、食品等行业,负载10 kg以下的小负载多轴机械臂、DELTA并联机器人、SCARA机器人产品性能逐渐逼近国外机器人。尤其是并联机器人精度、自重、节拍速度等指标已基本与ABB等国际行业巨头持平,但在大负载、视觉等方面仍存在技术差距。基于并联工业机器人的上升势头,东莞有不少轻型工业机器人企业获得了大额融资,如成立于2011年的东莞李群自动化目前已获得红杉中国、明势资本的融资,并进入B轮融资阶段。

表3 部分东莞并联机器人的技术指标对比

公司名称	入市时间	典型产品型号	最大负载/kg	速度	重复精度/mm
ABB	1998年	IRB360系列	1/3/6/8	140次/分(3 kg负载)	0.1
东莞发那科	2009年	M-1iA/M-2iA/M-3iA	0.5/3/12	200次/分(1 kg负载)	0.02~0.03
广州数控	2011年	C3-1100/C4-800/C4-1000	3	150次/分(1 kg负载)	0.1

2）核心零部件国产化步伐加快，尤其是减速器生产水平已达到国际领先水平，伺服电机自主配套能力已现雏形，"驱控一体"技术只应用于小功率机器人。近2年，来自小负载机器人新增需求为减速器产能加速带来了难得的窗口期，东莞减速器厂家已经进入与纳博、HD齐名的采购商名录，在产品噪音、寿命、温升、传动效率等方面和国外产品的差距正在逐渐减小。在电动伺服驱动系统方面，东莞伺服电机自主配套能力已现雏形，产品功率范围大多在22 kW以上，技术线上与日系产品接近。根据中国机械网采购商名录统计，目前东莞伺服生产厂商达到165家。在自动化应用水平逐步提高的趋势下，控制器向驱控一体化发展成为未来趋势。东莞驱控一体大多停留在硬件级，在大功率级别机器人领域还存在空白，且产品可靠性偏低。

2. 工业视觉

1）东莞机器人3D视觉处于产品实际应用测试和应用场景开发阶段，在手机等电子信息产品制造方面，东莞本土企业已经能够提供成熟的3D视觉分拣产品化方案。

2）AI图像检测已经有一定落地，还将持续向更多细分行业渗透。东莞AI图像检测的应用行业已经涉及PCB、显示屏、滤光片、光伏组件、手机玻璃盖板等，在半导体等细分领域已占有了成套检测设备的市场，但在检测软件的精密算法等方面还有部分核心技术难以突破。

3）在动态视觉传感器领域，东莞仍存在空白。传统图像传感器逐帧进行图像读取和处理，运算量大且对于机器视觉而言冗余信息多。动态视觉传感器只有光强度发生改变时，才会有脉冲信号输出，可以有效地过滤背景冗余数据，灵敏度高。国内外一共有三个团队具备完整开发DVS传感器的能力，国内的芯仑光电科技、瑞士的InLabs、法国的Chronocam，目前这三家都属于初创阶段。

3. 工厂数字化与智能化

1）东莞已形成一批能够为制造企业提供智能工厂整体解决方案的供应商集群。这类智能化改造方案供应商，主要以生产环节为基础，结合制造企业实际需要提供一些类型化方案，如设备接入、新型MES软件、AR辅助作业、粉尘爆炸控制、工业大数据等。一些解决方案供应商已经可以实施跨越多阶段的方案提供，但自身技术和能力会侧重其中某个阶段的工作。

2）东莞在工业大数据用于生产工程优化方面已经有一些领先的经验。生产过程优化是在制造过程数字化监控的基础上，用大数据、人工智能算法建立模型，研究不同参数变化对设备状态与整体生产过程的影响，并根据实时数据与现场工况动态调优，提供智能设备故障预警、工艺参数最优推荐，降低能耗，提升良品率等一项或多项功能，对于一些危险生产行业，还能用于控制降低风险。

三、东莞智能制造模式与路径分析

（一）东莞智能制造的发展路径及层次

智能制造具有较强综合性、系统性，不仅是单一技术和装备的突破与应用，更是制造技术与信息技术的深度融合与创新集成。智能制造的发展一般遵循从智能装备到智能生产单元、智能生产线、数字化车间、智能工厂，乃至智能制造系统集成的升级路径①。过去5年，东莞制造业机械化、电气化、自动化、数字化并举，提出了自动化、智能化、智能制造示范这三种路径，为有序稳步推进制造业智能化改造贡献了东莞经验。

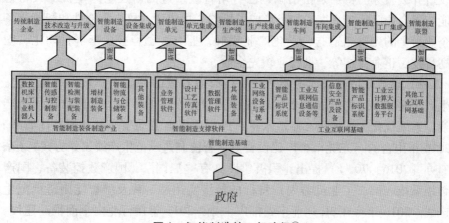

图1　智能制造的一般路径②

1. 自动化

自动化主要针对设备自动化水平较低、生产工艺难度较低、劳动密集型的产业，如纺织服装鞋帽、玩具及文体用品、家具、包装印刷等传统产业制造企业。从2014年起，东莞市财政每年安排不少于2亿元，资助企业

---

① 屈国强：促进智能制造发展的模式、路径及突破口研究［J］，决策探索（下半月），2017（2）：34-37。
② 屈国强：促进智能制造发展的模式、路径及突破口研究［J］，决策探索（下半月），2017（2）：34-37。

利用先进自动化设备进行新一轮技术改造。《东莞市经济和信息化专项资金管理办法》（东府办〔2017〕158号）及《东莞市经济和信息化专项资金智能制造专题项目实施细则》（东府办〔2017〕158号）明确了自动化路径的发展重点：对工业企业利用先进自动化生产设备实施"机器换人"技术改造升级予以事后奖补；重点支持企业购置工业机器人等先进智能装备，进一步减少企业生产用工总量，优化工艺技术流程，提高生产效率和产品质量，实现"减员、增效、提质、保安全"目标的项目。具体包括单机改造升级、整线改造升级这两个层次。

1）单机改造升级。主要是利用自动化设备对单独的生产工序或产品工艺进行改造升级，加强各种专用自动化设备开发应用，逐步实现设备的模块化标准化制造，提高设备运行的可靠性和稳定性，提升生产质量和效率。在机器人产业方面，东莞已经形成覆盖本体、伺服电机、减速器、控制器、系统集成等较为完备的机器人产业链，能够为本地企业提供一条龙的设备改造升级服务。特别是松山湖，已有培育或引进的研发生产型机器人与智能装备企业已达110家，初步形成了机器人集成商、核心零部件和智能装备企业为主的先进制造与自动化产业集群，拥有大疆科技、李群自动化、固高科技、正业科技等一批行业领先企业。

2）整线改造升级。主要是在单机改造升级的基础上，基于产品工艺、生产工序和车间物流，逐步实现各种自动化设备的集成，形成自动化生产线、系统优化工艺流程和制造水平，进一步提高劳动生产率和产品优质率。2016年出台的《东莞市推广建设普及型智能制造示范生产线工作方案》（东府办〔2016〕70号）提出，积极建设具有"三国"（国产数控装备、国产数控系统、国产工业机器人）特征的经济实用型、普及型智能制造示范生产线。2016年将在3C产业率先推广一批，2017年在行业内全面推动建设，2018年在全市范围内广泛推动建设智能制造示范生产线。在家具行业，成立于1992年的东莞市光润家具股份有限公司通过整线改造升级在生产上实现了单机自动化，主要有切料机、钻孔机以及加工中心，目前正在计划开发一条自动化的喷涂线。一些智能装备企业，如东莞市速美达自动化有限公司等也迅速崛起，紧跟智能制造步伐，为这些生产型企业提供产线自动化改造项目方案。

2. 智能化

智能化主要针对生产自动化水平较高，有一定信息化基础，生产工序复杂、零配件品种多、产品系列多的企业，如电子信息等优势产业制造企业。通过智能化改造，不断夯实智能制造要素基础，逐步向智能制造演进。

《东莞市经济和信息化专项资金管理办法》（东府办〔2017〕158号）及《东莞市经济和信息化专项资金智能制造专题项目实施细则》（东府办〔2017〕158号）明确了智能化路径的发展重点：对在实施自动化改造基础上，以提高装备智能化率、成果转化率、劳动生产率、产品优质率为主要方向，通过应用智能装备与系统、物联网技术、大数据应用等新一代信息技术进行具有信息化、数字化、网络化等特征的智能化改造，实现工艺与产销流程优化、生产与管理数据互联的项目予以事后奖补。具体包括信息化改造、数字化改造、网络化改造这三个层次。

1）信息化改造。主要是通过应用相关工业软件和现代信息技术，推动产品的开发、生产、销售、服务等环节，实现信息采集和处理的集成化、实时化，提升企业产品设计与制造集成、管理与控制集成、产供销集成、财务与业务集成和决策支持等能力。信息化改造是"两化融合"的起点，包括应用ERP系统、MES系统、SAP等。近年来，东莞市三友联众电器有限公司、东莞市艺展电子有限公司、东莞璋泰五金制品有限公司等一大批企业的"两化融合"项目得到了东莞市信息化专项资金资助，通过信息化改造提升了企业生产效率与管理效能。

2）数字化改造。主要是根据企业核心业务，对研发（含工艺）、生产、供应链、人事财务、客服等运营体系进行梳理，构建流程标准、数据标准和相应的管制体系；推动设备的数据接口与通信协议标准化，逐步提升生产和物流设备的智能化水平。在生产制造、过程管理等单个环节信息化系统建设的基础上，构建覆盖全流程的动态透明可追溯体系，基于统一的可视化平台实现产品生产全过程跨部门协同控制。东莞实施数字化改造的核心是实现制造产业数字化，包括应用云计算、建设工业互联网、各类数据采集设备部署应用等。《东莞市大数据发展规划（2016—2020年）》（东经信〔2017〕79号）提出推动面向不同行业、不同环节的工业大数据分析应用产品研发，鼓励企业在大数据系统支撑下实现产业重构和流程再造。例如，位于松山湖的中科院云计算产业技术创新与育成中心，其"G – Cloud"云操作系统项目是国内首个自主产权云计算平台产品，打破了国外在云计算领域的技术垄断，目前已在东莞1000多家企业中得到应用。东莞生益科技股份有限公司就是该成果的受益者，通过G – Cloud进行资源的统一管理和调配之后，公司在整个集团信息化建设的硬件投资上减少了60%的成本①。

---

① 参考资料：http://dg.southcn.com/content/2016 – 07/21/content_151917732.htm？COLLCC = 691106110&COLLCC = 299139898&COLLCC = 691106110&

3）网络化改造。主要是基于物联网、工业互联网等技术，推动信息的高度集成与流通，促进信息共享和业务协同，并实现车间、生产线、设备等各环节之间的信息互联互通。东莞实施网络化改造的核心目标是推动制造企业建立工业大数据，将工业的设计、工艺、生产、管理、服务等各个环节贯穿起来，使工业系统具备描述、诊断、预测、决策、控制等智能化功能的模式和结果。例如，新络软件是东莞桥头镇最大的电子生产企业——东莞技研新阳电子有限公司成立的子公司，通过应用工业大数据系统实现精准高效的企业运行管理，产生了减少了 157 名数据处理员，减少了纸张近 18.4 万张/月，取消各种表单 43 种，直接减少人员成本 565 万元/年，直接节省成本每年达百万元以上等效果①。

东莞目前已有劲胜智能、隆凯、兴科、长盈精密等 20 多家企业开展了智能化项目建设，预计今年将完成超过 100 条示范线建设，工业机器人均被应用到搬运、打磨、焊接等多个制造业的工序中，以科技创新的力量提升生产效率，降低繁重的人力成本。

3. 智能制造示范

智能制造示范主要针对生产自动化水平高，有较好的智能化改造基础，生产管理复杂、工序变化多、产品系列多、供应链管理复杂等特征明显的制造企业，重点推动建设智能制造示范车间和示范工厂。《东莞市经济和信息化专项资金管理办法》（东府办〔2017〕158 号）及《东莞市经济和信息化专项资金智能制造专题项目实施细则》（东府办〔2017〕158 号）明确了智能制造示范路径的发展重点：对在智能化改造项目基础上，对车间或工厂的总体设计、工艺流程及布局建立数字化模型，搭建产品数据管理系统、车间制造执行系统、工厂内部通信网络架构、生产过程升级采集和分析系统等，推进企业数字化升级、装备智能化升级、工艺流程精益化升级，质量控制与追溯、智能物流等方面提升，并具有行业示范带动推广作用的智能制造示范项目予以事后奖补。重点支持采用具有自主知识产权的国产智能装备及控制系统软件的示范项目。智能制造示范车间和示范工厂包括产品和设计智能化、装备和物流智能化、数据智能化、决策智能化等四个层次。

1）产品和设计智能化。主要是在大量采集工艺数据并积累基础上，逐步实现智能设计，开发智能产品。

2）装备和物流智能化。主要是进一步提升生产和物流装备智能化程

---

① 资料来源：http://gd.people.com.cn/n2/2017/0518/c123932-30200374.html.

度、智能装备的应用比例，建设全集成自动化产线，实现柔性化生产。

3）数据智能化。主要是开展设备、产品以及生产过程中的数据自动采集和大数据分析，形成制造业大数据存储和分析中心，利用信息数据进行建模和分析。数据智能化好比给制造工厂装上了一个"大脑"，系统能智能识别、分析、做出预判方案、指导执行指令、生产等。

4）决策智能化。主要是挖掘利用产品、运营和价值链等大数据，对复杂生产情形决策，预测新增价值，实现复杂生产状态的决策智能化。决策智能化的核心是形成大数据分析能力，实现"感知—洞察—评估—响应"闭环顺利运作与循环提升。

智能制造示范在东莞仍处于起步发展阶段。目前，广东劲胜、东莞瑞立达分别被认定为国家工信部2015年、2016年智能制造试点示范项目和智能制造新模式应用项目。在全国智能制造试点示范经验交流会上，劲胜智能车间获得了社会各界的充分肯定和高度评价，将东莞经验进行了全国推广。此外，广东长盈、东莞华贝等2个项目也成功纳入国家智能制造综合标准化与新模式应用项目。

（二）东莞智能制造的基本模式

经过5年来的探索及实践，东莞智能制造全生态链发展模式已初现雏形。智能制造全生态链①是指智能制造过程中产业链各个主体和各类资源，围绕产业信息化、数字化、网络化融合发展的新需求，在市场和政策双重作用下，形成环环相连、共生共荣的发展体系。其本质是以制造业生态发展战略，推动产业链与创新链、资金链、政策链等各链条相互交织、相互支撑，实现更大黏性的资源整合、更高层次的供需平衡和更重整体的利益格局，形成在全生态链内良性循环的发展闭环。

东莞智能制造"全生态链"发展模式具有以下特征。

1. 主体的全面性

该模式坚持"以用为先"，以广大制造业企业（用户企业）为主体，生态链各要素资源围绕广大制造业企业智能制造转型升级进行配置。目前，东莞市共有工业企业12万余家，构建起涉及30多个行业和6万多种产品的比较完整的制造业体系，工业企业的层次较高，产业配套完善。这些工业企业均是智能制造"全生态链"模式的重要主体。此外，该模式具有开放特征，强调为其他省市乃至国外的各类用户企业提供智能制造相关解决方案。

---

① 《强化新要素配置：打造智能制造全生态链工作方案》（东府办〔2017〕12号）

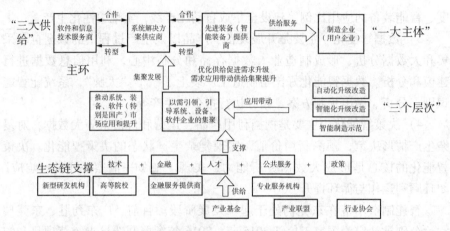

图2 东莞智能制造"全生态链"发展模式①

2. 结构的层次性

该模式通过建立发展路径、供给体系、支撑体系，形成了具有层次性的结构。

1）发展路径的有序性。该模式根据制造业不同行业、不同规模、不同基础，统筹推进企业自动化、智能化和智能制造示范这三个层次（三个路径）的逐步改造升级。东莞结合不同企业的行业、发展阶段的差异性，有针对地推动三个层次的工业企业进行有序改造与升级。这些工业企业具体改造升级模式包括离散型智能制造、流程型智能制造、网络协同制造、大规模个性化定制、远程运维服务等各个方面（见表4）。

表4 智能制造改造升级模式及实践企业

应用模式	关键要素	代表	东莞实践企业
离散型智能制造	车间总体设计、工艺流程及布局数字化建模；基于三维模型的产品设计与仿真，建立产品数据管理系统（PDM），关键制造工艺的数值模拟以及加工、装配的可视化仿真；先进传感、控制、检测、装配、物流及智能化工艺装备与生产管理软件高度集成；现场数据采集与分析系统、车间制造执行系统（MES）与产品全生命周期管理（PLM）、企业资源计划（ERP）系统高效协同与集成	数字化车间等	东莞劲胜精密组件股份有限公司、东莞骏伟塑胶五金有限公司、广东长盈精密技术有限公司等

---

① 参考资料：《强化新要素配置打造智能制造全生态链工作方案》。

续表4

应用模式	关键要素	代表	东莞实践企业
流程型智能制造	工厂总体设计、工艺流程及布局数字化建模；生产流程可视化、生产工艺可预测优化；智能传感及仪器仪表、网络化控制与分析、在线检测、远程监控与故障诊断系统在生产管控中实现高度集成；实时数据采集与工艺数据库平台、车间制造执行系统（MES）与企业资源计划（ERP）系统实现协同与集成	智能工厂等	东莞瑞必达科技股份有限公司等
网络协同制造	建立网络化制造资源协同平台，企业间研发系统、信息系统、运营管理系统可横向集成，信息数据资源在企业内外可交互共享。企业间、企业部门间创新资源、生产能力、市场需求实现集聚与对接，设计、供应、制造和服务环节实现并行组织和协同优化	信息技术深度嵌入等	东莞市沃德精密机械有限公司、东莞超盈纺织有限公司等
大规模个性化定制	产品可模块化设计和个性化组合；建有用户个性化需求信息平台和各层级的个性化定制服务平台，能提供用户需求特征的数据挖掘和分析服务；研发设计、计划排产、柔性制造、物流配送和售后服务实现集成和协同优化	个性化定制、网络协同开发、电子商务等	虎彩印艺股份有限公司、广东比朗网络科技有限公司等
远程运维服务	建有标准化信息采集与控制系统、自动诊断系统、基于专家系统的故障预测模型和故障索引知识库；可实现装备（产品）远程无人操控、工作环境预警、运行状态监测、故障诊断与自修复；建立产品生命周期分析平台、核心配件生命周期分析平台、用户使用习惯信息模型；可对智能装备（产品）提供健康状况监测、虚拟设备维护方案制定与执行、最优使用方案推送、创新应用开放等服务	在线监测、远程诊断与云服务等	广东每通测控科技股份有限公司等

2）供给服务体系的完备性。东莞为企业实施各层次改造升级项目直接提供整体方案、装备、软件的系统解决方案供应商、先进装备（智能装备）

提供商、软件和信息技术服务商。其中，系统解决方案供应商是重要的"连接器"，有助于实现资源的整合与串联。三大供给根据用户企业实际需求，既有直接向用户企业提供专项服务，也有相互合作向用户企业提供系统解决方案。同时，推动先进装备制造商、软件和信息技术服务商，以及用户企业向系统解决方案供应商升级转型。近年来，东莞市与中国智能制造系统解决方案供应商联盟、西门子工业软件（上海）有限公司、香港生产力促进局、国际创新方法学会等智能制造外部先进资源进行深入对接合作，并大力引进和培育中创智能、沈机东莞智能装备等一批智能制造优质企业，不断补齐增强产业链关键和薄弱环节。在先进装备（智能装备）提供商方面，目前全市机器人及智能装备制造企业已达400家，实现工业总产值350亿元。在系统解决方案供应商方面，盛景网联公司等企业研发"数字化工厂"，通过硬件、移动互联网、大数据一体化解决方案助力中小型制造企业快速实现数字化工厂。在软件和信息技术服务商方面，华商智造等企业结合在信息化、自动化上的优势，已给48家倍增计划企业提供制造诊断服务和技术咨询，其中就有大忠电子、澳星视听、劲胜新材料、雄林新材料等知名制造企业。

3）支撑体系的完整性。东莞紧密围绕智能制造产业结构调整升级的需求，综合配置技术、金融、人才、公共服务、引导政策等五大支撑要素。积极发挥新型研发机构、高等院校、金融机构、专业服务机构、行业协会、产业联盟等支撑要素提供方的作用，以强化供需对接为着力点，各要素提供方横向加强合作形成合力，纵向做专做优提升水平。例如，在人才方面，《强化新要素配置打造智能制造全生态链》（东府办〔2017〕12号）提出全市培养1万名智能制造技术人才的目标。近2年来，东莞机器人行业协会创新性地推出"企业+协会+培训机构"相结合的模式，开展智能制造技术升级培训。截至目前，东莞已累计推动行业协会开展22场公共服务项目培训活动，培训人数近1840人次，活动主要围绕运动控制技术、机器视觉技术、3D打印技术等智能制造领域专业技术主题。

3. 系统的有效性

1）供需之间实现"闭环"发展。东莞根据制造业的转型升级需求，通过优化配置系统解决方案、装备、软件等直接供给资源，促进广大制造业企业智能发展水平升级。此外，广泛的市场应用使系统方案商、装备商、软件商（特别是国产）在实践中得到提升机会，同时，"以需引供"加速其在东莞集聚，从而提升东莞智能制造整体供给水平，进而推动广大制造业企业继续深入推进智能化升级改造，形成"优化供给促进需求升级，需求应用带动供给集聚提升"的发展闭环。

2）多维立体政策措施实现企业持续发展。通过对全生态链各个环节配置专项引导政策，实施多维立体政策措施，打通生态链中的企业主体、供给、支撑等各方之间的有效连接，进一步激发市场活力，真正实现市场化的资源高效配置，形成具有生命力、可持续发展的东莞智能制造全生态链发展体系。相关政策措施包括要素供给、环境塑造、市场开拓等方面。"倍增计划"围绕创新政策、产业、土地、资本、人才等推出了20条措施。如果说"倍增计划"是扶持重点试点企业发展的"组合拳"，那么，打造智能制造全生态链就为全体制造业企业转型提供"保姆"服务。例如，位于松山湖的广东长盈精密技术有限公司，近年来得到东莞首台（套）装备补贴、"机器换人"、智能制造诊断、"倍增计划"等多个政策和资金的持续扶持，研发出世界上控制柜最小、速度最快的小型六轴机器人，工人的数量因此从101人减至2人，公司业务收入长期保持50%以上的增长。

（三）东莞智能制造的典型案例分析

1. 自动化升级改造典型案例

1）纺织服装业

自主研发信息化系统。东莞服装行业数字化、网络化、智能化发展的趋势已成必然。东莞超盈纺织有限公司是一家为客户提供内衣、运动衣、泳衣、塑身衣"一站式"产品解决方案的企业。近年来，超盈纺织麻涌分厂已实现了全机械化生产，自动化程度较高，相关生产流程之间通过条码进行跟进和追溯。集团拥有自己的智能工厂团队，并在20世纪末就开始了生产智能化的改造。现在已经在使用自己开发的ERP系统，并在微信平台上开发了移动办公软件，可以实时发送需要签署的文件或者发送报警信息。

2）通用设备制造业

实施数字化改造升级。通用设备制造业是万江街道中小企业最为集中的行业，在2017年万江街道国家高新技术企业中属于通用设备制造业的企业有39家，远远高于其他行业。从细分行业看，万江街道通用设备制造业主要集中在金属加工机械制造、物料搬运设备制造以及通用零部件制造等，所用常规智能制造设备包括常规的金属切削机床、激光加工机床、自动化专用机床和工业机器人等。其中，通用设备制造业的东莞市沃德精密机械有限公司是万江街道智能制造表现突出的企业之一。该企业是一家专业从事自动化整机设计、制造，以及各类精密零件加工的制造业大型企业，先后从德国、日本引进了高精密的五轴、卧式、车铣复合等数控加工设备。

产品的加工精度和加工能力在整个华南地区的同行业中处于领先地位。2017年9月,沃德精密通过了"广东省移动终端生产智能装备工程技术研究中心"认定,在智能制造领域取得进一步突破。

2. 智能制造示范典型案例

1)劲胜精密:实现智能装备、数控系统、工业软件的国产化

成立于2003年的劲胜精密是东莞传统制造企业中的一员,多年来一直致力于消费电子领域塑胶件的生产,华为、TCL、OPPO、三星等知名品牌都是其主要客户,产品曾一度占据全球手机精密结构件市场份额的10%。

全球智能手机产业的崛起,劲胜精密也迎来高速发展期,但伴随着国内人口红利的逐步减少,公司用工成本大幅增加,市场倒逼着传统制造业转型升级。从行业特点来看,3C电子行业的季节消费性很强,传统制造模式难以为继。特别是3C领域在春节前后订单集中却面临招不到工人的窘境,而淡季订单有限工人过剩大幅催涨用工成本。此外,年轻员工流动性较大,缺乏资深工艺也在一定程度上影响了产品质量,导致产品不良率居高不下。这些因素促使劲胜公司不得不积极转型,用机器智造来升级生产。

2015年3月,劲胜精密开始筹备"智能制造试点示范项目"(项目名称:移动终端金属加工智能制造新模式),并于2015年6月被工信部认定为全国46家智能制造示范点之一,随后入选2015年国家智能制造专项、东莞

图3 智能制造示范项目

市政府"3C 行业高速钻攻加工智能制造示范"项目。为了转型，劲胜精密先后收购了深圳市创世纪机械、入股武汉艾普工华，全面布局智能制造生产线中所需的机床、MES 系统软件和自动化集成等。

如今，智造工厂已成雏形，智能车间智能设备一应俱全，拥有 10 条自动化钻攻生产线、180 台国产高速高精钻攻中心、81 台国产华数机器人、30 台 RGV（有轨穿梭小车）、10 台 AGV 小车（搬运机器人）、1 套全自动配料检测系统等。劲胜精密东城智能工厂项目创新采用全国产化智能设备，以国产智能装备、国产数控系统、国产工业软件协同合作的"三国"特色，成为业界焦点。这些国产硬件、软件系统之间相互深度开放并互相融合，为智能工厂的信息集成、数据采集以及各种智能化功能的实现奠定了基础，同时也保障了工业数据的安全可控。

智能工厂可实现大幅减少用工人数，产品良率可提高至 98%，保障产品质量问题。据介绍，改造后的智能工厂用工数量从之前的 204 人锐减至 33 人，大幅减少了 83%；而产品不良率则从之前的 5% 下降至 2%，产品不良率直接下降 60%；产品开发周期也从原来的 120 天缩短为 80 天。未来劲胜精密将着力把传统制造工厂转化成智能工厂，逐步从消费电子生产商，向提供设备、提供系统集成总承包服务和整体智能工厂改造解决方案转变，从生产型制造向服务型制造转变。

2）瑞必达：自主研发建设"无人工厂"

东莞瑞必达科技股份有限公司成立于 2011 年，是寮步镇一家专注于手机及笔记本电脑触摸屏盖板玻璃研发与生产的专业企业。目前机器换人带动业绩每年以 80% 的速度增长，华为、联想、富士康、小米、OPPO、LG、索尼、TPK 等都是公司的客户。

2011 年开始，"东莞制造"已经难以延续基于人口红利的劳动密集型发展模式。从行业来看，手机产品更新换代的速度非常快。比如超薄手机日益成为市场消费趋势，对手机视窗玻璃的加工工艺提出了更高的要求，这就需要企业有对市场反应极快的创新速度。瑞必达自成立起选定自主研发自动化生产线的路径。2012 年，瑞必达正式投入研发首个"无人工厂"，网罗一批世界顶尖的智能装备专家人才。公司主要做法包括：一是推进生产设备（生产线）智能化，通过引进各类符合生产所需的智能装备，建立基于 CPS 系统的车间级智能生产单元，提高精准制造、敏捷制造能力。二是拓展基于产品智能化的增值服务，利用产品的智能装置实现与 CPS 系统的互联互通，支持产品的远程故障诊断和实时诊断等服务。三是推进车间级与企业级系统集成，实现生产和经营的无缝集成和上下游企业间的信息共享,开展基于横向价值网络的协同创新。四是推进生产与服务的集成,基于智能工厂实现服务化转型,提高产业效率和核心竞争力。

目前,瑞必达自主研发的"机器换人"项目,已在公司各个车间完成应用,成为广东省东莞市首家拥有"无人工厂"的高新技术企业。通过设备更新升级实现自动化改造,自主研发 CNC 精雕机机械手、全自动丝印机、自动补给集成冷却系统等,瑞必达一方面减少了人工,降低了人工成本,另一方面提高了产能和产品质量,整个的全制程智能化水平达到 70%~80%,局部能够达到 100%,生产效率比原来提高 15~20 倍,产品整体良率也显著提高。广东省和东莞市政府也高度肯定瑞必达的"机器换人"项目,将其作为示范工程在珠三角企业间进行推广。同时,瑞必达也获得了资本市场的青睐,成立仅三年就成功登陆新三板,成为行业领头羊。

四、东莞智能制造全面发展的问题与瓶颈

(一) 东莞市智能制造发展形势

1. 具有的优势分析

东莞推进智能制造具有四个方面的优势。

1) 具有坚实的产业基础

东莞已基本形成产业集中度较高的工业体系和实力雄厚的新兴产业体系,产业门类齐全,拥有 15.7 万家工业企业,规上工业产值 1.6 万亿元。战略性新兴产业产值占规上工业产值 30%,且呈现不断上升态势。

2) 两化融合发展水平较高

东莞是全国第二个"国家级两化深度融合暨智能制造试验区",市政府大力支持机器换人及智能制造装备制造业发展,已设立 6 亿元专项资金,推动融资租赁,完善技改备案,搭建产需平台。东莞家庭宽带普及率超过 80%,8M 及以上带宽用户占比超过 80%,20M 带宽用户占比超过 60%。

3) 智能制造体系初步形成

东莞已经基本形成了包含智能设计、智能制造、智能产品、企业资源计划管理、供应链管理、企业电子商务等环节的智能制造体系,生产性企业在研发设计、企业资源管理方面的数字化和智能化方面具有较高普及率。东莞智能手机出货量超过 3.56 亿台;智能终端厂家有华为、宇龙酷派、OPPO、步步高等,产业配套能力全国领先。从事云计算应用产业的相关企业达到 2200 多家,云计算自主创新能力持续增强,逐渐形成标准、研发、制

造、生产、监测等完善的物联网产业链。

4）具有较好科技支撑能力

东莞与多所高校院所、检测技术机构共建了广东华中科技大学工业技术研究院、电子科技大学广东电子信息工程研究院、东莞中国科学院云计算产业技术创新与育成中心等16个新型研发检测机构，引进和组建了一批优质创新资源，其中引进在东莞建立分室（或分中心）的国家级重点实验室（或工程中心、检测中心）已经达到19个、省级检验站11个，还参与组建了2个省级重点实验室和工程中心、17个市级重点实验室和工程中心以及7个行业创新平台、11个行业技术联盟和9个专业镇创新平台，对智能制造提供全方位的支持。

2. 存在的短板

东莞智能制造发展的不足和短板主要表现如下：

1）机械化和数字化融合核心技术受制于人

推进制造业机械化和数字化融合是发展智能制造先决条件，制造业只有率先实现了机械化和数字化融合，达到数字化研发设计和生产控制之后，才能推进软件化和网络化应用，进而方能实现智能化制造。工业传感器、数字伺服电机等关键技术是实现制造业机械化和数字化融合的关键，然而国产工业传感器和伺服电机应用种类偏少、运行可靠性不强、测量精度不高、特殊环境适应性较差，数字化、软件化和网络化程度偏低等多种因素是制约东莞这个制造业基地的智能装备功能和性能提升主要瓶颈，重要领域工业传感器和伺服电机严重依赖国外使东莞智能装备和智能制造的发展严重受制于人，成本高昂。

2）基础共性技术研发能力还需提高

东莞市在智能制造基础共性技术方面的总体研发能力与国内国际先进城市相比还比较薄弱，如智能制造硬件，软件的功能安全分析、设计、验证技术及方法，自动化控制系统整体功能安全评估技术等。从制造企业来看，绝大多数企业以应用智能工业技术为主，尚无企业从事智能工业基础共性技术的研发。另外，智能制造广泛使用工业控制技术和网络传输技术，面临着工控安全和网络安全问题，智能制造系统安全共性问题急需解决。

3）工业大数据对智能制造促进作用有限

制造的智能化关键在数据的自由流动和有效挖掘使用，不断优化制造组织流程和服务模式、促进制造商业模式创新。目前东莞出于装备普遍智能程度不高、系统应用相对封闭、机器产生数据海量等多种原因，工业大数据实时采集和存储受到制约。另外，与服务业大数据都是消费数据且方便建模和利用挖掘不同，工业大数据大多都是机器产生的物理运行数据，挖掘工业大数据需要更深层次物理机器运行建模，需要更加专业化的大数据挖掘专业信息服务提供商。

4）智能制造产品的质量体系有待建立

智能制造标准体系主要包括装备标准、工业互联网或通信网络的相关标准等。东莞尚未建立以智能制造产品为核心的全生命周期质量保障体系，主要体现为智能制造的标准体系尚未形成，以及以此标准为依据对智能制造领域涉及的产品和服务进行第三方质量检测的体系尚未建立，标准体系的缺失不利于东莞智能制造快速健康发展。

3. 面临的机遇与挑战

东莞发展智能制造有三个方面的机遇。

1）全球新一轮技术创新和产业变革带来战略机遇

无论是德国的"工业4.0"战略、美国的"再工业化"战略，还是日本的"再振兴"战略，都是以"制造业数字化智能化"为核心，智能制造已经成为全球制造业发展的趋势。新一代信息技术与制造业加快融合创新发展，物联网、大数据、云计算、人工智能等新技术加快应用，为东莞弯道超车、跨越发展提供重大机遇。

2）我国高度重视智能制造发展带来政策红利

国家对智能制造发展高度重视，在国务院印发《中国制造2025》的基础上，相关部委陆续出台了《智能制造发展规划（2016—2020年）》《国家智能制造标准体系建设指南》等，明确了发展路线图，出台了各类鼓励政策。广东省出台《广东省智能制造发展规划》，对企业智能制造重点项目、企业电商拓市、两化融合示范试点等予以专项资金扶持。

3）国家示范城市创建为东莞智能制造发展指明发展路径

东莞市正在积极创建"中国制造2025"试点示范城市，以供给侧结构性改革为主线，明确以智能制造为主攻方向，推动新动能培育与传统动能提升双轮驱动，致力于构建以战略性新兴产业为先导、以先进制造业为主体、以生产性服务业为支撑的新型制造体系，加快构建现代产业体系。

东莞发展智能制造面临诸多挑战，主要表现如下：

第一，全球制造业竞争加剧。一方面，全球金融危机造成的美国、欧盟等发达国家和地区的需求下降的态势尚未根本转变，全球贸易战加剧；另一方面，美国、欧盟重新重视实体经济发展，全球制造业将迎来新一轮国际分工争夺战，制造业分工版图可能因此重构，给东莞制造业的发展带来了巨大挑战。

第二,区域间竞争日益加剧。目前,国内主要城市纷纷布局智能制造,如上海将高端装备作为发展重点,并着力打造以机器人为主的高端装备集群;杭州积极部署"信息经济",抢占未来发展制高点;深圳、青岛、福州都在围绕制造业与互联网融合发展全力推动智能制造。面对激烈的区域竞争,东莞不进则退。

第三,东莞产业转型升级压力较大。全市产业规模大、门类多,但产业层次仍然偏低,产业结构偏重偏传统,生产环节大多处于价值链低端,工业增加值率与国际国内先进城市和地区有不小差距。创新能力还不够强,新产业、新业态、新模式对经济的支撑度还不够,企业自主创新能力相对不足,产品竞争力不强,高端供给不足,通过科技创新实现新旧动能转换和产业升级还需付出艰苦努力。

表5 东莞智能制造及其应用与德国"工业4.0"对标

	东莞制造智能化升级	德国"工业4.0"
现状基础	东莞制造业企业发展水平参差不齐是最大挑战,特别是相当一部分企业还处在"工业2.0"阶段	德国已普遍处于从"工业3.0"向"4.0"过渡阶段,拥有强大的机械和装备制造业,在自动化工程领域已经具有很高的技术水平
主要目标	以两化融合为主线,大力发展智能制造,构建信息化条件下的产业生态体系和新型制造模式	提出建设"信息物理系统",推进智能制造
政策抓手	机器换人、创新驱动、品牌建设	建立智能工厂,实现智能生产

(二)国内外智能制造发展经验借鉴

当前,全球产业竞争格局正在发生重大调整,世界各国积极加快智能制造重大战略政策部署,产业层面,跨国工业巨头、互联网企业等从不同角度推进智能制造发展,引发新一轮竞争热潮。

1. 战略和政策层面

大数据、云计算等信息技术正在发生新的变革,智能制造成为世界各国竞争的焦点,美德日等纷纷制定以重振制造业为核心的战略,构建制造强国新优势。这对东莞主要有以下启示:

1)高度重视制造业发展与升级

在美国,尽管其制造业整体上在走下坡路,但政府、企业及学术等各界均十分重视制造业发展、转型和升级,特别是当下美国把发展先进制造业当作首要任务,不仅是为了在新一轮产业革命的竞争中要"赢得未来",更重要的是维护美国制造业强国的地位,继续发挥制造业在经济发展、扩大出口、科技创新、节能环保和国家安全等方面的关键作用。虽然东莞已成为国际重要的制造业基地,但离制造强市还存在一定的距离,自主创新能力弱,关键核心技术与高端装备对外依存度高,尤其是目前在劳动力成本等外部因素影响下,一些传统制造业开始往外转移,存在产业空心化的危险。在当前全球制造业格局面临调整、我国经济运行环境复杂的背景下,更要充分认识到制造业在东莞国民经济中的支柱性作用。

2)构建良好的智能制造政策体系

各国(地区)都出台系列政策举措,营造良好的产业政策体系与环境,以吸引制造业回流或扶持智能制造发展。美国通过出台"选择美国"计划、改革税制、简化引资审批手续、改革签证制度等重要举措,大量吸引先进制造业"回流"和其他国家的高新技术企业赴美投资。实现制造业高端化和智能化需要进一步开放,特别是进一步改进引资的环境。东莞的制造业一直离不开对外开放和吸引外资,发展智能制造要继续吸引各国新技术及经验,保持对高端产业引进与对外产业转移的双向开放,在开放中进一步优化、提升和做强制造业。

3)打造智能制造支撑平台完善产业布局

借鉴德国建立全国制造创新网络的经验,推进创新系统建设和新兴产业的合理布局。德国有大量的基础研究机构为产业创新提供基础支撑,这些机构包括综合、理工类大学及霍兹联合会、莱布尼兹协会等国家级研究中心,研究内容遍及能源、航空、医疗科学、新材料等方面,相关研究不仅为工业新技术的研发提供了坚实的理论基础,同时也为政府的补助政策提供前瞻参考。东莞市要积极谋划成立"工业4.0"或"工业互联网"等与智能制造相关的联盟,或出台具体产业规划。加强政府对制造业发展的引领作用,合理安排创新系统建设和新兴产业布局,在全市形成智能制造支撑平台体系。

4)注重推动科技成果产业化

美国由联邦政府主导建立了制造业创新网络,政府提供初始资金,在竞争环境下由企业、高校、科研机构等合作,建立创新制造研究所。德国非常重视技术产业化,拥有弗劳恩霍夫研究所等应用研究机构,及时为企业提供相应的研究成果并推动商业化。东莞需加强官产学研的协调合作,通过政府初始基金撬动更多社会资金,使其投入到制造业新技术研发和产业化这一中间环节。加大对应用研究的资金支持，打造一批商业转化和技术应用能力较强的科研机构，引导社会成本参与和支持应用研究，鼓励企业与应用机构的合作，共同促进创新技术的成果应用。加强产学研结合，提高职业教育水平，加大高端制造领域人才培养力度。

2. 产业和企业层面

在"工业4.0"、工业互联网、物联网、云计算等热潮下，全球众多优秀制造企业都开展了智能工厂建设实践。例如，西门子安贝格电子工厂实现了多品种工控机的混线生产；FANUC公司实现了机器人和伺服电机生产过程的高度自动化和智能化，并利用自动化立体仓库在车间内的各个智能制造单元之间传递物料，实现了最高720小时无人值守；施耐德电气实现了电气开关制造和包装过程的全自动化；美国哈雷戴维森公司广泛利用由加工中心和机器人构成的智能制造单元，实现大批量定制；三菱电机名古屋制作所采用人机结合的新型机器人装配产线，实现从自动化到智能化的转变，显著提高了单位生产面积的产量；全球重卡巨头MAN公司搭建了完备的厂内物流体系，利用AGV装载进行装配的部件和整车，便于灵活调整装配线，并建立了物料超市，取得明显成效。

我国汽车、家电、轨道交通、食品饮料、制药、装备制造、家居等行业的企业对生产和装配线进行自动化、智能化改造，以及建立全新的智能工厂的需求十分旺盛，涌现出海尔、美的、东莞劲胜、尚品宅配等智能工厂建设的样板。例如，海尔佛山滚筒洗衣机工厂可以实现按订单配置、生产和装配，采用高柔性的自动无人生产线，广泛应用精密装配机器人，采用MES系统全程订单执行管理系统，通过RFID进行全程追溯，实现了机机互联、机物互联和人机互联；尚品宅配实现了从款式设计到构造尺寸的全方位个性定制，建立了高度智能化的生产加工控制系统，能够满足消费者个性化定制所产生的特殊尺寸与构造板材的切削加工需求；东莞劲胜全面采用国产加工中心、国产数控系统和国产工业软件，实现了设备数据的自动采集和车间联网，建立了工厂的数字映射模型，构建了手机壳加工的智能工厂。

由于各个行业生产形态不同，加上各个行业智能化情况不同，全球智能制造有三种不同的建设模式。

1) 从生产过程数字化到智能工厂

在石化、钢铁、冶金、建材、纺织、造纸、医药、食品等流程制造领域，企业发展智能制造的内在动力在于产品品质可控，侧重从生产数字化建设起步，基于产品品质控制需求从产品末端控制向全流程控制转变。因此其有以下智能工厂建设模式：一是推进生产过程数字化，在生产制造、过程管理等单个环节信息化系统建设的基础上，构建覆盖全流程的动态透明可追溯体系，基于统一的可视化平台实现产品生产全过程跨部门协同控制；二是推进生产管理一体化，搭建企业 CPS 系统，深化生产制造与运营管理、采购销售等核心业务系统集成，促进企业内部资源和信息的整合和共享；三是推进供应链协同化，基于原材料采购和配送需求，将 CPS 系统拓展至供应商和物流企业，横向集成供应商和物料配送协同资源和网络，实现外部原材料供应和内部生产配送的系统化、流程化，提高工厂内外供应链运行效率；四是整体打造大数据化智能工厂，推进端到端集成，开展个性化定制业务。

2）从单元（装备和产品）制造到智能生产

在机械、汽车、航空、船舶、轻工、家用电器和电子信息等离散制造领域，企业发展智能制造的核心目的是拓展产品价值空间，侧重从单台设备自动化和产品智能化入手，基于生产效率和产品效能的提升实现价值增长。因此其有以下智能工厂建设模式：一是推进生产设备（生产线）智能化，通过引进各类符合生产所需的智能装备，建立基于 CPS 系统的车间级智能生产单元，提高精准制造、敏捷制造能力；二是拓展基于产品智能化的增值服务，利用产品的智能装置实现与 CPS 系统的互联互通，支持产品的远程故障诊断和实时诊断等服务；三是推进车间级与企业级系统集成，实现生产和经营的无缝集成和上下游企业间的信息共享，开展基于横向价值网络的协同创新；四是推进生产与服务的集成，基于智能工厂实现服务化转型，提高产业效率和核心竞争力。

例如，广州数控通过利用工业以太网将单元级的传感器、工业机器人、数控机床，以及各类机械设备与车间级的柔性生产线总控制台相连，利用以太网将总控台与企业管理级的各类服务器相连，再通过互联网将企业管理系统与产业链上下游企业相连，打通了产品全生命周期各环节的数据通道，实现了生产过程的远程数据采集分析和故障监测诊断。三一重工的 18 号厂房是总装车间，有混凝土机械、路面机械、港口机械等多条装配线，通过在生产车间建立"部件工作中心岛"，即单元化生产，将每一类部件从生产到下线所有工艺集中在一个区域内，犹如在一个独立的"岛屿"内完成全部生产。这种组织方式，打破了传统流程化生产线呈直线布置的弊端，在保证结构件制造工艺不改变、生产人员不增加的情况下，实现了减少占地面积、提高生产效率、降低运行成本的目的。目前，三一重工已建成车间智能监控网络和刀具管理系统，公共制造资源定位与物料跟踪管理系统，计划、物流、质量管控系统,生产控制中心(PCC)中央控制系统等智能系统,还与其他单位共同研发了智能上下料机械手、基于 DNC 系统的车间设备智能监控网络、智能化立体仓库与 AGV 运输软硬件系统、基于 RFID 设备及无线传感网络的物料和资源跟踪定位系统、高级计划排程系统(APS)、制造执行系统(MES)、物流执行系统(LES)、在线质量检测系统(SPC)、生产控制中心管理决策系统等关键核心智能装置,实现了对制造资源跟踪、生产过程监控,计划、物流、质量集成化管控下的均衡化混流生产。

3)从个性化定制到智能互联

在家电、服装、家居等距离用户最近的消费品制造领域,企业发展智能制造的重点在于充分满足消费者多元化需求的同时实现规模经济生产,侧重通过互联网平台开展大规模个性定制模式创新。因此其有以下智能工厂建设模式:一是推进个性化定制生产,引入柔性化生产线,搭建互联网平台,促进企业与用户深度交互、广泛征集需求,基于需求数据模型开展精益生产;二是推进设计虚拟化,依托互联网逆向整合设计环节,打通设计、生产、服务数据链,采用虚拟仿真技术优化生产工艺;三是推进制造网络协同化,变革传统垂直组织模式,以扁平化、虚拟化新型制造平台为纽带集聚产业链上下游资源,发展远程定制、异地设计、当地生产的网络协同制造新模式。

上述内容对东莞主要有以下启示:

第一,不能盲目购买自动化设备和自动化产线。很多东莞制造企业仍然认为推进智能工厂就是自动化和机器人化,盲目追求"黑灯工厂",推进单工位的机器人改造,推行"机器换人",上马只能加工或装配单一产品的刚性自动化生产线。只注重购买高端数控设备,但却没有配备相应的软件系统。

第二,加快实现设备数据的自动采集和车间联网。企业在购买设备时没有要求开放数据接口,大部分设备还不能自动采集数据,没有实现车间联网。目前,各大自动化厂商都有自己的工业总线和通信协议,OPC UA 标准的应用还不普及。

第三,去除工厂运营层的"黑箱效应"。在工厂运营方面还缺乏信息系统支撑,车间仍然是一个黑箱,生产过程还难以实现全程追溯,与生产管理息息相关的制造 BOM 数据、工时数据也不准确。

第四,打通信息化孤岛和自动化孤岛。智能制造建设涉及智能装备、自动化控制、传感器、工业软件等领域的供应商,集成难度很大。很多企业不仅存在诸多信息孤岛,也存在很多自动化孤岛,自动化生产线没有进行统一规划，生产线之间还需要中转库转运。

智能制造和智能工厂涵盖领域很多，系统极其复杂，企业还缺乏深刻理解。在这种状况下，制造企业不能贸然推进，以免造成企业的投资打水漂。应当依托有实战经验的咨询服务机构，结合企业内部的IT、自动化和精益团队，高层积极参与，根据企业的产品和生产工艺，做好需求分析和整体规划，在此基础上稳妥推进，才能取得实效。

五、推进东莞市智能制造发展的对策建议

为推进东莞智能制造加快发展，促进智能制造在东莞工业体系中的更广泛应用，本报告提出主攻四大方向、培育三类主体、夯实两大基础、构建三大机制，从产业发展方向、技术突破重点、突出关注企业以及政府发力重点等方面提出了若干建议。

（一）主攻四大方向

1. 工业强基工程

聚焦产业发展瓶颈，强化产用结合，针对关键基础材料、核心基础零部件（元器件）、先进基础工艺、产业技术基础等领域推进工业强基工程，重点在纳米及微纳制造、新能源汽车材料、新一代显示技术材料、智能电网及超导材料、量子通信等领域重点突破一批关键产品和前沿技术，提升工业基础能力。

2. 智能装备高端突破

统筹做好规划布局，重点突破，集聚发展，建设国内领先的智能产业园区。以举办智博会为契机，进一步推动机器人智能装备产业发展，加快推进"机器换人"和智能改造，深入探索物联网协同、智能化管控、大数据服务等智能制造模式，积极建设更具影响力的智造强市，把机器人及智能装备产业建设成为一个千亿级产业集群。

3. 加快制造业智能化转型

针对传感器、工业软件、工控系统、人工智能、系统集成等关键领域突破一批共性技术，提升自主设计水平和系统集成能力，深入推进两化融合管理体系建设，培育"互联网+制造业"的新模式，发展网络化协同研发制造和大规模个性化定制。加快工业云和工业大数据平台建设。搭建面向广大制造企业的即享云服务平台和工业大数据库，推广应用新型生产方式和商业模式，试点开展工业云应用免费诊断，在人工智能、新能源、纳

米、平板显示等重点领域实施一批工业大数据示范应用项目。

4. 引导企业提升品牌和质量

以智能制造为抓手,形成一批在全国有影响力的智能制造先行区域。实施增品种、提品质、创品牌的"三品"战略,培育一批智能产品和品牌,支持企业创建省级以上名牌和商标。积极推广先进质量管理方法,加强企业制度改造、产品创新和全面质量管理,着力提高有效供给能力和水平,引导企业通过智能制造提升管理水平、质量档次和品牌影响力。

(二)培育三类主体

1. 培育智能化转型应用主体

实施智能制造"十百千万"工程,采用"诊断免费、技改支持、示范奖励、申报优先"的方式支持企业加快应用高端智能装备,建设智能车间和智能工厂,提升生产效率和产品品质,加快制造业价值链高端延伸。落实财政支持政策,建立多元金融服务手段支持智能制造项目运用的格局,多渠道打通企业智能化技术改造的资金瓶颈。以引导企业实施工信部智能制造综合标准化与新模式应用为引领,打造在全国有示范意义的智能化标杆项目;推进龙头企业率先进行智能化改造。

2. 培育智能装备与技术创新企业

瞄准增材制造、智能医疗器械、机器人及核心零部件、高档数控机床等高端装备领域,实施一批重点项目和重大课题,培育一批骨干企业。引导和支持龙头骨干企业、专业机构建设智能制造"双创"平台,整合产业链中小企业创新资源,形成大中小企业和谐共生和融通发展的智能产业生态。

3. 培育智能化综合解决方案供应商

大力培育第三方技术服务商,为企业开展智能化改造诊断服务提供解决方案;大力培育系统集成商,为企业智能化改造提供全流程精准服务,用社会化手段推动企业装备升级。鼓励智能制造核心企业整合智能装备、零部件、信息系统等产业链上下游企业,通过紧密合作、协同创新,为东莞传统产业提供智能生产线、智能车间和智能工厂整体解决方案,促进传统产业提档升级。

(三)夯实两大基础

1. 提升工业互联网基础

研发新型工业网络设备与系统,构建工业互联网试验验证平台和标识解析系统。推进东莞市5G试验网建设,探索开展5G在工业领域的商用试点和布局，推动制造企业开展网络升级改造。开展企业宽带"企企通"工程，实现工业信息基础设施网络和服务"进企业、入车间、联设备、拓市场"。

2. 打造公共服务平台

建立智能制造公共服务平台网络体系，在重点区域、行业建设一批国家和省级示范平台，重点建设智能工业融合发展、工业大数据创新、中国制造业知识服务、智能制造协同创新等方面的中心和平台，积极发挥东莞市智能制造产业联盟等服务载体的作用，为企业自动化、数字化、智能化改造提供技术支持和系统解决方案服务。

（四）构建三大机制

1. 多领域融合的产学研用协同创新机制

深入推动东莞本地企业与中外高校、大院大所创新合作发展，促进智能制造跨学科、跨领域融合发展。加强与中国科学院、中国工程院合作，举办"院士东莞行"活动，为企业承担国家重大专项提供技术支撑。推进东莞理工学院开展智能制造关键共性技术研究和应用。

2. 龙头企业带动的产业协同创新机制

鼓励智能制造企业建立企业技术中心等各类企业研发机构，创造条件支持骨干企业牵头或参与建设国家、省制造业创新中心。重点推进20家东莞市大企业和领军企业先进技术研究院等新型创新载体建设，提高企业研发投入占销售收入比重。鼓励智能制造服务商建设国家实验室等各类实验室，为智能制造企业提供开放的检验检测技术平台。

3. 内外资源集聚共享开放合作机制

鼓励跨国公司、国外机构等在东莞设立智能制造研发机构、人才培训中心，建设智能制造示范工厂。鼓励企业参与国际并购、参股国外先进的研发制造企业，在智能制造标准制定、知识产权等方面开展国际交流与合作，依据国家智能制造标准体系建设指南制定企业标准并积极参与国家标准制（修）订。

六、近期工作建议

（一）加快创建"中国制造2025"国家级示范市

成立东莞市推进"中国制造2025"工作领导小组并充分发挥其协调推动作用，加快"中国制造2025"国家级示范区申报、创建工作。尽快成立市智能制造专家咨询委员会，形成协同推进的工作机制。建立会议制度，定期召开会议研究决定重大创新事项，统筹制定创新政策措施；建立智能产业的政策、资金、人才、金融、项目等联评联议机制，共同推动东莞智能制造业发展。

（二）制定并出台《东莞市智能制造发展规划》

编制出台并落实《东莞市智能制造发展规划》，统筹安排东莞市的智能制造总体要求、发展目标和重点任务，并有序安排好工作进程。同时，在智能制造相关的成果转化、人才引进、市场准入、项目引进、土地使用、财政支持和金融服务等方面出台专项政策，创造宽松环境，给予优惠政策。加大补贴力度，鼓励企业优先采购本地产机器人等智能制造设备。

（三）设立智能制造财政扶持资金和引导基金

设立智能制造孵化资金及产业发展基金，建立智能制造贷款风险补偿资金池。不局限于政府财政扶持资金等范围，搭建金融租赁服务平台，积极引导银行等金融机构对技术先进、示范效应显著的智能制造项目给予信贷支持；引导和支持各类社会资本，如私募股权基金、风投基金、天使投资基金等，进入智能制造投资领域，为制造业企业智能化转型拓宽融资渠道。实施智能服务平台、智能装备首台套、智能工厂、智能服务示范培育等奖补政策，加快智能制造产业发展。

（四）创建智能制造重点发展专业园区

围绕高端装备制造、智能电网、新能源汽车、轨道交通产业化、建筑产业化等领域，依托松山湖、生态园、滨海湾新区等建设一批智能汽车产业园、智能装备产业园和机器人产业基地。促进智能制造与"互联网+"、新一代信息技术深度融合，建设完善智能汽车、智能电网、机器人全产业链布局。

（五）建设服务本地的智能制造公共合作平台

鉴于东莞市龙头企业仍重点专注于传统产业，对于智能制造产业的扩展力度及研发深度均不足的现实，东莞市要积极构建企业与高等院校合作平台，充分发挥高等院校的技术研发能力，提高高等院校、研究机构的研究成果转化率。

D_{ong} G_{uan}

产业篇

生产领域是智能制造的主战场。产业的转型升级离不开智能制造的带动和影响,智能制造的推广应用和升级换代有利于产业的转型升级。东莞的产业基础和结构,决定了东莞智能制造的水平和层级;东莞智能制造的发展和升级,决定着东莞的产业升级方向和水平。

东莞的产业基础较好,产业门类齐全,产业结构不断优化。东莞,作为一座起步于制造、发达于制造、扬名于制造的现代化新城,1978年,全国第一家"三来一补"企业——太平手袋厂诞生于此。经过改革开放40年的发展,东莞已发展成为世界闻名的现代制造业名城,形成了门类齐全、配套完善、技术先进、涉及30多个行业和6万多种产品的制造业体系。2017年东莞地区生产总值达7582亿元,5年来年均增长8.39%,已成为粤港澳大湾区和广深科技创新走廊的重要节点。东莞拥有世界上最完整的电子信息产业链和较为齐全的制造业产业链上下游配套,在发展信息技术产业方面具有独特的竞争优势。数据显示,东莞电子信息制造业(新一代信息技术)、高端装备制造业(机器人和智能装备)基础坚实,2017年GDP占比分别为15.1%和7.8%。

良好的产业基础和不断推进的智能制造,储备了多层次、多元化和聚集性的产业空间资源,为发展新一代信息技术、机器人、智能装备及其他先进制造业提供了宽阔的承载平台。传统的家具制造业、服装纺织业、食品加工业和现代的电子信息产业、高端装备制造业,构成了未来东莞智能制造推广应用和技术创新的雄厚基础。未来,依托"五大支柱、四大特色"产业的不断智能化升级,以及新兴产业领域的不断发展壮大,东莞作为先进制造业中心和全球创新型城市的区域影响力将不断突显。

"十三五"时期东莞市产业结构分析

"十三五"时期,东莞市深入学习贯彻党的十八大和习近平总书记系列重要讲话精神,紧密围绕省委、省政府的决策部署和中心工作,深入推进创新驱动发展,充分发扬敢为人先的莞商精神,牢牢把握新一轮产业革命的历史契机,以企业为主体,以重点企业、重大项目、重要园区为抓手,以技术创新、体制机制创新为动力,强化规划引导和政策扶持,集聚各项要素资源,加大对信息技术、先进装备和高端装备、新材料、生物技术等领域的谋篇布局,发展壮大战略性新兴产业,推动东莞由制造业大市向制造业强市转变。

一、基本原则

(一)市场主导,政府引导

充分发挥市场在资源配置中的决定性作用,突出企业在技术路线选择和项目决策领域的主体地位,提升资源配置效率。注重总体规划和政策引导,不断提升政府在基础设施、公共服务、市场监管等方面履职效能,为战略性新兴产业发展营造良好的外部环境。

(二)高端引领,创新驱动

立足东莞坚实的制造业基础,主动瞄准新一代信息技术、机器人制造、生物技术、增材制造(3D打印)等高端领域,对标国际国内一流企业。充分利用全球创新资源,链接穗莞深科技创新走廊,提升企业研发能力,构建具有东莞特色的开放型新兴产业创新体系。

(三)内生发展,开放合作

适应战略性新兴产业研发的全球化特点,坚持自主创新与引进、吸收再创新相结合,科研机构研发与大众创业、万众创新相结合,全面深化科技领域对内对外合作,深入对接深圳先进技术和创新研发,不拘一格地吸收创新力量服务东莞战略性新兴产业发展。

（四）集群发展，产城融合

依托松山湖等产业发展平台，不断完善战略性新兴产业发展的生态环境和产业链条，促进产业分工，提升专业水平，实现错位、集群发展。以产业发展需求为导向，科学规划开发城市空间，以城市规划建设和管理水平的不断提升为战略性新兴产业提供有力支撑。

二、发展目标

（一）产业发展目标

到2020年，力争实现全市战略性新兴产业规模突破5000亿元，增加值占地区生产总值比重达到16%左右，对经济增长的贡献率显著增强，对产业结构升级、节能减排、增加就业等带动作用明显提高。培育30家产值超100亿元的龙头企业，形成新一代信息技术、高端装备制造、新能源汽车等多个产业集群。

（二）创新发展目标

加大技术创新投入，战略性新兴产业重要骨干企业研发投入占销售收入比重力争达到3.5%以上，突破掌握一批具有自主知识产权的关键技术，自主创新能力和产业技术水平显著提升。

（三）共享发展目标

形成一批具有国际竞争力的大企业和创新型中小企业群体。扩大行业就业人数，实现行业每年吸纳5万人就业。力争到2020年，纳税过亿高新科技企业占比提高至35%。

（四）改革发展目标

设立促进新兴产业发展专项资金，确保各个产业最低资金使用额，压减行政审批事项幅度，推动10家以上企业在资本市场上市融资。

表1 "十三五"时期东莞市战略性新兴产业发展的主要指标

序号	指标名称		单位	2015年	2020年	年均增长	指标属性
一、产业发展							
1	战略性新兴产业总产值		亿元	2500	5000	14.9%	预期性
2	增加值占地区生产总值比重		%	11	16	—	预期性
3	千亿产业集群培育数量		个	—	5	—	预期性
4	主营业务收入突破百亿元的龙头企业		家	7	30	—	预期性
二、创新发展							
5	R&D经费支出占地区生产总值比重		%	2.3	2.8	—	预期性
6	国家高新技术企业数量		家	985	1800	—	预期性
7	发明专利	每百万人申请量	件	9.46	23	—	预期性
		每万人拥有量	件	1338	2100	—	预期性
8	创新创业领军人才		人	35	100	—	预期性
9	博士后招纳数量		人	119	180	—	预期性
三、共享发展							
10	纳税过亿高新科技企业占比		%	19	35	—	预期性
11	行业新增就业人数情况		人	—	—	年吸纳约5万人就业	预期性
四、改革发展							
12	财政资金支持力度		亿元	每年投入20亿元专项资金	不低于"十二五"期间水平	—	约束性
13	行政审批事项压减幅度		%	55	75	—	预期性
14	高新技术上市融资企业数量		家	—	10	—	预期性

三、区域产业布局分析

(一) 总体布局

根据东莞市战略性新兴产业发展重点,结合全市区位交通、产业基础以及城市功能分布,明确全市战略性新兴产业总体空间布局为"两带多节点"的产业发展格局。

图 1 战略性新兴产业"两带多节点"布局

1. "两带"

1) 以松山湖为龙头的主体产业带。深化莞深同城,强化与深圳高新技术产业带融合发展,对接深圳龙岗、光明高新技术产业基地及横岗等优势传统产业基地。

2) 以东莞市中心城区为核心的主体产业带。推进东莞市城区战略性新兴产业高端服务业发展,建设战略性新兴产业服务与制造基地,加强与广州东部工业区、广州科学城与广州中新知识城建设的互动,重点发展高端新型电子信息、新材料、生物技术等。

2. "多节点"

位于穗莞深科技创新走廊上的水乡特色发展经济区、中心城区、长安滨海新区以及东莞市的虎门港开发区、横沥科技园、广东银瓶合作创新区等战略性新兴产业高端功能区。促进生产要素、知识要素、创新要素在各节点内合理集聚，提高战略性新兴产业集中度及发展高度。

（二）重点产业布局

图 2　重点产业布局

1. 新一代信息技术

实现一个核"新"区（即以松山湖高新区为中心，全力打造以高新技术产业为核心的高端新型电子信息产业区）、四个示范区（即石龙镇建成全市信息化建设推广示范区、石碣镇建成全市外向型信息产业转型升级示范区、清溪镇建成全市信息产业园区集聚发展示范区、虎门港建成全国物联网应用产业示范区）、五个特色化产业群（即移动互联网产业群、物联网产业群、大数据产业群、云计算产业群、集成电路产业群）的科学布局，构筑东莞高端电子信息产业大基地。

1）移动互联网产业群

依托松山湖高新区新一代互联通信产业发展雄厚基础，吸引大批致力于技术引领的创新型企业，打造升级版松山湖移动互联产业集群。以东莞国富科技孵化器和中国科技开发院东莞松山湖中科创新广场两个产业园区（孵化器）为产业创新孵化载体，力争孵化百家以上以移动软件和应用开发为主的移动互联网行业企业。打造以台湾高科技园为载体，以华为机器、宇龙通讯等为龙头，以大普通信、晶广半导体等为基础的移动通信装备制造产业集群。发挥华为总部基地集聚效应,加快吸引智能手机领域总部型、平台型、基地型项目入驻,将松山湖高新区打造成以研发设计为核心,以关键配套环节为重点,以智能手机公共服务平台为支撑的国际智能手机产业集群。依托清溪、凤岗、塘厦、黄江、大朗、大岭山、长安镇等邻深片发展区背靠深圳的区位优势,主动承接深圳市智能手机制造产业转移,争取将邻深片发展区打造成深圳智能手机制造产业和人才双转移核心承载区。

2）物联网产业群

以智慧城市为主要抓手,打造松山湖新一代物联网通信基地,建设松山湖物联网创新技术服务、物联网通信产业园区。利用石碣镇电子元器件的制造优势,大力推进石碣物联网器件装备产业园区建设,引导本地电子企业之间加强合作,做大做强物联网器件与装备产业。以长安、大朗、虎门、厚街等专业镇为重要载体,依托各镇在五金机械、毛织、纺织服装、家具等制造产业中的优势,重点打造一批高水平、高智能化的智慧制造应用示范项目基地。

3）大数据产业群

以莞城大数据产业中心项目为核心,开展南城、东城与长安的智慧城市示范工程,将其打造为新兴产业企业及政府政务提供大型计算和海量数据存储服务的产业集群。依托现有物联网、云计算、智能手机等战略性新兴产业集群优势,支持在松山湖高新区、长安镇、石碣镇、石龙镇、清溪镇、虎门港等电子信息集聚地建设大数据产业基地,争取认定为省级大数据产业基地。

4）云计算产业群

以东莞跨境贸易电子商务中心为试点,着力打造以云基础设施服务(IaaS)与产品、云平台服务(PaaS)与产品为主的研发和生产核心基地。借助石龙和南城的产业基础,着力建设以云计算技术研发和软件服务(SaaS)为主的创新产业集群。发挥水乡片区临近广州的区位优势,积极引入金融、通信、电子商务、现代物流等企业及相应云计算数据中心,重点发展电子商务云、现代物流云及相关云应用服务。

5）集成电路产业群

依托松山湖高新区的发展基础,打造集电源管理芯片设计、北斗导航及GPS芯片研发、视频监控及数码照相芯片设计、传感芯片及器件研发、单片机及电子元器件芯片设计等高性能芯片领域的产业集群。以三清半导体为典型代表,将清溪镇打造为东莞市电子信息产业结构调整重点示范镇。

2. 高端装备制造产业

以松山湖高新区及广东银瓶合作创新区为重要基地发展高端装备制造业集聚区，将万江街道、凤岗镇、东坑镇、麻涌镇、长安新区设立为后备发展基地。利用港口优势，建设立沙岛高端制造业集聚区，拓展周边战略合作，形成结构和功能互补的高端装备制造业产业体系。

1）工业机器人产业基地

构建"一核一环"、组团发展的机器人产业空间布局。"一核"即全力支持建设松山湖国际机器人产业基地和广东省智能机器人研究院，将松山湖高新区打造成东莞工业机器人智能装备产业的核心区。"一环"即结合松山湖、大朗、大岭山、万江、长安、东城、寮步、虎门、厚街、常平、横沥、塘厦、石碣、清溪、南城等镇街园区现有产业基础，构建东莞市工业机器人智能装备产业聚集发展带。组团发展即重点围绕东莞电子信息、电气机械、汽车模具制造、服装、制鞋、毛织、家具食品等行业对智能装备需求，构建以装备应用企业和装备制造企业为主体的供需组团。

2）高档数控加工装备基地

以松山湖高新区、广东银瓶合作创新区为主体产业聚集区，推动大朗、常平、万江等周边镇街机床、车床、冲床、CNC加工中心等现有机械设备制造业调整，优化增量结构，形成具有特色的和产业链配套优势的数控加工装备产业基地。以厚街、南城为中心建设智能制鞋机械基地。以大朗、常平为中心建设智能纺织机械基地。以厚街为中心建设家具制造智能装备基地。

3. 新能源汽车

以松山湖高新区和麻涌镇为核心，建设集新一代纯电动汽车研发机构、测试机构、整车生产及应用示范为一体的产业基地。整合长安、厚街、凤岗、中堂镇等现有汽车配套企业，打造具有完整产业链体系的新能源汽车产业集群。以东莞新能源电子科技有限公司、东莞迈科科技有限公司、东莞市杉杉电池材料有限公司为龙头，建设锂电池研发和制造基地，形成动力电池正负极材料、电池隔膜、电解液、电池管理系统相配套的产业链。以易事特为龙头企业，建设电动汽车充电桩设备、维护、销售等应用企业群。依托东莞中山大学研究院和宜安科技，建设电动汽车轻量化材料及部件研发与生产基地。

4. 生物技术

构建以两岸生物技术产业合作基地为核心，以松山湖高新区为产业中心区，依托穗莞深科技创新走廊汇聚研发平台，以引进新药、高端仿制药及先进医疗器械为切入点,逐步形成以生物医药为主体,以创新研发和成果转化为核心,以新药及医疗器械、干细胞和再生医学、生物新技术与转化医学为重点,近期布局与长远规划相结合的产业布局。重点布局三个平台:

1)在松山湖加快建设一批生物公共技术服务平台,以松山湖生物医药工程中心、市食品药品检测中心等公共医药平台为基础平台。

2)以广东省医疗器械检测中心东莞分中心为关键平台,重点推进东莞大型医疗器械、体外诊断以及医用高值耗材的发展。

3)以松山湖广州中医药数理工程研究院为重要平台,集中发展现代中药产业,全力打造广东药港。

5. 节能环保技术

以东莞生态产业园城市湿地为特色,打造现代高端产业、循环经济和生态产业示范园区。以中堂、常平、大朗、麻涌、沙田、长安、虎门等镇造纸、印染、电镀废水处理为抓手,促进东莞环保专业基地建设。以横沥、清溪、虎门、麻涌、常平镇垃圾处理为基础,促进东莞固体废弃物处理技术升级。以中以国际科技合作产业园和中英低碳环保产业园为核心,大力引进水处理技术应用企业,推动水处理环保产业发展。

6. 新材料

建设以松山湖为核心的新材料产业制造基地,以广东生益科技股份有限公司松山湖、东城和万江厂区为支撑,打造中国大陆最大的覆铜板专业生产基地,推进东莞软性光电材料产研中心及高性能覆铜板基地建设。以松山湖高新区为依托,推进新材料技术研发,加速节能环保幕墙、低碳新材料等项目建设。以中堂绿色建筑产业园为依托,推动绿色建筑产业发展,打造省级绿色建筑工业化示范基地。以麻涌东莞南玻太阳能玻璃有限公司为龙头,打造全国最大的太阳能超白玻璃供应基地。围绕企石中镓半导体科技有限公司氮化镓(GaN)基衬底材料产业化项目,建立衬底材料制备基地。

7. 增材制造(3D 打印)

依托横沥镇 3D 打印技术公共服务平台,重点建设以增材制造(3D 打印)产业为核心的企业孵化系统、工程研究系统和技术支撑服务体系,在材料、装备、工艺、软件等关键环节实现率先突破,形成从产品设计到工业应用的完整产业链条。依托以东莞中心城区为主体的现代服务业主体功能区,面向航空航天、汽车、家电、文化创意、生物医疗、创新教育等领域推进增材制造(3D 打印)产业发展。

四、区域重点产业分析

（一）智能制造产业发展基础分析

1. 智能制造产业体系已显雏形、智能制造技术不断突破

我国制造业尚处于机械化、电气化、自动化、信息化并存发展阶段，多数企业处在由"工业2.0"向"工业3.0"过渡的阶段。智能制造产业也处于初级发展阶段，大部分处于研发阶段，仅16%的企业进入智能制造应用阶段。从智能制造的经济效益来看，52%的企业的智能制造收入贡献率低于10%，60%的企业的智能制造利润贡献低于10%。但是，智能制造产业体系和发展环境已初步培育成形。2016年，工业自动化控制系统和仪表仪器、数控机床、工业机器人等部分装备产业规模销售收入超过10000亿元，此外机器人技术、感知技术、智能信息处理技术等一系列智能制造技术获得突破，建立了一批国家级研发基地，但智能制造的一些关键性技术仍旧依赖于进口，自主创新能力还较弱。

2. 智能制造产业发展市场空间巨大，企业纷纷进军系统解决方案领域

国内企业智能制造的转型升级需求迫切，系统解决方案市场需求广阔。2010—2016年，我国智能制造产业保持着较高的增长速度，到2016年，我国智能制造产业的产值规模为12233亿元。随着国内劳动力人口减少以及劳动力成本的逐渐上升，企业迫切需要实施机器换人战略，就工业机器人来看，2014年国内工业机器人销售同比增长了56%。互联网时代，用户需求日趋多样化、定制化，企业订单呈现出小型化、碎片化的发展趋势，引进与应用智能制造系统解决方案已经成为企业满足新时代发展需要的重要着力点，国内各领域企业纷纷投身行业系统解决方案领域，以提升智能制造安全可控程度。如，沈阳新松机器人依托装配型搬运机器人领域的优势，为用户提供智能化立体仓库建设方案；用友、鼎捷等软件供应商凭借多年ERP服务经验，将管理软件与物联网硬件融合，为大型或超大型企业提供系统智能工厂解决方案；汽车行业零部件研发制造商无锡贝斯特已经能够向市场提供汽车行业智能工厂建设系统解决方案等；深圳雷柏科技从2013年起将自身成熟的智能工厂解决方案作为独立业务对外提供，已在手机、导航仪、遥控器等领域发展数十家客户；阿里通过线下工厂数据化、工厂产能商品化的模式，从提供电子商务交易平台演进为提供用户深度参与、供应链高度协同、迭代式创新的制造智能化、柔性化、定制化解决方案。

（二）智能制造产业链市场态势分析

德国、美国、日本等发达国家一直以来是全球装备制造业的领头羊，也是率先推动"工业4.0""工业互联网""智能制造"等制造变革的源头。以数控机床、工业机器人、智能控制系统、自动化仪表、3D打印制造、工业软件等智能制造产业领域为例，美国、德国、日本等发达国家的产业规模、产品质量、技术水平都占相当优势。

智能制造产业集中度高，跨国公司战略布局凸显全球化格局。从市场驱动力看，高度依赖高端、精密、技术密集、集成制造发展需求，根本上源自有效缩短产品生产周期、大大提高产量的需求；国际规模劳动分工让消费品利润减少，要使用智能自动化技术来弥补生产的不足，并满足消费者在使用材料微型化、触感和多功能性等方面的持续增加的要求，以及更加严格的生产安全与可追溯性要求。从内在支撑力看，高度依赖工程制造科学、技术基础与发展经验的积累，行业垄断性普通很强，而垄断力量主要来自发达国家领先跨国企业。

智能制造产业链中自动化生产线集成、自动化装备、工业信息化、工业互联/物联网和智能化生产等五大领域市场状况分析见表2。

（三）智能制造产业发展趋势分析

1. 智能制造产业将与新一代信息技术深度融合、共荣发展

新一代互联网技术向生产和消费领域全面渗透，在物联网、云计算、大数据等新一代互联网基础设施的支持下，制造业产品、生产流程管理、研发设计、企业管理乃至用户关系将出现智能化趋势，互联网重构了产业生态链及价值链，生产组织方式、要素配置方式、产品形态和商业服务模式都发生变革，已成为撬动智能制造的重要力量，将推动"中国制造"向"中国智造"转型。

2. 智能制造产业将促进制造模式的根本性变革

智能制造产业开始走向个性化定制的一个新时代，进行网络化和智能化的柔性和协同生产，将出现往按需定制的制造模式变革。生产制造系统将具备高度柔性化、个性化以及快速响应市场等特性。将出现消费需求智能感知的制造模式变革，对制造业的生态和业态产生深刻的影响，从而重构智能制造产业生态圈，推动智能制造产业集群在线上实现转型升级。

表 2　智能制造产业链市场状况分析

序号	产业链领域	核心业务	业务形式	应用市场及规模	典型企业
1	自动化生产线集成	● 为终端客户提供应用解决方案 ● 工业机器人软件系统开发和集成	● 关键设备生产线集成和工厂产线技术改造 ● 现有设备升级和联网改造 ● 工业控制、传动、通讯、生产与管理信息等系统设计、系统集成、设备集成及EPC工程等服务	● 集中于汽车工业,规模已超百亿 ● 2016年市场空间达134亿~178亿 ● 2020年市场规模接近830亿,2016—2020年年均复合增长率可达20% ● 拓展至农衣副食品加工业、酒、饮料精制茶制造业、医药制造业、餐饮业、金属制造业和以家用电器制造、电子元器件、计算机和外部设备制造等为代表的电器机械和器材制造行业	● 国际:ABB、KUKA、柯玛 ● 国内:新松机器人、大连奥托、成焊宝玛、晓奥享荣
2	自动化装备	● 工业机器人	工业机器人生产制造与应用	● 2016年我国工业机器人销量已高达9万台,占全球销量比重达31% ● 我国工业机器人密度仍偏低,截止2015年每万人拥有数量达49台,仍显著低于全球每万人69台 ● 2016—2020年我国工业机器人市场销售总规模将达1653亿元 ● 减速器、伺服系统、控制系统重要核心零部件受制于进口	● 国际:ABB、FANUC、YASKAWA、KUKA ● 国内:新松机器人、埃斯顿

续表2

序号	产业链领域	核心业务	业务形式	应用市场及规模	典型企业
2	自动化装备	数控机床	数控机床生产、制造与应用	• 2016年，中国数控金属切削机床产量为78万台，同比增长2.2%；2017—2021年年均复合增长率约为3.47%，2021年将达到85万台 • 2016年，中国数控金属成形机床产量为31.8万台，同比增长4.3%；2017—2021年年均复合增长率约为6.33%，2021年将达到38.9万台 • 到2020年我国数控机床行业的资产产值规模将达到2700亿元 • 高端数控机床（数控系统）主要依靠进口，2016年我国数控机床进口额约为26亿美元	• 国际：西门子、德玛吉、FANUC • 国内：沈阳机床、大连机床、济南机床、华中数控、广州数控
3	工业信息化	工业软件	工业软件系统研发、实施、集成和应用	• 产业由欧美企业主导，呈"两极多强"态势，SAP、Siemens在多个领域均崭露头角，而IBM、达索系统各自专业领域形成优势 • 2015年全球MES软件的规模达到78亿美元，维持17%左右的高增长率 • ERP产业格局稳定，SAP和Oracle两家企业占据主导 • CAD产业主导的是Autodesk和达索系统 • 排名前五位的国内厂商占据整体市场份额较低，且其96%的销售在国内市场，全球份额不足0.3% • 我国工业软件产品多集中于OA、CRM等门槛较低的软件类型，国外产品在MES、ERP、PLM等主流工业软件市场占据主导	• 国际：SAP、Siemens、达索、Autodesk、PTC • 国内：用友、金蝶、开目、CAXA

续表 2

序号	产业链领域	核心业务	业务形式	应用市场及规模	典型企业
4	工业互联网/物联网	• RFID • 机器视觉等物联技术 • 传感器	RFID、传感器生产制造	• 我国 RFID 企业缺乏芯片、中间件等关键核心技术，还未形成成熟的 RFID 产业链 • 国内机器视觉厂商多是引进国外产品做系统集成，从事生产机器视觉产品企业少 • 国内有 1700 多家传感器生产研发企业，从事微系统研制，生产的有 50 多家，已建成安徽、陕西、黑龙江三大传感器生产基地 • 2015 年我国传感器销售额突破 1300 亿元，全球市场约为 1770 亿美元，2017—2021 年全球传感器领域复合年增长率超过 15%	• 国际：德国海德汉、英国雷尼绍 • 国内：歌尔声学、纳芯微电子、华润半导体
5	智能生产	• 3D 打印制造	3D 打印设备生产制造与应用	• 全球 3D 打印产业链初步形成，包括 3D 打印生产制造商、原材供应商、3D 打印软件、3D 扫描和产品服务商等 • 2016 年，全球 3D 打印市场规模为 70 亿美元，至 2020 年将达到 212 亿，未来 5 年复合增速为 32% • 消费电子和汽车行业各贡献了 3D 打印总收入的 20%	• 国际：Stratasys、3D systems、EOS、ExOne • 国内：大族激光、先临三维

61

五、未来产业结构调整方向

（一）总体目标

立足东莞现代制造名城的发展定位，服务电子信息、五金模具特色产业发展，以市场为主导、配置社会资源、优化供需结构，推动制造企业自动化、数字化、网络化、智能化升级改造和智能制造试点示范，加快发展工业机器人、工业软件、集成供应商等智能制造产业，构建智能制造服务云平台，打通智能制造全产业链，形成良性循环的智能制造产业生态链，构建新型智造体系，培育产业竞争新优势，推动"东莞制造"向"东莞智造"的更高水平发展。

（二）发展目标

1. 快速形成智能制造产业链

力争到2020年，基本形成涵盖工业机器人、智能生产线装备、智能可穿戴设备和高端数控设备、精密智能仪表及传感设备、3D打印等智能装备提供商，智能制造系统解决方案供应商，智能制造软件和信息技术服务商的智能制造产业链体系，培育形成一两个智能制造系统解决方案供应商产业龙头，打造一批特色鲜明、技术先进的智能制造企业，形成产业龙头牵引、多产业要素联合推进、多制造企业主体深度参与的智能制造产业全生态链，智能制造产业链主营业务收入规模力争达到500亿元。

2. 显著增强智能制造创新能力

力争到2020年，创建一两家省级智能制造创新中心，培育两三个以智能制造为主攻方向的领军型创新创业团队，形成一批具有自主知识产权的工业机器人、智能装备和工业软件产品。

3. 全面推进智能制造试点示范

力争到2020年，围绕电子信息和五金模具特色产业，建成一两个国家级智能制造试点示范、四五个广东省智能制造试点示范、8～10个东莞市智能制造"倍增计划"试点企业，建成三四个智能制造示范车间、10～20条智能制造示范生产线，实施智能制造试点项目50项以上，培育一批"数字化生产线"和"智能车间"样板。

4. 大幅提升企业智能制造水平

力争到2020年，东莞制造企业智能制造水平领跑东莞市，处于广东省市领先水平，特色行业智能制造水平总体达到全国领先水平，制造企业关键工序数控化率达到60%，重点企业装备数控化率达到70%，机器人利用率达到20%，设备联网率达到40%。

（三）短、中、长期发展战略

1. 短期发展战略

产业积淀培育期（2018—2020年）：布局智能制造产业链、补充产业链短板、重点培育产业龙头、推进智能制造试点示范，初步形成具有特色智能制造产业全生态链，对企业智能制造发展的支撑能力显著增强。

2. 中期发展战略

产业发展成型期（2020—2023年）：智能制造产业全生态链快速发展、逐步完善，电子信息和五金模具两大特色行业重点企业基本实现智能制造转型升级。

3. 长期发展战略

产业外延扩展期（2024—2025年）：智能制造产业全生态链逐步外延扩展，电子信息和五金模具特色行业外的其他重点企业实现智能制造转型升级，智能制造支撑体系基本建立，新型智造体系初步形成。

六、先进制造业的科技投入

（一）推动智能制造技术发展

充分利用东莞毗连广州、深圳、香港三大创新中心的独特位置，抓住珠三角湾区经济分工格局深度调整的有利形势，制定科技发展优惠政策，推动智能制造科技成果转移转化，搭建科技成果转移转化服务平台，大力吸引国内外智能制造技术成果的转化应用，把东莞建设成智能制造技术转移转化，特别是产业化的重要基地。重点围绕智能手机、五金模具、工业机器人、高档数控机床、3D打印制造等领域，推动科技成果与产业、企业需求有效对接，通过研发合作、技术转让、技术许可、作价投资等多种形式，实现科技成果的市场价值。吸引有实力的智能制造系统解决方案供应商、工业软件与信息化服务商、信息技术咨询服务商在东莞设立分支机构，融入东莞智能制造产业生态链。

（二）优化财税支持政策

整合既有各类财政资金，综合运用贴息、补贴、奖励等方式，加大对智能制造产业发展及制造企业转型升级的扶持力度，引导企业发展专项资金、科技专项资金优先向重点转型升级企业和项目倾斜。设立东莞智能制造产业发展专项基金，发挥财政专项资金政策导向和杠杆撬动作用，引导更多社会资金投向智能制造产业重点领域。创新基金支持方式，借助资本市场，综合应用风险投资、股权投资、担保贷款、贷款贴息、科技保险等方式，优先支持智能制造装备发展和智能制造试点示范。

（三）强化智能制造人才智力支撑

加强人才管理部门与制造企业联动，以智能制造产业发展和企业需求为导向，完善人才引进和培育机制，面向智能制造产业发展紧缺急需人才，引进一批带重大项目、带关键技术的海外高层次创新创业人才。支持企业建立首席信息官（CIO）、首席技术官（CTO）、首席数据官（CDO）制度，联合东莞理工学院、长安先进制造学院等教育机构培养一批符合智能制造产业发展需求的机械加工、电气运行与控制、自动化生产线、工业软件等高水平技能人才。

（四）提升智能制造产业发展公共服务能力

充分发挥行业协会、产业联盟在智能制造产业的中介组织作用，加强行业自律，促进行业有序健康发展。完善智能制造产业统计制度，编制发布年度产业发展报告。积极组织开展电子信息和五金模具智能制造行业高峰论坛、博览会，提高全社会对智能制造的认识，提升智能制造产业的影响力。

（五）加大智能制造产业发展政策扶持力度

加强东莞智能制造顶层规划与蓝图设计，科学制定智能制造产业发展财政扶持政策，积极帮助企业申报国家、广东省智能制造专项，争取上级部门政策的支持，借助东莞"倍增计划""机器换人计划"，重点支持智能制造产业创新发展和特色产业智能制造试点示范应用。

东莞市电子信息产业发展报告

一、电子信息产业概况分析

本次调研共走访了东莞 97 家电子信息行业企业，企业名单见表 1。

表 1　调研过程走访的 97 家电子信息行业企业

镇街	电子信息企业
大岭山	东莞市金众电子有限公司 东莞市金铭电子有限公司
沙田	东莞市信太通讯设备有限公司
寮步	东莞永立电机有限公司 东莞三星电机有限公司 宜来特光电（东莞）有限公司 东莞宇球电子股份有限公司 东莞高美电子有限公司 东莞艾埠特电子有限公司
大朗	东莞同昌电子有限公司 广东龙昕科技有限公司
东坑	东莞富强电子有限公司 富港电子（东莞）有限公司 东莞冈谷电子有限公司
东城	东莞生益电子有限公司 东莞市达瑞电子有限公司 茂瑞电子（东莞）有限公司 瑞讯电子（东莞）有限公司
长安	世雅电子科技（东莞）有限公司 东莞市东阳光电容器有限公司 东莞市华茂电子集团有限公司 东莞市镇茂五金有限公司

续表1

镇街	电子信息企业
长安	东莞宏致电子有限公司 东莞市品升电子有限公司 东莞市宇瞳光学科技股份有限公司 东莞新旭光学有限公司 东莞捷荣技术股份有限公司 日发电子科技（东莞）有限公司 东莞红板多层线路板有限公司 东莞明冠电子有限公司 东莞智冠电子有限公司 胜蓝科技股份有限公司
石排	广东旭业光电科技股份有限公司 东莞铭普光磁股份有限公司 广东星弛光电科技有限公司
石碣	东莞力音电子有限公司 东莞东聚电子电讯制品有限公司 东莞市五株电子科技有限公司 东莞市旭田电子有限公司 东莞市盈聚电子有限公司 台达电子（东莞）有限公司 台达电子电源（东莞）有限公司 达创科技（东莞）有限公司
松山湖	广东长盈精密技术有限公司 东莞市漫步者科技有限公司 东莞信恒电子科技有限公司 东莞华贝电子科技有限公司
南城	东莞百利达健康器材有限公司 东莞荣科电子有限公司
厚街	东莞三星视界有限公司 东莞市金河田实业有限公司 东莞市骅国电子有限公司
高埗	东莞昭和电子有限公司

续表1

镇街	电子信息企业
清溪	飞宏（东莞）电子有限公司 东莞立德精密工业有限公司 东莞讯滔电子有限公司 东莞富崴（富强）电子有限公司 广东光阵光电机械科技有限公司
常平	大毅科技电子（东莞）有限公司 东莞美泰电子有限公司 东莞龙昌数码科技有限公司
虎门	东莞市晶彩光电有限公司 东莞市平波电子有限公司 东莞威宇电路板有限公司 东莞富采包装制品有限公司 东莞胜美达（太平）电机有限公司
黄江	广东惠伦晶体科技股份有限公司 东莞立洋电机有限公司 奥泰斯电子（东莞）有限公司 东莞技嘉电子有限公司 杰群电子科技（东莞）有限公司 东莞维升电子制品有限公司 东莞市海陆通实业有限公司
横沥	东莞市久森新能源有限公司 广东天誉飞歌电子科技有限公司
桥头	东莞技研新阳电子有限公司 东莞泰克威科技有限公司
塘厦	港芝（东莞）电子制造厂有限公司 东莞新劲电子有限公司 康舒电子（东莞）有限公司 东莞立德电子有限公司 日本电产精密马达科技有限公司 东莞市奥海电源科技有限公司 东莞万年富电子有限公司 品基电子（东莞）有限公司 东莞市中控电子技术有限公司

结合调研数据进行自动化与信息化程度分析,根据自动化的程度,将97家企业划分为5个等级,如图1所示。

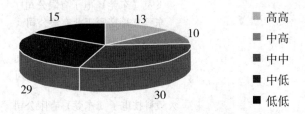

图1　东莞电子信息企业自动化程度分布

在调研过程中,调研团队与各个企业的生产管理人员和技术研发人员进行了讨论交流,详细了解企业的生产工序、机械结构特点、自动化设备使用情况,具体控制方式、装备通讯方式和通信数量、技术和研发情况、技术来源、研发方式等内容,并进入生产车间内部参观了产品的生产过程。

(一)行业概况分析

电子信息行业是智能制造领域中潜在的巨大增长点,也是机器人企业聚焦的重点领域,先进自动化技术在电子信息行业的应用目前仅次于汽车行业,并且应用增速大,其体量有望迅速超过汽车行业成为机器人领域最大的应用市场。

电子信息行业属东莞市重要支柱产业,因此电子信息产业自动化水平的提升也必然成为东莞市智能制造发展的重要领域。具体的驱动来源于:①电子信息产业自动化能够在降低成本的同时必然更能保证产品质量的稳定性;②人口红利的消失导致制造业人工成本剧增;③自动化技术逐渐成熟降低设备成本;④越来越多的代工工厂外迁为企业敲醒了革新技术的警钟。

目前东莞电子信息行业在智能制造转型方面的主要表现有:①资本阻碍了企业迈向"工业4.0"的道路。东莞的企业发展较早,进一步发展时面临更大的资本需求,比如厂房改造等,还有就是由于资金的限制,很多企业抱着走一步是一步的心态,没有统一的规划。②市场变化快,企业投资表现出更为谨慎的态度。③信息管理层的自动化升级程度较好,即ERP普及程度比较高,主要选用的公司产品包括SAP、Oracle、鼎新等品牌或者自主研发。④企业多采用"断裂式"的方式布局MES:报表系统、SFC条码监测追踪系统、设备故障分析等,"因地制宜"地发展。

二、电子信息产业代表性企业情况分析

从图 1 中的五个梯队中各挑选一家典型企业进行分析。

1. 三星视界有限公司（高高）

东莞三星视界有限公司成立于 2001 年，投资总额 2.6 亿美元，目前在职员工约 4000 名。作为三星集团全球显示领域第一的 Samsung Display 公司下属分支法人，东莞三星视界重点承担新一代梦幻显示器件 AM-OLED 显示屏的生产工作。年产量 1 亿块，主要客户为三星电子及国内知名手机厂商。2013 年销售额突破 50 亿美元。

其 50% 的产品供国内自主品牌使用，其余 50% 供其他品牌；全厂拥有 39 条全自动化生产线；具备 ERP、MES、PLM；有立体仓库、AGV、PNL。自动化程度极高，有效降低生产成本，提高产品质量。具体的智能制造细度分析见表 2。

表2　三星视界智能制造细度分析

项目类别	当前程度占比
产品设计	70%
数字化企业协同	75%
工艺过程设计	65%
质量保证	70%
设备效率与维护	60%
可塑性与可追踪性	70%
生产排程	70%

2. 东聚电子科技集团（中高）

东聚电子科技集团是由台湾致伸科技股份有限公司于 1989 年 10 月在大陆投资设立。公司自创立以来，即锁定电子信息产品的专业领域，并拟定资本大众化、管理信息化、组织扁平化、生产效率化、研发市场化、经营专业化等六大方针，从而使公司快速成为世界级高水平的超级 ODM 电子信息产品制造商。主要产品包括影像产品、计算机输入产品、家用及办公自动化产品和电子通讯零组件产品等。

该企业属集团企业，提供解决方案的代工工厂；有一定的研发实力，产品面向全球化，出口居多；目前自动化多为单机自动化，在组装和检测

环节人工仍较多；具备 SAP、SFC、PDM、WMS，且系统多为企业自行开发。具体的智能制造细度分析见表3。

表3　东聚电子智能制造细度分析

项目类别	当前程度占比
产品设计	58%
数字化企业协同	70%
工艺过程设计	50%
质量保证	60%
设备效率与维护	50%
可塑性与可追踪性	45%
生产排程	40%

3. 金河田实业有限公司（中中）

东莞市金河田实业有限公司是"中国优秀民营科技企业"，成立于1993年，主要产品有电脑机箱、开关电源、多媒体有源音箱、键盘、鼠标、耳机等，是国内主要的电脑周边设备专业制造商之一。成立了省级工程技术研发中心、省级企业技术中心和市级工程技术研发中心；公司主持了多项国家标准的制（修）订。近年来，金河田每年申报国家专利超过40件。

该企业目前的自动化水平以单机自动化为主，一线工人占60%～70%；由于传统电脑周边行业萎缩，因此也在调整产品结构，目前向开辟厨电类方向调整；冲压车间逐步覆盖机械手，部分设备自己研发；订单多为小批量，产品柔性化要求高，目前自动化的刚性较强。具体的智能制造细度分析见表4。

表4　金河田智能制造细度分析

项目类别	当前程度占比
产品设计	35%
数字化企业协同	35%
工艺过程设计	38%
质量保证	30%
设备效率与维护	38%
可塑性与可追踪性	60%
生产排程	38%

4. 达瑞电子股份有限公司（中低）

东莞市达瑞电子股份有限公司于 2003 年 9 月 16 日在东莞注册成立，自 2014 年开始，公司陆续获得了 20 多项发明及实用新型专利，并被评为国家高新技术企业。公司主要生产精密模切制品、泡棉保护膜胶带、绝缘导热制品、EMI 屏蔽制品、补强钢片精密五金制品、车缝及高周波耳套、头垫制品、装配自动化设备等多个产品系列。产品广泛运用于 FPC 柔性线路板、OLED 背光显示模组、塑胶外壳、太阳光伏、动力电池、音响耳机、VR/AR 等电子电器行业。

目前该企业的自动化水平多为单机自动化；产品主要为出口，占 60%；新增电镀、钻孔机设备使产能扩大 3 倍，准备继续完善自动化；功能性检测方面有机器和人工的参与，外观检测则全部人工完成；具备 ERP，采用国内品牌，功能齐全，检测机器全部联网。具体的智能制造细度分析见表 5。

表 5 达瑞电子智能制造细度分析

项目类别	当前程度占比/%
产品设计	35
数字化企业协同	30
工艺过程设计	35
质量保证	38
设备效率与维护	28
可塑性与可追踪性	38
生产排程	38

5. 威宇电子有限公司（低低）

威宇实业有限公司在 1998 年创立（威宇电子前身），公司重点从事各类型耳机和吸塑包装产品的设计、研发和制造。产品适用于办公教学、家庭与个人视听、航空通信设备系列等领域。

目前企业自动化主要在前工段印刷部分，产品出口业务占 90%；产线后段冲压与检测都是人工操作，没有机械手代替；未来规划使用机械手和视觉检测设备；具备 ERP，使用国内品牌，但设备没有联网。具体的智能制造细度分析见表 6。

表6 威宇电子智能制造细度分析

项目类别	当前程度占比/%
产品设计	38
数字化企业协同	18
工艺过程设计	38
质量保证	38
设备效率与维护	25
可塑性与可追踪性	22
生产排程	30

三、东莞电子信息产业发展建议

当前,全球新一轮科技和产业革命孕育兴起,东莞经济结构调整和新旧动能转换进入关键时期,信息技术和电子信息产业的作用地位更加突出。面对内外部形势的剧烈变化,应加强对产业竞争格局、热点领域和发展趋势的研判,找准制约产业转型升级的核心问题,准确把握产业发展面临的机遇和挑战。

从发展趋势看,信息技术创新持续活跃,集成化、跨领域成为重要特征。一方面,以交叉融合为特征的集成化创新渐成主流;另一方面,以渗透辐射为特征的跨领域创新日益凸显。

从竞争重心看,集成电路重要性日益凸显,成为国际产业争夺的焦点。集成电路产业历来都是支撑经济社会发展和保障国家安全的战略性、基础性和先导性产业。在新一轮科技和产业革命的背景下,新需求、新应用不断涌现,但都离不开集成电路的支撑保障,并将进一步扩大对集成电路的应用需求。

从新兴领域看,行业热点持续涌现,人工智能、超高清视频、5G成为重要引领。从发展机遇看,新一轮全球产业变革蓬勃兴起,我国迎来从跟跑到并跑乃至领跑的历史契机,一是产业格局重构机遇,二是市场迭代机遇,三是路径依赖突破机遇。

从核心问题看,产业创新能力薄弱,三个"不相适应"的深层次结构性矛盾突出,表现在低端产品过剩与高端产品供给不足之间不相适应,企业研发实力弱与企业市场化能力强之间不相适应,产业根植性弱与产业规模实力强之间不相适应。

从外部挑战看,发展环境更趋复杂严峻,电子信息产业转型升级面临更大压力,产业发展的内外部条件未来将更加复杂,需要我们未雨绸缪,做好应对。

东莞要围绕3C产业、智能制造、集成电路、元器件、汽车电子、新型显示等重点领域,抓住不放,推动电子信息产业高质量发展。

面对内外部严峻形势,企业当务之急是要练好业内功,化被动为主动,把当前压力作为推动转型发展的机遇。俗话说打铁还需自身硬,谋求长远的发展关键还是靠自己。对于东莞企业,我们有以下建议:

第一,提高创新能力。面对复杂的形势,我们仍要加强技术研发的投入,增强产品的竞争力与市场的占有率,明确公司的定位,突出协同化,可以更加细分产业合作,将企业主营业务、利润比较高的部分自行运作,将没有优势的配件或加工工艺寻求外协,将公司的精力集中,推动公司跨越式发展。

第二,必须不断提高效率。近年来,东莞市政府非常关心东莞的企业,每年投入大量的资金,推行机器换人和智能制造。企业要好好利用国家的这些政策,研究如何在不增加工人工时的情况下,减少次品率,减少流水线上工人的等待时间以提高效率。

第三,知识产权与品牌。企业必须注重发展自身的品牌,这里指的并非单是零售品牌,而是指一个企业的信誉,产品质量,对环境和员工的认真态度,快速反应,交货及时,客户认可的企业的理念、文化等。因此,对东莞企业来说,如果还是只是依靠廉价的劳动力赚取加工费,以这种方式所获得的竞争力是不可持续的,而且在这种扭曲成本的环境下生存的企业也会最终被淘汰。

第四,加强与东莞高校或科研单位之间的合作。东莞大部分企业都是中小企业,其中还有很多代工企业,研发实力与资金实力都比较薄弱,但企业要提升,单独成立研发部等比较困难,对于这一部分企业,可以寻求与本土高校或职校的合作,强强联合,互惠共赢。如东莞理工学院、广东医科大学、广东科技学院、东莞职业技术学院、华中研究院、北京研究所等。

在当前的形势下,适度的政策支持仍是必要的。首先,相对于以往发达国家因为发展中国家电子行业的崛起而被迫升级的历程,当前的形势更加复杂,特别是,国际环境中不利因素的出现过快、过急,这不仅涉及电子一个行业,对于许多羽翼未丰的内资企业而言是不可抗力的,且在未来的一段时间内,这种外部的压力还会持续存在。其次,从获取外资溢出效应的机制和可持续性的角度看,当前东莞企业的经营模式,特别是外贸企业的经营模式,在这些年中也给企业创造了迅速发展的机会。从对企业的实地调研中我们发现,很多外贸企业在经营中积极地了解国际市场需求,通过模仿创新的方式努力提高自身的水平,我们的经验研究结果也充分证明了这一溢出效应的存在。只要我国企业进一步把握并争取稳固其在国际产业链中的地位,随着国际市场产品的升级和服务需求的多元化,通过这一渠道持续获取溢出效应的机会就仍会存在。对于东莞市政府,也应采用适当的措施,我们有以下建议:

第一,强化整机带动器件。在发展路径上,依托市场优势形成整机与元器件相互促进发展的良性循环;在发展策略上,针对已形成有效市场的领域和在市场尚未形成的领域分别进行技术攻关与突破。如在东莞生产手机的工厂,有华为、OPPO、VIVO、金立、酷派等品牌手机厂,同时,也有很多做手机元器件及配件的厂家,市政府应加强调研,做好产业发展的顶层设计,构建产业创新体系和产业生态体系,推进行业应用示范和地方先行发展示范。

第二,培育产业生态。构建电子信息产业的各个架构,如手机产业、汽车配件产业、电子元器件业、机器人产业、数控机床产业等,落实"做好顶层设计,开展验证应用"两条思路,建设共性技术创新平台和智能应用示范服务平台。如东莞理工学院智能制造创新中心是由东莞理工学院全资,以西门子为主核心合作伙伴,通过整合智能制造各类资源伙伴形成智能制造全生态链资源池,完全按市场化运作的智能制造创新中心。

第三,东莞市政府应清理、减免多种不统一、不规范的杂费和摊派,减轻企业负担,同时应加大对中小企业的支持力度,包括行业补贴、融资、奖励。应引导、支持企业提升创新能力,营造全行业以创新求发展、以发展渡难关的氛围。

第四,应大力培养电子信息应用型人才,应积极联系东莞理工学院等东莞高校联合企业培养应用型人才,建立联合培训平台。

第五,培养"隐形冠军",东莞市政府应对大企业的继续支持,培养像华为、OPPO、VIVO等这样的大型企业,形成产业链和示范作用。

东莞市高端装备制造发展报告

一、行业整体发展规模及概况

高端装备制造业又称先进装备制造业,是指生产制造高技术、高附加值的先进工业设施设备的行业。高端装备主要包括传统产业转型升级和战略性新兴产业发展所需的高技术高附加值装备。高端装备制造业是以高新技术为引领,处于价值链高端和产业链核心环节,决定着整个产业链综合竞争力的战略性新兴产业,是现代产业体系的脊梁,是推动工业转型升级的引擎。大力培育和发展高端装备制造业,是提升我国产业核心竞争力的必然要求,是抢占未来经济和科技发展制高点的战略选择,对于加快转变经济发展方式和实现由制造业大国向强国转变具有重要战略意义。

任何企业进入该领域,都需要深度考量技术、市场、政策这三大发展要素。高端装备制造业所面临的发展难题,仅靠市场上的单一企业无法根本解决,需要该产业领域内众多企业联合起来,方能有效缓解。

二、高端装备产业链分析

作为高端装备的细分领域之一,智能制造体系是基于新一代信息技术,贯穿设计、生产、管理、服务等制造活动各个环节,是先进制造过程、系统与模式的总称。从全球工业史来看,前三次工业革命都有明显的标志,如蒸汽机、电气、可编程计算机,第四次工业革命已经到来,其将以互联网产业化、工业智能化、工业一体化为代表,领衔时代风潮。

(一)产业链之一:自动化生产线集成

系统集成商正在崛起。系统集成商处于相对于智能设备的下游应用端,为终端客户提供应用解决方案,负责工业机器人软件系统开发和集成。目前,系统集成商多是从国外购买机器人整机,根据不同行业或客户的需求,制定符合生产需求的解决方案。业务形式主要以大型项目(关键设备生产线的集成,如机器人工作岛)和工厂的产线技术改造为载体,对现有设备进行升级和联网,提供工业控制、传动、通讯、生产与管理信息等方面的系统设计、系统成套、设备集成及 EPC 工程等服务。

在系统集成应用领域,外资系统集成商包括 ABB、柯玛、KUKA 等,国内领先的系统集成商包括新松机器人、大连奥托、成焊宝玛、晓奥享荣等。应用市场主要集中于汽车工业,市场规模已超百亿。目前,国内智能制造系统集成领域大部分集中于汽车工业。2017 年,在国内机器人下游应用领域中,占比最大的是汽车制造(48%),其次是 3C 制造(24%)。至 2020 年,系统集成规模有望接近 830 亿元,2016—2020 年期间年均复合增长率可达 20%。自动化生产线集成的发展现状,正在稳步上升。

(二)产业链之二:自动化装备

工业机器人销量得到快速提升。由于人工成本的增加和产业转型升级的需求,我国的工业机器人销量自 2010 年始,出现了大幅增长,此后销量增速保持在 20%~50% 的较高水平。但是,我国工业机器人密度仍偏低。从工业机器人的普及使用情况看,截至 2017 年,我国每万人拥有工业机器人的数量已升至 55 台,仍显著低于全球每万人 69 台。行业发展现状,主要是受制于重要核心零部件、工控系统依赖于进口。工业机器人的核心零部件主要包括减速器、伺服系统、控制系统这三部分,对应着执行系统、驱动系统、控制系统,在多轴工业机器人的成本中的占比分别为 36%、24%、12%。

(三)产业链之三:工业信息化

工业信息化以工业软件为主,工业软件是指在工业领域进行设计、生产、管理等环节应用的软件,可以被划分为系统软件、应用软件和中间件(介于前两者之间),其中系统软件为计算机使用提供最基本的功能,并不针对某一特定应用领域;应用软件则能够根据用户需求提供针对性功能;在智能制造流程中,工业软件主要在事生产控制、运营管理、研发设计等方面进行优化、仿真、呈现、决策等。目前,产业格局仍是欧美企业主导。从产业格局看,目前全球工业软件产业主要由欧美企业主导,呈"两极多强"态势,SAP、西门子在多个领域均崭露头角,而 IBM、达索系统和 Salesforce.com 在各自专业领域形成了一定优势。

国内企业份额占比偏低,水平与国际领先企业有较大差距。在国内市场方面,国产软件企业在研发设计、业务管理和生产调度、过程控制三类软件中均有一定市场份额,但在某些细分领域仍与国外领先软件企业差距较大，属于行业末端跟随者的角色。国内市场排名前五位的国内厂商占据整体市场份额较低，且其96%的销售在国内市场，全球份额不足0.3%。当前，我国工业软件产品多集中于OA、CRM等门槛较低的软件类型，而国外产品在MES、ERP、PLM等主流工业软件市场上占据主导，稳定性与可用性均强于国内产品。同时国内工业软件产品虽然价格较低，但是性能参差不齐，与其他厂商软件的兼容性较差，持续服务水平无法保证，市场对国内产品的信心和认可程度总体偏弱。

（四）产业链之四：工业互联/物联网

国内RFID、机器视觉等物联技术发展处于初期。相较于欧美发达国家，我国在RFID、机器视觉、传感器等物联技术和设备产业上的发展还较为落后，如我国RFID企业总数虽然超过百家，但是缺乏关键核心技术，尤其是在芯片、中间件等方面，目前还未形成成熟的RFID产业链。虽然中低、高频标签封装技术在国内已经基本成熟，但只有极少数企业已经具备了超高频读写器设计制造能力。在机器视觉方面，国内机器视觉厂商多是引进国外的产品，在此基础上做系统集成方面的工作，实际从事生产机器视觉产品的企业非常少。传感器行业发展相对成熟。相较于RFID、机器视觉产业发展，国内传感器行业发展相对成熟，目前国内已有1700多家从事传感器生产和研发的企业，其中从事微系统研制、生产的有50多家，已建成三大传感器生产基地（安徽、陕西、黑龙江）。

通过以上分析，智能制造每一个产业链的发展阶段，都处在起跑赶超的阶段，只有整合每个产业链环节，实现高效协作、取长补短集群化发展，才能推动智能制造产业的华丽升级。

三、高端装备产业创新情况分析

（一）我国装备企业总体技术水平

改革开放多年来的发展，我国制造业自主技术进步取得巨大成绩，为产业成长壮大做出了贡献。虽然我国装备制造业技术创新能力已经得到大幅提升，但是从技术创新能力看，我国装备制造业与工业发达国家之间仍存在差距，主要体现在：装备制造企业工艺装备水平低、产品结构集中在中低端、机械基础件和核心零部件制造能力差、重大装备项目的成套设备系统集成与工程技术能力薄弱等方面。

总的来看，我国装备制造企业工艺装备水平较低。国际高精尖的加工设备对我国进行严格的进口限制和使用限制，阻碍了企业制造能力和工艺技术的提升。发达国家已进入柔性化、智能化、集成化为特征的自动化生产阶段，而我国各行业目前主要还是以人工操作的机械化为主，质量管理与技术管理能力跟不上，加工精度与一致性难以提升档次。国产装备质量比不上进口装备，零部件加工质量是一个重要因素。

我国装备工业的产品结构绝大部分是通用型、中低档产品；高技术产品的自主开发能力差、空白多，绝大多数由外资企业生产（我国企业主要是浅层次加工环节）。从工业的母机——机床行业情况来看，近年国产的低端数控机床和控制数控系统发展迅速，占领了大部分市场，但航空航天、船舶、汽车、发电设备等制造业所需的高档数控机床国产市场占有率不高。我国与德国、意大利、美国同为机床生产大国，日本、德国机床产值数控化率已达到80%左右，而我国还停留在40%的水平。同时，我国中档以上数控机床的数控系统和功能部件的自配率不足20%，配套伺服系统、反馈元件等功能部件成套性差，大部分靠进口。高新技术装备、微细加工设备（如半导体加工设备）几乎全部依靠进口。

我国装备制造行业的整机生产能力已经有了飞跃式的发展，但是基础材料、机械基础件、核心零部件及相应的基础技术和共性技术研发和创新严重滞后。机械基础件和核心零部件的开发周期较长，需要长期的技术积累，单件价值量低，对于地方的贡献有限，因此在我国"大干快上"的经济发展特征下没有得到应有的重视。各重大装备零部件（轴承、液压件、礼棍、减速机、数控刀量具、刹车系统、电气元器件）性能质量有差距，齿轮、轴承的寿命仅为国外的。材料科学、材料热表处理技术落后严重影响主机性能质量。重型装备的大锻件存在技术瓶颈和产能瓶颈，不得不高价进口大量关键零部件，以保证主机质量。高技术含量的核心部件、配套部件大量依靠国外，如电子芯片、晶闸管、数控系统、发动机、船舶飞机的导航仪器仪表、信号系统、高端变频器等。工业自动控制与仪器仪表发展差距较大，也拖累了装备主机系统集成能力的进步。

我国大型骨干装备企业在单台设备的设计制造方面已经具有较强能力，例如我国已经是工程机械整机制造的强国，但是重大装备项目的成套设备系统集成与工程技术能力薄弱，这是我国装备行业与国外同行的重大差距。装备是下游制造业工艺流程的载体，成套装备的提供能力包括发展工程技术（以下游制造业用户全套工艺流程为依据，综合计划设计管理技术，将设备系列化配置）、为用户提供整体解决方案的技术能力以及工程服务能力

(满足客户整体需求的全寿命服务,以提高用户满意度,使装备制造企业、用户、配套厂家的合作稳定化、长期化)。

在国外,根据不同的复杂流程型工业用户的需要,形成了具备专业工程技术能力的工程承包公司(工程设计、设备采购、施工项目管理、建安调试及试运行)。工程承包公司掌握着国外最新技术装备的使用核心工艺和技术,因此在大型项目建设中对国内制造业用户(业主)具有强大的话语权,对置办设备有选择权,在用户和设备制造商之间起纽带作用。

国内装备制造企业难以参与到下游制造业用户的最新工艺研发和技术创新,因此对于用户的全套生产流程工艺缺乏了解,或者国产装备产品缺乏应用业绩,从而被排斥在重要的工程承包招标之外。另外,随着政府对企业行政管理弱化,行业间协调机制缺失,研究院所(工艺)、设计机构(工程)、制造企业三者协调困难。由于我国目前缺乏具有系统设计、系统成套和工程总承包能力的供应商,重大先进建设项目主要依赖外国大型工程承包公司,通过外方公司一揽子引进工艺技术、工程设计和设备。大量成套设备市场只能让给外商,甚至大部分单机虽由国内装备企业制造,但只能获得一小部分利润。发展具有总承包能力的工程公司,必须发展成套能力(综合工艺设计、工程设计与工艺软件、关键设备设计及系统集成)。发展自己的工程公司,需要打破行业界限,促成科研所、设计院、学校、成套设备公司、装备制造厂之间的合作或联合,提升装备企业对于下游制造业最新工艺的理解和开发能力。

(二)装备企业未来技术创新方向

随着我国工业化进入成熟阶段,石化、冶金等重化工业已经到达了成熟期,每年我国钢铁、水泥的消耗量已经占据全球总量一半以上,未来增长空间有限。随着我国固定资产投资增速的趋势性下移,作为上游的装备制造业未来将逐步面临着成长的天花板。

因此,过去单独依赖产品及工艺技术的创新来驱动企业发展,现在仅仅只是企业技术创新成功的一个要素。"现代管理学之父"彼得·德鲁克指出,当今企业之间的竞争,不是产品之间的竞争,而是商业模式之间的竞争。商业模式就是企业赢利的途径和方法,是一个企业创造价值的核心逻辑。硅谷著名的风险投资顾问之一的罗伯森·斯蒂文形象地描述了商业模式,那就是"1元通过你的公司绕了一圈,变成1.1元,商业模式是指这0.1元在什么地方增加的"。

纵观海外的发展案例,IBM的兴衰变迁反映了商业模式创新的趋势,面对成长的天花板,公司从卖产品转为"卖思想""卖服务",从而成功地实现了制造业的商业模式创新。1981年8月12日,IBM推出第一台真正意义上的个人电脑,从大型机到分布式计算机系统进行转型,并开创了历史新纪元,英特尔和微软的霸业在此萌芽。但是,到20世纪90年代末,随着计算机的普及、硬件利润的不断走低,IBM陷入成长的危机,1993年就亏损81亿美元。比尔·盖茨预言"IBM将在几年之内倒闭",拉里·埃里森声称"我们甚至连想都不想这家公司了。它是还没有死,但是,它已经微不足道了"。但是,在郭士纳带领下,IBM开创了商业模式创新之路,公司剥离了利润较低的硬件制造业务,并大力投资软件和服务。随着技术引领的信息化在行业应用的不断深化,通过大型数据中心和网络提供的计算服务开始兴起。于是,IBM准确把握全球产业发展趋势,不断整合内部资源,向产业链上下游延伸,形成了集问题分析、战略规划、系统方案软、硬件产品项目、实施人才培训的全服务业产业链。

在IBM转型的措施上,一方面,公司不断弱化硬件制造:2002年以来,其先后将硬盘生产部门出售给日立公司,将个人电脑生产部门出售给联想公司,将打印机生产部门出售给理光,复印机出售给柯达。另一方面,不断强化战略咨询和解决方案的服务能力:2002年收购了普华永道咨询子公司,将自己的全球服务部旗下的业务创新服务部与普华永道咨询合并,形成"业务咨询暨系统整合服务部",涉及领域包括制造业、交通运输与商品流通业、金融产业、电信传播业、政府相关行业和工商企业的战略咨询和解决方案应用。2003年,IBM又继续花费了140亿美元收购了超过20家提供各类业务分析服务的公司。2008年,全球金融危机爆发,而IBM收入达到1036亿美元,创历史纪录,其中软件与服务收入占总收入的81%,公司利润增长超过18%,向服务的成功转型使IBM经受住了金融危机的冲击。2009年,IBM全年实现营收958亿美元,是我国电子百强企业主营收入总和的54%,实现净利润134亿美元,是我国电子百强企业利润总和的1.5倍。

IBM面向行业发展,不断整合内部资源,对现今互联网技术、传感器技术、智能信息处理技术和行业知识资源的高度集成创新,强化内部平台、产品、内容等多层面融合,强化网络、业务、内容和终端互动发展,重构产业价值链延展,打造多技术和全业务流程的综合集成能力。"智慧地球""智慧城市"是其继电子商务、"随需而变"等理念之后的新提法。新提法与自身期积累的产品技术研发优势、面向成熟行业应用的系统综合集成能力和客户关系资源优势高度吻合。IBM声称:"智慧地球正在构建独特的价值理念和商业模式,它旨在解决系统之系统(智慧城市指智慧交通、智慧电网、智慧供水、智慧医疗、智慧政府、智慧教育等)所面临的复杂问题,这一商业模式是建立在 160 亿美元研发投入、20 万优秀研究发人员长期研发的基础上的,我们确信未来没有人会复制这一独特的商业模式,我们是独一无二的。"

因此,打造多技术和全业务流程的综合集成能力,构造面向超复杂系统的一体化解决方案,通过超越时代的先进商业理念来为客户创造需求和创造价值,是装备制造业未来技术创新的根本途径。参考国为人的创新之路,通过不断突破制造业固有的产业边界,成功地迈上了商业模式的创新之路。国内装备制造企业固有的思维模式是投资驱动产出,企业往往重视生产能力的不断投入,力图抓住市场需求快速增长带来的机会。然而,企业更应不断做制造能力的减法,降低固定资产的投资比重,只保留核心部件的生产能力,而将其他业务外包。

(三)我国装备产业创新系统特征分析

产业或部门创新系统是从产业层次研究创新系统的广泛使用的方法。"产业"(或"部门")通常被定义为具有相似生产性活动的集合体。马勒巴提出了产业创新系统研究的框架,这一框架提供了一种分析和比较产业间差异的方法。一个产业创新系统框架关注三个维度:知识和技术领域、行为者和网络、制度。

1. 知识和技术领域

任何产业都有自身特定的知识基础、技术和相关投入。运用一种动态观点进行分析,对知识和技术领域的关注将产业边界置于中心位置,而产业边界通常是不固定的,它随时间呈现动态变化。

通过对于来自不同区域进行深入研究,发现产业的知识基础对于创新过程发挥着重要作用。可以划分为两类不同的知识基础:基于工程的综合性的知识和基于科学的解析性的知识。这两种知识基础意味着不同的显性知识和隐性知识的组合,以及对于新兴企业不同的竞争和创新的机会。

2. 行为者和网络

一个产业由包含各类组织和个人在内的相关行为者(如消费者、企业家、科学家等)所组成。组织中既包括产业链上下游中的企业(如用户、生产者、供应商、竞争者),也包括非企业的社会组织(如大学、金融机构、政府、商业联合会、技术协会等),还包括很多大型组织中的子单元(如研发部门或生产部门),以及组织群(如行业协会)等。产业中的行为者具有特定的学习过程、能力、信仰、目标、组织结构和行为,并通过沟通、交换、合作、竞争和命令等过程发生相互作用。

3. 制度层面

产业中行为者的认知、行为和交互作用受到制度的影响，包含规范、惯例、共同习惯、已有做法、法规、法律和标准等。制度涉及对行为者的强制性约束和通过行为者间的交互作用而施加的约束（如合同）；还包括从较多的约束转变为较少的约束，从正式制度到非正式制度（如专利法律或传统与习俗）。

马勒巴提出的产业创新系统强调了动力、创新过程和经济变革的关键作用。学习和知识是经济系统变化的重要因素。企业在不确定和变化的环境中进行活动、学习和搜寻，这些要素的不同能力导致了创新绩效的持续差异。同时，企业的学习、行为和能力还受到技术特征、知识基础和制度环境的制约。

产业创新特征的一个重要研究维度是产业的技术范式。"技术范式"概念由纳尔逊和温特引入，指的是企业运作所处的学习和知识环境。更为具体地看，马勒巴和奥森尼格认为，技术范式的关键维度由技术机会研发投资后产生创新的可能性、专有性条件（保护创新被模仿和从创新中获利的可能性）、技术知识的积累程度（创新或创新活动的系列相关性，或说创新活动的连续性）、相关知识基础的特性（知识特性和知识传输方式）等组成。

技术范式的差异在产业层次上影响着创新活动的组织特征。在高技术机会、低专有性要求和低企业积累性的条件下，容易形成熊彼特型创新，也即容易产生创造性破坏的部门，例如微软、谷歌、苹果等一代代标杆企业不断产生，新的商业模式不断挑战传统的垄断巨头。而高技术专有性条件、高企业积累性的技术特征会形成熊彼特型创新，行业创新以渐进型创新为主，大企业占据创新的领导地位。

对于装备制造行业来说，知识通常来自车间中的实际经验，或者通过"干中学""用中学"以及相互的作用和影响而获得，技术的积累特征明显；产业链的上下游联系紧密，技术的专有性较高。这样一种知识基础主要产生渐进性的创新，以对现有产品和工艺的改进为主。由于这些类型的创新大多数发生在现有的企业中，因此拥有垄断势力的大型企业处于创新的前沿。

技术范式和熊彼特型创新随产业生命周期发展而发生变化。在产业生命的早期，知识快速变化，创新的确定性很高，进入障碍很低，新企业是主要创新者，并且是产业发展的重要动力。在产业不断发展成熟后，技术轨道相对固定，规模经济、学习曲线、先发优势、财务资源等逐步形成了进入壁全，拥有垄断势力的大型企业将处于创新过程的前沿。

当出现重大的知识、技术和市场不连续性时，熊彼特型创新动力模式又被熊彼特型动力模式所打断。这时，拥有垄断势力的稳定组织将被运用新技术并聚焦新需求、新商业模式且具备竞争力的组织所取代。因此，中国作为装备制造产业的"追赶者"，只有把握住未来重大的知识、市场、技术范式变革的机遇，才能通过熊彼特型动力模式来占据全球装备产业技术创新的前沿。

技术范式也影响着创新者的地理分布。在高机会、高占用性和高企业积累、相关技术和科学资源位于特定区域，或知识基础具有暗默性、复杂性和系统特征的情况下，创新者容易产生地理集中的现象。装备制造具有显著的技术积累、技术专有的特性，因此像传统德国的装备制造区域，具备明显的垄断和地理集中的特征。在低机会、低占用性、低企业积累，或知识基础相对简单和可编码的情况下，创新者在地理分布上可能更为分散。一般来看，若如果知识基础是暗默的、复杂的、系统性的，新知识的来源与相互依赖的系统的供应商和用户有关，则知识获取的空间边界具有地区特性，地理上的接近程度相对重要。若知识基础是可编码的或已编码的、简单的、独立的，新知识的来源与科学进展及一般性的非系统的供应商和用户有关，则空间接近相对就不太重要，知识获取的空间边界可能表现出国家的、国际的，甚至全球的特性。

回顾我国集装箱、港口机械、造船、工程机械等在技术创新能力方面已经具备全球竞争优势的装备制造行业成长历程，可以发现市场需求条件、企业战略、政府和机会等因素对于这些行业技术创新和市场竞争优势的建立具有重要的作用：

1）我国装备制造业崛起的历史性机遇来自全球产业转移和全球制造业竞争格局的变化。全球二战以来的第二次产业结构调整，开始于20世纪80年代初期，美国、日本、德国等发达国家产业结构调整发生了质的变化，由工业化阶段向新经济时代转变，加工制造业开始向中国、印度等人口及市场大国转移。

2）行业景气的首要条件是我国经济发展到达特定阶段、需求出现向上拐点。受益于2001年之后出口的快速增长，我国的港口机械、集装箱以及远洋船舶的需求得到爆发式增长；工程机械近几年来的崛起无疑与2000年之后固定资产投资的快速增长以及住房商品化改革后地产的持续景气密切相关。旺盛的需求推动行业技术创新能力快速提升，以挖掘机销量为例，其与房地产新开工项目数目增长率高度正相关，从而带动我国相关产业的快速进口替代。

3）生产要素优势依然存在，并通过技术进步发挥出更强的优势。我国制造业发展初期较大程度地依赖初级生产要素价格（劳动力、土地和资本价格）较为低廉的比较优势获得快速发展；而产业的升级则取决于技术创新的推动。

4）行业领头企业技术创新战略决定了行业的兴衰。装备制造业的高技术专有性条件、高企业积累性的技术特征形成熊彼特型创新，从而具备市场垄断优势的大企业占据创新的前沿。目前来看，我国装备制造业已经形成了大企业引领技术创新发展趋势的格局。从市场份额看，包括中集集团、中国船舶、东方电气、三一重工、中联重科等均已经占据较大的市场份额。行业龙头上下游带动能力强，围绕自身已经建立的具备较强创新能力的产业集群。

5）装备制造具有显著的技术积累、技术专有的特性，因此产业集群、专业化分工有利于装备制造业技术创新能力的积累。我国各地区市场分割、产业集中度较低等因素造成一部分产业集群还不发达；相比之下，装备行业所属的运输汽车、船舶、工程机械、铁路设备等行业的产业集群正趋于成熟，专业化分工带来创新优势。产业集群由一群在地理上靠近的相互联系的公司和关联的机构所组成，其中既包括产业链上下游中的企业（如用户、生产者、供应商、竞争者），也包括非企业的社会组织（如大学、金融机构、政府、商业联合会、技术协会等），还包括很多大型组织中的子单元（如生产部门），以及组织群（如行业协会）等，它们同处或相关于一个特定的产业领域，由于具有共性和互补性而联系在一起。产业集群有效地结合了产业发展与区域经济的优势，有明显的产业特性、地域特性和聚集特性。在共同的文化、制度背景下，形成高度的既竞争又合作的产业氛围，使分工更专业，技术创新节奏更快。

6）政府的产业政策是催化剂。经历了本轮全球金融危机，集装箱、港口机械和造船已经基本建立国家竞争优势，而政府产业政策已经开始引导向新兴产业重要技术装备领域（例如海工装备以及能源重工）进军；工程机械整机已经形成国家竞争优势，并且在全球收购了数一数二的工程机械百年老店，将进入提升核心零部件国产化率以及进军全球市场的战略。海洋工程、航空航天设备行业目前仍处于技术引进与消化吸收的初级阶段，政府产业政策将更大程度地主导行业的需求和技术创新机会。

在装备工业由初级层次向纵深发展的过程中，政府的多重政策扶持有利于催生装备制造业新的需求热点,提升装备制造业的技术创新能力。当前,我国的装备制造产业扶持政策基本借鉴了日本当年的装备制造行业的振兴规划。首先,从需求和供给两个角度出台了一系列的扶持国内需求政策和鼓励技术进步政策;其次,大力鼓励产业整合,扶持产业集群,在这个问题上地方政府的反映更为积极,各个装备和制造业大省都积极推进企业间的兼并重组。未来中国装备制造产业结构将由过去的"出口城市化"转向"城镇化重化工"领域,工程机械、铁路设备、节能环保设备、能源化工设备、海洋开发装备、矿山冶金设备和数控机床等领域的创新优势将逐步建立起来,但是医疗设备和航天军工等尖端技术行业的技术创新能力尚需培育。

六、东莞高端装备制造业的发展建议

在调研过程中,共走访了 35 家东莞市装备制造企业,纳入调研报告的分析范围,企业名单见表 1。在调研过程中,调研团队与各个企业的生产管理人员和技术研发人员进行了讨论交流,详细了解企业的生产工序、机械结构特点、装备控制方式、装备通讯方式和通信数量、技术和研发情况、技术来源、研发方式等内容,并进入生产车间内部参观了产品的生产过程。

表 1 调研过程走访的 35 家装备制造企业

镇街	装备制造企业
万江街道	东莞市沃得精密机械有限公司
	东莞市汉威机械有限公司
	东莞市安泽自动化设备有限公司
	东莞市益格机电有限公司
	东莞市爱克斯曼机械有限公司
东城街道	东莞市凯格精密机械有限公司
	东华机械有限公司
	东莞市鸿宝锂电科技有限公司
	东莞市鸿铭机械有限公司
长安镇	广东豪特曼智能机器有限公司
	东莞市昌恒自动化设备有限公司
	东莞市胜蓝电子有限公司

续表1

镇街	装备制造企业
松山湖（生态园）	广东易事特电源股份有限公司
	广东大族粤铭激光科技股份有限公司
	东莞易步机器人有限公司
	广东基泰智能设备有限公司
大岭山镇	东莞市拓斯普达机械科技有限公司
	东莞市野田自动化设备有限公司
	东莞市科隆威自动化设备有限公司
寮步镇	东莞市飞新达精密机械科技有限公司
	东莞市新泽谷机械有限公司
虎门镇	东莞市精铁机械有限公司
	东莞市力生机械设备有限公司
大朗镇	东莞艾尔发自动化机械有限公司
	广东伯朗特智能装备股份有限公司
沙田镇	东莞市南兴木工机械有限公司
	东莞市翔宏精密机械制造有限公司
桥头镇	东莞市西格玛自动化科技有限公司
	东莞市粤威激光设备有限公司
横沥镇	东莞市大将泽精密机械有限公司
企石镇	东莞市台立数控机械有限公司
高埗镇	东莞宝元数控科技有限公司
清溪镇	东莞市三润田自动化设备有限公司
塘厦镇	东莞市壮凌自动化科技有限公司
望牛墩镇	东莞佳鸿机械制造有限公司

本次调研过程走访的35家企业基本覆盖了东莞市装备制造行业现有的主要产品领域，涉及通用装备制造、专用设备制造、电器装备及器材制造、电子及通信设备制造等。在35家企业中，机械手、电池、电子、机加工等4个产品领域的制造企业数量最多，比例达到69%，如图1所示。

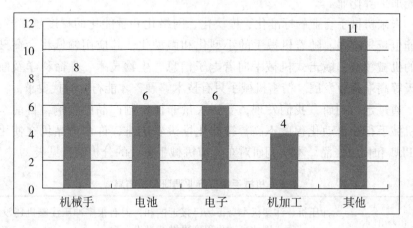

图1　35家制造企业的产品领域分布

本次调研过程要求企业填写《东莞市智能装备企业发展情况调查表》，如图2所示。根据收集上来的调查表以及对企业的现场调研结果，综合分析了东莞市装备制造行业的现状。

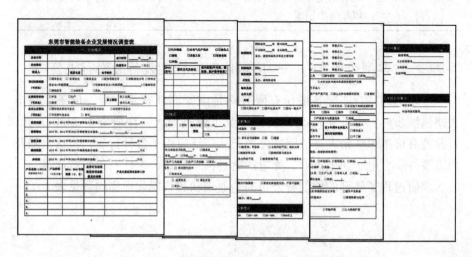

图2　《东莞市智能装备企业发展情况调查表》

在调研的过程中,我们重点调研了机械手行业。在现代生产过程中,机械手被广泛运用于自动生产线中,能够极大提高生产效率,在国民经济各领域有着广阔的发展前景。目前工业机械手的主要应用领域有弧焊、点焊、装配、搬运、切割、喷漆、喷涂、检测、码垛、研磨、抛光、上下料、激光加工等作业。

未来机械手行业的标准化、模块化、网络化和智能化的程度越来越高,功能也越来越强。随着机械手的小型化和微型化,其应用领域将会突破传统的机械领域,横走式机械手向着电子信息、生物技术、生命科学及航空航天等高端行业发展。精密机械手只有技术够硬,才能符合时代要求。

通过走访调研,我们发现,受到大量非标定制产品的影响,目前东莞市机械手行业自动化程度不高,智能化推进较困难,许多产品仍在使用低端PLC和伺服产品。本次调研对东莞市机械手企业的分析结果见表2。

表2 机械手制造行业调研分析结果

市场前景	冲压机、注塑机本身市场已接近饱和,但有很多冲压注塑机还没有上机械手,因此自动化程度可继续推进
智能化前景	智能化方向在机械手行业很难推进,因为它是配套设备,智能化的改进在主机型上
智能化面临问题	非标的定制业务很多,设备商经常把精力放在研究机械结构怎样与现有的主体设备配合上,控制驱动只需满足基本需求,使用低端PLC与小伺服

(一) 典型企业之一——广东伯朗特智能装备股份有限公司

广东伯朗特智能装备股份有限公司是国家高新技术企业,位于东莞市大朗镇沙步村,专业生产线性机械手及工业机器人,注册资本3450万元,目前拥有员工400余人。伯朗特公司产品广泛应用于各种行业,包括电脑及周边零件业、电子通讯产业、光电产业、汽车产业、医疗及包装产业等。

调研过程了解到的伯朗特公司的企业现状和智能化面临问题见表3。

表3 伯朗特公司的企业现状和智能化面临问题

主要产品	80%线性机械手;20%六关节机器人
产值、规模	1.5亿元
最终用户描述	冲压、注塑
自动化配置	单片机;日系伺服
智能化面临主要问题	生产设备的接口较难实现标准化

(二) 典型企业之二——东莞艾尔发自动化机械有限公司

东莞艾尔发自动化机械有限公司成立于2001年,位于东莞市大朗镇松木山,资本额为3888万港币,占地面积为53000平方米,是年销量达15000台机械手臂的大型高科技企业,专业生产射出成型专用机械手臂及周边自动化设备,集产品设计、制造、销售、服务于一体,2004年通过ISO 9001质量认证,2005年全系列产品通过CE认证。

调研过程了解到的艾尔发公司的企业现状和智能化面临问题见表4。

表4 艾尔法公司的企业现状和智能化面临问题

主要产品	70%线性机械手;30%数控加工中心
产值、规模	1亿元以上
最终用户描述	冲压、注塑
自动化配置	PLC;日系或国产伺服
智能化面临主要问题	如果客户要求,可以提供标准化接口

工欲善其事,必先利其器。装备制造业的发展与我国进入重化工业的发展进程高度相关。我国装备产业国家竞争优势演进路径恰恰是中国经济增长方式的具体体现。目前,我国在装备子行业竞争力较强的行业,往往是并非高精尖的机械装备行业,譬如造船、铁路车辆、集装箱、工程机械,这些大多归属运输设备的范畴;而我国所需的精密数控机床、高档轻工设备、高端冶金化工能源设备等大多依赖进口设备。未来,我国工业化深化的内涵体现为装备工业由初级层次向纵深发展,由追求数量的投资驱动粗放式增长到以创新为核心的产业升级。

装备产业政策目标应当是扶持需求和促进生产要素高级化,政策重点将关注如何保证需求稳定增长(一定的投资增速),如何引导需求结构升级,如何帮助企业引进资金技术和培育人才(生产要素)。政府产业政策的重要性不在于政策本身,最重要的是它对装备产业发展所依托的诸要素产生什么样的影响。从根本上提升我国装备产业的全球竞争力,政府产业政策应当注重产业发展环境的建设、鼓励产业结构的优化,主要包括以下四个方面:

第一,政府应当积极促进经济转型、推动新型工业化范式,通过高端装备、新兴产业需求的结构升级带动我国装备制造业实现技术创新能力。从技术范式的角度来看,对于传统工业装备产品来说,技术的积累特征明显,产业链的上下游联系紧密,技术创新以现有产品和工艺的改进为主。因此,这类渐进性的创新大多数发生在现有的优势企业中,拥有垄断势力的国际装备巨头处于创新的前沿,体现出熊彼特型创新模式。在传统装备技术范式下,我国企业更多的是模仿创新战略下的跟随者。相反,自20世纪70年代以来,全球以信息技术、生物技术、航空航天技术、新材料、新能源和环保技术为主导的新技术群落已经不断崛起,在这类基础知识、技术范式演变的领域,利用熊彼特型创新模式,我国装备企业作为行业后来者更有机会实现全球"突围"。因此,通过坚定不移地推进我国整体的经济结构转型和产业升级,提升制造业部门的市场集中度,能有效推动装备产业的整合和升级。另外,国防装备对于高端装备产业的需求拉动作用将存在较大发展空间。

第二,培育具备系统集成能力的装备龙头企业、优化和下游装备用户的创新协同机制。政府应积极引导和推进装备行业的市场化兼并重组,致力于培养一批能带动装备产业发展、具有国际先进水平的大型成套装备龙头企业集团。同时,政府应当积极采取措施鼓励装备企业与下游用户之间建立起研发和创新的合作机制,从而实现提升我国制造业的工艺水平和装备工业的创新能力。

第三,鼓励装备产业集群创新,缄默知识溢出、创新环境为装备制造产业集群的技术创新和产业升级提供动力机制。政府应当降低民营资本的准入门滥,采取各种措施积极扶持和鼓励技术型新创企业、中小企业以及装备制造服务业的发展,提高产业集群适应当前需求个性化、多批量定制型生产方式的发展趋势。

第四,完善要素市场人才、资金的市场化资源配置机制。培养企业所需要的专业技术人员,解决我国装备制造业人才短缺和人才流失的严峻局面。在资本要素方面,应该重视资产和资金价格信号的作用。资产泡沫,特别是房地产泡沫,对于本国制造业竞争力侵蚀的案例非常丰富,应当积极避免高货币投放所带来的泡沫经济和资产价格膨胀,努力引导社会资源聚焦于技术创新和制造产业。此外,完善金融市场,特别是信用市场的资金价格信号机制,降低长期资本的风险溢价要求,为我国装备制造业创造一个具备竞争力的资本市场环境。

最后,需要指出的是,振兴装备制造业、提升技术创新能力是一项复杂的系统工程,涉及整个经济的产业升级和产业转型,需要决策层、经济界、研究机构、技术培训机构、装备行业自身以及上下游各个行业的广大企业界等各个方面对于我国装备制造业的崛起有一个积极的共识,即抓住全球经济格局调整的历史性机遇,实现我国装备制造业的"后来居上"。

东莞市家具制造产业发展报告

一、家具制造产业发展概况

(一) 行业形势分析

中国家具行业经过三十多年的发展,已经形成了一定的产业规模,培育了较成熟的家具配套产业,出现了一些具有国际先进水平的家具明星企业。目前,家具企业正面临各方面转型压力,家具行业呈现出了增速放缓、发展平稳实现质增、规模效应日益提高、大型企业作用增强等阶段性特点,在"中国制造2025"和国务院《关于加快培育外贸竞争新优势的若干意见》等一系列利好政策的支持下,家具行业将实现新常态下的新发展。2016年3月中国家具协会发布了《中国家具行业"十三五"发展规划》,对整个家具行业的"十二五"期间发展进行了回顾,对下一个五年发展进行了展望,并提出了指导性意见。"十二五"期间,家具企业经历市场的变动和行业的换挡,企业的盈利能相对以前有所提升。

随着进一步调整结构与转型升级,行业整体盈利水平也将趋于合理并逐步稳定。2011—2015年,中国家具业平均增速为15.84%,家具行业平均主营业务利润率为6.18%,利润总额平均增速为18.43%。伴随社会经济进入新常态,家具业发展的高速阶段结束,已进中高速阶段,并将继续趋于平稳。《中国家具行业"十三五"发展规划》提出:家具行业要主动适应经济新常态,加快转变发展模式,保持行业稳定发展。进入中高速发展阶段后,稳中求进将是家具行业发展的总基调,未来五年保持主营业务收入平均9%~10%的增长。家具行业要挖掘细分领域、深耕国内市场,适应群众多样化的消费需求,要继续扩大消费需求,释放消费潜力,保持家具类商品零售额平均8%~10%的增长。

(二) 家具行业市场

家具行业营收重回两位数增长,出口增速也已转正,回暖迹象明显。作为地产后周期行业,家具行业与地产之间的相关性逐渐减弱,二手房和翻新房正在替代新房成为家具行业市场需求的主要来源。与传统家具相比，定制家具在环保、设计和空间利用等方面具有突出优势，同时渗透率对比日韩等国有较高提升空间。结合全屋定制相关调查报告数据测算，预计未来几年整体衣柜增长中枢为20%~30%，整体橱柜为10%~15%。在消费升级、全装修房屋以及城镇化推进等有利环境下，定制家具行业呈现快速发展趋势。

根据上市公司的研报数据，对定制家具市场规模进行了一个简单的测算，测算得出2016年全年定制家具市场主营业务收入约为2141.41亿元，占整个家具市场的份额为25.02%，参照国外定制家居60%~70%的市场渗透率，行业正处于快速增长阶段，市场空间广阔。

我国软体家具行业发展空间巨大。作为全球最大的软体家具消费国，我国软体家具市场全球消费占比30.66%。2015年，国内软体家具消费市场规模为192亿美元，同比增长5%。预计未来随着城镇化率和居民消费水平的进一步提升，越来越多的人消费需求将逐步升级为更加追求舒适性，而软体家具恰好能够满足这一要求。同时，新型城镇化和二次装修需求也逐步成为家具行业增长驱动，市场集中度仍有较大提升空间，国内软件家具市场发展前景广阔。

二、家具行业面临的绿色制造挑战

（一）家具行业绿色制造

绿色制造是综合考虑资源消耗和环境影响的现代制造模式，旨在使产品从设计、制造、包装、运输、使用、报废、回收处理的整个产品生命周期中，最大限度提高对资源利用效率的同时最大限度减小对环境的影响。制造企业通过实施绿色制造，不仅可以取得经济效益、提高市场竞争力，还可以取得环境效益，并使企业经济效益和社会效益协调优化，最终实现企业的可持续发展。对传统的家具制造业而言，绿色制造模式既是解决家具制造业环境污染问题的根本方法之一，也是实现家具制造业可持续发展的关键途径。

1. 绿色制造的基本概念

绿色制造，是指在保证产品的功能、质量、成本的前提下，综合考虑环境影响和资源效率的现代制造模式，其目标是制造绿色产品，使产品从设计、制造、包装、运输、使用到报废处理的整个生命周期中对环境负面影响极小，资源利用率极高，并使企业经济效益和社会效益协调优化。除绿色制造外，与此类似的制造概念还有许多，如环境意识制造、环境负责制造、生态意识制造、清洁生产等。由于制造业当前要尽可能少地产生资源消耗和环境污染，因此绿色制造被认为是现代制造企业的必由之路。

2. 绿色制造的技术内涵

绿色制造涉及的问题领域主要有以下三个部分：制造问题，包含产品生命周期全过程；环境保护问题，即发展污染防治、生态改善等技术；资源优化利用问题，即对资源的合理开发、综合配置与保护。

3. 绿色制造的技术体系

基于绿色制造的技术内涵，为了便于研究和实施应用，可以将家具的绿色制造技术体系综合归纳为由绿色设计技术、绿色材料选择技术、绿色工艺技术、绿色包装技术、绿色回收处理技术等组成的"五绿"。

1）绿色材料选择

绿色材料选择是家具绿色制造的物质基础。绿色材料又称环境协调材料、生态材料、环保材料和健康材料等，它是指那些不仅具有优异的使用性能，而且从材料的制造、使用、废弃直到再生的整个生命周期中必须具备与生态环境的协调共存性以及舒适性的材料。绿色材料选择是实施绿色制造的第一步，由于绿色材料选择的复杂性，至今还没有固定、可靠的方法。应根据实际情况，采用系统分析的方法从材料及其家具产品生命周期全过程对环境的多方面影响加以考虑，并综合考虑家具产品功能、质量和产品成本等多方面的因素，选择相对最优的材料，尽可能选用清洁、低能耗、可再生、可循环的原材料。

2）绿色设计

绿色设计是家具绿色制造的核心所在，绿色设计是绿色制造的主要关键技术，又常称为面向环境的设计、生态设计、环境意识设计等，是指在产品及其生命周期全过程的设计中，在充分考虑产品的功能、质量、开发周期和成本的同时，优化各有关设计因素，使产品及其制造过程对环境的总体影响极小，资源利用率极高，功能价值最佳。绿色设计的基本思想是在设计阶段就要将环境因素和预防污染的措施纳入产品设计之中。将环境性能作为产品设计的目标和出发点，不仅需要减少家具中的有害物质以保证人的生命健康，还要考虑家具用材，结构方式和生产工艺过程对环境的直接破坏和潜在威胁，力求使产品对环境产生的负面效应降到最低。家具绿色设计具体包括材料节约型设计、环境友好型设计、可拆卸设计、可回收设计等内容。

3）绿色工艺

绿色工艺是家具绿色制造的关键过程，绿色工艺技术又称为绿色生产技术，是指根据制造系统的实际尽量规划和选取物料与能源消耗少、废弃物少、对环境污染小的工艺方案、工艺路线和生产环境，以保证节能省料、清洁生产，并保障生产人员的职业安全与健康。作为绿色家具产品整个生命周期全过程中的关键过程，绿色工艺技术是改善和改进传统加工工艺技术的先进加工工艺技术，具体包括节能、降噪、节约原材料、绿色装备等工艺技术。

4）绿色包装

绿色包装是家具绿色制造的必要保障。所谓"绿色包装"，是指在满足保护家具产品、方便运输、促进销售等基本包装功能的前提下，节约资源、减少废弃物，对生态环境无污染，对人体健康无害，用后易于回收和循环复用或再生利用，易于自然分解，可促进持续发展的包装。绿色包装应选用清洁、安全、无毒、易分解、少公害的包装材料。世界发达国家已确定了绿色包装，原则即减量利用、重复利用、循环利用、再生资源利用、可降解。家具绿色包装主要包括家具绿色包装材料、家具绿色包装设计、家具绿色包装技术、家具包装废弃物管理、家具绿色包装价值分析等方面的内容。

5）绿色回收

绿色回收是家具绿色制造的重要支撑，回收是家具产品生命周期中的关键环节，产品生命周期终结后，若不回收处理，则造成资源浪费并导致环境污染。家具绿色回收技术将改善大量废弃家具产品难以处理和资源浪费的现状，减少环境压力，其主要流程包括产品回收、拆卸、检测、重复利用、再生循环等。

4. 绿色制造的意义

1）绿色制造是未来制造业的重要发展趋势

绿色制造是可持续发展战略思想在制造业中的体现，作为一种新型的制造模式，绿色制造也是现代制造业的重要发展趋势。世界主要经济体积极推进绿色计划，促进社会的可持续发展。例如，美国政府提出了"可持续制造促进计划"并出台了可持续制造度量标准。欧盟第七个框架计划设立了"未来工厂"重大项目，开展新型生态工厂模型和绿色产品研发是其中的重要内容。日本公布《绿色革命与社会变革》的政策草案，提出至2015年将环境产业打造成日本重要的支柱产业和经济增长核心驱动力量。绿色制造成为各国重振传统制造业、培育和发展新兴产业的发力点。在我国,绿色制造被明确列为《国家中长期科学和技术发展规划纲要(2006—2020年)》中我国制造业未来发展的三大思路之一,其中规定积极发展绿色制造。加快相关技术在材料与产品开发设计、加工制造、销售服务及回收利用等产品全生命周期中的应用,形成高效、节能、环保和可循环的新型制造工艺。制造业资源消耗、环境负荷水平进入国际先进行列。

2)绿色制造是大力推进生态文明建设和实现可持续发展的迫切需要

党的十八大报告提出确保到2020年实现全面建成小康社会宏伟目标,并在报告中专门有一个章节论述"大力推进生态文明建设",为未来勾画出一个天蓝、地绿、水净,人与自然和谐发展的"美丽中国"。面对资源约束趋紧、环境污染严重、生态系统退化的严峻形势,以不断消耗资源和制造二氧化碳为代价的传统发展模式已经难以为继。从全球范围看,节能、循环、低碳正成为新的发展方式,"绿色工业革命"已然拉开帷幕。快速发展中的中国,也必须通过推进生态文明建设,转向资源节约型和环境友好型的产业结构、增长方式、消费模式,实现中华民族的永续发展。

与此同时,绿色制造也是实现可持续发展的有效途径。首先绿色制造是以节约资源能源为目标。资源能源的过度开采与消耗是造成经济不能持续发展的主要原因,而绿色制造则是通过各种技术手段和管理手段减少资源能源的使用,提高其利用效率或采用可再生资源与能源,因而可以实现经济的持续发展。其次,绿色制造以保护环境为准则。采用绿色制造技术,节约了资源和能源,也从另一方面减少了废弃物的产生,有利于保护环境,维持生态平衡。

3)绿色制造是消除绿色贸易壁垒、改善和促进出口贸易的需要

将环境与贸易挂钩,用经济手段解决环境问题是当代环境问题的发展趋向,绿色贸易壁垒正以鲜明的时代特征成为国际贸易发展的主要关卡。目前,一些国家实施"绿色贸易壁垒"的通常做法是由国家专门机构或其指定的组织依据一定的环境保护标准、指标或规定,向有关申请者颁发其产品或服务符合环境要求的特定标志即绿色标志等。由于发展中国家受资金、技术等的限制,要取得发达国家的绿色标志难度较大,如果不能获得绿色标志,这些国家的出口产品将无法与获得标志的同类产品竞争。一些贸易强国利用自身的经济和技术优势,以保护本国环境,违背环境保护的宗旨为借口,制定极为苛刻的环境指标并采取一些其他措施限制国外产品特别是发展中国家产品进入本国市场,使一些发展中国家蒙受了巨大的经济损失。国际上要求提高环境标准的呼声日益升高,如果我国产品不尽快达到国际标准,出口将会遇到不可逾越的障碍。我们只有尽快地提高技

水平，提高我国的环境标准，争取在较短的时间内与国际接轨，才能克服绿色贸易壁垒所造成的影响。我们反对绿色贸易壁垒，但要更努力地提高产品设计水平和科技含量。而绿色制造技术是以提高产品的"绿色程度"为目标，绿色产品则是绿色制造技术的最终载体。因此，实施绿色制造技术，开展绿色设计，可以生产满足社会和市场需要的绿色产品，从而克服"绿色贸易壁垒"的限制，从而改善和促进出口贸易，无论对社会和经济的发展还是提高产品的竞争力都具有重要意义。

4）绿色制造是全球日益兴起的绿色产品消费趋势的需要

绿色消费是在20世纪80年代后期逐渐形成的，随着政府立法和公众环保意识的逐步增强，绿色消费已经渐渐成为人们的共识，绿色产品日趋受到欢迎。为了适应这一潮流，产品设计人员面临的一个挑战就是如何将产品设计与环境保护融合为一体，使产品从材料、设计上满足环境保护要求，并与包装材料的视觉效果及保护功能等各方面结合起来，最终获得绿色产品，这正是绿色制造技术必须解决的课题。正是看到绿色技术是绿色消费的必然要求，世界不少知名企业纷纷将绿色产品作为赢得未来竞争的重要筹码，不惜投入大量财力、人力、物力进行研究。

（二）家具行业面临的挑战

中国家具业经过近几十年来的发展，已取得了巨大的成就，形成了一定的产业规模和比较完善的行业体系。但我国家具产业除了在设计、选材、设备、工艺等方面需进一步提高与完善外，如何顺应"健康、绿色、环保"的发展趋势，大力实施绿色制造已迫在眉睫。

1. 行业现状

我国木工机械行业起步晚，与其他传统行业相比，受计划经济体制的影响相对较小，市场化程度高。目前，我国木工机械行业里大部分属于中小企业，产业结构不合理，产品过分集中于劳动密集型，而技术型产品又明显滞后于发达国家，产业能源消耗大，对环境污染严重，技术创新能力薄弱。在高端产品市场，国内木工机械行业面临竞争较激烈，跨国公司技术实力较强，占据了较大市场份额。在低端市场，国内木工机械企业众多，同质化严重，以价格战为主，缺乏品牌竞争力。钢材在木工机械成本中的比重较高，随着钢材价格呈现下降趋势，木工机械行业对上游供应商的议价能力较强。电机是木工机械的主要零配件，目前议价能力较弱。由于我国木工机械行业多数技术实力薄弱，产品以低端为主，因此对下游业主的议价能力一般。

受板式家具行业不景气的影响,东莞市木工机械行业整体呈下滑态势,未来以柔性化的木工机械设备为主要发展方向,对柔性化的机电电气技术需求增高。本次调研对东莞市木工机械行业的分析结果见表1。

表1 东莞市木工机械行业的调研分析结果

市场前景	板式家具整体下滑,但家居定制化是目前此行业最火热的趋势,此家企业正是在定制化路线上逆势上扬
智能化前景	规模化和定制化带来对设备柔性化的高要求,同时设备也越来越要求带有信息化的接口,在接收信息流后可自行拆单生产
智能化面临主要问题	针对柔性化生产过程缺乏电气解决方案

2. 典型分析——东莞市南兴家具装备制造股份有限公司

东莞市南兴家具装备制造股份有限公司(南兴木工机械有限公司),创建于1996年,公司占地面积为20多万平方米,主要产品有数控加工中心系列,电脑裁板锯系列,精密推台锯系列,全自动封边机系列,高精度多排钻系列和铣床等40多个型号产品。企业通过了ISO 9001:2008认证,产品通过CE认证,出口产品质量许可证及计量保证体系确认合格证。

调研过程了解的南兴公司的企业现状和智能化面临问题见表2。

表2 南兴公司的企业现状和智能化面临问题

主要产品	板式家具加工用设备及产线整体方案
产值、规模	9亿元
最终用户描述	规模化定制化
自动化配置	数控系统、PLC
智能化面临问题	与客户的MES对接,设备在接单后可自行拆单生产

三、东莞家具制造行业的发展建议

(一)挑战与机遇并存

随着现代科学技术的突飞猛进和世界性木材供应日趋紧张,加之家具标准化的普遍实施,家具向高技术型方向发展已成为现实。近年来世界家具工业发展迅速,国际家具市场呈日益扩大之势。随着中国加入,家具行业受到全球化、环保化的影响越来越大,一个企业对环境问题的重视程度往往影响到企业今后的生存和发展,人们对于周围环境质量以及所使用产品环境行为给予更多的关注,来自公众媒体的压力越来越大。现在,国外家具的绿色壁垒早已高高竖起,欧美、澳大利亚与新加坡等的绿色家具普及率近100%,日本和韩国也将近50%,而我国众多家具企业的产品由于达不到西方的"绿色标准",只能眼睁睁地被拒之门外。"出口绕不开绿色壁垒,国内逃不过环保的眼睛"已成为家具行业必须直接面对的现实。对于我国的家具企业而言,家具的绿色制造之路无疑是一个巨大的挑战,但从另一个角度来看,通过提早准备和积极应对,绿色壁垒不仅可视为推动我国家具行业实施绿色制造的动力,还可将其转化为我国家具行业发展的新机遇。

(二)循序渐进的实施策略

中国幅员广阔,地区经济发展不平衡,家具工业化程度差异很大,家具绿色制造不可能同时全面铺开,宜在经济发达、工业化程度较高、家具企业较为集中的地区率先实施家具的绿色制造,如设立专业的家具设计师事务所开展家具的绿色设计,推广使用绿色原辅材料,逐步实现低耗能、机械化与自动化生产,提高产品品质和生产效率,减少污染和废弃物,改善家具行业的作业条件,保护产业工人的身体健康,实施家具以旧换新和回收制度,倡导绿色家具消费,等等。千方百计为试点家具企业获得进入国内外家具市场的各类通行证和参与国际竞争创造条件,这既是提高我国家具产品国际竞争力和保持其应有的市场份额的重要措施,也是推动我国家具产业朝着以绿色、环保为主要内容的战略方向发展的重要手段。这样以点带面,方能使中国家具产业整体走可持续发展的道路。

(三)加强政策扶持和引导企业主动参与

家具行业是一个有鲜明特点的传统行业,家具绿色制造是具有自身行业特色的技术体系。家具行业管理部门和企业决策者应共同分析国际与国内市场,着重在现有的基础上尽快制定和出台与国际接轨的家具绿色制造相关标准,着重进行各项结构整顿,理顺关系,扶优治劣,加强理论指导和行业管理,把握好市场方向,引导企业转变观念和调整结构,深化企业内部管理,强化市场竞争意识,发挥自身优势,主动实施绿色制造。官、产、学、研共同努力,加快相关技术在家具材料与产品开发设计、加工制造、销售服务及回收利用等产品全生命周期中的应用，依靠设计创新、技术创新、管理创新，闯出一条具有我国特色的既保持传统又有创新的家具绿色制造新路径。

（四）联合电商

2011年是家居电商元年，当时有不少家具企业纷纷"触网"，家具电商的风光起步引来了一轮接一轮的讨论。至今，家具的电商之路已经走过了6年。统计数据显示，80%以上的家具企业高度关注电子商务，60%以上家具制造企业正在规划实施，30%左右的已深度介入，还有5%已取得不错的经济效益。

当然，在"触网"上大部分企业还是暗淡无光，踌躇不前。主要原因有以下四点：①只把电商当附属渠道，仅仅是获取客户的一个渠道，没有认识到电商其实和传统渠道一样需要系统的开拓和运营。②经销商的奶酪不敢轻易动，目前众多的家居品牌都希望能够协调好传统渠道跟网络渠道的利益分配，既不甘于在电商领域止步不前，又不舍得让经销商感到备受电商之伤。③缺乏懂家具又懂电商的人。④前期投入大、收益小，目前来说，家具电商客单价非常低，消费者不会整个空间去买，一般只是补充性地选择一些家具，客单价低直接造成企业在电子商务上的亏损，除去物流成本、分给经销商的物流配送成本、分给淘宝的佣金以及团队运营，几乎赚不到。前期投入大收益小，导致大部分企业不愿意在电商上深耕。

电商化这些年在家居行业仍然面临重重难关，增长乏力，不光是在天猫、京东平台，自建垂直电商平台也是形同摆设。

（五）联合装修企业

有的装修企业已在全国300个城市落地，国内O2O模式最大的家居建材平台，服务用户过2000万。凭借对家装行业的深刻理解及用户需求洞察，"建材团购""找装修平台""家博会"等模式成为中国家装垂直电商领域佼佼者。

（六）联合开发商

由于家居行业的特殊性，房地产平台可能比互联网平台更靠谱。一方面，由于家居家装单价高、频次低、体验性很强等特点，导致其很难直接通过互联网进行购买。另一方面，家居行业"强渠道、弱品牌"的特性也导致了红星、美凯龙等平台的强势，使其不断上涨租金及各类费用，品牌厂家苦不堪言。随着商品房逐步精装化，与开发商合作甚至有可能直接成为替代红星、居然的销售渠道端口，成为销售家具产品的一个重要渠道。另外，开发商在物业服务方面的资源给用户提供个性化的居家方案，满足购房者多元化的需求，这也是楼盘的一个卖点，实现双赢。

  牵手大型品牌开发商，实现家居私人订制，成为家具品牌厂家新的渠道销售增长点。目前已大力发展家具样板间的大型房地产商有恒大、万科、富力、中海地产等。

东莞市服装纺织产业发展报告

一、服装纺织产业发展概况

作为国内外知名的"中国服装名城",虎门镇是东莞镇域经济的典型代表,并蝉联广东镇域经济综合发展力排名首位。虎门拥有"中国服装名城""中国时装名城""国家火炬计划东莞市虎门服装设计与制造产业基地""广东省服装产业集群升级示范区"等响当当的称号,虎门镇集聚了2000多家服装服饰生产加工企业,从业人员近30万人,年产服装约3亿件(套)。虎门服装不仅国内畅销,而且还销往东南亚、欧美等地的40多个国家。

随着竞争加剧,服装出口锐减,虎门服装业面临的困境还不限于此,虎门服装行业的发展速度,已经从之前年均20%的增速,回落到如今5%~8%的增长率,基本跟地区生产总值增长率持平。此外,人工、原料、厂房租金以及生产监测等成本的进一步上涨,也挤压了服装企业的利润空间。"好的时候服装业的毛利率为20%~30%,现在只有5%~8%。"而在5%~8%的毛利润中,出口企业还要承担人民币汇率浮动所带来的损益,这也导致了部分企业不敢贸然接外贸订单。

虎门服装业面临的困境,是"东莞模式"发展到当下遭遇瓶颈的一个缩影,"东莞模式"的崛起之路,早已注定其外向型经济的结构,每当国际经济危机袭来之时,东莞总是受伤最严重的。

对于虎门服装界的现状,东莞也在谋求对策。目前,整个虎门2000多家服装企业,其在工商部门登记注册的品牌已超过5000个。然而,相比后起之秀福建、江苏等地,虎门孕育的一线服装品牌依然不多。打造品牌的代价很大,也需要时间,中小企业难有动力自创品牌,虽然虎门有广东省的十佳设计师。工厂在虎门,主要是生产加工。客户服务中心设在广州,主要跟客户洽谈,签合同,做一些订单的处理工作。下单后虎门这边发货。设计方面,虎门有一部分,广州有一部分。广州那边兼做设计、研发等。以前很多企业找明星代言,不然感觉企业没有实力。现在的企业不需要再去找明星代言。

东莞将现有的特色制造业引向高端发展,构筑一个"金字塔式"的产业结构，这是解决"东莞模式"困境的一种思路。虎门拥有众多的工厂和完整的产业链，以此为基础，是可以孵化出更多市场承认的高端品牌的。虎门的服装产业正在往这条路上走，但这需要企业自身决断的勇气以及政府在产业政策上的引导。除此之外，以重大产业集聚区、重大项目、重大科技专项的"三重"建设，促进东莞转型升级和经济发展方式的转变。但东莞土地开发强度已经逼近45%的警戒线，可利用的土地资源已经不多了，适合大项目的成片土地更是少之又少。这使东莞在与其他城市竞争项目时，往往会处于劣势一方。

典型的例子是，2010年，东莞曾有机会争取到一汽大众项目，但最终因缺乏连片的地块供项目使用，败给了兄弟城市佛山。因此，除了土地上的劣势，高端人才、技术工种以及高效率现代服务业的缺乏，是大项目难以落地东莞的原因所在。

服装行业是一个变化多端的行业，可能现在最为紧迫的，是中小企业尤其是服装加工厂长期存在招工难的问题，许多熟练工人不愿进厂工作，进一步加大了工厂用工的压力。这需要政府采取相应措施帮助企业。当前服装企业小部分企业的发展前景不容乐观。综合起来有以下三个方面的原因：①生产成本上涨；②品牌建设能力弱；③管理方式粗放。

融资方面，约30%的企业不同程度地存在缺乏流动资金现象，但资金数额不大。调查显示，制约企业发展的主要原因有以下三个方面：

1）原材料价格上涨。棉花、皮革等原材料价格涨幅明显，造成服装企业生产成本压力骤增。

2）劳动力成本上涨。据调查，虎门服装企业的劳动力成本近两年同比涨幅达20%~30%。

3）渠道成本上涨。场地租金、进店费和物流费的上涨使产品营销成本加大，利润空间进一步缩小，成为限制服装企业做大做强的又一重要原因。其次是品牌建设力弱。目前虎门镇服装企业虽然注册了5000多个商标，但有一定区域影响力的品牌仍然有限，国家级品牌较少。此外，该镇服装行业从业人员的文化素质普遍偏低，尤其是中高级管理人员和科技人才缺口较大，直接制约了企业管理水平和技术水平。

与此同时，广大企业也很期待政府等方面给予更多的扶持，其中，人才、融资、展销是当前企业最为关注的三大热点。企业们纷纷表示，希望政府进一步加大对中小企业的扶持力度，尤其是在帮助企业解决融资难等方面给予更多的支持；希望能继续优化城市环境，改善治安状况，增强新莞人的安全感和归属感，并打造良好的人才服务平台，吸引技能型、专业型人才和高端人才留在虎门。

二、服装纺织行业在新旧动能改造中面对的挑战

(一)企业内部挑战

我国服装企业对信息化认识普遍存在误区,对信息化的投入较少,人才、技术等方面也存在诸多瓶颈,因此目前我国服装企业信息化应用普及率还较低,成效一般,存在的一些问题亟须解决。

1. 人才匮乏

据教育部资料显示,我国开设服装专业的高等院校有 217 所,仅有 30 多所高校开设服装营销专业课程,大部分高校都只开设服装设计专业。其实,一家服装企业所需的服装营销和信息化建设人员的比例要远远多于服装设计人员。到目前为止,国内没有一所高校开设服装信息化和电子商务专业的相关课程。目前,服装企业的信息化和电子商务的从业者,都是计算机和营销专业人员转行过来的。专业人才的匮乏是制约我国服装信息进程的主要问题。

企业信息化建设需要既懂得经营管理,又懂信息技术的高素质复合型人才。但从现有统计来看,对于一家服装企业,在每百人中,信息技术人员还不到一人,其中既懂 IT 技术又懂业务流程和企业管理的复合型专业人才更加紧缺,这在很大程度上制约了服装企业信息化建设的质量和速度。但服装企业用人机制本身缺乏吸引力,一方面难以引进优秀的信息化人才,另一方面企业内部信息化骨干力量流失现象严重。同时,由于传统的就业观念和工资待遇等因素的影响,许多大学生和技术人才不愿意到服装企业工作,致使服装企业信息人员素质较低,对信息技术领悟和掌握程度差,没有或少有专业的信息技术人才,这也是造成服装企业信息化应用水平较低的症结之一。

2. 对信息化建设重视不足

1)信息化投入比例偏少。据有关调查资料显示,在信息化投入上,按我国服装企业的信息化投入与销售收入的占比来看,85%的企业低于 1%,10%的企业达到了 1%～2%,仅有 5%的企业达到 2%以上。而国外服装企业的信息化投入一般均达到销售收入的 3%以上,领先企业甚至达到 5%～10%,有效地提高了其国际竞争力。

2)信息化应用还处于起步阶段。在信息化应用程度上,我国服装企业

目前仍处于起步阶段,大都集中在财务系统、OA、工资核算系统上,稍好的服装企业还应用了进销存系统、CRM、电子商务,但像ERP这种全面整合的信息化软件的使用率还很低,不到10%,自动控制系统也只占12%,服装CAD普及率在38%左右。目前,对于拥有数百家专卖店或加盟商的服装企业,多数很难对旗下各个专卖店、加盟商制订准确的配货计划,也很难对各个专卖店、加盟商的销售情况进行快速、准确的汇总、预测和分析,从而延误了商机。

3) 系统解决方案专业化、细分化不强。目前ERP、CRM在服装业的应用越来越多,但是目前多数方案提供商贯以高举"通用化"概念大旗,很少亲自到基层体验服装企业的实际需求,没时间认真分析它们的强烈差异性,试图以一个软件、一种技术架构、一个思想解决服装业在ERP、CRM上所有的疑难病症,提供所要的全部功能。结果是"博而不专、泛而不深"了,为推广应用埋下隐患。比如在多维表的显示、物料编码、BOM(物料清单)处理、订单处理上,服装企业仍有细分化、个性化、特色化的需求,但现在不少开发商却仍喜欢把饮料业、机械电子业等用过的思路和方案硬套在服装业上,结果造成水土不服。另外,一些开发商将为大型服装企业开发的ERP、CRM软件,在所谓"浓缩"后卖给中小企业,结果对中小企业也不管用。

4) 信息化资源不能有效整合。一些较好的服装企业有多个信息系统,却没有将信息很好整合起来,存在一个个的"孤立信息",各个系统模块存在接入瓶颈,实施不论企业ERP、CRM或OA等系统是否采用同一家企业产品,其之间一般都难以自然接入融合,更难以与企业未来的发展战略相结合。这加重了IT系统建设管理难度,难以有效提高企业的管理水平。

5) 服装信息化产业无行业自律。我国从事服装信息化相关软件开发的企业有上百家之多,然而有一定影响的企业很少。大部分企业开发实力很弱,再加上我国对软件版权的保护力度不大,复制盗版现象严重。目前这个行业,没有一个统一的行业标准,造成这个行业的发展"鱼龙混杂"。

6) 企业对信息化认识不足。很多中小服装企业对信息化认识不足,观念还停留在"电脑加网站等于信息化"的层面上,这也导致企业对信息化建设资金投入少。而一些正在进行或准备进行信息化建设的企业,没有从战略的角度考虑企业信息化建设,缺少长期战略规划。不少服装企业没有信息化建设总体规划、总体设计,或规划流于形式,单项项目多,综合应用系统少。开发的项目大部分是单项管理,不能实现系统集成和信息共享,未形成面向企业决策层的综合应用系统。

7）缺乏统一规划。由于企业信息化是一个不断改进、逐步提高的过程，因此，企业在信息化建设之前必须进行系统的规划。但是，有些服装企业在信息化过程中，由于没有专职领导进行统一的指挥和领导，各个部门自行其是，仅从本部门出发，而不考虑其他部门是否已建立起了与本部门相当的技术和能力，这就造成企业内部的"信息不对称"，从而不利于企业的信息化建设。

8）电子商务在服装行业应用喜忧各半。电子商务，一种新的业务模式。很多服装公司的网站上增设了网上直销的模块，界面设计非常漂亮。但在做完才发现，网上直销的订单如何流转到 ERP 系统中？网上销售的货品仓库中还有没有？是否要展示出来？剩余库存，在代理渠道内库存有多少？库存结构是怎么样的？这些产品在网店中如何陈列与搭配？订单流转到 ERP 系统之后，如何让客户查询到该订单的进度？是在处理订单中？还是配发中？或者是已经发货？发货物流公司是哪家？单号是哪个？哪天能到货？所有的这些问题都需要 ERP 系统与网店进行整合应用才能回答。因此，信息化的建设是推广电子商务平台先决条件。

9）企业盲目采购服装信息化软件。信息化的主体是企业自身，软件公司起指导作用，不能本末倒置。因为企业对自身的业务、流程、特点、文化更了解，企业对信息化应持积极主动的态度，充分地向软件公司介绍自身的现状、业务特点和管理难点，也应当积极了解软件特点。同时，软件公司也应该积极了解企业，只有真正吃透企业的特点和业务难点，才能提出恰当的解决方案而不是仅仅推销软件。一句话，只有双方互相了解、相互靠拢，交流沟通越充分，信息化的目标才越容易实现，否则失败的机会就越大。国内不少 ERP 失败的例子就是证明。正是因为软件开发商对服装企业的不了解，才造成软件在应用过程中会出现各种问题。

（二）国际贸易保护主义挑战

由于金融危机的影响，世界经济在缓慢复苏的同时还存在着许多不确定因素，例如以特朗普为代表的贸易保护主义及国家利益至上主义等，严重地阻碍和危害着全球经济的复苏与发展，也对我国经济社会持续稳定健康发展设置了障碍。具体到纺织服装行业，主要表现在以下四个方面：

1）抑制我国纺织服装产品出口。各国实行国际贸易保护政策，主要目的在于抑制进口，保护本国产业，因此各国对纺织品服装行业实行的国际贸易保护措施导致我国的纺织服装产品出口量下降，对纺织服装行业产生冲击，使我国纺织品出口企业遭受巨大损失。根据世贸组织规定，2008 年全球纺织品出口配额被取消,国际纺织品市场的平衡格局被打破,不仅是发达国家,发展中国家也开始对我国的纺织服装产品实行严苛的贸易保护措施,且频率越来越高,力度越来越大。尤其是同样将纺织服装业作为支柱产业的土耳其、墨西哥和印度等纺织服装生产国也加入到贸易保护主义的大军中。

2)抬高我国纺织服装产品的出口成本。欧美是对纺织服装产品实施贸易保护时间最早、数量最多、要求最严的地区和国家。贸易保护措施的实施势必抬高我国纺织品服装在这些国家和地区的出口成本。我国纺织品服装现阶段的出口优势多是基于低廉的生产成本上的价格优势。我国产品要想满足欧美各国制定的一系列技术标准、绿色环境标志、绿色卫生检疫制度,企业必须不断改进生产工艺,加大技术改造投入,这将直接增加企业的生产成本。在劳工标准方面,"社会责任标准"资格认证后,最低工资标准一项就足以使企业生产成本大幅度攀升。

3)容易产生连带效应。国际贸易保护对我国纺织品服装出口的影响具有连带效应。一方面,在遭遇贸易保护措施或制裁后,企业要适应新标准、改善新工艺,若制裁的时效过长,企业原本的客户将会重新寻找合作伙伴;在丧失老客户后,企业要重新进入市场将会非常困难,且销售成本会相对提高。另一方面,当一国实行贸易保护措施大见成效后,其他国家会纷纷效仿,同时保护措施也将扩散到越来越多的行业,从而极大地影响了国际贸易的整体发展,极易陷入恶性循环。

4)阻碍纺织服装行业的良性发展。作为国民经济的支柱产业,纺织服装业在我国经济中占有举足轻重的地位。国际贸易保护主义盛行,对海外市场而言,短期内将降低我国纺织服装产品在国际市场上的占有率;对国内市场而言,一旦我国纺织服装产品遭遇贸易保护,"出口转内销"将成为大量出口企业的最终解决方案,大量的订单将与我国内销产品抢夺市场,打破原有的市场平衡,势必造成行业内的恶性竞争,导致纺织品服装价格下跌,阻碍我国纺织服装业良性发展。此外,我国纺织品服装业整体发展水平下降,将极大地降低外商来华投资的信心,对我国利用外资造成不良影响。

三、东莞服装纺织行业的发展建议

(一)东莞服装编织行业实地调研情况

东莞市位于广东省中南部、珠江三角洲东北部,北距广州 50 千米;南离深圳 90 千米；水路至香港 47 海里，至澳门 48 海里。东莞是广州与香港之间水陆交通的必经之地。东莞在成功地承接香港及东南亚产业的第一次大转移中，一些外商在东莞办起了与制衣业相关的来料加工厂，其中以东莞市虎门镇发展得最为迅速，如今，其已成为中国最具影响力的"服装之都"。然而，在东莞市的服装生产企业中，大部分企业生产技术含量低，设计能力较差，随着近年来原料成本的增加，加之对零售商涨价的投鼠忌器，很多服装生产厂家的利润越来越低。

随着服饰更新频率的加快以及消费者对个性化、定制化服饰的需求越来越大，市场对纺织、服装行业的智能制造能力提出了新的更高的要求，在由大到大而强的转型期，东莞市应该加快新一代信息技术与纺织服装行业融合，推动纺织服装产业向绿色低碳、数字化、智能化和柔性化等方向发展。可以说，智能制造是传统服装行业未来转型的必然之路，否则就必定会被市场淘汰。

表 1　服装、纺织企业调研分析结果

行业前景	作为衣食住行之首，服装行业是个永远的朝阳产业，随着经济生活水平的发展，人们对服装产品需求越来越多
行业趋势	属快消品，重视信息化系统建设；库存量大，适合使用智能仓储，且需求明显
智能化水平	纺织以机械生产为主，制衣以人工操作为主，制衣自动化是技术瓶颈；具有一定的信息化水平

本次共走访长安镇广东万里马事业股份有限公司、凤岗镇广东都市丽人实业有限公司、虎门镇东莞市以纯集团有限公司、麻涌镇东莞超盈纺织有限公司等 4 家服装、纺织企业，调研过程中，调研人员与各企业生产管理人员和技术研发人员进行了讨论交流，并亲自到生产一线进行考察，详细了解了企业的生产工序、工艺特点、设备情况、智能化改造开展情况等相关内容。

东莞的部分纺织、服装企业顺应消费者在个性化、定制化上与日俱增的需求，主动进行了智能化改造，并获得了较好的成效。

1. 超盈纺织

东莞超盈纺织有限公司（简称超盈纺织）隶属于超盈国际控股有限公司（股票代码：2111HK），集团主要设计研发内衣、运动衣、泳衣、塑身衣等织物面料、蕾丝及印花等产品，集设计、研发、生产、销售于一体，是一家为客户提供内衣、运动衣、泳衣、塑身衣"一站式"产品解决方案的企业，总部位于东莞市麻涌镇，麻涌工厂拥有员工2000人，主要用高级面料生产的内衣、泳衣，年产值超10亿元，90%以上出口。集团旗下拥有自主品牌内衣。除东莞之外，集团在江西和越南还设有分厂（越南分厂在建）。

麻涌分厂已实现了全机械化生产，自动化程度较高，相关生产流程之间通过条码进行跟进和追溯。集团拥有自己的智能工厂团队，并在20世纪末就开始了生产智能化的改造。现在已经在使用自己开发的ERP系统，并在微信平台上开发了移动办公软件，可以实时发送需要签署的文件或者发送报警信息。

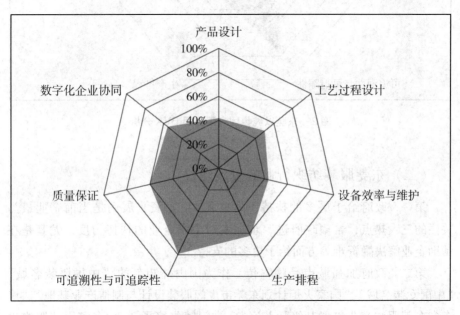

图1　东莞超盈纺织有限公司BVA分析

2. 东莞市以纯集团有限公司

东莞市以纯集团有限公司成立于1997年，位于"中国时装之都"东莞市虎门镇，集合设计、采购、生产及销售于一体。其拥有自主品牌"以纯"，并已获得"中国名牌产品"及"中国驰名商标"荣誉称号。以纯在全国范围拥有6000多家门店；生产外包，只负责设计和销售；拥有自己的智能物流园，可进行自动分拣和分拨，一条线同时可处理159家门店供货需求；拥有ERP、P2P、OM、SRM、WMS、PLM等信息化平台；目前生产以人工操作为主，自动化程度低；公司正在考虑拓展印度和东南亚市场。

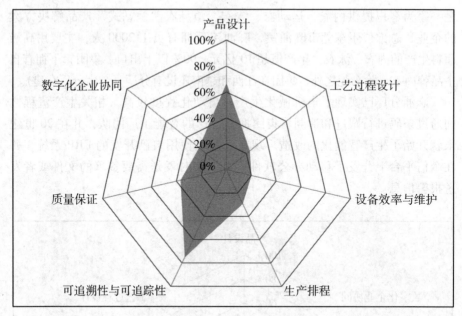

图2　东莞以纯集团有限公司 BVA 分析

（二）东莞服装纺织行业的发展建议

第一，政府给予更多的扶持，其中人才、融资、展销是当前企业最为关注的三大热点，希望政府进一步加大对中小企业的扶持力度，尤其是在帮助企业解决融资难等方面给予更多的支持。

第二，政府加强城市品牌宣传。作为国内外知名的"中国服装名城""中国女装名城""国家火炬计划东莞市虎门服装设计与制造产业基地""广东省东莞服装产业集群升级示范区"，虎门镇集聚了2000多家服装服饰生产加工企业，从业人员近30万人，年产服装2.52亿件（套），2011年销售总额达212亿元，税收贡献约17亿元。虎门服装不仅国内畅销，而且还销往40多个国家。政府应加强这方面的宣传，形成城市效应、品牌效应。

第三，联系各种服装协会为拓宽服装企业经营管理者的视野、学习借鉴国内外其他服装产区生产销售经验，经常到国外及国内上海、江苏、浙江、福建等省市进行学习考察、观摩交流，并组团到中国服装博览会、香港时装节等展会参展。

第四，转变观念，提高认识。服装企业中具有高素质、高知识的员工相对较少。因此，大多中小企业在建设信息化时，首先暴露的问题就是对信息化认识不够，不明白企业信息化绝不是企业利用计算机，而是一个企业和市场完全结合的系统工程。服装企业增强信息化意识应当着重抓住增强"四个意识"——信息化意识、主体意识、风险意识和学习意识。

第五，总体规划，分步实施。服装产品种类繁多，而款式流行周期较短，市场瞬息万变，增加企管难度；同时，企业各个待建子系统也有个轻重缓急之分，不宜一次全部投入。因此服装企业要从解决企业当前实际存在的突出问题入手，不贪大求全，分阶段逐步推行，选择最需要的信息化项目先行先试，不搞花架子。可先把进销存作为企业信息化的突破口，成功以后再投入其他系统建设。服装企业这样做，一方面可以减少投资风险，另一方面可以提高成功率，产生直接和间接的经济效益，使企业尝到甜头，进而有信心且有能力继续投资管理信息化工作。

第六，培养人才，教育先行。一个产业的发展需要人才的支撑，人才需要教育来完成。我国的服装教育虽已经历了二十多年的发展，但目前的培养目标仅限于服装设计人才的培养。忽视了服装信息化、服装电子商务、服装营销策划的人才培养，这就是这类人才匮乏的根本原因。希望国家教育主管部门和服装院校针对服装产业的发展特点，制定服装人才的培养目标。教育应走在产业的前面，而我们的服装教育是滞后于产业的。当全行业提出创新发展之际，服装教育也应该为产业的适度发展培育企业的所需人才了。为了提高企业现代化管理水平，协会每年都邀请业内专家教授开办讲座，组织知名设计师协助教学等，以此对虎门服装界从业人员进行培训和提升，并与全国多家服装院校联手，以毕业实习等形式，让企业与人才在实际使用中实现双选双赢。

第七，数据规范，奠定标准。服装企业的业务流程非常复杂，每天需要处理成百上千的库存单位，并要管理大量的款式、颜色、尺码、结构、客户标识甚至更多的数据；同时，服装品种日益丰富，流行周期越来越短，调价、削价、移库各种情况出现加快，信息量大、变化加快，代销、折让、退换等方式频繁地应用。所有这些信息数据都要有统一的名称、明确的定义和编码、标准的格式和明确的含义来夯实支撑。有条件的服装企业也可考虑采用RFID远程条码射频识别技术，实现服装企业对市场快速响应、加强供应链管理，从而为管理信息化奠定基础。

第八，慧眼识物，选好产品。一是软件产品特性要好，能够满足服装行业的分色分码和业务流程特性，最好是选择具有丰富服装信息化实施经验、专业性强的软件公司，如百胜公司专门面向服装行业开发的ERP行业性解决方案就值得关注；二是灵活性要强，服装企业业务流程灵活，业务随机性强,因此,信息化产品必须能够应付随时可能改变的特殊业务需要;三是系统融合度要高,尤其是已实施 ERP 的服装企业,要实现与本企业的各个信息系统相连接,实现系统之间的融合、集成。如 ERP 要与服装 CAD 系统、服装工序设计系统、电子商务信息系统的数据接口集成融合,以减少重复劳动,实现资源共享。

第九,打造平台,规范行业。中国的服装信息化企业应全面推动技术进步,产业升级的形势,旨在为服装行业及相关企业打造信息化平台。同时,中国的服装信息化软件开发行业本身要有一个"政府指导、行业牵头、企业参与"的交流平台。这样可以尽量避免行业无序管理,便于行业自律和交流。要建一个"技术交流,专家指导,学术探讨,成果分享,信息发布,技术及新产品推广应用为一体"的交流平台,采取线上和线下相结合,实现网络在线顾问,管理等多位传播体系,全方位为服装企业提供快捷,实用的技术参考,技术交流,技术推广服务。

第十,打破瓶颈,创新发展。对许多服装信息化软件开发企业来说,生产过程管理一直是一个禁区。原因就在于服装厂款式、工序繁杂多变,所涉及的颜色、尺码等二维信息,更使管理难上加难。在这种情况下,如果无法收集到实时的生产数据,生产车间的信息化管理也就无从谈起。只有打破技术瓶颈,才能使服装信息化软件更适合企业需求。

(三) 面对国际挑战的建议

第一,大力拓展新兴市场,实现出口市场多元化。美国、欧盟、日本等一直是我国纺织服装的传统出口市场,份额占总出口的 60% 左右,市场过于单一使我国企业常常遭遇贸易摩擦,尤其是欧美这些贸易保护主义情结极重的市场。因此,我国纺织服装企业应积极开拓新兴市场,寻求多元化发展,大力开拓印度、东盟、巴西等人口基数高、服装消费能力增长迅速的新兴市场,从而提高企业的抗风险能力。另外,庞大的内销市场也不容忽视,我国国内市场需求的增速超过了纺织品出口需求的增速。因此出口企业可以适当扩大内销比例,做到内外销并举,逐步实现市场多元化。

第二,创立自主品牌,提升纺织服装出口企业的国际竞争力。提升纺织服装出口企业的国际竞争力是应对贸易保护主义的有效措施。一方面,企业应增强自主创新能力,大力开发资本和技术密集型产品,不断追踪国外先进标准和技术成果,及时研究、学习借鉴以提高产品质量;另一方面,政府应通过多种途径加大对企业自主研发的支持力度,提高产品的竞争能力。服装市场是品牌竞争的市场,培育、创立、扩大自主品牌服装出口是我国从纺织服装生产和出口大国转变为纺织服装生产、出口强国的必由之路。企业要培育自有技术，创立自主品牌，提高商品档次，加快实施品牌战略，并努力构建自主知识产权管理体系，依法保护创新成果，全面提高企业的抗风险能力，树立中国品牌的良好国际形象。

第三，规范管理，提高我国纺织服装行业话语权。一方面，政府要充分发挥主导职能，设立专门部门负责信息收集工作，为纺织服装出口企业做好咨询、培训、指导工作，加强对纺织品检测技术的研究，制定并完善纺织品技术标准及相关规定，加快我国标准与国际接轨的步伐。另一方面，纺织服装出口企业要适时改变经营策略，整合内部资源，规范内部管理，加快提高生产和管理水平，将知识产权保护等发达国家感兴趣的问题与纺织服装贸易紧密联系起来，实行有中国特色的国际贸易政策，提高我国纺织服装行业的话语权，营造良好的国际贸易环境。

第四，合理运用国际法规，建立健全预警机制。企业应认真研究各国贸易保护措施，合理运用国际法规；政府应建立健全预警机制，高度关注重点出口市场贸易保护手段新动向，保持信息通畅，定期发布，有效提醒出口企业及时进行价格自律，实现贸易保护前置化。同时，我国具有解决国际贸易争端经验的人才严重匮乏，因此应加大相关人才的培养力度，充分借鉴 WTO 成员应诉工作的成熟经验。

第五，加快产业结构调整，走差异化竞争之路。由于产品结构趋同，我国产品在主要纺织服装消费市场多因价格优势取胜，而这正是我国频频遭受国际贸易保护措施的原因所在。因此，实施"以质取胜、以技取胜"战略，以科技进步为依托，不断地引导企业提高产品质量和技术含量，加快产业结构的调整步伐。实施产品差别化战略，走差异化竞争之路，通过提高产品附加值来稳定国外的市场份额，并趁机提高"中国制造"的口碑，降低国际贸易保护主义对我国纺织服装业的影响，促进我国纺织服装产品出口持续、健康、稳定发展。

东莞市食品加工行业发展报告

一、行业发展及规模概况

"十一五"时期，我国食品工业持续较快发展，产业规模进一步扩大，企业实力明显增强，产品质量不断改善，食品安全水平稳步提高，吸纳就业和惠农作用显著。

（一）主要经济指标持续快速增长，继续保持支柱产业地位

2008年，全国规模以上食品生产企业有36475家，实现工业总产值42373.2亿元（现价，占全部工业总产值的8.3%），比2005年增长108.4%，年均增长27.7%，提前两年实现"十一五"时期确定的目标；完成销售收入41426.8亿元，比2005年增长了108.2%，年均增长27.7%；利税总额5259.5亿元，比2005年增长56.3%，年均增长16%，占全部工业的14.3%；从业人数达950万人，占全国工业企业就业人数的18%，食品工业继续成为解决城乡人口就业最多的行业。

2008年以来，尽管普遍受到金融危机的影响，食品工业增加值仍实现14.8%的增长率，比全国工业增速高出1.9个百分点。食品工业作为支柱产业，不仅在工业经济的发展中发挥着重要的作用，还带动了农业、制造业、服务业等关联产业的快速发展。

（二）产品日益丰富，较好满足城乡居民消费需求

主要食品产量持续增加，品种日益丰富，形成28个大类共525种产品，有效满足了居民对食品多元化的消费要求。2008年，全国主要食品产量均有较大幅度增长：大米8244.4万吨、小麦粉10118.5万吨、精制食用植物油1954万吨、成品糖1102.9万吨、肉类7925万吨、乳制品2159.6万吨、水产品5373万吨、啤酒4483.1万吨、软饮料9983.8万吨，分别比2005年增长了366.7%、153.5%、30.5%、20.9%、2.9%、79.3%、21.6%、43.4%、195.3%。其中，大米、小麦粉、食用植物油、成品糖、肉类、啤酒、果汁等产品产量继续保持世界第一。产品结构不断优化，精深加工食品比例上

升,一级米和优质米产量分别为3553.3万吨和2284.4万吨,占总产量的48.7%和31.3%;小麦特制一等粉、特制二等粉和专用粉产量5767.9万吨,占小麦粉总产量的79.3%,比2005年提高了5.6%;肉类制品1098万吨,占肉类总产量的15.1%,比2005年提高了4%。

(三)质量保障措施不断强化,食品安全水平稳步提高

食品质量和安全是近年来备受社会各界关注的重大民生问题。党中央、国务院始终高度重视食品安全工作,采取了一系列提高食品质量和加强食品安全管理的政策措施。

一是健全食品安全法律法规体系。发布了首个《中国的食品质量安全状况白皮书》,先后制定印发了《国务院关于加强食品等产品安全监督管理的特别规定》《食品安全整顿工作方案》《食品安全法》及《食品安全法实施条例》《生猪屠宰管理条例(修订稿)》,各部门也结合实际制定了一系列加强食品安全工作的法规和规章。

二是完善食品质量标准体系。制定或修订国家和行业标准1000项,形成了基本涵盖了食品安全的各个领域国家标准1150项和行业标准1153项,其中采用国际食品法典委员会和国外先进标准的比例为23%。

三是增强食品质量安全监管能力。攻克了一批食品安全关键技术,研制出一批检测技术相关试剂(盒)和检测设备,初步建立了基本满足食品生产、加工、流通、消费全过程检验检测需要的四级(国家、省、市、县)食品安全检验检测机构,形成了由卫生、农业、质检、工商等部门组成的相互配合、各负其责的食品安全监管机制。

四是提高企业食品质量保障水平。规模以上的大中型食品企业基本都通过了以HACCP、ISO 9000/14000认证等为核心的食品质量安全认证。

这些措施有效提高了我国食品质量安全水平,食品总体合格率不断提升,重点行业食品质量达到较高水平。截至2008年年底,蔬菜农药、畜产品"瘦肉精"残留以及水产品氯霉素污染的监测合格率达到94%以上,米、面、油、酱油、醋等基本食品国家监督抽查合格率超过90%,均比2001年提高了30%以上,食品卫生平均抽样合格率超过91%。

(四)结构继续优化,可持续发展能力不断增强

食品工业规模化、集约化水平逐步提高,出现一批具有市场竞争优势、年销售收入超百亿元的知名企业或企业集团。2010年,全国食品工业规模以上企业达41286家,比2005年增长73.2%,年均增长11.6%;实现工业

总产值 6.1 万亿元，增长 201.5%，年均增长 24.7%，年均增幅比"十五"时期提高 5.3 个百分点；实现利税 10659.6 亿元，增长 214%，年均增长 25.7%；从业人员 696 万人，比 2005 年增长 53.9%，年均增长 9%。龙头企业不断发展壮大，生产集中度不断提高。农副食品加工业、食品制造业、饮料制造业的"百强"和"行业十强"企业占规模以上食品企业总数的 2%，集中了食品工业近 1/3 的资产，创造了超过 1/3 的产值和 2/3 的利润，上缴税金超过全行业的 40%。其中，乳制品行业十强企业销售收入占全行业的 54.7%，制糖行业十强企业产量占全行业的 43.6%，啤酒行业前三大企业集团的产量合计占全行业的 31.6%。

（五）布局更加合理，产业集聚效应初步显现

食品加工企业继续向原料产区、重点销区和重要交通物流节点集聚，具有比较优势和特色的食品加工产业带建设深入推进，涌现了一批符合循环经济要求，集原料收购、储存、食品加工、销售及物流集散于一体的现代食品产业园区和产业集群，产业集聚效应进一步凸显，拉长了食品产业链，提高了副产物综合利用水平。

在粮食加工方面，形成了以东北地区和中南地区稻谷产区为主的大米加工产业带，以黄淮海地区小麦产区为主的优质专用小麦加工产业带，以东北及内蒙古、山东玉米产区为主的玉米加工产业带。

在食用植物油加工方面，形成了以黑龙江大豆产区和沿海港口为主的大豆油脂加工产业带，以长江流域优质油菜产区为主的油菜籽加工产业带。

在肉类加工方面，形成了以中南、西南、华东、华北及东北产销区为主的猪牛羊禽肉加工产业带。

在乳制品制造方面，形成了以东北、华北、西北奶业产区和大城市销区为主的乳制品加工产业带。

在水产品加工方面，形成了以东南沿海、黄渤海产区为主的水产品加工带。

在果汁加工方面，形成了以山东、陕西、山西、辽宁等产区为主的果汁加工产业带。

在制糖方面，形成了以广西、云南糖料产区为主的蔗糖加工产业带等。

（六）自主创新能力增强，整体科技水平持续提高

"十一五"时期是我国在食品产业科技领域投入力度最大，涉及的学科范围和研究领域最广，技术集成度和产业化程度最高，标准和专利成果最

多，成果转化速度最快，技术带动和示范效应最明显，取得经济和社会效益最大的历史阶段。

围绕制约食品工业发展的共性关键技术、高新技术装备、重大产品开发与产业化示范、产品质量与安全控制、物流配送等重大问题，先后攻克了一批食品加工关键技术难题，开发了一批在国内外市场具有较大潜力和较高市场占有率的名牌产品，建设了一批科技创新基地和产业化示范生产线，扶持了一批具有较强科技创新能力的龙头企业，储备了一批具有前瞻性和产业需求的技术，初步构建起以企业为主体、产学研紧密结合"食品产业科技创新体系"，缩短了我国在食品精深加工技术和装备领域与国际先进水平的差距，对支撑我国食品产业高速发展起到了积极的推动作用。

截至目前，我国从事食品加工技术研究与开发机构超过350家，已初步形成了国家、部门、地方三级较为完善的研发体系。全国有205所高校设立了食品科学与工程专业，近100家大专院校和科研单位能够培养研究生。一大批农产品加工企业相继成立了研发中心，20多家企业设立了博士后工作站，初步建立起一支学科齐全，了解食品科技发展前沿，掌握现代科学技术知识，具有较高学术水平和科研开发能力的科研队伍。

二、食品加工行业改造面临挑战

（一）存在的主要问题

尽管我国食品工业发展成效显著，但与发达国家相比还有一定的差距，与全面建设小康社会的新要求、转变经济发展方式的新任务、人民群众生活的新期待相比，还有很多方面不适应。

1. 食品安全事件时有发生，治理监管机制亟须完善

尽管我国食品安全水平稳步提高，但是食品安全事件仍时有发生，特别是2008年发生的婴幼儿奶粉事件等一些重大食品安全事件，不仅给消费者的生命健康造成损害，还给社会稳定和国家形象带来了负面影响，并使行业健康发展受到冲击。这反映了长期制约我国食品安全的矛盾和问题还没有根本解决。一是食品安全加工全程控制机制尚未建立，对食品加工过程中有害物质的形成和控制技术的研究还相当薄弱，在线检测技术和装备十分缺乏，新技术、新工艺、新资源也带来了食品安全的新问题。二是小作坊食品的加工工艺落后，储存运输条件差，缺乏全面的食品安全危害评估与控制技术。三是部分企业食品质量安全观念淡薄，掺假作伪现象依然屡禁不止。四是食品工业行业众多,产业链环节多而杂,管理法规和食品标准由多部门制定,实际执行效果不佳。

2. 整体发展水平较低,现代化程度有待提高

从现代化水平看,2007年我国食品工业现代化综合指数仅为38.3%(发达国家为100%),其中全行业劳动生产率为2.9万美元/(人·年),为发达国家的24.1%;R&D经费投入只占销售收入的0.4%,为发达国家的33.3%;主导企业平均营业收入仅为发达国家的7.4%。从资源加工水平来看,我国食物资源特别是大宗农产品深加工比例低,半成品多、制成品少,增值转化程度不高。2008年我国食品工业总产值与农业总产值之比为0.95:1,而发达国家这一比例为2:1至3:1。我国工业食品占食品消费量的比重为20%,而发达国家为90%。从具体行业来看,我国肉制品产量占肉类总产量为15%,而欧美国家肉制品比重达到50%左右;我国果蔬加工利用率很低,如苹果的加工率仅15%,而国际平均水平为25%,发达国家甚至达到75%;我国水产品加工比例为34.8%,日本、加拿大、美国等国家的比例达到60%~90%。

3. 自主创新能力弱,核心技术有待突破

"十一五"时期国家科技计划对食品产业的总投入与以往相比有了大幅度的增长,但与食品产业创造着我国4万多亿元的国民生产总值,并承载着13亿人的基本食物需求与营养健康保障相比,科技投入水平还是远远不够。研究经费投入仅为0.4%,远低于发达国家1.2%的平均水平。对食品产业的科技支撑布局刚刚开始,针对整个食品产业链的科技布局还很不完善,缺乏带动产业发展层面上的整体规划。现有项目、课题侧重产品的研发和技术研究,而忽视工艺创新和装备方面的研发;一些如方便休闲食品、饮料等围绕食品制造的行业还没有受到重视,需要进一步完善布局。对食品产业节能减排技术研究和应用力度不够,70%的小企业普遍生产技术落后,节能减排新技术、新工艺难以大范围推广应用。成套装备和关键装备技术创新能力有待进一步加强,具有自主知识产权的成果依然较少,大型装备技术整体研发能力不高,一些关键领域对外技术依赖度高,一些关键零部件国产化技术缺乏,产业高端的主体技术仍依靠从国外进口,急需在食品装备关键重大技术与大型成套装备方面取得突破。

4. 结构性产能过剩,产业布局有待优化

一些食品加工企业为了抢占国内食品市场,不考虑地域、原料、环保、能耗等因素,盲目扩张,无序发展,导致部分行业加工能力过快发展,结构性产能严重过剩。2008年,我国稻谷、小麦、玉米、大豆油脂、乳制品等加工企业产能利用率分别为46%、50%、65%、45%和50%左右。产能严重过剩导致原料供给紧张，企业利润下降、亏损甚至倒闭，造成了资源浪费，影响行业健康发展。区域发展不平衡，东部地区食品工业比较发达，产值占比超过50%，中西部食品工业发展不足，与其丰富的资源地位不相匹配，增加了原料长途运输的成本和物流过程的损耗，导致资源浪费。城乡发展不平衡，农村食品加工业发展滞后，农村食品质量、品种和档次不能完全满足农村食品市场的需求。

5. 企业发展参差不齐，市场秩序有待规范

我国食品工业虽然涌现出一批达到国际先进水平、竞争力较强的大中型企业，但小企业仍占绝大多数。如我国有400多家淀粉生产企业，年产淀粉1300万吨左右，其中年产淀粉万吨以上的企业只有80家，其余为万吨以下的小企业，而美国淀粉生产企业平均规模为100万吨左右。很多小企业普遍存在生产设备简陋、经营粗放、资源能耗高、质量不稳定等问题。如味精行业吨产品耗纯淀粉平均为2.24吨，而小型企业高达2.4~2.5吨，远高于大型企业1.75~1.85吨的水平。市场秩序有待进一步规范，部分行业恶性竞争现象严重，原料战、价格战频繁，农村食品市场地方品牌杂、假冒伪劣多，存在监管缺位等现象。

6. 能耗物耗水平偏高，部分行业污染严重

我国食品产业总体上是由传统手工作坊发展而来，70%的小企业普遍生产技术落后，节能减排新技术、新工艺难以大范围推广应用，总体来说，食品工业仍然属于资源高耗型产业，节能减排任务艰巨，与国外先进水平存在较大差距。例如，我国玉米淀粉行业原料利用率为95%，比国际先进水平低4个百分点；味精行业平均吨产品水耗为92吨，而发达国家仅为30吨；谷氨酸行业部分产品吨产品耗水量为100吨，远远高于20吨的国际先进水平；罐头食品吨耗水量为日本的3倍；干制食品吨产品耗电量是发达国家的20~30倍。同时，很多食品企业没有达到满足环保治污、综合利用的最低规模要求，一部分企业难以支付污染治理的成本，由此造成部分食品生产领域污染问题比较严重。如发酵工业的废水排放量约占全国废水总量的2.3%，是轻工重点污染行业之一，其中味精、柠檬酸和酵母发酵产生的有机废水量都较大，COD浓度为$(2\sim5)\times10^4$毫克/升。

（二）面临的主要挑战

1. 结构调整刻不容缓，对食品工业发展提出更高要求

党的十七大报告提出了加快转变经济发展方式的战略任务，国际金融危机使我国转变经济发展方式问题更加凸显出来，迫切要求我们把经济发展从投资、出口拉动型向内需拉动型转变，从过度依赖资源投入向更多依靠科技进步和劳动者素质提高上来。我国食品工业总体上仍处于以低价竞争为标志的规模性扩张阶段，整体发展水平不高，经营方式粗放、科技含量低、资源能源消耗大、食品安全保障能力差、国际竞争力弱，部分领域产能过剩、重复建设问题仍很突出。无论是外部要求还是内部发展需要，我国食品工业都要加快推进产业结构调整，适应需求结构变化趋势，完善现代产业体系，推动产业优化升级，全面提升行业技术水平和国际竞争力。

2. 跨国公司加快进入国内市场，给产业安全带来隐患

作为世界最大的潜在食品消费市场，我国正在成为跨国食品企业首选的进军目标。跨国企业资金雄厚、技术领先、管理先进，整体实力普遍高于国内同行业平均水平，具有较强的竞争力。跨国食品企业进入我国后，与国内食品企业开展竞争，我国食品工业面临更加激烈的竞争局面。值得注意的是，跨国食品企业依靠雄厚的实力，逐步占领市场份额，并通过收购、兼并等方式，逐渐在部分行业取得主导地位，进而对某些行业形成控制的格局，并对我国部分食品产业安全带来了隐患。目前，外资进入的重点食品行业包括大豆油脂、肉类、饮料、饼干、巧克力等加工。

3. 全社会对食品安全高度关注，对食品加工的要求更加严格

随着人民生活水平的提高，食品安全问题越来越引起全社会的关注。一方面，我国食品质量安全保障体系建设尚不健全，重大食品安全事件仍然时有发生，一些等重大食品安全事件已经危害到国民健康和国家声誉。另一方面，随着国际社会对食品安全标准的提高，我国出口食品也多次遭遇食品安全贸易壁垒。继续推进食品安全体系建设仍然是"十二五"期间食品工业的重要内容。

4. 资源能源环境硬约束加大，节能减排任务更加艰巨

近年来，我国资源、能源、环境等方面的矛盾日益突出，资源短缺和环境压力日益成为制约我国经济可持续发展的重要因素。2009年，温家宝总理在哥本哈根全球气候大会承诺，到2020年，我国单位国内生产总值二氧化碳排放量比2005年下降40%~45%。建设"两型"社会，发展低碳经济已经成为我国发展的战略取向。这对食品工业提出了新的要求。一方面，我国食品工业企业规模普遍偏小，远没有达到污染治理的合理规模，在严格的环保要求下，企业的运行成本势必会增加。另一方面，食品工业部分行业的节能降耗技术水平以及原料综合利用能力有限，发展面临着减少资源消耗的双重压力和约束。

三、东莞市食品加工行业的发展建议

（一）食品加工行业主要建议

1. 提高产品质量，强化食品安全

加强食品质量保障，建立和完善食品质量控制体系。健全食品安全标准体系，积极采用国际标准和国外先进标准，加快制定或修订乳制品、肉及肉制品、水产品、粮食、油料、果蔬等重点食品加工行业食品质量安全国家标准、行业标准及检测方法标准，提升标准总体水平。完善食品质量安全监管体系，落实地方政府食品安全负总责的责任机制，建立健全食品安全风险监测、生产许可、监督抽查、生产过程检查、食品召回、应急处理等制度和食品生产企业质量保障体系，完善食品安全风险危害识别和评估制度及食品安全重大事故应急反应机制，加强突发性食品安全事件应急处理能力建设，加大重大食品安全事故查处和督办力度。提高食品安全检测能力，建立食品安全国家工程实验室和食品安全国家重点实验室，形成覆盖全国的食源性疾病监测、预警、报告和应急处置网络，督促粮油、肉及肉制品、乳制品、食品添加剂、饮料、罐头、酿酒、发酵、制糖、焙烤等行业重点企业，增加原料检验、生产过程动态监测、产品出厂检测等先进检验装备，特别是快速检验和在线检测设备。继续开展食品安全专项整治，严厉打击生产经营假冒伪劣食品行为。促进食品安全的全社会共同参与。制定食品安全宣传教育纲要，多形式、多途径开展食品安全教育和培训。重视食品安全信息的公开、透明，维护公民的知情权。支持和鼓励新闻媒体开展食品安全宣传报道，加强舆论监督。制定食品工业企业诚信体系建设指导意见，增强企业食品安全诚信意识，开展食品企业诚信体系建设试点工作。

2. 提高科技创新能力，增强食品工业内驱动力

围绕国民经济与社会协调发展的主线，根据产业发展的基本态势，本着"突出重点与全面发展结合""近期安排与长远部署结合"和"整体布局与分类实施结合"的原则，立足"国家战略必争、产业发展必需、技术竞争必备、社会需求巨大"的选择依据，抓住严重制约我国食品产业发展的重点、难点问题，聚集优势资源，以具有全局性、前瞻性和急迫性的产业共性关键技术与重大产品产业化开发研究为突破口，以产业技术创新能力建设为重要手段，立足自主研发能力和自主创新能力的提高，强化产业技术的集成创新和产业化示范作用，通过实施"面向未来，整体设计，立足现实，突出重点，合理布局，分步实施，突破关键，支撑发展"的食品产业科技发展战略，为产业实现跨越式发展提供强有力的科技支撑。

一是要建立稳定、多元化投资渠道和投入机制，加大政府投入，完善以企业投入为主体的多渠道、多层次的投融资体系，大幅度增加食品科技领域的科技投入。建立重大共性关键技术研发、产业化开发相融合的投资格局，完善高校和科研单位的技术支撑，政府和产学研紧密结合的技术创新机制。加大对发展高新技术以及绿色低能耗技术的有效投入，增强食品工业科研创新和技术进步能力。

二是要加强科技创新能力建设，从产业技术结构配置、研发队伍建设、资源投入等方面强化食品科技创新能力建设，积极推动食品产业技术创新平台建设，鼓励食品产业创新战略联盟等产、学、研结合，促进科技与产业的有机衔接。积极发展和建设相关领域的国家重点实验室、国家工程中心，并依托国家优势农产品区域布局，积极鼓励已经具有较大规模和实力的集团企业建立研发机构，或与相应的大学、院所以及各种具有研发能力的科技组织合作开发加工技术。重点培育一批具有较强科技创新实力的食品企业集团，以带动食品产业竞争力的全面提升。加快技术成果转化和示范，推进以企业为主体，以产、学、研为内涵的科技创新和成果转化机制，推进食品产业以企业为核心的自主研究基地的建设。

三是要加强人才队伍培养，加快培育和稳定一批学科齐全和老、中、青年龄结构适宜的科研梯队，鼓励青年优秀人才脱颖而出，使他们尽快承担起发展我国现代食品加工技术创新的重任。

四是要积极拓展国际科技合作，在国家层面上组织实施互利双赢的国际食品科技合作与交流。积极参与或组织国际科技合作项目、国际学术会议，互派留学生、访问学者等。

3. 坚持自主开发与引进消化吸收相结合，加快发展食品装备与包装工业

加快食品工业装备与包装的自主科技创新和企业技术改造，推动行业科技进步，提升行业发展总体水平，推进自主品牌建设、企业兼并重组和产品更新换代，转变增长方式，实现食品工业装备与包装机械的产业结构优化升级。支持骨干企业通过兼并重组发展成为大型综合性企业集团，鼓励主机生产企业由单机制造为主转向以系统集成为主的模式，引导配套生产企业向"专、精、特"方向发展，形成优势互补、协调发展的产业链。鼓励企业创建具有国际影响力的自主品牌。通过不断加强自主创新，推动

行业技术进步和产业升级，不断提高产业集中度，满足食品工业发展的需求，提高综合国际竞争力。坚持自主开发与引进消化吸收相结合，支持企业自主开发新产品，增强食品工业装备与包装技术装备的原始创新、集成创新和引进消化吸收再创新的能力。密切结合市场需求，跟踪国际上先进技术发展趋势，以引进新技术为主，并且将重点放在引进先进技术，消化吸收，结合国情实际，进行再创新。对此要安排足够的消化吸收资金，通过技术攻关，真正掌握国外先进技术的诀窍，逐步形成自主开发能力和自主创新能力。引进技术和企业技术改造相结合。在引进消化吸收再创新的基础上，突破重点装备关键技术，加快装备自主化。重点发展新型绿色分离设备、节能高效蒸发浓缩设备、高速和无菌罐装设备、膜式错流过滤机、高速吹瓶设备等。继续组织实施好食品重点装备国产化专项，设立食品重点行业技术升级与清洁生产专项等食品国债专项，重点开展食品装备的自动化控制、节能降耗、可靠性和集成与成套技术研究，推动快速在线检测设备的研发和应用，开发食品分离、干燥、冷加工、家禽屠宰、果蔬汁浆加工等大型与成套装备，实现替代进口。

4. 调整产业结构，促进产业升级

一是重点鼓励和扶持食品精深加工、资源高效利用、开发地区特色产品、食品自动化生产装备等有助于提高产业整体技术水平、提高生产效益和效率的行业和项目。

二是引导重点行业大型骨干企业加快建立现代企业制度和运作管理机制，改善营销模式，争取产品内外销市场，扩大市场占有率，扶持企业新产品研发创新，加快淘汰原料消耗大、附加值低、污染严重、存在安全隐患的产品。

三是建立产业退出机制，明确淘汰标准，量化淘汰指标，加大淘汰力度。力争淘汰一批技术装备落后、资源能源消耗高、环保不达标的产能。

四是加强对小作坊、小企业的规范和引导，制定相关优惠政策，鼓励和支持私有和民营企业向做大做强方向发展，引导避免重复生产、恶性竞争以及恶性竞争中出现的违法违纪行为。

5. 延伸产业链，培育产业集群

一是结合优化区域布局，鼓励具有资源优势等条件的地区充分总结和借鉴产业集群发展经验，改善建设条件和经营环境，着力培育发展轻工业特色区域和产业集群。

二是以原料、市场、技术和资本优势为纽带，建立专业化食品工业发展园区。

三是实施农业产业化龙头食品企业与食品原料生产供应联动发展计划。鼓励农（牧）场集中种植（养殖），加快推进适宜工业化加工的农产品原料结构调整。

四是调整优化食品骨干企业布局。在食品工业重点发展领域的定位上，以发展具有比较优势的产业为主，重点抓好功能食品、食品配料与添加剂，以及具有原料优势的肉类、乳品、水产、粮油和糖、烟、酒、茶、食用菌等行业。

五是从我国经济文化多样性角度，加快运用高新技术和适用技术改造传统产业。

六是扶持形成重大产业链，以政策和市场引导鼓励形成具有竞争力的企业群，形成创新收益高、创新风险小、创新周期短的重大产业链，实现高新技术产业组织方式的根本性转变。

6. 壮大骨干企业，培育优势品牌

从财政、税收、信贷等政策上扶持优势龙头企业，着力培养一批技术创新能力、现代管理能力和带动能力强的龙头企业，带动整个行业的发展。通过联合、兼并、收购等资本运营方式，实现"强强联合""强弱联合"，培育和组建一批资本结构多元化、产品科技含量高、市场竞争力强的食品工业龙头企业，提高产业的集中度和核心竞争力。在立项、基地建设、原料收购、批发和流通网络建设、科技研发、技术服务、质量标准和信息网络体系建设等方面，对龙头企业给予必要的扶持。支持优势品牌企业跨地区兼并重组、技术改造和创新能力建设，推动产业整合，提高产业集中度，增强品牌企业实力。引导企业开拓国际市场，通过国际参展、广告宣传、质量认证、公共服务平台等多种形式和渠道，提高自主品牌的知名度和竞争力。支持国内有实力的企业"走出去"，实施本地化生产，拓展国际市场，扩大产品覆盖面，提高品牌影响力。完善认证和检测制度，积极开展与主要贸易伙伴国多层面的交流与合作，提高国际社会对我国检测、认证结果的认可度，树立自主品牌国际形象。加强自主品牌保护，加大宣传力度，增强企业和全社会保护自主知名品牌的意识和责任感。

7. 倡导营养健康，提高国民身体素质

建立完善由政府领导、多部门合作和全社会参与的以营养与健康为导向的宏观指导和调控体系，科学指导国民营养健康的食物消费，倡导健康生活方式，强化提升营养健康食品制造能力，控制与食品工业相关的人群总体危险因素。

（二）食品加工行业政策建议

1. 加强产业政策引导

继续完善食品工业管理机制，进一步理顺各部门的管理权限，加强部门配合。加快现有食品工业相关法律、法规、条例和规章制度的修订、完善工作，在新一轮修订《政府核准的投资项目目录（2004年本）》和《产业结构调整指导目录》中，补充和完善食品工业相关内容，将玉米加工、乳制品、食用植物油加工、肉制品加工等列入核准目录。尽快制定发酵、粮油、饲料等重点行业产业政策以及准入条件，明确行业准入门槛。建立重污染企业和落后产能退出机制，明确淘汰标准，量化淘汰指标，坚决淘汰落后产能。各级政府要加大重点食品行业淘汰落后产能力度，解决好职工安置、企业转产、债务化解等问题，促进社会和谐稳定。环保、土地、信贷、工商登记等相关政策要与产业政策相互衔接配合，充分体现有保有压的调控作用。鼓励地方政府和大型食品加工企业根据本规划制定本地区、本企业食品工业发展规划。

2. 加大财政支持力度

加大中央和地方财政对食品工业的支持力度，构建以企业为主体，多形式、多渠道、多层次的资金投入体系，扶持食品工业发展。中央财政要将扶持食品工业发展列入财政预算，设立食品工业发展专项资金，对食品加工产业园区、产业集群公共服务平台、企业技术改造、食品及饲料安全、节能减排、重点装备自主化、关键技术创新与产业化以及自主品牌建设等重点项目给予一定的资金支持。完善现代农业生产发展资金、农业结构调整资金、粮食风险基金、农业产业化资金、农业综合开发、中小企业扶持资金等资金投向和项目选择协调机制，提高资金使用效率。

3. 规范外资管理

尽快调整《外商投资产业指导目录》，将大豆、油菜籽、棉籽、花生、棕榈油等各种油脂加工以及大米、小麦面粉、玉米加工列为外商投资限制类项目，该类项目必须由中方控股。尽快建立健全外资并购安全审查机制，对外资并购境内粮食加工、油脂加工等行业的重点企业进行安全审查。各地外商投资主管部门要严格项目核准备案等环节的监管，不得放宽标准地越权审批。

4. 加大金融支持

加大对食品加工企业的信贷支持力度，给予适当贷款利率优惠。农业发展银行对符合国家产业政策的食品加工项目、企业技术改造和并购重组，给予中长期贷款支持；商业银行对符合资质的食品加工企业给予信贷支持，对实力强、资信好、效益佳的企业优先安排贷款，增加授信额度。支持符合条件的食品加工企业发行企业债券、中小企业集合债、短期融资券以及在证券市场上公开发行股票。制定食品加工企业参与套期保值交易的相关政策，鼓励和引导食品加工企业参与期货市场的套期保值，提高风险管理意识和管理水平。对符合信贷担保条件的食品加工企业，担保机构优先给予支持，放开担保规模限制；政策性担保机构对食品加工企业所在地担保机构实施再担保，增强其信贷担保能力。

5. 大力扶持中小企业发展

严格贯彻落实《国务院关于进一步促进中小企业发展的若干意见》。现有支持中小企业发展的专项资金（基金）等继续向食品加工企业倾斜，中央外贸发展基金加大对符合条件的食品企业巩固和开拓国外市场的支持力度；按照有关规定，对中小型轻工企业实施缓缴社会保险费或降低相关社会保险费率等政策；加强对小作坊、小企业的规范和引导，鼓励中小企业向做大做强方向发展；规范市场秩序，减少恶性竞争，打击恶性竞争中出现的违法违纪行为。

6. 适时收储涉农产品

进一步发挥涉农产品收储调节市场供求的作用，根据市场变化，及时调整食糖、乳粉、肉、食用植物油国家储备，鼓励地方政府采取流动资金贷款贴息等措施，支持企业收储浓缩苹果汁等涉农产品，缓解产品销售不畅、积压严重的状况。完善应急食品储备制度，优化布点，提高储备能力。

7. 支持科技创新

大力支持食品工业科技创新和高技术产业化，设立食品工业关键技术与装备开发等科技专项。支持大中型食品加工企业建立研究开发机构，并与高校及科研院所联合成立研究开发中心和产业技术战略联盟。对国家工程实验室、重点实验室和工程技术研究中心，在项目建设、课题安排上给予重点支持。加大对食品加工成套装备自主化、关键技术创新与产业化的资金投入。

8. 积极实施"走出去"战略

加大各级财政、政策性金融以及外汇部门对食品加工企业"走出去"的支持力度，适当调高对重点项目的贷款贴息比例，放宽贷款年限，创新担保形式，设立专门险种。鼓励食品企业积极开拓国际市场。支持具备条件的企业到境外投资建设原料生产基地、物流设施、购销网络。

9. 完善统计和信息发布制度

完善重点食品工业信息报告制度,提高数据的及时性、准确性和完整性。加快建立国际、国内相关重点食品生产、消费、贸易和价格监测预测评价系统,建立信息发布平台,国家相关信息机构定期向社会发布市场供求信息。

10. 加强行业自律

充分发挥行业协会在政府和企业间的桥梁纽带作用,加强信息交流、标准制定、贸易促进、技术咨询、产业发展等方面的服务,宣传贯彻国家产业政策,及时反映行业发展情况和问题,培育企业诚信,加强行业自律。

DongGuan

技术篇

智能制造是衡量一个国家、地区和城市技术创新和应用的重要指标，更是测量一个国家、地区和城市在信息化时代生产技术和创新能力的重要维度。智能制造的发展和优化，需要产业基础的支撑，更需要生产技术和信息技术的变革和创新。

就理论上来看，智能制造是信息通信技术、电工电子及微系统技术、生产技术及机械工程自动化、管理及物流技术多技术交叉融合形成的技术体系。分维度来看，信息通信技术的发展、进步和演变，决定了智能制造技术的智能化程度；电工电子及微系统技术的发展、进步和演变，决定了智能制造技术的创新性能力；生产技术及机械工程自动化的发展、进步和演变，决定了智能制造技术的应用操作化能力；管理及物流技术的发展、进步和演变，决定了智能制造技术的现场管理能力。因此，智能制造技术的发展、进步和演变，是一个多系统、多生态的复合衍生的体系，需要多系统、多生态的有机配合与协同进步。

就实践上来看，近年来，东莞以工业软件技术发展及应用、数据采集技术发展及应用、自动化设备发展及应用、工业大数据和工业互联网为代表的新型制造技术成为东莞创新突破的重点抓手，在相关领域取得了重要的技术突破和创新。在软件技术应用方面，东莞工业软件、数据采集技术的计算、存储、通信能力大幅提升，为生产管理系统的自动化和数字化集成提供了技术支撑；在硬件技术应用方面，随着智能硬件国产化替代率的大幅增长，相关核心零部件价格不断降低，包括传感器、微型电池以及伺服电机等智能组件的技术参数不断逼近世界一流水平。未来，东莞智能制造技术创新应用将加快向系统集成应用迈进，加快形成复合东莞制造业发展实际的智能制造系统平台。

东莞市工业软件技术发展及应用报告

一、工业软件技术的总体情况

在美国政府大力扶持下，制造业的逐渐回暖使工业软件得到了快速发展。以 GE、Oracle、Autodesk 等为代表的美国本土工业软件厂商在云计算等领域也加强了企业投资并购和创新技术研发。因此，在技术与市场两端，欧美工业软件企业在与中国工业软件企业的竞争中均具有明显优势。此外，亚太经济发展也有较高的增长速度，印度和澳大利亚的工业软件市场发展较快，与中国一同形成了市场增长的主要动力。

同时，中国工业软件市场继续保持快速增长，2014 年规模达到 1247.30 亿元，同比增长 15.5%，在过去三年中年均增长超过 15%，2017 年规模为 1500 亿元左右。国内市场中，华北、华东及华南市场仍然占据着整个市场的主体地位，华北、华中地区市场增速较快，东北地区受宏观经济形势影响，市场增速较慢。

工信部自 2015 年提出"中国制造 2025"发展战略之后，稳步推进智能制造落地，先后在标准体系、信息安全、试点示范项目等方面发布了专门的政策文件，极大地促进了我国智能制造和工业软件领域的发展。在智能制造发展规划中，明确提出了到 2020 年的量化目标，给出了企业和行业应用工业软件的路线图和时间表。工信部和国标委联合发布《国家智能制造标准体系建设指南》，为解决智能制造发展中的标准缺失、滞后以及交叉重复等问题起到了基础性和引导性作用。工信部先后公布三批智能制造试点示范项目名单，智能制造试点工作的推进将给工业软件的应用带来进一步的促进作用。

电子信息、机械设备行业工业软件需求和信息化的程度都比较高。在我国市场中，国内企业的数量超过了三分之二，国外企业中以美国、日本企业为多。在研发设计类软件中，外资企业以达索、西门子 PLM、Autodesk 为代表，仍然占有技术和市场优势；国内企业如神舟航天软件、金航数码等在军工航天领域占据较大市场份额，而数码大方、英特仿真等企业在研发投入占比方面领先其他企业。总体来看，在汽车研发、建筑 CAD 等领域，未来竞争将十分激烈。

在生产控制软件领域，西门子继续保持行业龙头地位，而南瑞、宝信、石化盈科等企业，在电力、钢铁冶金和石化行业深耕多年，客户数量多且关系稳定。由各行业的生产工艺复杂且差异较大而带来的行业壁垒，使生产控制软件领域的企业业务大多数集中在垂直行业内部。未来，率先突破行业壁垒拓展业务的企业，将有可能迎来更好的发展机会，而高端装备制造领域正逐渐成为市场竞争的焦点。

信息管理类软件市场目前已经形成了群雄割据的状态。在传统 ERP 等领域，竞争进入白热化阶段，大部分厂商都开始通过发布云产品来提升自身的竞争力。软件企业推出云产品，首先能够节省产品的运维成本，其次能够与客户建立稳定持续的合作关系，最后还能为数据增值服务积累原始的生产要素。因此，未来企业间的竞争，将不仅仅局限于客户和市场份额领域，更会拓展到对数据资源的争夺。

嵌入式工业软件领域，随着通信技术发展，工业通信很可能迎来质变，从而使华为、中兴等企业进一步提升其市场竞争力。另一个值得重点关注的点是工业安全，包括软硬一体化的安全解决方案，在未来将会变得越来越重要。

二、工业软件的技术、投资与应用趋势

（一）技术趋势

云计算、物联网和人工智能将是影响工业软件发展的核心技术。目前来看，SaaS 应用已经成为管理软件的发展方向，工业软件因其特殊性，不适合以公有云的方式来落地，但可以通过混合云的方式，将企业敏感数据和业务环节进行剥离，进而实现企业整体的数字化改造。工业互联网的底层是工业通信网络和传感器网络，随着 NB-IoT 和智能传感器的快速发展，CPS（信息物理系统）也已成为新的热点。最后，也是最重要的，是基于大数据和机器学习的工业智能，通过整合企业相关数据与人工智能算法，实现数字驱动企业运营。

（二）投资趋势

工业软件的投资目前正在逐步升温，因为金融资源丰富和工业基础完善，京津冀与长三角是投资最集中的区域。在各细分领域中，智能电网是

以国家重点项目的形式，得到了巨大的投资；而 CPS 则是除智能电网之外，另一个非常火爆的投资领域。

（三）应用趋势

通过智能工厂项目建设提升数字化竞争力。通过智能工厂项目的建设，在生产工艺方面进行了改进，在企业管理方面进行了优化，同时建立了完善的企业信息化运营和管理体系，整体竞争力大幅提高。建设数字工厂的核心，首先是完善的信息化规划，其次是对各项信息化应用的有机集成。

三、工业软件使用情况

（一）ERP 系统的使用情况

ERP 系统的使用现状：在现场调研的 188 家企业中，有 99% 的企业已经使用了 ERP 系统，但大部分企业主要使用了财务、采购、订单、人员、简单排产等几个模块。

ERP 系统的使用原因：ERP 推广普及地比较早；ERP 涉及管理层管理；很多企业比较务实，不求全求大，只求适用。

ERP 系统的使用趋势：会慢慢达到饱和，企业所使用的 ERP 品牌主要有 SAP、Oracle、鼎杰、鼎新和一些国内软件品牌。

（二）PLM 系统的使用情况

PLM 系统使用现状：在调研的企业中，有 15 家企业使用了 PLM 系统，主要集中在电子、机加工行业，企业对 PLM 的应用主要用于文档管理等，分布如图 1 所示。

PLM 系统使用原因：调研的很多企业大部分是加工企业，自己不做研发，由客户和总部设计，只负责生产；对 PLM 认知不够。

PLM 系统使用趋势：PLM 的应用受行业与产品的影响较大，会有一些高端企业和产品更迭快的企业会开始 PLM 的简单应用。

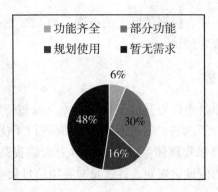

图 1　PLM 系统使用分布

（三）MES 系统使用情况

MES 系统使用现状：在调研的企业中，有 51 家企业使用 MES 系统，主要集中在电子行业使用，对 MES 的应用主要在产品追踪追溯和质量管理，分布如图 2 所示。

MES 系统使用原因：民企比较务实，不求全求大，只求适用；一定程度上是被客户倒逼着做客户要求的模块。

MES 系统使用趋势：自开发的和国产的 MES 平台居多，贴合需求和成本较低。会有越来越多的企业使用 MES，处于上升期。

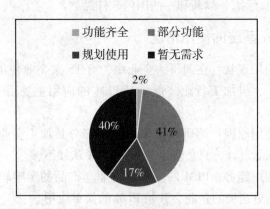

图 2　MES 系统使用分布

东莞市数据采集技术发展及应用报告

一、工业数据采集技术概述

大数据应用的第一步就是采集数据。巧妇难为无米之炊,数据采集的完整性、准确性,决定了数据应用是否能真实可靠地发挥作用。

大数据时代的数据采集有三个特点:一是数据采集以自动化手段为主,要尽量摆脱人工录入的方式;二是采集内容以全量采集为主,要摆脱对数据进行采样的方式;三是采集方式多样化、内容丰富化,摆脱以往只采集基本数据的方式。

从采集数据的类型上看,不仅要涵盖基础的结构化交易数据,还将逐步包括半结构化的用户行为数据,网状的社交关系数据,文本或音频类型的用户意见和反馈数据,设备和传感器采集的周期性数据,网络爬虫获取的互联网数据,以及未来越来越多有潜在意义的各类数据。

二、常见数据采集技术

传统的数据采集方法包括人工录入、调查问卷、电话随访等,大数据时代到来后,一个明显的变化是数据采集的方法有了质的飞跃,数据采集方式的突破直接改变着大数据应用的场景。

移动互联网的兴起让面向移动设备的数据采集技术有了迅速发展,目前使用最多的为 Android 或 iOS 的采集 SDK,这种技术能帮助统计 APP 的基础数据,包括用户数、活跃情况、流失比例、使用时长等,用户的位置、安装列表、通讯情况等通过授权也可以采集。网络爬虫是另一类广泛使用的互联网采集技术,常被用于进行大规模全网信息采集、舆情监控、竞品分析等领域。

物联网也和大数据息息相关,因为物联网的关键技术之一是无线射频标签:当安装有 RFID 微型标签的读卡器在近距离发出信号时,带有 RFID 的物品能自动返回其唯一的序列号,这样就能实现自动大批量辨识物品信息的工作。RFID 技术解决了物品信息与互联网实现自动连接的问题,结合后续的大数据挖掘工作，能发挥其强大的威力。

在工业制造业里，传感器是另一类常见的大数据采集装置，它能将测量到的信息按一定规律变换为电信号输出，通常用于自动检测和控制等环节。传感器的种类极为丰富，大到机械设备、汽车、飞机、建筑物，小到一部智能手机、一个智能设备，都可以安装很多种传感器，传递温度、压力、位置、位移、光敏、距离、化学感应、生物、磁场等各类信号。未来携带传感器数据的大数据平台的智能设备将越来越多，基于传感器数据的大数据应用才刚刚起步，如智能医疗、智慧城市等，这方面有着广阔的前景。

三、数据存储技术的发展和演进

传统企业信息化系统采用关系数据库来进行数据存储，其中规模较大的通常被称为"数据集市"。随着采集数据的种类越来越多，部分行业领先的公司看到了把不同数据集市集中到一个大系统中的价值，这个大系统称为企业级数据仓库，由专门的数据团队（或称为数据中心）负责集中式的数据管理和维护。

随着数据量的惊人增长，已经使用了20余年的传统数据库再也无法支撑起新的存储需求了，所以被Google称为BigTable和GFS的新型存储技术在过去的几年里被发明出来，并在行业中广泛应用，这些技术通过自动调配上万台服务器协同工作，能完成高性能和高可靠的数据存储任务，为大数据的运用铺平了道路。

工业大数据采集与应用管理平台价值在于，可最低成本实现云解析通道打通，利用超大数据处理能力的软件平台，实现对设备的远程诊断维护、远程监控、远程诊断和故障预警，再通过对数据的大量收集和分析处理，实现设备优化，帮助企业根据现有数据预测未来的发展趋势，给企业带来了更快的速度、更高的效率和更具远见的洞察力，提高了企业生产效率、降低了经营成本，从而使企业更好地"把握现在，预知未来"。

四、数据采集系统使用情况

数据采集系统使用现状：在调研的企业中，有64家企业做了数据采集系统，主要集中在电子、电池行业，大部分是采集产量、条码信息和质量数据，分布如图1所示。

数据采集系统使用分析：与 MES 部分挂钩，采集上层有需要采集的重点数据；有的设备由于接口和设备本身限制不易采集。

数据采集系统使用趋势：数据采集需求比较大，最终用户都开始要求 OEM 设备预留接口，将来的数据采集范围会越来越大。

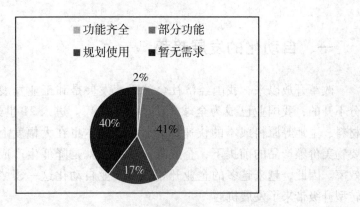

图 1　数据采集系统分布

东莞市自动化设备发展及应用报告

一、自动化的发展趋势

改革开放以来,我国经济社会的迅速发展是和工业发展所做出的贡献分不开的,我国业已成为全球公认的世界工厂。进入 21 世纪,随着人力、材料、土地等原料成本的快速提升,生产成本也在大幅度上升。在社会需要物美价廉产品的前提下,企业唯一的办法就是降低生产成本,提高生产效率。因此,越来越多的企业开始注重工业自动化这一领域,这也为行业转型升级带来了发展机遇。

那么,自动化行业将会有哪些趋势?

(一)物联网将降低自动化成本

物联网作为热门概念,近年来对各行业影响正变得更加剧烈。随着技术的进步,一些高性能的物联网产品和驱动芯片不断推出,如处理器、传感器、分析软件、视觉系统、无线通信协议和分布式系统架构等。这些技术产品的出现将使自动化系统具有更高的价值,自动化厂商用更低的成本集成出更高性能的产品,造福业界。

最近,英特尔推出了一套新的模板化计算机平台"计算卡"(Compute-Card),这张卡只有普通银行卡的大小,却集成了一套完整计算机的所有元素,包括 IntelSoC 处理器、内存、存储、无线、I/O(输入/输出)等。基于这种计算卡,硬件厂商可以灵活地优化各种智能互联解决方案,比如说交互式冰箱、安全摄像头、物联网网关,而且拥有简化设计、易于维护、用户可升级等优势。

(二)精益自动化和扁平架构到来

自动化系统正在进一步简化,从原来的 5 层系统模型转变成 2~3 层,系统性能将得到进一步提升,同时降低未来的软件维护成本,这也是自动化行业多年来发展的趋势。在新的系统模型中,控制器使用了适当的协议,如通过网络服务直接把信息从第 0~1 级传递到第 4~5 级。这种趋势正在加速，计算被驱动到更强大的控制器、智能设备和传感器，并带动了工厂级计算机和云托管应用程序。如今的智能手机已经是一个多核处理功能强大的计算机，可以利用它执行一些本地任务，利用云和具有通信的功能的智能手机，可以寻找餐馆预订或者确定最佳的出行路线。

（三）开放式工业自动化架构

过去一年里已经看到围绕着边缘计算的开放式系统结构的出现，开放式系统与业务系统紧密集成，满足多厂商共同操作的需求。传统的工业自动化架构目前处于非开放阶段，但一些智慧社区控制系统和用户提出了多厂商集成的问题障碍。这种新的"开放"的思维方式旨在创造更灵敏、高效、灵活的制造业，紧密整合客户、供应商、制造商和分销物流生态系统。为了提高生产的性能和灵活性，制造现场的 I/O 设备，包括传感器、执行器、分析器、驱动器、视觉、视频、和机器人等，都需要连接通信。在这种环境下创建卓越的集成工业自动化系统需要完全开放的通信源代码、数据定义、框架和应用程序交换标准。例如，"工业4.0"的思想主张整合制造业工厂和其他业务功能，包括进货物流、客户服务、出货物流。"工业4.0"发展的背景是廉价劳动力的红利不再存在，企业欲取得行业竞争优势和灵活性只能利用以自动化为核心的先进技术，成功过渡智能化生产模式。德国推出了"工业4.0"战略后引发了全球的呼应，包括中国制定的"中国制造2025"，日本工业价值链促进会，印度制造等。一些知名的企业已经开始应用"工业4.0"概念来提高过程自动化的效益，包括ABB、巴斯夫、拜耳、比尔芬格－博格、E+H、赢创、FESTO、科隆、朗盛、西门子和弗劳恩霍夫化工技术研究所。

（四）自动化厂商必须接受便携式应用

自动化行业面临着一个极具挑战性的问题，必须改变缺乏兼容多厂商的便携移动应用。如果只是开放自动化架构而没有开放的生态系统，便携式创新应用将被扼杀。在过去的技术中，为特定控制器应用程序通常不能运行在另一个品牌的控制器，要使用只能花费时间重写程序。埃克森美孚首席工程师 Don Bartusiak 指出，每一次从不同厂买一台电脑都要重写所有文件、电子表格和报告，在今天的工业环境里，非便携式应用意味着时间和资料的浪费。IEC 61131-3 标准和 PLCopen 标准提供了两个基本框架的支持，多厂商的便携式应用。控制器之间的结构化文本程序的交换的最新方法是用 PLCopenXML 交换标准，新的挑战将让供应商采用这些交换标准。

厂商需要热情地接受这些标准，或者新的工业控制应用开放式架构的互换性和可重用性标准。这将填补传统的计算机行业解决方案的空白，传统的供应商已经展示和销售物联网软件产品。

（五）信息技术（IT）和运营技术（OT）融合

IT 和 OT 技术的逐步融合将不断增加，处理实时事务的业务系统正在发展，以满足实时同步制造业务的需求。一些供应商已经提供了实现连接企业的愿景的产品方案。强大的自动化控制器通过 OPCUAWeb 服务和其他物联网传输机制直接与企业业务系统对接一些行业标准并将被应用，包括 OPCUA、B2MML、PLCopen、OPCUA 和数据库接口，在许多行业应用中实现这些功能只需要制造执行系统（MES）做出很小改变。此外，还有今天的系统集成商推出的新品种。这些集成商通过知识、经验和技术，帮助企业汇聚 IT 和 OT，协助客户创建解决方案。通过定义业务挑战、风险评估，找出业务流程或技术能力差距。他们能够设计、测试和实施系统，以提供使用最新的 IT 和 OT 概念和技术的结果。

（六）边缘自动化设备将蓬勃发展

如今，物联网技术正在迅速崛起，包括高功率并且低成本通信技术，使新的智能节点实现网络边缘操作，以提高制造性能和效率。这将是一个新的增长趋势。例如，ABB 开发了一种紧凑型传感器，该传感器连接到低压异步电动机上，无须布线。智能传感器使用车载算法把电机的健康信息（通过智能手机和互联网）传输到一个安全的服务器，以部署其他智能服务。还有，艾默生罗斯蒙特 708 无线声波变送器使用超声波声学事件检测，并通过精确的交流声水平和温度数据实现阀门的可视性。此外，监控传输设备的数据可以通过无线网络传输，实现事件状态和泄漏检测。

（七）基于边缘、云的大数据分析

在广泛的物联网发展推动下，用新一代云服务和工具来创建分析开始为自动化提供服务。过去，用于完成先进的过程控制（APC）、优化和预测分析的软件大部分难以实现并且很昂贵，但这种情况正在改变。在广泛的物联网应用驱动下，这些基于云的工具与集成设计环境平台正在逐步推出，为用户和行业专家创建和部署经济分析。这些平台显著降低了实施成本，并有助于扩大应用分析的范围，非常类似于 Excel 电子表格授权用户更有效地使用计算机。除了提高效率和生产力，更多的分析可以更好地告知决策者，如何改善和完善制造工艺。这些新例子包括谷歌分析和测量协议、微软 Azure 和 AWS 物联网平台。历史数据已经证明了它们的价值，但最大的限制因素是初始成本和持续生命周期软件维护。然而，商业云服务的使用提供了一种经济手段，为许多公司利用历史数据和适用于适当的分析。一些主要厂家正在收集工厂数据，使用 OPC、OPCUA 和其他网关，并提供数据的标准云应用程序，如亚马逊 Web 服务（AWS）和微软 Azure 云服务，这种方法效率和灵活性更高。

（八）智能传感器将无处不在

智能传感器和控制设备"即插即用"，它使用嵌入式智能页，不需要外部软件。采用 I/O-Link 技术的智能传感器成本大幅下降，并迅速获得采用。也有使用工业和相关协议的以太网传感器，使自动化数据直接与业务系统通信。如今，已经可以看到那些通常在商业应用的蓝牙传感器也被用于工业。蓝牙无线连接还有密码保护功能，降低不相关人员连接和执行不安全操作等风险。

（九）无线网络将会更便宜

随着物联网的发展，将促使出现更低成本的无线传感器。目前，无线点安装尚处于起步阶段，这限制了部署的应用程序的数量。考虑到巨大的连接数量，未来无线网络将会越来越便宜。目前比较突出的工业无线标准有 ISA100.11，IEC 62591（无线 HART）、IEC 62601（在中国发展的 WIA-PA）、ZigBee 和 802.11。

（十）协作机器人将变得更实惠

协作机器人取得了爆发式的发展，业内数据统计表明，协作机器人市场销售量正在快速增长。这些新推出的协作机器人具有轻巧、廉价的特点，结合了先进的视觉技术，为工作提供更多感知功能。目前，协作机器人平均价值已经大幅下降到 40000 美元以下，满足大规模应用的需求。近年来，全球机器人采用率正在加速上升，目前，中国是世界上最大的机器人采购国。随着这些自动化趋势的发展，用户和自动化供应商将面临新的风险和机会。新技术的投入使用具有一定的风险，需要花时间去实践和证明效果，这是一个过程，也是一种挑战。如果不采用新技术，有可能在未来的市场环境中输给那些使用了新技术而变得强大的对手们。企业要考虑未来是否能适应消费者需求变化，企业面临着挑战，技术趋势一时间很难确定什么是有价值的，应该什么时候投资。只有能够接受这些转变，企业才能在未来超过他们的竞争者。

二、自动化设备中机械手使用情况

现今生活中，在科技日新月异的发展之下，机械人手臂与人类的手臂最大区别就在于灵活度与耐力度。机械手的最大优势也就是重复地做同一动作也不会觉得累。机械手臂的应用也将会越来越广泛，机械手是近几十年发展起来的一种高科技自动生产设备，具有作业的准确性和环境中完成作业的能力。

机械手有以下发展趋势：

一是重复高精度。精度是指机械手到达指定点的精确程度，它与驱动器的分辨率以及反馈装置有关。重复精度是指如果动作重复次数多，机械手到达同样位置的精确程度。重复精度比精度更重要，如果一个机械手定位不够精确，通常会显示一个固定的误差，这个误差是可以预测的，因此可以通过编程予以校正。

二是模块化。模块化拼装的机械手具有比组合导向驱动装置更灵活的安装体系。它集成电接口和带电缆及油管的导向系统装置，使机械手动作自如。模块化机械手使同一机械手可能应用不同的模块而具有不同的功能，扩大了机械手的应用范围，是机械手的一个重要的发展方向。

三是节能化。随着材料技术的进步，新型材料的出现，构造特殊、用自润滑材料制造的无润滑元件，不仅节省润滑油、不污染环境，而且系统简单、摩擦性能稳定、成本低、寿命长。

四是机电一体化。由"可编程控制器—传感器—液压元件"组成的典型的控制系统仍然是自动化技术的重要方面；发展与电子技术相结合的自适应控制液压元件，使液压技术从"开关控制"进入到高精度的"反馈控制"；节省配线的复合集成系统，不仅减少配线、配管和元件，而且拆装简单，大大提高了系统的可靠性。如今，电磁阀的线圈功率越来越小，而PLC的输出功率在增大，由PLC直接控制线圈变得越来越可能。

三、企业自动化的调研情况

企业的自动化程度现状：能用自动化替代，回收周期在一年半以内的工序，几乎都用自动化设备或机械手替代人工，但是实现整线自动化的寥寥无几，东莞八大支柱产业的自动化程度见表1。

企业的自动化程度分析：出现原因为人工成本上升，人难招。没实现原因是因为无相关的自动化设备，成本高，设备柔性不足。

自动化程度趋势：绝大部分客户近期的重心都放在自动化改造部分，这是企业的燃眉之急。

表1 东莞八大支柱产业的自动化程度表

支柱产业	手工	自动化	信息化	智能化	代表企业
电子信息制造业		中	中	低 无	三星新视界、胜华贝、长盈、台达
电气机械制造业	√	中			易事特、东华、凯格
纺织服装制造业	√		高		都市丽人、依纯
家具制造业	√	低			光润、富宝
玩具制造业	√	低			伟易达
造纸及纸制品业		较高	中		振兴纸品
食品饮料制造业		较高	中		徐记食品
化工制品制造业	√	高	较高		大宝

东莞市工业大数据和工业互联网发展报告

一、发展概况

近年来,大数据、互联网和智能制造是全球创新热点(图1),而热点的交叉领域(图2)更是热点中的热点,工业大数据、工业互联网等概念是新一代信息技术与传统产业加速融合的产物,一系列新的生产方式、组织方式和商业模式不断涌现,我们在这里对这些概念及其交叉点做个梳理。

首先,大数据俗称 21 世纪 "钻石矿"。事实上,大数据是新资源、新技术和新理念的混合体。从资源的角度

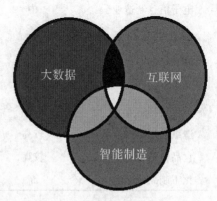

图1 创新的热点领域

看,互联网企业对"数据废气"(Data Exhaust)的挖掘利用大获成功,引发全世界开始重新审视"数据"的价值,开始把数据当作一种独特的战略资源对待。同时,大数据也代表了新一代数据管理与分析技术,与传统的

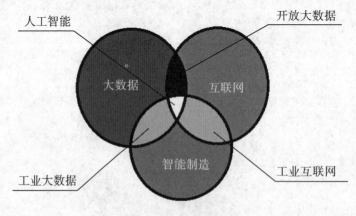

图2 热点的交叉领域

数据库技术相比，大数据是源于互联网的、面向多源异构数据、超大规模数据集（PB量级）、以分布式架构为主的新一代数据管理技术，与开源软件潮流叠加，在大幅提高数据处理效率的同时，成百倍地降低了数据应用成本。从理念上看，大数据体现出"数据驱动一切""业务链数据闭环"的理念。

其次，互联网以其开放、自治与共享的理念，与社会各个领域的结合都带动生产和社会的巨大发展和进步，而智能制造是基于物联网、大数据、云计算等新一代信息技术，贯穿于设计、生产、管理、服务等制造活动的各个环节，具有信息深度自感知、智慧优化自决策，精准控制自执行等功能的先进制造过程、系统与模式的总称。

工业大数据是大数据与智能制造的交叉点。工业大数据是指在工业产品全生命周期的信息化应用中所产生的数据，是工业互联网的核心，是工业智能化发展的关键。工业大数据是基于网络互联和大数据技术，贯穿于工业的设计、工艺、生产、管理、服务等各个环节，使工业系统具备描述、诊断、预测、决策、控制等智能化功能的模式和结果。

开放大数据是大数据与互联网的交叉点，开放大数据是指公众、公司和机构通过互联网或线下其他传播渠道可以接触到的，能用于确立新投资、寻找新的合作伙伴、发现新趋势，做出基于数据处理的决策，并能解决复杂问题的数据。开放大数据的宗旨是提供免费、公开、透明的数据信息，并能适用于我们所需要的任何领域，比如商业经营，政府运作，以及处理各项事务。数据开放可以创造巨大商业机会，带来良好的社会效益。

工业互联网是互联网与智能制造的交叉点，工业互联网是互联网和新一代信息技术与工业系统全方位深度融合所形成的产业和应用生态，是工业智能化发展的关键综合信息基础设施。其本质是以机器、原材料、控制系统、信息系统、产品以及人之间的网络互联为基础，通过工业数据的全面深度感知、实时传输交换、快速计算处理和高级建模分析，实现智能控制、运营优化和生产组织方式变革。

工业大数据、开放大数据与工业互联网的交叉点是人工智能（AI），它是研究、开发用于模拟、延伸和扩展人的智能的理论、方法、技术及应用系统的一门新的技术科学，人工智能可以彻底改变人们的生活、工作、学习、发现和沟通的方式，人工智慧研究可以增加经济繁荣、改善教育机会和生活质量，以及加强国家和国土安全。

智能制造日益成为未来制造业发展的重大趋势和核心内容，也是加快发展方式转变，促进工业向中高端迈进、建设制造强国的重要举措，也是新常态下打造新的国际竞争优势的必然选择。推进智能制造是一项复杂而庞大的系统工程,也是一件新生事物,这需要一个不断探索、试错的过程,难以一蹴而就,更不能急于求成。为此,工信部在2015年启动实施"智能制造试点示范专项行动",主要是直接切入制造活动的关键环节,充分调动企业的积极性,注重试点示范项目的成长性,通过点上突破,形成有效的经验与模式,在制造业各个领域加以推广与应用。2016年是我国"十三五"开局之年,也是我国系统推进智能制造发展元年。智能制造将成为实施"中国制造2025"的重要抓手,必将对加快推动我国经济发展保持中高速、产业迈向中高端起到关键推动作用。

智能制造(intelligent manufacturing,IM)是一种由智能机器和人类专家共同组成的人机一体化智能系统,它在制造过程中能进行智能活动,诸如分析、推理、判断、构思和决策等,如图3所示。通过人与智能机器的合作共事,去扩大、延伸和部分地取代人类专家在制造过程中的脑力劳动。它把制造自动化的概念更新,扩展到柔性化、智能化和高度集成化。

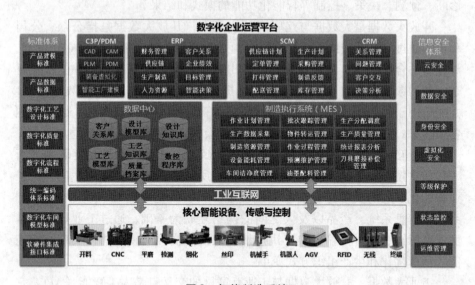

图3 智能制造系统

二、东莞制造企业分析

在我们调研的东莞制造业中,值得制造业企业注意的是:设计和工艺是不可分的,生产设备和工艺现状可能制约着设计,而设计的好坏又直接影响到工艺、工序路线的选择,影响到产品的功能、质量、可靠性、生产成本等。

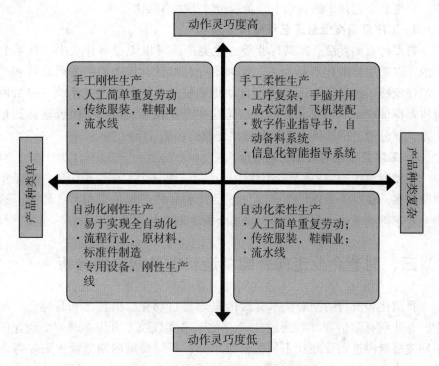

图4 制造企业的智能制造升级分析

如图4所示,工艺难度低的适合自动化升级,产品种类多的适合柔性生产,工序复杂度高的适合信息化,主要表现在以下四个方面:

1. 工序复杂度高且工艺难度高

高端工业产品都具有这个特性,而这种行业通常都是大型企业集团,他们有自己的战略规划,这类企业的转型升级是全方位的,需要阶段性发现生产短板并加以弥补。典型行业如航空发动机、飞机、航天器、汽车等,这类企业东莞几乎没有。

2. 工序复杂度低且工艺难度高

因为工序少,工艺难,所以在这类企业里通常容易见到大量高端设备,但是种类相对较少。典型行业如轴承、叶片加工等特种零件的生产,东莞有少量这类企业。这种行业适合于培养"隐形冠军",企业只要保持某种特殊工艺的领先性,就可以获得技术独占性优势。这种企业在转型升级时就应该考虑工艺的提升,并且根据现有特殊工艺研发专用设备。

另外，值得注意的是工艺的替代性，这类企业必须时刻留意最新的技术动向，时刻关注自己的工艺诀窍是否会被新技术所取代。同时也需要思考，在现有工艺技术的基础上，是否可以衍生出其他产品。

3. 工序复杂度低且工艺难度低

典型行业如食品、家具行业等，这类产品可以说没有什么生产技术含量的，以通用标准化产品为主，比如工业标准件，这类产品强调质量和产品的稳定性。这种行业适合采用自动化专机或专门的自动化系统，尽量通过机器保证产量、质量和利润。东莞这类企业较多，部分倒闭或转移到东南亚，部分通过机器换人在实现自动化改造。

4. 工序复杂度高且工艺难度低

典型行业如3C行业及各类代加式产品，每一个工序都很简单，但是步骤非常多。在这类企业的生产车间里会见到各式各样的设备和工作站。这类企业东莞制造业中数量最多，最适合智能制造转型升级。

三、制造企业走向智能制造转型升级之路分析

目前比较流行的制造技术升级的概念是自动化、信息化和智能化。然而，并非所有制造业都要通过这"三化"来实现技术升级；同一个企业的不同发展阶段也需要兼顾不同的升级策略；不同类型的制造业也需要考虑适合自身发展规律的升级路线。总之绝无固定模式可言，必须具体问题具体分析，主要有以下四个方面：

1. 向"自动化"转型升级改造

自动化升级改造都是指用自动化设备和装置替代人工。因此，凡是人工作不了或者不愿意做的工作都可以通过自动化进行升级，越是动作简单、重复、繁重的生产模式，越适合采用自动化升级策略，例如搬运、包装、喷涂等；而动作越复杂，对人手灵活性依赖越大的生产模式就不适合自动化升级，例如皮具制作、制衣等。

自动化升级改造的目标：提高生产效率、降低劳动成本、节能减排、降低劳动强度、提升产品质量及稳定性、缩短产品生产周期。

自动化升级改造的途径：开发各种专用设备，改进工艺逐步实现模块化标准化制造，解放人手；基于产品工艺、生产工序、车间物流，逐步实现各种设备集成自动化升级。

自动化升级改造的建议：对企业而言，重点要提高生产的可靠性和稳定性；对政府而言，继续实施机器换人（用户端）政策和装备首台套（供

给端）政策，对企业进行引导和补贴。

2. 向信息化转型升级

我们通常所说的信息化产品有很多，典型的如 ERP、MES、CRM 等。信息化的本质是把生产过程的复杂性通过信息表达和信息处理手段进行自动的管理，因此从某种意义上，信息化可以理解为管理流程的自动化。

信息化转型升级的目标：显著提高设备利用率，实现信息共享、准时配送、协同作业。

信息化转型升级的途径：梳理企业内部复杂的生产流程；生产数据实时采集和分析，进行高效排产排班，显著提高设备利用率；利用信息化管理各种流程，如 ERP、CRM、MES、EMS、APS。

3. 向智能化转型升级

生产管理越复杂，企业越适合上智能制造项目。例如产品系列多，工序变化多，零部件品种多，供应链管理复杂，多以组装工序为主，多为劳动密集型的企业适合智能化升级改造。

智能化转型升级目标：柔性化生产、个性化定制、高效率低能耗，快速响应市场变化和客户需求。

智能化转型升级的途径：根据企业核心业务，对研发（含工艺）、生产、供应链、人事财务、客服等运营体系进行梳理，构建流程标准、数据标准和相应的管制体系；装备智能化，如数控机床、机器人、3D 打印，逐步实现全集成自动化产线、柔性化生产；整合已有信息化软件，统一数据平台，通过工业互联网实现信息高度集成与流通，实现产品全生命周期质量管理；采集大量的工艺数据并积累，逐步实现数字化设计；构建大数据云平台，在自动化、信息化、数字化基础上，逐步搭建智能产线、数字化工厂；利用工业大数据进行建模和分析，对未来进行预测，对复杂生产情形决策，挖掘新增价值。

4. 产品设计和工艺转型升级

因为产品是制造业创造价值的最终载体，而制造业的产品永远是实物，所以产品被设计成什么样子（产品设计）和如何把实体产品做出来（生产工艺）是制造业永恒的话题。在任何阶段投入精力研究产品设计和生产工艺几乎都是正确的战略选择。

产品设计和工艺转型升级的目标：形成智能产品，向数字化设计升级。

产品设计和工艺转型升级的途径：注重日常工艺数据的累积，形成知识库。

DongGuan

人才篇

发展是第一要务，人才是第一资源，创新是第一动力。创新驱动发展战略的实现，新时代改革开放的推进，离不开人才的支撑；智能制造的应用推进，智能制造的技术创新，同样离不开人才的支撑。东莞智能制造要走在全国前列，建设成展现我国智能制造先进水平的重要窗口，参与全球智能制造的重要窗口，同样离不开人才的支撑。

当前，随着中国经济进入新常态，创新驱动发展持续发力，各地围绕人才竞争，尤其是围绕智能制造的人才竞争，纷纷出台新政策、制定新方案和提出新措施，使人才工作成为2017年年底到2018年以来地方政府的重头戏。人才政策作为区域人才竞争、城市竞争力培育的重要抓手，其制定是否合理适度、其效用发挥是否科学有效，既关系到城市区域竞争的实力和水平，也关系到创新驱动战略能否持续发展，更加决定了东莞智能制造今后的走向和命运。

围绕"人才是立市之本"和"人才是城市创新之源"这一核心理念，东莞市委、市政府高度重视人才引进培育工作，从2013年起实施特色人才政策以来，东莞不断完善人才引进相关政策体系。为配合东莞打造世界级"技能人才之都"，大力发展智能制造及其应用的需要，东莞在创业奖励、居留落户、住房补贴、个税补贴、医疗社保、子女入学等方面不断提高人才政策的可操作性与精准度，切实帮助企业引进、留住骨干人才，提升人才竞争力。围绕东莞制造智能化，东莞人才政策主要突出三大导向：一是突出产业发展导向，围绕经济社会转型需要集聚人才；二是突出引才政策导向，重点引进产业发展紧缺急需人才；三是突出政策全面性，加大流失现象明显行业人才引进力度。

面向未来，东莞需要站在深化改革和创新发展的新高度进行谋篇布局，以深化改革的气魄推动智能制造人才政策的供给侧改革，以创新发展的思路提升引领东莞智能制造人才政策适应新时代，以先行先试的做法不断推动东莞智能制造人才政策走在全国前列。

东莞市产业高端人才引进政策报告

一、高端人才引进政策

(一) 近年来高端人才引进政策概述

人才是产业基础和动力源泉。一直以来，东莞市委、市政府围绕人才，特别是高端人才引进，下足了功夫，做足了文章，出台了一系列的人才引进政策，其中包括《东莞博士后管理工作实施办法》《东莞市院士工作站建设管理暂行办法》《中共东莞市委、东莞市人民政府关于加强高层次人才队伍建设的实施意见》《东莞市名师、名医、名家特殊津贴管理试行办法》《东莞市人才入户管理办法》《东莞市鼓励柔性引进海外专家来莞工作试行办法》《东莞市成长型企业人才扶持试行办法》《东莞市条件准入类人才入户实施细则》《东莞市企业人才子女入学实施办法》《东莞市"首席技师"培养计划实施办法》《东莞市引进创新科研团队项目实施管理暂行办法》《东莞市特色人才特殊政策实施办法》以及配套实施细则及办理规程等。这些政策，在人才引进决心、扶持力度、社会保障等各个方面，除了与省委、省政府及国家政策保持有机衔接外，还做到了较好的国际接轨以及自身的特色体现。其中，最为显著的政策便是《东莞市特色人才特殊政策实施办法》。

(二)《东莞市特色人才特殊政策实施办法》解读

《东莞市特色人才特殊政策实施办法》（以下简称《办法》）（东府〔2015〕110号）是东莞市政府为加快实施"人才东莞"战略，构建人才型城市，充分发挥各类特色人才在"加快转型升级、建设幸福东莞、实现高水平崛起"中的引领和支撑作用，引进特定的人才群体，聚集特色行业、产业和领域，营造特优人才环境而采取的特殊人才措施和手段。《办法》于2015年12月18日颁布，并先后于2016年2月、2018年2月和2018年4月修订、补充和完善。修订、补充和完善后的《办法》，在特色人才的引进方面政策更加开放、形式更加便捷、措施更加得力。具体体现在以下五个方面：

一是对"特色人才"进行了比较全面和切合实际的界定。《办法》指出，"特色人才"是指在东莞市实施创新驱动发展战略，推动产业转型升级过程中重点发展的行业、产业、领域紧缺急需或做出相应贡献的高层次人才，并依据人才的特点、成就和贡献，分为特级、一至四类这五大类别。

二是对创新创业活动给予大力扶持与激励。《办法》规定，特色人才在东莞创业不仅通过银行给予贷款融资，市财政还按其贷款期内实际支付利息给予高达70%的贴息补助；各镇街（园区）还要对本辖区范围内特色人才创办企业给予相应的场地租金补贴；对获得引进创新科研团队项目立项的团队，市财政将视团队层次一次性给予500万~1000万元的立项资助；通过结题验收的项目，市财政同样根据知识产权成果产出、项目资金投入、技术研发和产业化进程等情况，一次性给予不高于其立项资助额度的奖励经费；对于引进的创新创业领军人才，给予100万~200万元的创业启动资金，2年后将根据其技术创新推进、行业带动、高层次人才集聚程度等因素，给予100万~300万元的奖励。

三是加大对特色人才科研成果的配套奖励与支助。《办法》规定，对于在东莞市申报并成功入选"千人计划""国家特支计划"等国家级荣誉和奖励的人才，市财政将按国家资助的1:1至1:2的比例予以资金配套，由市外迁入东莞市的此类人才，市财政将按1:0.5至1:1的比例予以资金配套；对于入选广东省创新创业团队和领军人才的团队和个人，市财政将按省财政资助1:0.5至1:1的比例予以配套；获得其他省级、国家级或以上荣誉和奖励，可采用"一事一议"的方式研定配套方式。

四是重视特色人才配偶安置和子女就学问题。《办法》规定，特色人才配偶一同来莞就业的，有关部门及用人单位要积极做好联系、推荐、协调等工作；特色人才子女入学时，可根据其本人意愿，由市或镇街教育部门直接安排到市级及以上义务教育阶段公办中小学就读，享受免费义务教育待遇；如其子女需要办理转学手续的，教育行政部门要优先受理办结。

五是加强特色人才的日常管理工作。为了加强特色人才的管理工作，市委、市政府专门成立了市人才工作领导小组，统筹、协调管理特色人才的标准制定、人员物色、资格认定、程序安排、待遇落实等工作，并在第三方评估的基础上，对特色人才给予资助和奖励。为了加大特色人才的引进力度和效果，《办法》还特别规定，对于引进特级、一至四类人才的企业、社会组织和非全额财政核拨的事业单位，每引进1名特色人才，将按其引进人才的层次分别给予50万元、20万元、10万元、5万元及2万元不等的奖励；各镇街、园区在人才引进工作中表现突出者，还有相应奖励。

此外，依据《办法》的规定，特色人才还在落户、住房、医疗、社保、税收、通关及居留和出入境等诸多方面享有优惠权利。

二、创新团队与新技术产业发展情况

（一）创新团队基本情况

自 2011 年东莞市启动实施"人才东莞"战略以来，政府、企业及社会组织围绕创新团队及创新人才做了大量工作，也取得了可喜的成绩。截至 2017 年年底，东莞已引进市级创新科研团队共四批，累计团队数量达到 38 个，已经兑付的前三批市级创新科研团队财政资助金额达到 1.82 亿元；引进省级创新科研团队共 6 批，累计团队数量 31 个，连续 7 年稳居全省地级市第一，累计获得省级财政资助 6.55 亿元以及市级财政配套金额累计达到 3.325 亿元；累计立项资助的创新创业领军人才达到 70 名，其中创新类领军人才 17 名，创业类领军人才 53 名，累计资助和奖励金额达到 5.23 亿元。仅 2017 年，全市新增高企 761 家、高企后备企业 819 家，总量均居全省地级市第一；国家高新技术企业从 413 家增加到 1500 家，省级创新科研团队从 9 个增加到 26 个，总数均居全省地级市首位；新增新型研发机构 17 个、科技孵化器 42 个、博士后科研工作平台 44 个，总数分别达到 32 个、59 个和 68 个；新增国家级众创空间 9 个，达到 15 个，加上省级众创空间 23 个，共有 38 个，在孵企业达 1500 余家；省级以上企业工程（技术）中心、名牌名标达到 247 个和 558 个，分别增长 165.6% 和 62.7%；外资企业新设立研发机构 1265 个，总数达到 1712 个。可以看出，东莞市近年来各个层面的科技团队、科研平台，尤其是科技创新团队与平台的发展呈明显的加速度增长趋势。此外，根据《东莞市 2017 年政府工作报告》的展望，2018 年东莞市将加快珠三角国家自主创新示范区建设，计划培育的高企达到 2500 家以上，高企后备企业 1000 家，新增新型研发机构 50 家以上，科技孵化器加速器达到 100 家以上，使东莞市逐步实现"人才立市"的战略目标。

（二）代表性的创新团队

1. 运动控制与先进装备技术国际研究团队

运动控制与先进装备技术国际研究团队（以下简称"运控创新团队"）创建于 2010 年，是东莞华中科技大学制造工程研究院（以下简称"工研院")引进的第一个国际创新团队,也是广东省引进的首批12支创新科研团队之一。团队以香港科技大学李泽湘教授为带头人,共有核心成员8名。其中,包括3名IEEE FELLOW(国际电气与电子工程师协会)会员,1名ASME FELLOW(美国机械工程学会)会员,2名长江学者讲座教授。核心成员拥有伯克利加州大学、卡内基-梅隆大学、加州理工学院、香港科技大学等世界著名高校的博士学位,在运动控制及先进制造领域拥有十余年至数十年的研究和产业经验,其研究成果处于国际先进水平,引领着中国乃至世界的运动控制技术研究与产业发展。

该团队在推进自身项目研发和产业化的同时,孵化和引进了东莞李群自动化技术有限公司、东莞市比锐精密设备有限公司以及东莞固高自动化技术有限公司,并作为主要技术力量,牵头成立了松山湖国际机器人协同创新研究院。其中,总部位于松山湖的机器人企业——东莞市李群自动化技术有限公司入选"2016创业邦中国年度创新成长企业100强",其自主研发的Hercules系列SCARA机器人在激烈竞争中脱颖而出,拿下"2017中国机器人年度金手指最佳工业机器人奖"。

2. 民用电子加速器研发及产业化创新团队

民用电子加速器研发及产业化创新团队是一个以电子加速器及关键器件研究与应用为主,开展高端医用加速器研发及产业化、大功率速调管研发与应用的创新团队。该团队于2011年由广东中能加速器科技有限公司(以下简称"中能科技")引入。团队带头人为中国科学院院士、中国杰出加速器物理学家方守贤教授。核心成员由曾获得国家科技进步一等奖的刘德康总工程师等8名总工程师和研究员组成,几乎网罗了加速器领域国内最顶尖的专家,被誉为是加速器研发的"小国家队"。团队曾承担上海同步辐射光源工程研发工作,"多注速调管先进技术及其应用"等项目,先后获得2008年国家科学技术进步奖二等奖、2010年国防科学技术奖二等奖等奖项。

中能科技依托该创新团队的核心技术,在医用放疗设备领域不断实现突破,先后推出几代医用加速器产品,逐步成为国内该领域的领头羊,尤其是OMX6i型加速器,它是国内首个带有图像引导功能的加速器产品,该产品的面世将打破国外厂商在国内市场的垄断局面。

3. 创新药物研发与产业化团队

创新药物研发与产业化团队由广东(东莞)东阳光药业有限公司引进,主要研究方向为糖尿病系列创新药物的开发及新药研发体系的建立,在JMC、BMCL等国际顶尖级科学杂志发表高质量论文10余篇,在中国申请超过30项化合物发明专利,其中多数专利已经公开并同时申请国际PCT发明专利。团队带头人为美籍科学家、药物学博士、海思科集团研发中心首席科学家邓炳初博士。邓博士曾在美国罗氏制药、美国加州 SUGEN 公司、上海恒瑞医药公司从事新药研发 20 多年，有着丰富的新药研发经验和能力。

东阳光药业有限公司自"创新药物科研团队"引进以来，在各个方面取得了较为明显的突破，该团队的两个主要新药项目（KT08 和 GLS4）均实现了预期目标并分别获得国家"十一五"和"十二五"规划中的新药创制重大专项支持。目前，该团队核心成员 9 人，配套研发人员 150 人，近年来培养了博士、硕士及骨干研发人员数十人，有力地保证了团队有效快速地推进项目的开发。截至目前，该团队已申请国内发明专利 13 个，国外发明专利 5 个。

4. 新型工业节能电机及其控制系统创新团队

新型工业节能电机及其控制系统创新团队为广东易事特电源股份有限公司于 2012 年从华中科技大学引入的校企合作创新团队。该项目主要进行新型绕线转子无刷双馈电机及其控制系统关键核心技术装备研发及产业化，可广泛应用于水电、船舶、火电、油田、港口等大型项目，实现高效节能控制。项目经过 5 年的培育，实现经济效益 3 亿元，预计 2019 年实现 20 个亿的产出。项目带头人王雪帆为华中科技大学教授、博士研究生导师，电机及控制领域著名专家，承担国家自然科学基金项目 2 项，"863""973"等国家科技项目 10 余项，拥有国家发明专利 23 项，实用新型专利 18 项，获国家发明二等奖、国家专利发明金奖及湖北省、教育部科技成果技术发明奖、进步奖多项。团队核心成员包括韦忠朝教授、易事特集团创始人何思模教授、副董事长徐海波博士等人。

团队在新型特种电机设计、无刷双馈电机发电系统、无刷双馈电动机变频调速系统及风力发电、船舶轴带发电、舰船直联推荐等方面取得了较多具有国际领先水平的科研成果，并首创性地开辟出一条高压变频调速产业技术新途径，有望形成国际先进水平的新型高效节能机电系统产业技术体系，实现自主知识产权技术的新一代高端中大功率高压变频调速电机及其控制系统的规模化生产与应用。

5. 新型块体金属玻璃材料精密结构件的研发与产业化创新科研团队

新型块体金属玻璃材料精密结构件的研发与产业化创新科研团队是东莞劲胜精密组件股份有限公司引入的，主要从事块体金属玻璃、新型碳材料的基础与应用研究。项目带头人曾燮榕教授，为深圳大学材料学院院长，教育部高等教育教学指导委员会委员，深圳市特种功能材料重点实验室、深圳陶瓷先进技术工程实验室主任，深圳市国家级领军人才；中国复合材料学会理事,广东省材料研究学会理事,深圳市新材料行业协会常务理事;获省级以上科技成果奖励5项,其中国家技术发明奖二等奖1项,省部级科技奖一等奖2项、二等奖2项;获国家发明专利授权13项;主持完成和承担的市级以上科研项目共40余项,其中"863"计划项目、国防预研项目、国家自然科学基金等国家级项目9项;出版专著1部,在国内外刊物发表论文220余篇。团队核心成员熊信柏教授、谢盛辉副教授、钱海霞副教授、邹继兆副教授在新型金属块体非晶材料、新型炭材料等方面具有深入的研究基础,在合金成分设计、非晶形成能力判据、非晶的微观结构,以及成分、工艺对块体非晶物理、力学性能等方面具有创新性的研究发现。本项目主要开展新型块体金属玻璃材料的研究及其精密结构件的研发与产业化,实现新型块体金属玻璃材料在智能手机关键结构件首次应用,使之在更轻、更强、更薄等方向和安全性等方面提升产品性能。经过几年的努力,团队在精密结构件新型块体金属玻璃材料的成分设计与工艺系统研究等方面取得了一系列重大突破。[①]

三、新技术产业发展情况

(一)新技术产业的界定

关于新技术产业,目前尚没有权威的界定,人们在提到该概念时通常将其与高新技术产业、高技术产业混用。比较有代表性的概念是,高新技术产业是指以生产高新技术产品为主,知识、技术密集度高,发展速度快,具有高附加值和高效益,并具有一定市场规模和对相关产业产生较大渗透、波及效应的产业。国际上界定高新技术产业主要依据三个指标:一是翻译(reseach and development,R&D)经费投入强度,即R&D经费支出占总产值、增加值或销售收入的比重。一般来说,整个行业R&D经费投入强度要求达到5%至15%或以上。二是R&D人力资本投入强度,即科学家与工程师等专业技术人员占全体职工的比重要达到40%至60%。三是产品与技术的科技含量与复杂程度,即产品与R&D经费之比要占净销售额比重的3.5%以上。东莞市基本上是按照这一标准来认定和评判新技术产业。[②]

---

① 上述有关材料来源于网上公布的广东省及东莞市引进科研团队公示材料。
② 主要参考了苏自力著的《平衡计分卡和作业成本法在高科技企业的应用》中的有关资料(西南交通大学出版社,2015年,第5页)。

(二) 新技术产业发展情况

东莞市依照新技术产业的划分标准及自身的具体情况,将新技术产业细分为六大行业,即:信息化学品制造业、医药制造业、航空航天器制造业、电子及通信设备制造业、电子计算机及办公设备制造业、设备及仪器仪表制造业。其中,电子及通信设备制造业是东莞市新技术产业的支柱产业,并占有绝对优势的地位,2016年实现增加值947.93亿元,占整个新技术产业的83.93%。2018年,东莞高技术产业制造业投资268.77亿元,下降3.5%,比重为14.8%;高新技术产业占全市规模以上工业企业增加值的比重达到39%,同比提高0.8个百分点;新技术产业增加值占规模以上企业工业增加值的比重在全省排名第三位。"十一五"期间,东莞市新技术产业增加值增长了110%,且还在持续增长。其中,电子及通信设备制造业增长17.4%,信息化学品制造业增长6.5%,航空、航天器及设备制造业增长4.5%,电子计算机及办公设备制造业增长3.3%,设备及仪器仪表制造业下降3.4%,医药制造业下降3.1%。[①]

东莞市根据园区统筹片区发展的区域统筹发展战略,将全市划分为六大片区,即:松山湖片区、城区片区、滨海片区、水乡新城片区、东部产业园片区和东南临深片区。其中,松山湖片区是全市科技产业创新中心,其新技术产业规模一直位于全市首位。2018年松山湖实现地区生产总值630亿元,同比增长13.9%,固定资产投资182.24亿元,同比增长22.6%。城区片区是全市的经济、政治、文化中心,新技术产业尤其是制造业的比重比较低,新能源与节能技术产业相对较为发达。滨海片区是全市融入"广深科技走廊"建设的两大核心平台之一,新材料和新技术服务业具有相对优势,其产值在全市新技术产业中的比重分别为20.8%和20.7%。水乡新城片区的资料与环境产业在全市新技术产业中具有绝对优势,其产值占全市新技术产业的比重达88.4%,生物与新医药产业的优势也比较明显,产值占全市新技术产业的比重为30.6%,排名全市第二。东部产业园片区在新技术服务业领域具有明显优势,产值占全市新技术产业产值的27.7%,排全市第一位。东南临深片区产业发展较为平衡,新技术服务业、新能源与节能产业发展具有相对优势,其产值占全市新技术产业的比重为23.7%和19.8%。

---

① 资料来源于《东莞市高新技术产业发展蓝皮书(2017)》(第1-2页)。

表1 东莞市新技术产业分布情况表

区域	电子信息	新技术服务	生物与新医药	先进制造与自动化	新材料	新能源与节能	资源与环境
松山湖片区	74.3%	16.1%	45.8%	32.9%	21.5%	34.7%	2.4%
滨海片区	5.2%	20.7%	6.5%	17.9%	20.8%	3.4%	1.2%
水乡新城片区	1.0%	4.0%	30.6%	5.1%	15.5%	6.9%	88.4%
东部产业园片区	5.9%	27.7%	8.9%	16.1%	15.7%	14.6%	4.7%
东南临深片区	7.7%	23.7%	2.6%	18.8%	18.8%	19.8%	1.2%
城区片区	5.9%	7.7%	5.7%	9.2%	7.7%	20.5%	2.1%

近年来，随着创新驱动发展战略的贯彻落实，东莞市新技术产业发展呈现出产业体系完备、创新实力显著增强、创新环境日益优化、市场化程度逐步提高等优势。①

四、高端人才对产业的影响及创新进展

（一）高端人才对产业的影响

所谓高端人才，是指具有高学历的人员，或者是学有专长的专业技术人员、善于经营管理的企业家、生产经营第一线的高技能操作能手等能够为社会经济发展提供强有力支撑的各类人才。自产业经济以来的历史一再证明，一个国家或区域高端人才的多寡，是衡量该国或区域经济发展程度及发展潜力的重要指标。也正因如此，才引发了全球性愈演愈烈的人才争夺大战。有研究表明，高端人才对于创新资源、创造知识、创新绩效及创新环境有显著作用（李欣，李娜，2015）；领军型高端人才的引进还可以促进人才集聚能力的提升，人才载体的建设，名牌产品、著名商标、上市公司的形成与发展，以及经济结构的调整②；创新型人才中的高端人才是科学技术前沿领域的具体实践者和组织者，是推动自主创新、引领科学发展、

---

① 主要数据源自《东莞市高新技术产业发展蓝皮书（2017）》及《东莞市2017年政府工作报告》等资料。
② 中共北京市顺义区委研究室编，《2008年顺义区调查研究课题汇编》，2009年，第64页。

打造区域核心竞争力的第一资源。① 为此,《国家中长期人才发展规划纲要(2010～2020年)》把高端人才作为人才队伍建设的重点。

近年来,东莞市委、市政府始终把人才作为发展的第一资源,从战略层面高度重视,推动人才发展工作取得了明显成效。2016年,全市高端人才数量达到7.8万,位居广东省地级市前列。

回顾东莞的历史可以发现,人才尤其是高端人才对于东莞产业的形成与发展有着重大作用和深刻影响。

改革开放前,东莞仅仅是一个农业县,人口为111.23万,有莞城、虎门、石龙和厚街这4个规模不大的城镇,其余绝大多数地区都是农村,80%的劳动力从事农业,农业产值占工农业总产值的67%;工业也只是一些传统的五金机械、烟花爆竹、草织、腊肠等加工业;生产总值仅有6.11亿元,财政收入只有0.66亿元。1978年,全市城乡居民储蓄存款余额0.54亿元,农民人均纯收入只有149元。② 改革开放后,东莞走上了一条以外向带动、劳动密集型产业为主,高投入、高消耗、高排放、高增长的粗放型代工企业发展道路。尽管此时农业已经退居第二位,所占比重也远不及工业,但从总体上看,产业创新能力较弱,大多数产业处于低端成长的阶段,企业缺乏对科研和技术改造的投入,工业更新改造投资占工业投资的比重仅为14%～17%,远不及同期深圳、佛山的35%～45%,东莞新技术产品的企业研发投入仅占新技术产品产值的1.5%,也不及深圳的3%和广州、佛山的2.5%。截至2007年年底,东莞电子信息、电气机械行业仅有中国名牌产品4个、广东省名牌产品32个,全市拥有自主知识产权的新技术产品只有309个,新技术产业增加值占全市工业增加值比重为33.4%,技术外向依存度在90%以上,科技企业孵化器、中介机构数量不足,国家和省重点实验室建设仍属空白,没有形成高端人才创新创业的空间,全市上千万人口的规模,人才总量仅有108.6万人,研究生以上学历和具有高级职称的高端人才屈指可数。③ 2008年,全球性的金融危机让东莞领略到了代工企业的潜在风险与生存压力,一场旨在打造自主品牌,培养核心竞争力,以新技术、新产品、新业态、新模式为特征的创新驱动、转型升级运动就此拉开。

---

① 张瑾著,我国吸引和有效发挥高端人才作用的对策研究,经济管理出版社,2014年,第35页。

② 陈搏编著,东莞经济综述修订版,中国轻工业出版社,2016.08,第24页。

③ 有关数据整理自:《思考力:东莞经济社会发展研究》(王思煜、龙家玘主编,广东人民出版社,2009)及《东莞九章:现代化中的东莞现象与东莞想象》(黄树森主编,花城出版社,2008)。

自 2015 年以来，东莞市新技术企业开始呈现爆发式增长态势，2017 年新技术企业达到 4058 家，连续两年实现翻番，新技术企业数量位列全省第三，仅次于广州和深圳。新技术产品的种类已经超过 58 种，共计 7500 种产品。其中，达到国际领先（首创）水平的产品有 36 个，达到国际先进水平的产品有 404 个，达到国内领先（首创）水平的产品有 463 个，达到国内先进水平的产品有 4899 个，已经在电子信息、新材料、先进制造与自动化等多个高新技术领域形成了完整的工业产品体系。2017 年，东莞高新技术产品产值为 9318.02 亿元，比 2016 年增长 35.1%；新技术产品出口收入为 3440.3 亿元，同比增长 45%。① 作为对这些产业的重要支撑，高端人才起到了无可替代的作用。截止 2017 年年底，全市引入高级职称专业技术人才 932 人，各种类型的技术团队 485 个，国家及省级重点实验室 39 个，省级新型研发机构 25 家，省级以上创新平台 300 家，博士后工作站 25 个。其中，松山湖高新技术产业园引进院士 19 名，"千人计划"专家 34 名，省级领军人才 62 名，市特色人才 139 名，省、市级科研创新团队 41 个，院士及专家工作站 5 个，国家及省市工程技术研究中心 62 个②。

高端人才已经成东莞产业转型升级和智能制造的生力军，在东莞着力培植和发展的新能源、智能制造、生物医药等产业方面取得一批科技成果，形成了以产业汇聚人才、以人才引领产业的发展格局。而且，根据东莞市经济社会发展状况及发展战略，在人才的需求方面，无论是总体行业人才需求，还是重点行业人才需求，东莞市均排在广东省地级市人才需求的首位。持续不断地强力吸纳着来自全国各地，尤其是周边城市的各种人才，特别是深圳和广州的溢出人才。有资料显示，东莞近年已经成为深圳和广州外溢人才的重要承接地。③

（二）高端人才创新进展

由于东莞市目前高端人才主要集中在电子信息产业、生物与新医药产业、新材料产业、新能源与节能产业、资源与环境产业、先进制造与自动化产业、高技术服务产业等领域，因此其创新进展也主要体现在这些方面。

---

① 主要数据整理自《东莞市高新技术产业发展蓝皮书（2017）》及《东莞市高新技术产业发展蓝皮书（2017）》。
② 主要数据来源于《松山湖机器人智能装备产业宣传手册》（东莞松山湖高新区党工委东莞松山湖高新区管委会，2018）第 7 页。
③ 《珠三角人才需求与流动趋势研究报告》，第 87–89 页。

1. 电子信息产业的创新进展

从世界电子信息产业的发展历程来看，电子信息产业的发展包括其上游的电子材料、中游的电子元器件与终端硬件制造、下游的软件和信息服务。

东莞电子信息产业的发展基本上涵盖了世界电子信息产业的各个部分与环节。但是，由于近年来不断的产业转型与升级，其产业格局也在不断发生变化。截至2018年年底，东莞电子信息产业的上游企业为500家，占全产业企业总数的62.32%，中游企业为230家，占26.9%，下游企业92家，占10.76%。但就营业收入而言，上游企业仅占21%，中游企业占76%，下游企业为3%；而从行业盈利率来看，上游企业为13%，中游企业达85%，下游企业仅为2%。因此，就目前而言，东莞市电子信息产业的中端较为强势，而就政府的发展规划及未来的发展趋势而言，在继续保有中端产业优势的前提下，要做精做实上游产业，加速发展下游产业。正是在这些因素的影响下，东莞电子信息产业的发展呈现以下特点：

1）计算机产品及其网络应用技术行业继续领先。计算机产品及其网络应用技术是东莞市传统的电子信息优势产业和产品，企业广泛分布于东莞各区，营业收入占整个电子信息产业的8.49%，在稳步占有国内市场的同时，海外市场不断扩大。

2）电子元器件产业优势明显。2017年，东莞市电子元器件产业的产出占整个电子产业产出的14.31%，产业遍布全东莞市，而尤以虎门镇、东城街道、长安镇、寮步镇最为集中，松山湖园区为后起之秀，已经形成了一定的产业集群和较为完整的电子元器件产业体系并拥有广阔的国内外市场，营业收入的59.01%来自出口，培养了一批在国内外市场均有一定影响力的知名企业。

3）微电子技术产业已经起步。微电子技术产业是近年来发展起来的新兴产业，尽管起步较晚，但发展较为迅速。2017年已经达到148家，产出规模占全部电子信息产业的4.52%，是未来产业发展的新的增长点。东莞市政府目前正着手合理规划以微电子技术企业为代表的上游高端产品制造，以便形成产业布局规划合理，具有集群优势的产业发展平台。

4）通信技术行业发展迅猛。近年来，东莞以通信设备、信息服务、信息技术应用等为代表的通信技术领域发展迅猛。虽然目前东莞全市的通信技术企业仅有73家，企业数量仅占电子信息全产业的8.54%，但营业收入却占到了全市电子信息产业的67.27%，其盈利能力也位居电子信息产业前列。

5) 电子信息产业创新能力逐步提升。一是专利申请数量近年来呈稳步上升的状态，无论是申请量还是授权量，均已经进入广东省前三位；二是科技活动的经费投入不断攀升，电子信息产业链中不同位置企业的科技创新投入均超过营业收入的5%；三是产业技术创新收入越来越高，2017年，除信息安全技术行业外，东莞市电子信息产业中其余各行业，高新技术产品营业收入在行业总收入中占比均超过50%，其中通信技术行业的高技术产品营业收入占比更是达到95.36%。

2. 生物与新医药产业创新进展

改革开放之初，东莞的生物与医药产业就已经起步。但是，基本都处于代工和模仿状态，既没有自己的创新，也没有自己的品牌。近年来，随着东莞市企业转型升级与创新驱动的发展，生物与新医药产业得到长足发展。特别是近3年来，生物与新医药高企数量和工业总产值的增长率分别达到40.7%和28%，均高于东莞市高企发展的整体水平。目前，东莞市已经聚集了东阳光药业、众生药业、三生制药、上海医药等超过300家生物技术企业，生物与新医药产业集聚发展的格局基本形成。

1) 产业服务体系日渐完善

东莞市生物与新医药产业已经建立了完善的配套服务体系。东莞市生物技术行业协会、东莞市生物技术产业发展有限公司以及松山湖生物技术产业管理局等众多单位共同努力，在生物与新医药产业体系建设方面取得了显著成绩：设立了6亿元规模的生物产业基金等专项支持产业发展；通过与达安基因、美中医药开发协会、科特勒等合作进行资源整合，为生物企业提供登记注册、产品申报、物流、终端销售等一站式产业链服务；与科特勒咨询集团及德国医谷合作共建了松山湖国际精准医学园；与广东佰鸿集团合作共建松山湖再生医学产业园等生物与新医药主题园区等。

2) 创新平台得到彰显

为了加强生物与新医药产业的发展，东莞市委、市政府从2012年开始，全力打造两岸生物科技产业园，引入了东莞中山大学研究院、广东医科大学、华南协同创新研究院等多家新型研发机构；建立了医疗器械检测中心分中心、东莞食品药品检测中心、联捷药物全分析平台等九大生物产业公共平台；创建了华南医药孵化中心、达安基因孵化器、劲芳生物医药孵化器等孵化基地。

3) 产业链逐步形成

目前，东莞市生物与新医药高新技术企业已经广泛分布在医药生物技术、中药天然药物、化学药研发技术、医疗仪器设备与医学专用软件、轻工和化工生物技术、农业生物技术等 7 个重点领域及其下属的 21 个技术领域。

4）国际化程度逐步提升

近年来，东莞生物与新医药国际贸易得到快速增长，2012—2017 年间，东莞生物与新医药出口占高新技术产品出口比重，由 0.4% 上升到 6.5%，并有多个医药产品获得国家 GMP（药品生产质量管理）认证、欧盟 GMP 认证以及美国 FDA 认证，逐步走上国际市场。

5）科技创新能力不断增强

2017 年，全市生物与新医药高企科技项目立项 477 项，项目经费 8 亿元，分别比上一年增长了 30% 和 58.4%；生物与新医药专利申请有 590 件，比上一年略有增加，但国际专利数比上一年增加了 44.4%。

3. 新材料产业创新进展

材料、信息和能源被喻为现代技术的三大支柱。其中，材料是基础，而新材料则是推动科技进步和社会发展的重要动力。东莞新材料产业由于起步较晚、起点较低，产业规模较小，增速也显著慢于东莞产业的整体发展状况，呈现以下特征：

1）高分子材料行业已初具规模

高分子材料行业是东莞市新材料产业中规模最大的行业，企业数达到 498 家，占东莞整个新材料产业企业的一半，2017 年的营业收入达到 414 亿元，其中出口收入占 30%。此外，国际市场还在进一步得到拓展，其影响力和竞争力也不断得到增强。

2）金属材料行业集群已经形成，辐射带动作用逐步显现

目前，东莞市金属材料行业共有企业 251 家，仅次于高分子材料产业，而且主要集中在塘厦、大朗、常平和长安等几个镇区，其产业相对集中度要高于高分子材料产业，且企业平均的盈利能力也高于高分子材料企业。以此为基础，带动其上游产业和促进其下游产业的能力也不断增强。

3）无机非金属材料处于行业中上游水平，且分布不断趋于合理

无机非金属材料是与有机高分子材料和金属材料并列的三大材料之一。东莞市无机非金属材料尽管尚未形成有影响力的行业集聚，但也形成一定的规模。目前已经拥有 103 家企业，其营业收入规模、盈利能力及企业数量，均为东莞市新材料产业内第三大行业，其技术和产品已经处于行业中上游水平，且其分布从产业链、产品及原材料集散等方面不断趋于合理。

4. 新能源与节能产业创新进展

新能源与节能产业涵盖了太阳能、生物质能、风能、电力等不同类型

能源，形成了包括新能源与节能基础设施供应、新能源材料研发与生产、新能源设备与节能基础设施供应、新能源设备配件生产、新能源设备研发与生产、新能源产品相关销售与服务等环节。新能源与节能产业是东莞市新兴产业，主要围绕节能技术，对高效、可再生等清洁能源进行研发、设计、生产、销售。

1）产业呈现多元化高速增长

东莞市新能源与节能产业市场广阔，呈现出多元化蓬勃发展的态势。2012年东莞市新能源与节能行业高新企业工业总产值为88.9亿元，到2016年增长到207.9亿元，增长率达到133.86%。其中，家用电池、燃气生产和供应等产业异军突起，成为新的产业增长点。

2）动力电池等关键零部件已实现量产

在东莞"制造强市"、转型升级及创新驱动等政策和措施的强力带动下，迈科新能源、振华新能源、力朗电池、凯德新能源等一批动力电池单体生产企业已形成规模生产。2015年底，东莞市动力电池总产能达到2.5吉瓦时，约占全国动力电池总产能的6%。其中，迈科新能源是"国家火炬计划重点新高技术企业""广东省自主创新试点企业""东莞市首批创新型龙头企业""东莞市工业龙头企业"。

3）新能源企业得到跨越式发展

近年来，东莞市积极布局新能源电池与汽车产业，先后出台了"新能源汽车十三五""战兴十三五""东莞制造2025"等相关政策，扶持新能源电池与汽车产业。一方面吸引到不少具有技术优势的国际动力电池企业来东莞投资设厂，另一方面加快了原有企业如锂离子电池隔膜、正极、负极等关键材料、镍氢动力电池材料、锂离子动力电池材料，以及分布式发电储能电池材料等关键结构和功能材料的整合、研发和生产。

5. 资源与环境产业创新进展

资源与环境产业既是现代的保障性产业，更是未来的发展性产业，越来越受到全球的关注和重视。东莞市一直以来都非常重视资源与环境产业的发展。在"十二五"和"十三五"连续两个五年规划期间，节能环保均作为战略性新兴产业之一，成为产业转型升级的方向。

1）产业规模迅速扩大

"十二五"期间，全市环保产业年均增长率为18%。截至2015年，全市环保产业产值已达750亿元，占全市生产总值的11.9%；资源与环境产业的高新技术企业数量也从2012年的20家增长到2017年的110家，总产值也由2012年的166.45亿元增长到2017年的368.85亿元，增长率为121.6%。

2）优势产业链正在形成

经过近年的工作和努力，目前东莞市已经形成了水污染控制与水资源利用、大气污染控制、固体废弃物处置与综合利用、环境监测及环境事故应急处理、生态环境建设与保护、清洁生产等六个既具有相对独立体系，又相互联系和衔接的细分产业，为东莞市节能、环保、生态环境的形成与发展起到了重要和积极的作用。

3）创新项目的广度与深度不断扩展

2013年，东莞实施科研项目的资源与环境产业企业仅有18家，共计实施科研项目153项，到2017年时，实施科研项目的高企增长至109家，实施科研项目588项，分别增长了505.6%和284.3%。从事的科研项目范围也扩展到重污染行业生产过程中节水、减排及资源化关键技术、生态环境建设与保护技术、工业废水处理与资源化技术等多个细分技术领域。

4）创新能力持续增强

早在2012年颁布的《东莞市环保产业"十二五"发展规划》中，东莞市就提出要"改变东莞市环保产业自主创新能力薄弱的现状，提高技术研发的整体水平"。此后，东莞市不断加大环保产业创新的人力物力投入，使产业创新能力显著增强。2012年，东莞市资源与环境高企发明专利申请仅有25件，发明专利授权为23件，到2017年发明专利申请增长至136件，发明专利授权增长至72件，分别增长了392%和213%。

6. 智能制造产业创新进展

东莞市拥有规模庞大的制造业，有"世界制造业之都"的美誉。2016年工业总产值已达1.5万亿元，但其中大量的制造业企业属于劳动密集型企业。近年来，随着"机器换人"计划的实施，2016年，东莞先进制造业实现增加值1505.2亿元，同比增长15.2%，占全市规模以上企业增加值的50.7%。

1）装备制造业占据主导地位

2016年，东莞市装备制造业共有规模以上企业2280家，占全市先进制造业的比例达到88.1%，装备制造业实现工业增加值1421.67亿元，占全市先进制造业增加值的比重达到94.45%。

2）自动化装备发展优势突出

以机械装备制造、数控装备技术及工业互联/物联网技术为代表的自动化装备产业已经越来越具有发展优势。就先进机械装备制造而言，企业数达到558家，产业规模为800亿~1000亿元，是仅次于电子信息行业的第二大产业；高档数控装备与数控加工技术高新企业有 147 家，主营业务收入达到 154.43 亿元，尽管总量还略显不足，但其发展势头已不可小觑；工业互联/物联网技术企业共有 114 家，主营收入达 34.08 亿元，作为近年来才刚刚兴起的新兴产业，成效非常显著。

3）产业发展步入快车道

为了促进制造业加速转型升级，东莞市政府加大政策扶持力度分别从技术攻关与示范应用等角度扶控智能制造产业发展。2016 年科技部门制定了重点产业技术攻关目录，在拟建的六大重点发展产业中，智能制造与高端装备是其重要专项。2017 年又出台了《强化新要素配置打造智能制造全生态链工作方案》，启动实施智能制造"千百万工程"，拟建设 100 个智能化改造项目、开展 1000 家企业智能制造分析诊断、进行 10000 人次技术工人智能制造专业技术培训，着力从需求端、要素端和供给端等方面打造智能制造全生态链，从而促进智能制造产业全面、快速发展。

DongGuan

区域篇

空间是重要的地理概念，也是理解东莞智能制造水平和发展的研究视角。东莞智能制造的落地和演变，必然跟特定空间的市场、政府和人才等因素密切相关，一定程度上来看，东莞智能制造的应用推广和技术创新呈现出明显的梯度化空间分布特征。因此，只有从空间分布的研究视角出发，才能全方位地摸清东莞智能制造的家底，也只有从空间分布的研究视角出发，才能科学地测度东莞智能制造的发展现状和发展质量。

不同空间的产业布局，决定了智能制造的发展面向。在创新型经济聚集的松山湖区域，在电子信息产业高度聚集的长安镇，在传统服装、家具等特色专业产品镇的万江、寮步镇，不同的产业分布、产业结构和产业质量，决定着对智能制造存在不同的使用倾向。

从实际的空间表现来看，面对新一轮科技革命和产业变革带来的新机遇和新格局，东莞不断加快对电子信息、装备制造、纺织服装、食品饮料、家具制造等"五大支柱、四大特色"产业的优化升级，结合各片区特色产业与优势基础，超前布局智能制造及其应用领域的快速发展。目前，东莞已初步形成了由松山湖片区、城区片区、滨海片区、东南邻深片区、水乡片区、东部产业园片区等六个分布特色鲜明的智能化制造产业片区，未来将进一步引领产业迈向中高端和经济社会可持续发展。

东莞市各镇街（片区）产业布局发展报告

2017年东莞市委印发了《中共东莞市委市政府关于推进园区统筹组团发展战略的实施意见》（东委发〔2017〕9号），正式推进园区统筹组团发展战略。园区统筹组团战略是新时期东莞破解发展体制障碍的重要举措。东莞以往分散式的发展模式越来越难以适应新形势下发展的要求，资源配置分散与空间碎片化问题越来突出。为破解发展难题，推动实现集约发展新思路，东莞园区统筹组团发展战略在调整优化片区划分的基础上，通过建立健全统筹发展机制，推进部门事权下放范围与行政审批服务前移，以各园区为核心统筹带动各组团实现全面发展。东莞全域共划分为六大片区，分别为城区片区、松山湖片区、滨海湾片区、水乡新城片区、东部产业园片区、东南临深片区。六大片区均拥有相对突出的产业特色，具备不同的产业发展优势，深入考察不同片区的产业发展情况，掌握片区发展定位，对深入推进智能制造技术在不同区域、不同领域的应用具有重要的指导意义。

一、松山湖片区：粤港澳大湾区科技产业创新核心区

2017年松山湖片区一园六镇共实现生产总值增加值1464亿元，占全市生产总值的比重达到20.15%，其中工业增加值831.2亿元，占片区生产总值的比重达56.76%，初步形成了以电子信息、电气机械、纺织服装、家具、玩具、造纸、食品饮料等传统产业和高端新型电子信息、智能装备制造、生物医药、新材料等战略性新兴产业为主的现代产业体系。

松山湖高新区是东莞市科技与产业创新的核心区，致力于打造"4+1"现代产业体系，即大力提升高端电子信息产业，着力推进生物技术产业，重点发展机器人产业，加快发展新能源与新材料产业，积极培育发展文化创意、电子商务等现代服务业。松山湖高新区围绕"4+1"现代产业体系，先后规划建设了大学创新城、台湾高科技园、两岸生物技术产业合作基地、中以产业园和国际机器人产业基地等产业平台，为现代产业的培育与发展提供良好的平台与广阔的发展空间。目前，松山湖正在大力统筹推进中子科学城建设，以散裂中子源为核心依托，集聚松山湖材料实验、材料基因

高等理工研究院等一大批科研机构，推进以新材料、医疗器械为主的战略性新兴产业的培育与发展。截至2017年年底，园区共有"四上"企业193家，当年新认定国家高新技术企业107家，园区高企总量达到251家；高端电子信息产业实现工业总产值2816.34亿元，机器人和智能装备产业纳入国家级创新型产业集群试点，电子信息、机器人、新能源和文化创意产业工业增加值分别同比增长27.6%、18.8%、32%和51.2%。

松山湖片区是东莞市园区统筹片区发展战略的试点区域，由松山湖高新区与周边六镇共同组成。松山湖片区各镇产业发展较为成熟，形成了以大朗毛织产业、寮步高端装备制造行业、大岭山家具制造行业、茶山食品行业、石龙电子信息制造与医药行业为主的各具特色的产业发展体系。目前得益于松山湖高新区特殊政策的辐射带动，片区正在成为最适宜创新、创业、创造的"政策洼地"，成为吸引优质中小微企业和高新技术企业落户的最佳区域。目前，松山湖片区正依托松山湖高新区广深港科技创新走廊核心平台的历史性机遇，着力集聚高端科技创新资源、培育发展战略性新兴产业，打造粤港澳大湾区科技产业创新核心区，成为东莞新时期高质量发展的核心支撑之一。

表1 松山湖片区各镇重点产业和代表性企业

镇街	2017年GDP/亿元	重点产业	倍增企业	代表性工业企业
大朗镇	273.9	毛织产业 装备制造业 电子信息	11	东莞华新电线电缆有限公司 东莞华科电子有限公司 东莞长盈精密技术有限公司 东莞百一电子有限公司 广东龙昕科技有限公司
寮步镇	264.25	高端新型电子信息 高端装备 新材料 新硬件 节能环保	17	东莞高伟光学电子有限公司 东莞三星电机有限公司 高效电子（东莞）有限公司 东莞当纳利印刷有限公司 宜来特光电（东莞）有限公司
大岭山镇	220.71	家具 电子信息 印刷	4	东莞市金铭电子有限公司 东莞市德普特电子有限公司 东莞金卓通信科技有限公司 伟创力电源（东莞）有限公司 希克斯电子（东莞）有限公司

续表1

镇街	2017年GDP/亿元	重点产业	倍增企业	代表性工业企业
茶山镇	121.29	食品 服装 电子信息	4	东莞市益达实业有限公司 广东茵茵股份有限公司 日立化成工业（东莞）有限公司 东莞联桥电子有限公司 东莞市华美食品有限公司
石龙镇	100.16	电子信息制造业 医药食品产业	3	京瓷办公设备科技（东莞）有限公司 东莞理想电子有限公司 柯尼卡美能达商用科技（东莞）有限公司 东莞石龙京瓷有限公司 日本电产三协电子（东莞）有限公司
石排镇	98.09	光电通讯产业	3	东莞铭普光磁股份有限公司 东莞市佳禾电声科技有限公司 东莞市铭庆电子有限公司 广东星弛光电科技有限公司 东莞市精丽制罐有限公司
松山湖（生态园）	386.08	高端电子信息 生物技术 新能源 机器人与智能装备	17	华为终端（东莞）有限公司 华为机器有限公司 东莞华贝电子科技有限公司 易事特集团股份有限公司 广东生益科技股份有限公司

二、城区片区：粤港澳大湾区智能制造综合服务区

2017年，城区片区各镇街共实现生产总值增加值1519.7亿元，占全市的比重达到20.91%，其中工业增加值404.48亿元，占片区生产总值的比重为26.62%。城区片区是全市第三产业发展的高地，东城、南城、莞城街道以城市中心区的优势主要发展商贸服务业、文化产业、总部经济等现代服务业。石碣镇形成了以电子信息产业为主导的产业集群，产业链较为完整；高埗镇计划将眼镜产业培育成特色支柱产业；万江街道集聚了120多家机械零配件加工微小企业。

城区片区位于东莞市城市中心，是市政府驻地，拥有各类高端行政文

化资源,同时拥有地铁沿线的交通便利,几乎涵盖了东莞最高端的楼宇建筑和最先进的休闲生活设施,具有最为发达成熟的城市配套,为城区发展生产性服务业、高端服务业,打造粤港澳大湾区智能制造综合服务区奠定了坚实的基础。

城区片区虽然目前第三产业占比相对较高,但是主要以批发零售、交通运输、仓储、住宿餐饮等传统服务业为主。高端服务业尤其是生产性服务业如金融服务、科技服务、信息传输、计算机服务和软件业等行业发展较为滞后。新型金融业态缺乏,尚难以有效支撑全市广大中小企业旺盛的投融资需求,未能形成明显的跨片区辐射带动能力,其发展程度与影响力尚有待大力提升。

表2 城区片区各镇重点产业和代表性企业

镇街	2017年地区生产总值/亿元	重点产业	倍增企业	代表性工业企业
南城街道	435.62	文化产业 金融业 总部经济 电子商务	6	东莞雀巢有限公司 金霸王(中国)有限公司 东莞杜邦电子材料有限公司 东莞南城新科磁电制品有限公司 东莞华宝鞋业有限公司
莞城街道	177.32	商贸服务业 文创产业 总部经济 服务外包	3	东莞京滨汽车电喷装置有限公司 东莞恩斯克转向器有限公司 万宝至马达(东莞)有限公司 东莞市东江水务有限公司 东莞市东江自来水有限公司
东城街道	471.27	商贸业 总部经济 电子商务 高端电子 精密器械	11	东莞徐记食品有限公司 东莞新奥燃气有限公司 东莞中电第二热电有限公司 东莞搜路研电子有限公司 生益电子股份有限公司
万江街道	128.07	数控一代 智能机械 包装印刷 都市型工业 文化创意 电子商务	7	东莞市金田纸业有限公司 广东顺联动漫科技有限公司 东莞市白天鹅纸业有限公司 东莞市沃德精密机械有限公司 东莞市绿雅家用电器有限公司

续表2

镇街	2017年地区生产总值/亿元	重点产业	倍增企业	代表性工业企业
高埗镇	139.72	眼镜产业 电子信息 生物医药 锂电池 建筑陶瓷	4	陆逊梯卡华宏（东莞）眼镜有限公司 东莞东山精密制造有限公司 日本电产（东莞）有限公司 卡士莫实业（东莞）有限公司 东莞宝成鞋业有限公司
石碣镇	167.7	高端新型电子信息产业 LED产业 商贸业	4	东莞东聚电子电讯制品有限公司 台达电子电源（东莞）有限公司 达创科技（东莞）有限公司 东莞莫仕连接器有限公司 台达电子（东莞）有限公司

三、滨海片区：莞港现代服务业融合发展试验区

2017年，滨海片区四镇共实现生产总值增加值1644.58亿元，占全市生产总值的比重达到22.63%，是全市经济规模最大的片区。其中，工业增加值700.4亿元，占片区生产总值的比重为42.59%。滨海片区各镇经济水平相对较高，产业基础较好，尤其拥有强大的制造业发展基础。长安与虎门两镇是东莞所有镇街（园区）中经济产业规模最大的。目前，滨海片区已形成了电子信息、商贸、服装、五金模具、家具鞋业等一批强大的主导产业，涌现了OPPO、VIVO、以纯、东阳光、力凯鞋业等一大批业内龙头企业，培育了具有世界影响力的轻工业生产基地和电子信息产业集群，已经初步形成以企业为主体的应用型创新生态体系。

2017年10月，滨海湾新区管委会正式挂牌成立。作为东莞广深港科技创新走廊中仅有两个省级核心平台之一，滨海湾新区拥有联通珠江两岸最为便捷的交通与区位优势，是珠江口东岸主轴唯一的连片待开发区域，具有巨大的发展前景。目前，滨海湾新区已经引进了紫光集团、华润集团、欧菲科技等一大批国内龙头企业，项目累计投资总额达2770亿元，重点布局发展新一代电子信息、人工智能、医疗健康、科技金融等新兴产业。同时，滨海片区临近广州南沙、深圳前海等自贸区，与香港联系紧密，是发展现代服务业的理想区域。接下来，滨海湾新区将充分借助粤港澳大湾区

一体化发展、广深港科技创新走廊加快建设的历史性机遇,加快引进香港优势的现代服务业资源,加快打造莞港合作的现代服务业融合发展试验区。

表3 滨海片区各镇重点产业和代表性企业

镇街	2017年地区生产总值/亿元	主导产业群	倍增企业	代表性工业企业
长安镇（滨海湾新区）	550.36	高端电子信息 电子商务 汽车模具 生物医药	12	东莞市欧珀精密电子有限公司 维沃通信科技有限公司 步步高教育电子有限公司 金宝电子（中国）有限公司 光宝电子（东莞）有限公司
沙田镇（东莞港）	133.8	五金制品 港口物流 保税物流	4	东莞新长桥塑料有限公司 东莞华润水泥厂有限公司 东莞沙田丽海纺织印染有限公司 富加宜连接器（东莞）有限公司 东莞市九丰化工有限公司
虎门镇	563.86	商贸 服装业 电子信息	10	东莞市以纯集团有限公司 东莞长城开发科技有限公司 东莞联茂电子科技有限公司 信义超薄玻璃（东莞）有限公司 东莞市中电爱华电子有限公司
厚街镇	396.56	家具 服装 制鞋 会展	10	东莞三星视界有限公司 东莞创机电业制品有限公司 东莞市金叶珠宝集团有限公司 东莞和勤电子有限公司 东莞市金龙珠宝首饰有限公司

四、东南临深片区：城市更新创新发展实施区

2017年,东南临深片区共实现生产总值增加值1017.7亿元,占全市生产总值的比重为14%,其中工业增加值487.96亿元,占片区生产总值比例为47.95%。目前,东南临深片区初步形成了以电子信息制造业为主的发展格局,同时依靠临深优势,积极引进了高端新型电子信息、通讯电子、光电通讯、新材料等战略性新兴产业。由于毗邻深圳龙华、龙岗地区,东南临深片区近年来承接了大量深圳转移的创新型企业,是深圳科技成果转化

和产业外溢的首选地之一。近3年来,剔除房地产项目,引进深圳企业投资项目最多的是以凤岗镇,共引进141宗深圳投资项目,其次是塘厦镇,共引进58宗;引进深圳企业项目协议投资总额最多的是清溪镇,协议投资总额达90亿元。深圳企业投资的项目主要集中在电子信息产业、电气机械与设备制造业两大产业,占所有深圳溢出项目的78%。

目前东南临深片区市场认同度高,承接深圳溢出项目优势显著,但仍存在一些突出问题。片区产业发展方式仍比较粗放,相当一部分产业仍处于价值链中低端环节,缺乏核心技术和自主品牌,与邻近的深圳地区相比,具有较大的产业落差。此外,临深片区面临土地空间资源紧缺的严重问题。由于市镇对土地等要素资源缺乏主动统筹的意识与机制,大量土地低效开发,虽有外来优质项目愿意落户,但无合适产业空间承接。

接下来,东南临深片区将加快推动地区发展同步,学习深圳等先行地区城市更新好的经验,建立东莞城市更新创新发展试验区,围绕城市更新制度、城市更新管理方式、城市更新利益共享机制、创新型产业用地政策等方面进行先行先试,为产业发展腾出空间。全面对接深圳优势产业,特别是对接好深圳平湖、龙华、坂田、布吉、龙岗等临近地区的优势产业,推动片区通讯电子、精密机械迭代升级,构建"智慧型"产业体系。重点发展新一代信息技术产业、智能硬件产业、互联网产业。

表4 东南临深片区各镇重点产业和代表性企业

镇街	2017年地区生产总值/亿元	重点产业	倍增企业	代表性工业企业
塘厦镇	377.63	通讯电子 汽车电子 精密机械 家用电器	9	日本电产精密马达科技(东莞)有限公司 广东坚朗五金制品股份有限公司 东莞市誉铭新精密技术股份有限公司 国巨电子(东莞)有限公司 东莞市恩道工业有限公司
清溪镇	260.87	光电通讯 电脑制造	8	光宝网络通讯(东莞)有限公司 群光电子(东莞)有限公司 明门(中国)幼童用品有限公司 东莞晶达电子科技有限公司 东莞旭福电脑有限公司

续表4

镇街	2017年地区生产总值/亿元	重点产业	倍增企业	代表性工业企业
凤岗镇	273.14	电子信息 电气机械及设备 纺织服装	9	广东都市丽人实业有限公司 广东百果园农产品初加工有限公司 米亚精密金属科技（东莞）有限公司 东莞信浓马达有限公司 东莞联丰科艺金属有限公司
樟木头镇	106.06	电子信息 高新材料 新能源 食品 包装印刷等	2	东莞十和田电子有限公司 东莞市太粮米业有限公司 广东小猪班纳服饰股份有限公司 东莞隽思印刷有限公司 广东海悟科技有限公司

五、水乡片区：东莞新经济发展实验区

水乡片区位于东莞市西北部，临近广州、东莞中心区，是穗莞合作的前沿，是大湾区及广深科技创新走廊的重要节点。2017年，水乡片区实现生产总值增加值566.69亿元，占全市生产总值的比重为7.8%，其中工业增加值312.92亿元，占片区生产总值的55.22%。水乡片区区域交通优势明显，水陆、轨道交通网络发达，穗莞深城际轨道、佛莞惠城际轨道及东莞地铁1号线三线交汇。东莞西站30分钟可北达广州，南抵深圳，西到佛山。片区基础设施建设步伐加快，城市品质日益提升，为拓展更广的发展空间奠定了先机。

在产业发展方面，水乡片区总体产业较为粗放低端，原有产业以粮油食品、造纸、纺织服装、印刷包装等传统制造业为主，"两高一低"（高污染、高能耗、低效益）产业占比较大。片区规上工业企业数量偏少，工业增加值率较低，规模以上工业企业主要经济效益指标处于全市后位。2017年，水乡片区共有高企仅223家，发展程度远比不上松山湖、长安、东城等领先镇街（园区）。近年来，水乡片区加大传统产业转型升级力度，淘汰了一批造纸、漂染、洗水、电镀等"两高一低"污染企业，引进了一批电子商务、休闲旅游、装备制造、新材料等优质新兴产业项目，初步形成了新兴产业集聚发展良好势头。

表5 水乡新城片区各镇重点产业和代表性企业

镇街	2015年地区生产总值/亿元	重点产业	倍增企业	代表性工业企业
洪梅镇	67.95	造纸 粮油加工 电子商务	3	东莞市富之源饲料蛋白开发有限公司 广东理文造纸有限公司 东莞辰达电器有限公司 台玻华南玻璃有限公司 东莞世丽纺织有限公司
望牛墩镇	71.77	印刷 造纸 汽车零部件	3	东莞顺裕纸业有限公司 东莞市泰昌纸业有限公司 东莞宝钢特殊钢加工配送有限公司 有余包装（东莞）有限公司 东莞智源彩印有限公司
道滘镇	104.59	食品 造纸 新材料 新装备 新能源 新医药 新业态	4	搜于特集团股份有限公司 东莞道滘万宝至马达有限公司 广东东鹏维他命饮料有限公司 东莞市骏业纸业有限公司 银禧工程塑料（东莞）有限公司
麻涌镇	220.05	粮油 纺织 造纸 新能源汽车 太阳能光伏 新材料	6	东莞玖龙纸业有限公司 中储粮油脂工业东莞有限公司 东莞嘉吉粮油有限公司 东莞德永佳纺织制衣有限公司 东莞嘉吉饲料蛋白科技有限公司
中堂镇	102.33	造纸 环保产业	2	东莞建晖纸业有限公司 东莞金洲纸业有限公司 东莞理文造纸厂有限公司 东莞市潢涌银洲纸业有限公司 东莞市三联热电有限公司

六、东部产业园片区：东莞"中国制造2025"示范核心区

2017年东部产业园片区共实现生产总值增加值1054.33亿元，占全市生产总值的14.51%，其中工业增加值487.96亿元，占片区生产总值的比例为46.28%。东部产业园片区经济总量差距大、集聚程度低、产业层次落差明显。常平镇经济与产业发展优势十分突出，其中产业规模显著大于其他镇，是片区发展的领头羊。目前，东部产业园区片区主要以电子信息、模具、包装、五金、塑胶、机械等传统产业为主，缺乏较有影响力的产业集群。

东部产业园片区拥有东部工业园和银屏创新区两大平台，土地资源相对充裕。原东部工业园企石镇内具有较大潜力的土地总面积9000多亩，该区域可统筹利用的工业、商住用地合计为4917.43亩。银瓶创新区现有土地开发强度较低，拥有东莞市现存最大的连片平整土地，是未来现代产业发展和新型城镇化建设的重要载体，对于吸引重大优质项目落户具有明显优势。

表6 东部产业园片区各镇重点产业和代表性企业

镇街	2017年地区生产总值/亿元	重点产业	倍增企业	代表性工业企业
常平镇	330.59	毛织 玩具 塑料制品 电子信息 装备制造 LED智能应用 分子材料 生物制造	5	快捷达通信设备（东莞）有限公司 东莞王氏港建电子有限公司 大根（东莞）光电有限公司 东莞航天电子有限公司 大东骏通（东莞）电子有限公司
企石镇	70.24	电子信息 装备制造 旅游业	4	东莞明鑫电子有限公司 广东凯晟照明科技有限公司 东莞健达照明有限公司 广东朝阳电子科技股份有限公司 东莞市兴奇宏电子有限公司

续表6

镇街	2017年地区生产总值/亿元	重点产业	倍增企业	代表性工业企业
谢岗镇	83.52	智能装备 汽车关键零部件制造 3D打印 检测试验设备	1	东莞善募康科技有限公司 广东润星科技股份有限公司 旗利得电子（东莞）有限公司 东莞市胜源纸品厂谢岗分厂 东莞凡进工业电子有限公司
东坑镇	125.98	通讯电子	2	东莞富强电子有限公司 富港电子（东莞）有限公司 东莞歌乐东方电子有限公司 东莞新能德科技有限公司 广东中德电缆有限公司
桥头镇	143.23	电子信息 包装 电子 五金 塑胶 机械	4	东莞技研新阳电子有限公司 东莞新技电子有限公司 东莞泰克威科技有限公司 东莞爱电电子有限公司 东莞市美盈森环保科技有限公司
横沥镇	127.35	模具产业 3D打印	2	广东东方亮彩精密技术有限公司 东莞新优电子有限公司 东莞合宝电器制品有限公司 东莞市欧比迪精密五金有限公司 东莞堤摩讯传动科技有限公司
黄江镇	173.42	电子制造 塑胶 五金 鞋业 家私 玩具	6	精成科技电子（东莞）有限公司 东莞领益精密制造科技有限公司 安世半导体（中国）有限公司 东莞技嘉电子有限公司 东莞盛翔精密金属有限公司

长安镇产业发展报告

智能制造是基于新一代信息技术，贯穿设计、生产、管理、服务等制造活动各个环节，具有信息深度自感知、智慧优化自决策、精确控制自执行等功能的先进制造过程、系统与模式的总称，它是信息化与工业化两化深度融合的重要体现，是一个国家或地区制造业转型升级的发展方向。近年来，长安镇积极践行传统制造智能化改造，支持全镇企业设备更新和技术升级，企业"机器换人"申报项目、工业技改投资均居全市前位，有力推动了长安镇产业转型升级。

一、长安镇产业发展概况

长安镇紧紧围绕建设"现代制造名城、湾区创新都市"的发展目标，以粤港澳大湾区和广深科技创新走廊建设为契机，大力实施"优质化+国际化"双轮驱动，各项事业持续稳定发展，呈现出综合实力日趋强劲、特色产业日益壮大、新兴产业逐渐崛起的良好局面。

（一）综合实力日趋强劲

2017年，长安镇地区生产总值迈上500亿的新台阶，达到550.36亿元，同比增长12.6%；实现工业总产值1949.3亿元，同比增长20.5%；高技术制造业增加值占规上工业增加值的比重高达61.2%，远高于全市38.9%的水平。2017年，长安镇企业数和高新技术企业分别有607家和352家，企业数均位列全市第一；专利申请量和专利授权分别有15127件和6142件，专利申请和专利授权数均位居全市第一；R&D（研究与开发）占比突破4%。

（二）特色产业日益壮大

作为中国电子信息产业重镇、广东省智能手机特色小镇、中国机械五金模具名镇，长安镇坚持以制造业为根本，大力引进和发展先进制造业，推动传统产业转型升级，电子信息、五金模具两大特色产业的规模日益壮大，科技水平不断提升。

长安镇电子信息行业门类齐全,既有雄厚的电子元器件生产能力,又有生产终端电子产品的知名企业,如步步高电子、OPPO 通信、VIVO 通信等,电子信息产业基础十分雄厚。据统计,长安镇现有电子信息企业 1200 多家,40 多家世界知名品牌企业在这里设厂生产。2017 年,长安镇规模以上电子信息产值为 1466.5 亿元,同比增长 24.5%,2014—2017 年的年均复合增长率达 22.4%,电子信息产值占全镇工业总产值的比重从 2014 年的 68.6% 提高至 2017 年的 75.2%,规模不断壮大。以高新技术企业中电子信息技术领域的企业为例,2017 年属于电子信息技术领域的高企有 100 家,占全镇高企的 28.4%,然而其专利申请量和专利授权分别有 10521 件和 3202 件,占全镇专利申请和专利授权的比重高达 89.5% 和 76.5%,科技产出能力强,凸显了长安电子信息产业绝对主导产业地位。

长安镇五金模具企业众多,拥有钜升、劲胜、祥鑫、捷荣、其利等龙头企业,产品上下游配套齐全,产业优势明显,是国内重要的五金模具产品生产销售集散基地。据统计,全镇共有从事机械五金模具生产、销售和服务的企业 1100 多家,五金模具及相关行业的科技企业占全镇科技企业的比重高达 70%。2017 年,长安规上机械五金模具产值为 234.5 亿元,同比增长 16.1%,2014—2017 年的年均复合增长率达 12.6%。在全镇 33 个国家和省名牌名标中,五金模具企业占 22 个,比例为 66.7%。

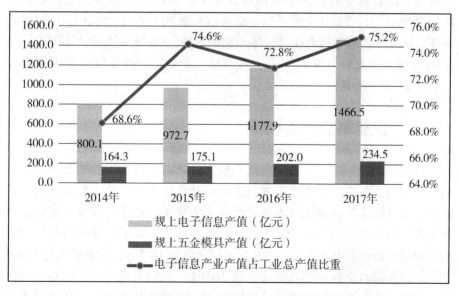

图 1　2014—2017 年长安镇电子信息、五金模具产值及占比情况

（三）新兴产业逐渐崛起

近年来，长安镇加快推进材料、生物医药、新能源等战略性新兴产业的发展。2017年，在全镇高新技术企业中，属于新材料、生物医药、新能源技术领域的企业有64家，营业收入为108.6亿元，占全镇高企的比重为23.5%，比2016年提高2.9个百分点，已经形成了一定规模。以生物医药行业为例，东阳光集团在长安镇建设了国内规模巨大、实力雄厚的药业研究院，研究领域涉及心血管、抗感染、肿瘤、神经系统、内分泌代谢及免疫炎症等六大方向，开发项目共40多项。目前，东阳光已成功在欧美注册阿奇霉素、克拉霉素、埃索美拉唑等15种原料药和制剂产品，多种产品获得美国FDA注册。

同时，长安镇大力推动电商发展，围绕电子信息、机械模具等特色优势产业，强化以优势产业为导向的电子商务集聚孵化工作，成功培育了速买通不锈钢饰品产业带、五金机械模具产业带以及海猫、优匠跨境、聚牛网络、亚马逊、阿里巴巴等专业平台运营培训服务商，并建设了东莞首家B2C跨境电商饰品产业孵化园——蓝科饰品跨境电商产业园，创建了阿里巴巴跨境电商镇区化LBS运营中心等电商主体。长安镇电子商务产业实现跨越式发展，成为东莞电子商务发展环境优越、电子商务集中度较高、电子商务应用普及率较高、电子商务竞争力较强的电子商务先进镇。截至2017年年底，长安镇网上电子商务交易额突破500亿元，比2015年增长约60%；从事电子商务的企业（个体）突破8000家，从业人员约7万人，分别比2015年增长约70%及60%；规模以上企业电子商务应用率达70%以上，比2015年增长约55%。

二、智能制造产业情况

智能制造产业是一个相对宽泛的概念，从国家重点支持的高新技术领域看，与智能制造有关的是先进制造与自动化技术。本文以高新技术企业中属于先进制造与自动化技术领域的企业为样本，描述长安镇智能制造产业情况。2017年，在长安352家高新技术企业中，属于先进制造与自动化技术领域的高企共有170家，占长安全部高企的48.3%，营业收入为101.3亿元，占全镇高企营业收入的比重为21.9%。总的来说，长安镇在自动化装备、自动化生产线集成部分已经发展了一批高新技术企业，初步形成了一定的市场规模，为传统制造业向智能制造转型奠定了基础。

（一）技术领域情况

新型机械、先进制造工艺与装备是长安先进制造与自动化的主要技术形态，企业占比高达85.8%。具体表现为：2017年，新型机械共有企业99家，占全部先进制造与自动化技术领域企业的58.2%，99家新型机械企业实现营业收入为502654.8万元；先进制造工艺与装备共有企业47家，占全部先进制造与自动化技术领域企业的27.6%，47家先进制造工艺与装备企业实现营业收入为414205.3万元。另外，高性能、智能仪器仪表以及工业生产过程控制系统技术领域也分布有一定数量的企业，分别为11家和9家。

表1 2017年长安镇先进制造与自动化领域情况

一级技术目录	二级技术目录	企业数量	营业收入/万元
先进制造与自动化	新型机械	99	502654.8
	先进制造工艺与装备	47	414205.3
	高性能、智能仪器仪表	11	27719.9
	工业生产过程控制系统	9	20080.9
	汽车及轨道车辆相关技术	2	44954.5
	电力系统与设备	1	2032.5
	传统文化产业改造技术	1	1065.3
合计		170	1012713.2

机械装备领域企业占主导地位。在新型机械的三级领域中，占主要地位的是通用机械装备制造与机械基础件制造，分别有57家、38家企业，也是长安镇高企最集中的细分领域。通用机械装备一般包括混合、分离与输送机械制造、利用自动化控制和计算机信息管理等技术装备的起重运输、物料搬运等设备制造技术等，机械基础件则包含了精密轴承、液压、气动产品或元件制造以及模具制造等。从表2可以看出，长安集聚了一批机械装备领域企业。

表2 2017年长安镇新型机械领域情况

二级技术目录	三级技术目录	企业数量	营业收入/万元
新型机械	通用机械装备制造技术	57	92898.7
	机械基础件及制造技术	38	396511.4
	纺织及其他行业专用设备制造技术	1	8788

续表2

二级技术目录	三级技术目录	企业数量	营业收入/万元
新型机械	极端制造与专用机械装备制造技术	3	4456.6
	合计	99	502654.7

数控装备技术是优势领域。在先进制造工艺与装备的三级领域中,高档数控装备与数控加工技术占主导地位,共拥有高新技术企业28家,占先进制造工艺与装备领域高企数量的59.6%,营业收入达332460.1万元,占先进制造工艺与装备领域的比重高达80.3%。机器人领域也聚集了一小批企业,为9家。相对于机器人行业,长安镇数控装备领域发展更具优势,集聚的高企数量与市场规模均远高于机器人行业。

表3 2017年长安镇先进制造与工艺装备领域情况

二级技术目录	三级技术目录	企业数量	营业收入/万元
先进制造工艺与装备	高档数控装备与数控加工技术	28	332460.1
	机器人	9	46255.4
	智能装备驱动控制技术	2	1287.5
	特种加工技术	5	9370.4
	高端装备再制造技术	1	8830.4
	增材制造技术	1	1713.9
	大规模集成电路制造相关技术	1	14287.3
	合计	47	414205

(二) 科技经费情况

2017年长安镇在先进制造与自动化技术领域的科技项目共有750个,全部科技项目经费内部支出51759.7万元。用科技项目经费内部支出占营业收入的比重来表示高新技术企业研发投入强度,2017年长安镇170家先进制造与自动化技术领域高企的研发投入强度为5.11%,远高于长安镇规上工业企业研发投入强度(2016年该比例为0.26%),体现了先进制造与自动化领域对研发的重视。但是,先进制造与自动化技术领域高企的研发投入强度同全镇高企8.48%的水平相比,差距较大,主要原因在于长安镇主导产业电子信息产业研发经费投入强度高,拉高了整体水平。从细分领域来看,研发投入强度高于先进制造与自动化技术领域平均水平的有新型机械、高性能智能仪器仪表领域，分别达到5.58%、9.96%。

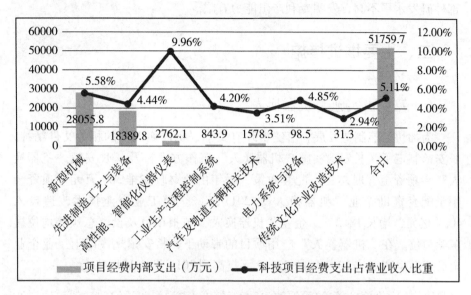

图2　2017年长安镇先进制造与自动化领域科技项目情况

（三）科技人员情况

2017年长安镇先进制造与自动化领域共有从业人员22139人，其中从事科技活动的人员共有3858人，科技活动人员在从业人员中的占比为17.4%，比全镇高企平均水平低了5.7个百分点。从人员学历结构来看，本科以上学历人员在从业人员中的比重为6.1%，也低于全镇高企11.1%的水平。在细分领域，先进制造工艺与设备领域涉及高档数控装备与数控加工技术、先进工业机器人相关技术等，人员学历素质相对较高，占比达到8.2%。

（四）专利产出情况

2017年，长安镇先进制造与自动化技术领域高企专利申请和专利授权分别有703件和600件，仅占全部高企的6%和14.3%。长安镇主导产业为电子信息产业，相对于电子信息产业而言，先进制造产业规模仍然较小，不足以支撑大量的专利产出。从专利产出结构来看，先进制造与自动化技术领域高企发明专利申请量在专利申请量中的比重为19.3%，比全部高企发明专利占专利申请量75.4%的比重低很多。主要原因是先进制造与自动化领域以生产自动化装备及系统集成等应用创新为主,关键技术与核心零部件研发水平不高,发明专利产出能力有限。

三、主要推进措施

(一)积极实施"机器换人"

为加快智能制造发展,落实市政府关于"机器换人"的相关文件精神,长安镇制定了《长安镇实施"机器换人"工作方案》及《长安镇"机器换人"专项资金管理办法》配套政策,每年由镇财政安排300万元专项资金用于配套资助企业"机器换人"。2017年,全镇工业企业技术改造投入40.8亿元,增长18.2%,企业"机器换人"申报项目及投资总额等均位居东莞前位。在"机器换人"应用项目的带动下,长安镇规模以上工业企业全员劳动生产率从2014年的82019元提高到2016年的121945元。

> 劲胜精密是长安镇传统制造企业之一,致力于消费电子领域塑胶件的生产。全球智能手机产业的崛起,劲胜精密迎来高速发展期,但伴随着国内人口红利的逐步减弱,公司用工成本大幅提高,市场倒逼传统制造业转型升级。在这种情况下,劲胜精密响应政府从"制造大国转向制造强国"的号召,开启传统制造的智造蜕变之路。
>
> 2015年3月,劲胜精密开始筹备"智能制造试点示范项目"(项目名称:移动终端金属加工智能制造新模式),并于2015年6月被工信部认定为全国46家智能制造示范点之一,随后入选2015年国家智能制造专项、东莞市政府"3C行业高速钻攻加工智能制造示范"项目。如今,智造工厂已成雏形,智能车间智能设备一应俱全,拥有10条自动化钻攻生产线、180台国产高速高精钻攻中心、81台国产华数机器人、1套全自动配料检测系统等。
>
> 通过智能改造,劲胜精密用工数量大幅锐减,从原来的204人减至目前的33人,产品开发周期从原来的120天缩短为80天,产品的不良率从之前的5%下降至2%。在减员的情况下,不仅提升了产品生产效率,还进一步保障了产品质量的稳定。

（二）营造产业良好环境

为推动全镇产业创新，2017年长安镇以镇委1号文件下发了《长安镇产业创新三年行动计划（2017—2019年）》，提出以智能制造改造提升电子信息、五金模具传统优势产业，依托强大的制造业基础发展研发设计、电子商务、信息服务等生产性服务业，以创新创业培育发展智能硬件、新材料、高端装备制造等战略性新兴产业，形成以传统优势产业为依托、以生产性服务业为支撑、以战略性新兴产业为引擎的现代产业体系。制定了《长安镇加快产业转型升级奖励及专项资金管理实施办法》，每年由镇财政安排1600多万元，通过配套补助市技术改造项目、市信息化专项资金资助项目等，大力推动"两化融合"，加快推动制造业高端化、智能化和绿色低碳循环发展。

（三）搭建创新服务平台

建成并启用了国家模具产品质量监督检验中心，目前引进了卡尔蔡司、海克斯康等世界一流设备和系统集成商以及全国模标委、汽车模具智能制造技术国家地方联合工程实验室等。质检中心将以创新为主体，聚集顶级智能制造设备供应商、智能制造应用服务商、认证机构和行业优秀企业等优质资源，助力长安镇打造模具产业健康绿色生态链。

推动成立了东莞市智能制造产业协会，通过积极发挥协会的桥梁纽带作用，整合内部资源，建立跨行业、跨领域的智能制造系统解决方案供应商联盟，促进会员企业配合市镇加快智能制造产业升级发展。

（四）力推招才引智工作

产业的尤其是智能制造产业的发展需要高素质的创新人才作支撑。为此，长安镇通过制定出台"1+10"系列人才政策、创新出台长安"优才卡"制度、制订企业人才培养计划、办好长安"员工大学"等举措，促进创新人才聚集效应在长安加速形成。2017年，长安镇引进人才入户突破3000人。具体为：出台了"1+10"系列人才政策，通过领导干部联系高层次人才、支持企业人才培养、民办学校人才引进、建设人才驿站等措施，大力引进和培育各类高素质人才；在全省首推镇级长安"优才卡"制度，通过向符合条件的外来人才发放长安"优才卡"，确保优才享受子女入学教育、医疗、住房优惠等10个方面的公共服务和优惠政策；制订了企业人才培养计划，投资2250万元设立企业人才培养专项资金，每年选拔30名本地户籍优秀应届大学毕业生到企业工作锻炼;长安"员工大学"积极探索"校企合作"办学新模式,帮助企业员工提升学历水平、技能水平和文化素质。

四、下一步发展计划

(一)打造重点龙头企业

一是实施精准产业链招商。围绕长安产业布局,加大对智能制造优质企业的招商,对在智能制造领域产业链环节中占据优势地位的企业加大招引力度,吸引这类核心厂商在长安镇投资设立研发基地与生产基地,以点的突破带动面的突破。

二是培育一批骨干企业。重点扶持一批智能装备成套设备研发生产、应用集成领域的优质企业,支持企业整合相关资源,扩大生产能力;引导和鼓励本土企业通过自主研发、引进消化、合作研发等方式,对长安镇机器设备及智能装备主机和关键零部件核心技术进行研发,加强协同攻关能力和持续创新水平。

(二)继续推进智造升级

一是推进电子信息智造升级。继续鼓励电子信息企业建立电子元器件自动装配流水生产线,电子信息是长安镇重点产业,其中又以电子元器件生产加工为主,结合长安电子信息产业发展水平状况及电子元器件生产装配的特点,鼓励企业购买和升级精密的电子元器件自动化生产加工设备,并建立现代化的全自动及半自动流水装配生产线,鼓励企业大量利用机械手取代传统的工人手工装配。

二是推进五金模具智造升级。继续鼓励升级使用数控加工中心,结合长安五金模具产业的实际,对企业购买、使用或升级数控加工中心给予资助补贴,加快信息化与工业化的"两化"融合,以数控加工中心自动化和信息化的融合使用趋势,推动长安镇五金模具制造业向智能化升级。

(三)完善产业配套环境

一是强化顶层设计。依托长安镇特色产业发展优势,加强与华南理工大学、东莞理工学院合作,着眼智能制造产业发展方向、重点、布局与功能,开展长安镇智能制造产业规划研究。

二是优化政策环境。加快出台《长安镇打造智能制造全生态链财政资助实施办法》，加大对软件和信息服务企业的扶持力度，加强企业"智能制造"产业技术服务，打造智能制造全生态链。

三是强化服务平台功能。依托国家模具产品质量监督检验中心、国家轨道交通工程中心华南基地，继续大力支持企业搞好设备更新和技术升级。充分发挥东莞市智能制造行业协会、东莞市机械五金模具协会等行业组织的作用，建立行业协同创新和互利合作的运作机制，推动长安企业配合市镇加快智能制造产业升级发展。

（四）强化人才队伍建设

一是集聚一流创新团队。拓宽引才渠道，面向全球高层次人才，开展智能制造高端人才信息收集，定期组织企业等人才需求单位，赴海外进行高层次人才招聘，以领军人才和创新型科研团队的形式，在智能制造领域引进一批掌握核心技术、拥有发明成果的高端人才。

二是继续落实各项引才政策。引进一批既懂信息化、自动化又懂工艺流程的复合型人才；积极办好东莞长安模具培训学院，为模具产业发展培养高端技能人才，尤其是高端生产设备和自动化设备操作人才；支持企业培育高端设备操作人才。

松山湖高新区产业发展报告

松山湖高新区是东莞市唯一的国家高新技术产业开发区,坐落于广深港"黄金走廊"腹地,南临香港、深圳,北靠广州,园区总面积103平方公里。园区着力打造东莞的科技中心和创新中心,致力发展循环经济,建设生态文明,是东莞致力于发展模式创新,推进结构调整和产业升级,提升城镇化质量,打造全市创新驱动发展的集聚区、生力军和加速器。

一、产业发展基本情况

目前,松山湖园区发展已进入快车道,2018年上半年实现地区生产总值增加值330亿元,接近2017年全年水平,实现爆发式增长。园区在全国高新区的综合实力排名已从2013年的第53位跃升到2017年的第23位,排名提升了30位。

(一)形成了初具规模的产业集群

园区围绕造"4+1"产业体系,先后规划建设了大学创新城、台湾高科技园、两岸生物技术产业合作基地、中以产业园和国际机器人产业基地等产业平台,为现代产业发展提供广阔的发展空间。目前园区正大力统筹推进中子科学城的规划与建设工作,计划将中子科学城建设成国家科学中心,成为华南地区基础研究、应用研究的高地。截至2018年上半年,松山湖高新区先进制造业实现增加值288.84亿元,同比增长22.4%,占园区生产总值的比例达到92.08%;高技术制造业实现增加值292.19亿元,占园区生产总值的比例为93.15%;其中机器人(智能装备)行业实现工业总产值同比46.6%,实现高速增长的发展态势。

(二)建立了完善的创新生态体系

园区全面实施创新驱动发展战略,坚持以企业为主体,以人才为核心,着力集聚各类创新要素,建立起以人才、高企、孵化器、加速器为一体的创新生态体系。园区人才总量突破7万,其中院士19名,"千人计划"专家33名,省创新创业领军人才7名,市创新创业领军人才46名,市特色人才127名，同时，建成博士后科研平台30个，院士工作站5家。狠抓高企培育，新增国家高新技术企业107家，高企总数达到251家。

（三）建设了较为完善的城市服务配套

园区坚持产城融合的发展理念，狠抓配套设施建设和城市管理工作，为企业和员工提供便利的生活环境。商住配套方面，拥有万科生活广场、创意生活城等购物场所，已建成投入使用公租房3849套，正在建设公租房约8000套。教育配套方面，拥有东莞理工学院、广东医科大学、东莞职业技术学院、东莞市职教城、东莞中学松山湖学校、东华学校、实验中学、中心小学、实验小学、艺鸣幼儿园等一批学校，形成了从高等教育到幼儿教育的完善的教育链条。医疗卫生配套方面，在完善社区卫生服务的基础上，积极引进社会资本和大力支持中医药发展，已开办广州中医药大学国医堂、泓德中医门诊部，推进东莞第二人民医院建设，规划建设生态园医院。政务服务方面，构建以科技创新、产业发展以及人才工作为核心的行政服务架构，推行"一个窗口办事"、一条龙服务的企业服务模式，实施"不作为"责任倒查机制，提升园区管理服务水平。

（四）建成了生态优良的城市框架

园区秉承"科技共山水一色，新城与产业齐飞""生态与产业并举，创业与宜居并存"的规划理念，采用有利于保护生态环境的内核式圈层结构布局，有利于产业集聚发展的功能区域布局，实现自然生态环境与人工设施有机融合。在发展初期，园区就高起点、高标准开展生态环境和城市基础设施、配套设施建设，建成了松湖烟雨、月荷湖公园等总面积达350万平方米的生态公园。通过高投入开展水治理和湿地改造，开展了"一水系、两排渠、三排站"的区域性治水工程，实现园区水生态修复。一流的生态环境是园区的突出优势，已经成为松山湖的亮点和品牌。

二、构建4+1现代产业体系

园区着力打造"4+1"现代产业体系，即大力提升高端电子信息产业，着力推进生物技术产业，重点发展机器人产业，加快发展新能源产业，积极培育发展文化创意、电子商务等现代服务业。

（一）新一代电子信息产业优势突显

新一代电子信息技术等高端电子信息产业是东莞市重要发展的产业，更是松山湖产业发展的绝对支柱。一方面体现在产值规模占比高。2017年，松山湖电子信息产业实现工业总产值2816.34亿元，占园区规上工业总产值比例高达90%以上。另一方面是以智能终端为首的电子信息产业链已经在松山湖及周边地区形成了完善的产业发展链条。尤其是随着华为终端基地陆续启用，未来几年华为终端基地将有近2万名高层次研发人员进驻办公，将极大带动华为公司相关产业链围绕松山湖进行产业布局，进一步增强松山湖新一代电子产业的集聚程度。

（二）智能制造等新兴产业蓬勃发展

机器人、生物技术、新能源以及新材料等新兴产业是松山湖高新重点培育发展的产业。目前松山湖高新区已经开展了机器人（智能装备）产业集群效应，并于2017年被纳入国家级创新型产业集群试点。园区已有培育或引进的研发生产型机器人与智能装备企业已达110家，初步形成了以机器人集成商、核心零部件和智能装备企业为主的先进制造与自动化产业集群，拥有大疆科技、李群自动化、固高科技、正业科技等一批行业领先企业。在园区高新技术企业群体中，属于先进制造业与自动化领域的高企共有56家，是仅次于电子信息领域的第二大产业集群。2017年园区机器人产业实现工业增加值同比增长18.8%，持续保持快速增长的良好势头。在生物技术领域，园区集聚了以东阳光药业、上海医药、三生制药、深圳安科等龙头企业为代表的生物技术产业集群，共有各类生物技术企业约300余家，在医疗器械、生物医药、医疗保健等领域形成了一定的发展规模。2017年松山湖生物与新医药高新技术企业数量已经达到21家，工业总产值21.04亿元，均位列全市第一。

（三）现代服务业支撑作用日益显著

现代服务业即是园区重点培育发展的产业，也是其他高端产业快速发展的重要外部支撑。2017年园区文化创意产业实现增加值增速高达51.2%，实现了超高速发展。松山湖已经建成包括广东东游互联网产业园等在内的10万平方米产业载体，已引进近210余家互联网、电子商务实体企业，640多家集群注册电子商务企业。基本形成了以移动互联网终端、电子商务、云计算、大数据、物联网、软件与信息服务等为主的优势领域，集聚了一批以华为终端、软通动力、115科技等为代表的互联网及信息服务重点企业，也正在吸引越来越多的互联网人才前来发展。为做好金融支撑，松山湖大力发展现代金融产业，加快松山湖基金小镇加快建设，目前已落户基金16只，首批入驻基金小镇的母基金规模达115亿元，将有力支撑园区各类新兴企业的加速发展。

三、主要工作推进措施

（一）着力推进产业倍增，促进产业集约发展

松山湖紧抓产业"微笑曲线"两端定位，重点引进技术水平高、投资规模大、带动作用强的重大产业项目，推动企业规模与效益"倍增"，进一步提升产业集约高效发展水平。大力实施"倍增计划"。在市倍增计划的基础上，2017年2月15日，松山湖高新区出台了《松山湖实施重点企业规模与效益倍增计划行动方案》，推出园区自己的重点企业倍增计划，在人才、创新、土地、投融资等方面给予企业经营全方位支持。2017年，市区两级共71家倍增企业共实现营收和税收总额同比增长24.2%和48.8%，倍增计划以实施效果显著。

（二）着力推进自创区建设，提升自主创新能力

以省科技创新八大举措为导向，加速创新要素在松山湖园区进一步集聚。出台了《松山湖港澳青年人才创新创业专项资金管理办法》《促进科技金融发展实施办法》《促进集成电路设计产业发展扶持办法》《促进机器人与智能装备产业发展实施办法》《企业研发机构建设资助暂行办法》等一系列扶持与资助政策措施，着力推进各类创新资源与创新创业企业在园区的集聚发展。2017年松山湖园区高企有251家；新增国家级孵化器2家、省级孵化器3家、省级众创空间4家、市级孵化器5家；企业研发经费总支出为43.54亿元，研发投入占比将达到12%的极高水平。

（三）着力推进区域以统筹，打造协同发展格局

深入实施园区统筹组团发展战略，成立了松山湖片区推进园区统筹组团发展工作领导小组，建立了联席会议制度、跨部门协调会议制度、专责小组运作机制等创新性制度。研究并建立了教育、医疗、投融资、基础设施、联合招商、共建科技园区等六个利益共享机制，为全市以片区统筹发

展提供经验示范。推动市级行政服务前移，发改、规划、国土、交通、工商等5个片区直属分局挂牌成立，片区行政审批事项办结时间平均缩短2~2.5个工作日。成立了松山湖金融产业集团，并与片区六镇分别成立了合资公司，形成了建设项目库。成功举办松山湖片区2017年深圳招商推介会，现场签约29个项目，总金额超250亿元。片区统筹以来，园镇发展空间进一步释放，发展动力进一步增强，2017年片区实现生产总值达1464.48亿元，同比增长10.9%，增速高于全市2.7个百分点；规模以上工业增加值为831.2亿元，同比增长14.9%，增速居全市六大片区第一。

四、下一步发展计划

（一）加快中子科学城规划建设，打造创新驱动发展新高地

1. 高品质高定位推进中子科学城建设

围绕建设综合性国家科学中心的目标，加快筹建中子科学城管理局，统筹推进规划编制、两规调整、土地整备、交通基础设施建设等各项工作。深化产业创新发展、综合交通完善、城市更新改造等规划研究。积极协助引入同步辐射光源等大科学装置，推动东莞材料科学与技术省实验室建设。围绕大科学装置集群，加快聚集一批国际化、高水平的研发机构和龙头企业。

2. 大力构建科技创新平台体系

着力推动企业建设国家、省重点实验室和工程中心，鼓励企业设立研发机构，力争规上企业研发机构建有率达60%。鼓励企业与高校合作共建一批市场化运作的新型研发机构；以大学创新城建成使用为契机，引导新型研发机构集聚发展。

3. 着力培育创新主体

创新高企培育申报服务，建立异地高企迁入绿色通道，大力实施高企"树标提质"计划，切实推动高企数量、质量双提升。

4. 打造军民融合创新示范基地

设立军民融合创业投资基金。大力推动东莞市军民融合创新研究院、东莞信大融合发展研究院、摩米创新工场等科研机构加速产业化步伐。积极推动一批企业和机构获取军工资质认证，深入布局发展军民融合产业，加快形成全要素、多领域、高质量的军民融合深度发展格局。

（二）着力构建现代化产业体系，赢取经济建设新成就

1. 积极构建多元均衡产业格局

巩固发展"4+1"主导产业体系，大力培育人工智能，补齐产业链缺失环节，着力巩固电子信息产业的优势和地位；突出抓好机器人与智能装备产业建设，加快出台机器人与智能装备产业发展管理政策；加大生物技术、新能源产业的培育力度，切实提升产业规模比重；积极培育发展高附加值的现代服务业，鼓励新零售、新消费等业态创新，支持现代金融、科技服务等行业发展，加快提升第三产业规模占比。围绕散裂中子源、同步辐射光源谋划关联前沿产业布局，扶持培育第三代半导体、新材料、激光等战略性新兴产业。

2. 支持企业做大做强

实施重点企业扶持行动计划，分别遴选一批主力军、生力军和后备军企业，研究出台相应配套扶持政策，领导挂点跟踪帮扶，加快形成层次分明、梯次发展的企业结构。进一步出台扶持细则政策，逐步将倍增计划的定向扶持政策推广至全园区企业。

3. 加大招商引资力度

根据不同产业生态圈布局及产业特征，进一步完善精准服务体系。通过专业招商、资本招商、以商引商等多种途径，突出招引一批核心技术能力强、集成创新能力强、引领行业发展的创新型龙头企业。大力推动在谈项目加快签约，签约项目加快落地。

（三）实施区域协调发展战略，构建园区统筹组团发展新格局

1. 加快完善制度框架

出台松山湖片区规划、招商、交通、公共服务、土地开发、环境治理等六个领域的统筹指导意见，制定配套政策和操作办法。建立健全片区财政投资项目前期工作框架，简化程序、提高效率。引导园区研发机构和创新平台承接周边镇企业技术研发需求，推动园区公共技术服务平台向周边镇企业开放。

2. 加大公共服务统筹力度

尽快开展松山湖片区人才房专项规划，落实近期建设目标、发展布局和重点建设项目。做强片区内两大市级医院，引导镇级医院错位发展，推动社区卫生服务机构均衡发展。依托松山湖北站TOD，加强公共交通衔接，打造片区文体休闲中心。

3. 扎实推进东部工业园规划建设

按照"飞地"模式对东部工业园实施全面托管、统筹开发。加快推进建立开发决策机制、签订合作协议、规划编制等前期工作，尽快解决土地历史遗留问题，同步谋划项目布局，确保年底前启动实质性建设。

东城街道产业发展报告

东城将智能制造作为推进新兴产业规模化和传统产业高新化的重要抓手，致力于在智能制造领域培育新业态、形成新动能，驱动传统产业转型升级，增强竞争力，打造高质量发展的现代经济体系。

一、东城街道产业发展概况

（一）经济发展基础雄厚

东城位于"广深港经济走廊"中部，土地面积105.1平方公里，常住人口48.11万（2016年），是东莞市四大中心城区中土地面积最大、常住人口最多的。2017年东城街道实现地区生产总值增加471.27亿元，同比增长8.5%。其中，第一产业实现增加值0.19亿元，同比下降0.1%；第二产业实现增加值157.81亿元，同比增长5.7%；第三产业实现增加值313.27亿元，同比增长10.1%。2017年东城实现规模以上工业增加值130.35亿元，同比增长6.0%。其中，规模以上先进制造业工业增加值49.14亿元，同比增长15.5%。规模以上高技术制造业增加值36.61亿元，同比增长16.9%。增速分别比规模以上工业平均水平快9.5个百分点和10.9个百分点。先进制造业、高技术制造业占规模以上工业增加值的比重分别为37.7%和28.1%，比上年同期分别提高8.1个百分点和6.3个百分点。计算机、通信和其他电子设备制造业是东城产业规模占比最大的行业，2017年实现生产总值31.15亿元，同比增长12.9%，占规模以上工业增加值的比重为23.9%。

（二）制造业转型升级成效突出

在智能制造的推动下，东城产业转型升级取得了显著成绩，驱动经济发展的新动能逐渐显现。一是经济总量快速增长。"十二五"以来东城的常住人口逐年减少，人口红利逐渐消失，但是在"机器换人"战略的推动下，东城的地区生产总值却以平均每年8.6%的速度快速增长。到2017年年底，东城常住人口减少约2万人，但地区生产总值增加了约72%。二是高技术产业规模化发展。智能制造的创新发展与推广应用，使新兴产业规模都快速增长。"十二五"以来东城高新产品个数从74个增长到200个，平均每年有25个以上的高新产品产生。三是传统产业高端化发展。在智能制造的推动下东城的纺织业、食品业等传统产业大都进行了生产设备自动化改造，规范生产流程，提高生产效率，减少用人成本，保障了企业生产效益。例如，东城食品行业龙头企业徐记食品在智能制造推动下，即使人力减少超过200人，但产品合格率从99.5%提升至99.7%。

（三）现代服务业快速发展

近年来，以电子商务为主的现代服务业在东城迅速崛起。在"一带一路"战略背景下，东城积极发挥中心城区人才、交通、金融等优势，促进东莞制造业与电商平台对接。从2014起设立"东城区促进电子商务加快发展"专项资金，每年安排5000万元专项资金扶持电子商务发展，举办了中国大学生跨境电商创新大赛，并且成为最新的电商集群注册改革政策的试点。目前，东城已经建立东莞跨境贸易电商产业园、东侨智谷电商产业园等多个电商产业园区，引入国际邮政互换局，集聚各类电子商务主体有2200多家。

二、主要推进措施

（一）优化产业发展环境

作为东莞市经济发达的镇街之一，东城街道深刻认识到经济发展新常态下工业转型升级的必要性和紧迫性，推动制造业智能化发展。

一是强化智能制造发展的组织领导。东城以区委副书记、区办事处主任和区经贸办等22个部门主要负责人为成员，成立"科技东城"工程领导小组和东城区节能减排工作领导小组，突出以高新科技手段加强企业的自动化和智能化生产。

二是完善智能制造发展政策环境。2016年东城出台《东城街道办事处关于实施创新驱动发展战略加快推动工业转型升级的实施意见》，以实施"东莞制造2025"战略为统领，由街道财政安排7960万元资金预算，实施《东城街道实施注塑机伺服节能改造工作方案》《东城街道电机效能提升工作方案》《东城街道关于配套市"机器换人"专项资金管理办法》《东城街道节能与循环经济发展专项资金管理办法》《东城街道信息化专项资金管理办法》《东城街道企业成长培育专项资金管理办法》《东城街道示范性项目专项资金管理办法》等 7 个方案,全面推进东城街道转型升级。

三是深入推进"机器换人"开展实施。为推进企业进行技术改造升级,东莞街道一方面进行政策引导,出台《东城街道配套市"机器换人"专项资金管理办法》,对经市经信局认定的"机器换人"项目按 1:0.5 的比例配套进行资助;另一方面积极开展培训宣传,举办"中国制造 2025"转型升级培训班,针对传统企业如何转型升级,如何低成本实施机器换人等问题进行培训,切实帮助企业解决"机器换人"中存在的难题。

(二) 加快智能制造发展步伐

智能制造是东城工业转型升级的重要方向,在国家、省、市相关政策的引导下,东城深入实施"东莞制造 2025"战略,大力发展装备制造,加快推动产业转型升级。一是是智能制造产业资源不断积聚。东城目前不仅集聚了规模以上企业 388 家,其中包括徐记食品、生益电子、岭南生态、新奥燃气等 100 多家优质龙头企业,还有谷歌、浩方、奇虎 360、阿里巴巴等一批互联网名企分支机构落户。"东莞 360 互联网产业投资基金"等专业基金建设相继建立,东莞的智能制造产业发展要素日趋完善。二是智能制造创新平台快速发展。仅在 2016—2017 年,东城孵化器就从 0 突破到 7 家。其中,东莞市新基地 360 互联网产业园成为省级孵化器,360 淘金孵化器、东莞市倍增科技企业孵化器、901 两岸青创联盟虚拟孵化器等 5 个成为市级孵化器。此外,东城还建有省市级重点实验室和企业工程技术研究中心 16 家,拥有国家高新技术企业 308 家。三是智能制造发展成果不断涌现。推动劲胜公司东城智能制造工厂申报为首批国家智能制造试点企业,劲胜和凯格两家企业被选定为全国智能制造经验交流会现场参观点。万德电子、大忠电子、生益电子等一大批企业实施约 70 个"机器换人"项目,得到市政府和东城街道的资助约 4 亿元。

三、智能制造产业发展情况

(一) 智能制造关键技术

2017 年东城街道共计有科技项目数量 1352 项,同比增长 101.8%,实现翻番;项目经费内部支出共计 11.9 亿元,同比增长 44.2%。从国家重点支持的高新技术领域看,东城的科技项目主要集中在先进制造与自动、电子信息两个技术领域，二者科技项目数量合计占比 62.3%，项目经费内部支出占比 57.3%。其中先进制造与自动领域的科技项目数量最多，共有 512 项；电子信息的项目经费内部支出最多，共有 4.0 亿元。

1. 自动化智能化项目分析

从东城近 3 年的科技项目看，在项目名称中包含"自动""智能""机器人"等与智能制造相关的科技项目共计有 362 项，项目经费内部支出达到 3.0 亿元。其中，项目经费内部支出最多的企业是东莞新奥燃气有限公司，该企业近 3 年共实施 4 个科技项目，项目经费内部支出合计 5588.2 万元。广东鸿宝科技有限公司是近 3 年实施科技项目最多的企业，共计实施 25 个科技项目，项目经费内部支出合计 2407.1 万元。单个项目经费内部支出最多的是东莞新奥燃气有限公司实施的"利用远传实现天然气智能调峰的技术研发"，该项目实施周期约 2.5 年，经费内部支出超过 4300 万元。

从技术领域看，2017 年科技项目数量和项目经费内部支出最多的技术领域是先进制造与自动化，其科技项目数量共有 113 项，项目经费内部支出合计 6535.5 万元；接着是电子信息，其科技项目数量共有 44 项，项目经费内部支出合计 2044.9 万元。在细分行业中，先进制造与自动化领域的科技项目主要集中在先进制造工艺与装备、新型机械两个领域，项目数量分别为 41 项和 46 项，项目经费内部支出分别为 2873.4 万元和 1935.2 万元。电子信息领域科技项目则主要集中在软件方面，尤其是嵌入式软件方面。软件方面的项目有 16 项，项目经费内部支出为 528.7 万元。

可以看出，智能制造是东城企业最为主要的研发方向，且目前东城的智能制造方面已经形成了较为完善的研发生态体系，既有专注于硬件的先进制造工艺与装备、新型机械研发，也有专注于软件的方面的嵌入式软件研发。

2. 电池相关技术研发

"电池"是近 3 年科技项目名称中仅次于"自动"的关键词。在近 3 年科的技项目中，与电池相关的科技项目共有 121 项，项目经费内部支出合计 1.28 亿元。其中，实施科技项目最多的是东莞市德瑞精密设备有限公司，项目数量多达 33 项，项目经费内部支出合计 2128.7 万元；项目经费内部支出最多的是东莞博力威电池有限公司，其实施项目数量共计 19 个，项目经费内部支出合计 5060.5 万元。项目经费内部支出最多的是由广东鸿宝科技有限公司实施的动力电池自动注液线。

从研发的类型看，与电池有关的生产、试验、检测设备是研发的主要方向，共有科研项目 60 项，占电池相关科研项目总数的 50%；项目经费内部支出合计5340万元，占电池相关科研项目经费内部支出的41.8%。从电池的类型看，科技项目主要是以锂电池为主，项目数量有49个，占比40.5%；项目经费内部支出7457.7万元，占比58.4%。

3. 电子信息关键技术

电子信息是东城街道最为核心的产业，是东城街道科技项目经费内部支出最多的行业。近3年东城街道共计实施电子信息类科技项目628项，项目经费内部支出合计9.1亿元，占东城全部科技项目的76.5%。其中，微电子、电子元器件是东城电子信息行业中项目数量最多、项目经费内部支出最大的行业，其项目数量为145项，项目经费内部支出为4.1亿元。项目数量和项目经费内部支出最多的企业是东莞美维电路有限公司，项目有35项，项目经费内部支出为1.8亿元；其次是生益电子股份有限公司东莞市奕东电子有限公司，项目分别有21项和16项，项目经费内部支出为1.6亿元和1.3亿元。

从科技项目的项目名称关键字看，线路板和电路板是出现频率最高的两个关键字，共有科技项目61项，项目经费内部支出合计2.45亿元。LED则紧随其后，共有科技项目37项，项目经费内部支出2130.6万元。可以看出，线路板和电路板是东城目前电子信息领域最为主要的研发对象。虽然LED相关项目数量也较多，但主要集中在东莞市好又快照明电器制造有限公司、广东天一照明科技有限公司等少数几家企业，且项目规模都较小，还有待其进一步发展。

（二）智能制造推广应用

从东城规模以上企业数据来看，电子信息制造业、橡胶塑料制品业、皮革毛皮羽毛及其制品业、食品制造业等四大行业是东城街道最为主要的行业，四者增加值合计约占东城工业增加值超过一半，是东城推广应用智能制造的最主要行业。近年来，在国家、省、市、街道政府的引导下，以电子信息制造业、橡胶塑料制品业、皮革毛皮羽毛及其制品业、食品制造业等四大行业的龙头企业为示范，东城智能制造推广应用取得突出成效，得到市政府的肯定。

表1　东城街道部分智能制造相关应用项目

序号	企业名称	项目名称
1	东莞市大益茶业科技有限公司	全自动包装机及附属设备升级项目
2	东华机械有限公司	注塑机关键部件加工工艺技术改造
3	东莞万德电子制品有限公司	注塑产品生产和检测设备自动化更新改造
4	东莞丝丽雅电子科技有限公司	汽车微型马达生产线机器换人项目
5	东莞市渌通机械设备有限公司	手机背板生产自动化改造
6	东莞博力威电池有限公司	电池产品生产自动化改造项目
7	东莞市兆丰精密仪器有限公司	投影仪自动化生产线技术改造项目
8	东莞市兆恒机械有限公司	精密模具配件自动化生产线技术改造项目
9	东莞泰升音响科技有限公司	音响设备制造自动化改造
10	东莞市镭源电子科技有限公司	镭射激光加工线路板工厂精益自动化改造项目
11	东莞万德电子制品有限公司	硅胶生产和检测设备自动化更新改造项目
12	东莞市湘江电子科技有限公司	高透过率低色差超薄导光板生产线技术改造
13	东莞市正新包装制品有限公司	聚乙烯重包装热收缩膜自动化生产线升级改造
14	东莞市嘉刚机电科技发展有限公司	气油压夹具元件生产技术改造项目
15	东莞力嘉塑料制品有限公司	制造超精密模具技术改造
16	伸铭电子（东莞）有限公司	USB连接器自动化生产线技术改造项目
17	东莞博力威电池有限公司	锂电池产品生产自动化改造项目
18	东莞万德电子制品有限公司	汽车产品生产和检测自动化更新改造项目
19	东莞市镭源电子科技有限公司	镭射激光加工线路板工厂精益自动化改善项目
20	东莞市达瑞电子股份有限公司	高精密背胶模切生产线自动化升级改造
21	东莞市镭源电子科技有限公司	镭射激光加工线路板工厂精益自动化改造项目
22	东莞市渌通机械设备有限公司	手机金属壳自动化生产技术改造
23	东莞市正新包装制品有限公司	PE膜自动化生产线升级改造项目
24	东莞市兆恒机械有限公司	机械零配件生产线自动化改造项目

续表1

序号	企业名称	项目名称
25	东莞万德电子制品有限公司	医疗用硅橡胶产品生产与检测自动化改造升级
26	东莞泰升音响科技有限公司	音响生产自动化改造
27	东莞联阳切削工具有限公司	高精度高强度刀具生产线自动化智能化技术改造
28	长园高能电气股份有限公司	混炼硅橡胶自动生产线升级改造
29	生益电子股份有限公司	东城工厂减员增效自动化改造项目
30	东莞劲胜通信电子精密组件有限公司	智能手机金属边框自动化成形加工项目
31	东莞骏伟塑胶五金有限公司	注塑车间自动化改造项目
32	东莞高富达塑料制品有限公司	塑料制品自动化生产改造
33	东莞市金富士食品有限公司	饼干自动化生产线技术改造项目
34	东莞徐记食品有限公司	食品自动化包装设备生产应用项目
35	东莞市赛维印刷实业有限公司	数码印刷及圆刀模切设备的自动化改造

1. 电子信息制造业

东城街道的电子信息制造业十分发达，拥有生益电子股份有限公司、东莞市奕东电子有限公司、东莞劲胜通信电子精密组件有限公司等一批行业龙头企业，电子装备市场需求巨大。其中，电路板组装、电子元器件制造又是东城电子制造行业的主体，是东莞市智能制造推广应用的主要方向。例如，东莞劲胜通信电子精密组件有限公司在面临劳动力成本快速上涨、劳动密集型企业向东南亚转移等趋势，大力进行自动化改造，逐步将自身定位为"国内领先的智能制造系统解决方案服务商"，打造完整的智能制造产业生态链，获得了经济效益和社会效益两方面的成功。

2. 橡胶塑料制品业

橡胶塑料制品业的规模以上工业企业数量在东城仅次于电子信息制造业，拥有东莞骏伟塑胶五金有限公司、东莞高富达塑料制品有限公司、东莞东丽塑胶制品有限公司等34家规模以上工业企业。橡胶塑料制品业的主要制造工艺包括模具制造与注塑成形这两部分，其中模具制造装备包括各种数控机床、电火花、线切割机等，注塑成形装备包括注塑机和取料机器人等。近年来，自动化生产线在东城的橡胶塑料制品业得到广泛应用，甚至有部分企业引进了柔性生产线,实现了全数字化制造过程。例如,东莞骏伟塑胶五金有限公司引入 200 多台注塑机和配套设备,实现注塑车间自动化生产。

3. 皮革毛皮羽毛及其制品业

东城的皮革毛皮羽毛及其制品业主要是制造皮箱、皮包、皮鞋等产品的企业,其规模以上工业企业中有东莞东昌鞋业有限公司等 15 家制鞋企业。在其制造过程中有许多脏、累和有毒等工序,如打粗、喷处理剂、喷胶水等环节,对于智能制造生产的需求较大。目前东城皮革毛皮羽毛及其制品业的企业正在以机械替代人做主要的技术工作,人工做辅助简单的工作,不仅改善了工人的生产环境,还为产品的标准化提供了有力的保障。

4. 食品饮料加工制造业

食品饮料加工制造业是东城最为主要的传统产业,拥有东莞徐记食品有限公司、东莞大益茶叶有限公司等一批行业龙头企业。食品饮料加工制造业劳动繁重、用人成本较高,对食品安全要求高,采用自动力智能化生产线,对其来说能够有效降低劳动成本,提升生产效率和生产安全性。例如,东莞徐记食品有限公司,在"机器换人"行动计划实施期间,投入完工的自动化改造项目资金近 2000 万元,20 多个项目投入使用,对包括打蛋机、包装机、清洗机等在内的一系列生产设备进行自动化改造。不仅节约了 200 多人的人力成本,而且产品合格率也上升了 0.2 个百分点,达到 99.7%。

五、下一步发展计划

(一)加快提升城市品质

在"东进、北强、中优、南拓"战略指导下,完善城市基础设施建设,改善城市绿化环境,提升产业发展层次,打造"产城人融合"的新城区。一是加快城市环境治理提升,加大力度改善城市的环境卫生、市容秩序、绿化景观等各方面城市环境,提升城市环境质量。二是继续加强"智网工程"完善建设,充分发挥"智网工程"功效,打造"互联网+城市管理"新模式。三是常态长效推进文明城市创建工作,要将全国文明城市建设作为一项常态化工作,着眼于长远发展,推动公民文明和社会文明不断提升。

（二）集聚创新创业人才

东城要充分发挥其主城区的优势，不断集聚高层次人才，打造东莞的人才聚集之地。一是落实东城"创新人才引进"相关政策，降低"旗峰英才卡"的发放要求，拓宽人才团队安居计划和人才团队乐业计划的享受群体，加强对技能人才的引进。二是提升现有人才创新能力，围绕东城产业转型升级需求，组织举办创业路演、创业沙龙，高层次人才交流对接、企业实地参观交流、人才进修培训等活动，加强人才培育。三是搭建创新平台，打造人才聚集的载体。鼓励东城的龙头企业与新型研发机构、高校等开展产学研合作，推进创新中心、博士后工作站、重点实验室等创新平台建设，为人才施展才华提供平台。

（三）构建现代化经济体系

在智能制造、中高端消费、创新引领、绿色低碳、现代供应链、人力资本服务等领域培育新业态，形成新动能，建设现代经济体系。一是培育跨境电商新兴产业。以东莞市跨境电商中心为核心载体，推动大型跨境电商平台及电商配套服务企业在东城集聚发展。二是打造生产性服务业集聚高地。充分发挥东城区位、人才、企业等优势资源，集聚研发设计、国际物流、商务服务等生产性服务业，为全市制造业提供生产性服务支撑。三是提升现有产业发展水平。充分把握松山湖国家自主创新示范区扩容机遇，加强与松山湖的交流与合作，利用松山湖优势创新资源提升现有产业发展水平，与松山湖形成产业互补。

万江街道产业发展报告

近年来,万江着力打造数控装备专业镇品牌,通过优化智能制造产业发展环境,发展智能制造产业园区,引导智能制造企业集聚发展,培育智能制造的明星企业和行业龙头,促进智能制造产业发展壮大。

一、万江街道经济发展概况

(一)产业发展根基雄厚

万江街道位于广东省东莞市西部,地处"粤港澳经济走廊",邻近珠江入海口,是广东省"省数控一代机械产品创新应用示范专业镇""广东省技术创新专业镇(数控装备)"。2017年全镇实现地区生产总值增加128亿元,同比增长7.0%。其中,第一产业增加值为0.3亿元,在全镇生产总值中占比0.3%;第二产业增加值为43.2亿元,在全镇生产总值中占比33.7%;第三产业增加值为84.5亿元,在全镇生产总值中占比66%。

2017年万江街道实现规上工业增加值29.6亿元,增长7.5%。其中规模以上先进制造业增加值增长27.7%,高技术制造业增加值增长34.5%。7家市级倍增计划企业实现工业总产值增加24.1亿元,同比增长13.63%;19家镇倍增计划试点规模以上企业实现工业总产值增加值38.6亿元,同比增长22.6%。

(二)"退二进三"趋势明显

万江街道是东莞的四大主城区之一,近年来万江第二产业规模逐年减小,第三产业规模逐年增大,呈现出明显的"退二进三"的发展趋势。其产业结构是以第三产业为主,2017年万江第三产业增加值占比66%,比第二产业增加值占比高出32.3个百分点。从近5年发展数据来看,万江街道第三产业增加值从58.7亿元提升至84.5亿元,年均复合增长率高达7.6%,第三产业增加值占比从62.4%提升至66%,增长了3.6个百分点。同期,第二产业增加值从35亿元增加至42.3亿元,年均复合增长率7.6%,第二产业增加值从37.3%下降至33.7%,下降了3.6个百分点。

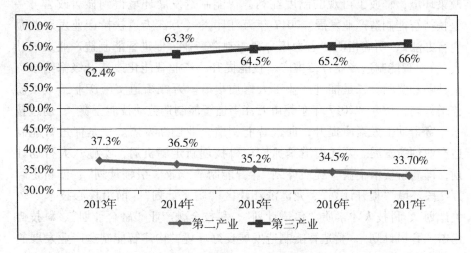

图2　万江街道第二、三产业变化趋势

（三）支柱产业日益壮大

作为东莞市唯一的数控装备专业镇街，万江街道着力引进智能制造行业企业集聚万江，打造智能制造支柱产业。从万江街道高企统计数据来看，与智能制造相关的通用设备制造业、专用设备制造业、电气机械和器材制造业、计算机通信和其他电子设备制造业、仪器仪表制造业等五个行业共有111家企业，同比增长82.0%，占全部高企比例61.7%，下降3.9个百分点；营业收入共计31.6亿元，同比增长69.4%，占全部高企的52.6%，增长5.5个百分点；发明专利申请107件，同比增长20.2%，占全部高企的68.2%，增长2.2个百分点。可以看到，即使智能制造五大行业的高企数量占比略有下降，但是智能制造的主要营业指标和创新指标占比仍然超过50%，且占比处于逐年上升的态势，智能制造在万江的支柱产业地位越发增强。

二、主要推进措施

（一）大力改善产业发展环境

打造智能制造支柱产业，是万江街道推动创新驱动发展的重要抓手。在国家、省、市政策指导下，万江街道为智能制造产业发展营造了宽松的政策环境，释放了可观的制度红利，智能制造发展环境得到显著改善。一是扶持智能制造产业发展。2017年万江印发《万江街道扶持产业发展奖励暂行办法》，明确指明"着力培育智能制造产业，促进智能制造产业发展壮大"，对智能制造产业宣传推广、技能提升、产业智能化改造升级都给予资金补贴和奖励。二是推进产业工人素质提升。万江街道实施产业工人素质倍增计划，举办"2017年东莞市万江街道智能制造劳动技能竞赛"，通过技术竞赛带动工人素质提升，促进智能制造企业创新发展。三是促进智能制造产业创新发展。万江街道紧抓广深科技创新走廊机遇，实施八大行动计划，即高新技术企业"提质计划"、智能制造产业"引领计划"、创新走廊万江段环境"提升计划"、龙湾滨江片区"腾飞计划"、前沿核心技术"攻关计划"、科技人才素质"倍增计划"、科技金融产业"融合计划"、科技孵化器"育风计划"，营造智能制造发展良好环境，构建智能制造产业发展的完整生态体系。

（二）加速集聚产业发展资源

万江一直致力于智能制造产业集聚发展，围绕水乡主题提升城市品质，改善智能制造产业发展环境，引导智能制造产业资源加速向万江集聚。一是智能制造企业集聚发展。目前，万江已经建设了中创汇·INNOPARK智能装备创新产业园、北大众智机器人产业园、创业工业园等产业园区，集聚了900多家智能机械装备类的中小微企业。其中，顺如、瑞鹏、三优公司、普华精密机械加工、益格、振研、恒生机械、鸿企等一批企业，已经具有自主知识产权，具备一定的核心竞争力，发展势头良好。二是智能制造创新平台不断完善。随着智能制造产业的深入发展，万江街道积极引入智能制造创新平台，为万江智能制造产业发展注入新动能。2013年"广东省机械工程学会万江科技服务站"在万江街道成立，成为东莞市首个数控机械行业"智库"。此后，万江又陆续引入东莞广州美术学院文化创新研究院、轨道交通安全监测技术联合实验室、市级科技企业孵化器、众创空间、院士工作站等创新平台，推动文化、科技、产业协同创新。三是金融资本加速布局。为推进科技金融产业更加紧密融合，万江成立了东莞市科技金融综合服务中心万江工作站，促成12家企业成功融资。推动9家企业挂牌"新三板"，4家成为上市后备企业。成功举办万江中小企业创新项目融资路演大赛，帮助22家企业融资3亿多元，前海股权交易中心（东莞）签约落户。此外，万江还在2017年建立了技改投资项目清单，引导智能制造企业利用好省市共建融资租赁专项资金。

（三）打造"智能制造"支柱产业

万江街致力于打造"智能制造"支柱产业。自2012进入广东省"数控一代"机械产品创新应用示范镇以来，万江街道依托龙东莞市铭丰包装品制造有限公司等龙头企业，引进广东省机械工程学会万江科技服务站等智能制造行业"智库"，加快引进和培养智能制造专业人才，推应用广智能制造新技术，取得显著成效。一是高新技术企业快速发展。2012年年底万江区国家高新技术企业仅有20家，到2017年年底，万江街国家高新技术企业达到180家，仅仅5年时间万江街国家高新技术企业增长了8倍，实现跨越式发展。二是"机器换人"项目大幅增长。自东莞市实施《东莞市推进企业"机器换人"行动计划（2014—2016年）》以来，万江街道工业技改投入大幅增长。到2016年年底，万江街全年推荐15家企业申报"机器换人"项目，带动工业技改投入达到5.02亿元，比2014年增长超过10倍。三是智能制造产业规模迅速扩大。2016年万江街智能制造企业已达900多家，规模以上智能装备制造业增加值7.24亿元，同比增长9%。

三、智能制造产业情况

（一）关键技术重点突破

从科技项目来看，2017年万江街道实施科技项目727项，同比增长97.6%；项目经费内部支出共计3.8亿元，同比增长54.8%。近3年来，万江街道科技项目增长了近4倍，项目经费支出增长了2.6倍。作为万江重点发展的主导产业，通用设备、专用设备、电气机械与器材制造、电子信息和仪器仪表五大智能制造相关行业三年来实施科技项目762项，占比达61.4%，项目经费内部支出4.2亿元，占比达59.6%。

1. 自动化智能化研发项目

通过对近3年来万江街道科技项目的名称进行关键词分析，可见包含"自动""智能"的科技项目数量最多，共计有科研项目224项，项目经费内部支出合计达到1.5亿元。其中，科研项目数量和经费最多是东莞市沃德精密机械有限公司，科研项目达到14个，项目经费内部支出达到2619.8万元；其次是东莞铭丰包装股份有限公司，科研项目达到12个，项目经费内部支出达到2550.1万元。单个项目投入经费最多的是东莞铭丰包装股份有限公司实施的专业机器人的生物质材料模压成型智能装备的研制，该项目

2015 年立项至今已投入超过千万元。

从近 3 年的发展情况来看,"自动"与"智能"相关的科研项目在 2015 年仅有 29 个,项目经费内部支出仅有 2163 万元;到 2017 年科研项目增长到 121 个,增长了 3 倍多,项目经费内部支出则达到 7570.8 万元,增长了 2.5 倍。可见,智能制造在万江呈现出极为迅猛的发展势头。从项目规模来看,2015—2017 年,项目经费内部支出的平均金额从 74.6 万元降为 62.6 万元,下降了 12 万元。这表明在新增的项目中以中小项目为主,众多中小微企业也逐渐开始实施"自动""智能"的科技项目,万江街道智能制造呈现较大发展潜力。

从实施项目企业所属行业来看,实施"自动"与"智能"相关的科研项目最多的是通用设备制造业企业,27 家企业共实施 85 个科研项目,项目经费内部支出合计达 5950.8 万元;其次是专用设备制造业,19 家企业共实施 42 个科研项目,项目经费内部支出 1534 万元;排名第三的则是电气机械和器材制造业,9 家企业实施 23 个科技项目,项目经费内部支出合计达 1209.6 万元。2017 年东莞规模以上企业数量最多的行业是电气机械和器材制造业,共 17 家,其次是通用设备制造业,共 14 家。这表明目前万江街道智能制造最主要是电气机械和器材制造业,但是通用设备制造业和专用设备制造业发展潜力巨大。

2. 控制器相关研发项目

近 3 年"控制"相关科技项目共有 67 个,在万江街道近 3 年实施的科技项目中排名第二,仅次于"自动""智能"相关的科技项目数量。其项目经费内部支出为 4444.8 万元,平均项目经费内部支出 66.3 万元,与"自动""智能"相关的科技项目基本持平。在"控制"相关科技项目中,项目数量和项目经费内部支出最多的是东莞基业电气设备有限公司和广东振远信息科技有限公司,二者在该领域都实施了 5 个科技项目,项目经费内部支出分别为 580.2 万元和 376.5 万元。单个项目经费排名前三的则分别是广东每通测控科技股份有限公司的采用激光衰减控制的脉冲式光纤断面缺陷测试技术的研发、控制器电性连接的自动定位贴装设备的研发、可编程电机驱动控制芯片测试中基准电压源和基准频率的研究,项目经费内部支出分别为 208.6 万元、207.2 万元、200 万元。

从实施项目所属行业来看,"控制"相关科技项目实施企业主要集中在通用设备制造业,其 13 家企业共实施 17 个科技项目,项目经费内部支出 812.1 万元;其次则是电气机械和器材制造业,其 8 家企业实施 15 个科技项目,项目经费内部支出 1303.9 万元。可以看到在主要的几个行业中,平均项目经费内部支出最高的是电气机械和器材制造业,达到 86.9 万元,表明该行业大企业较为集中。

3. 关键零部件相关研发项目

数控、轴承、伺服机等是智能制造最为核心的关键零部件和应用软件,这些关键零部件和应用软件长期被美国、日本、德国等发达国家所垄断,是我国智能制造领域亟须突破的关键部分。从近 3 年的科技项目看,万江街道的企业开始逐步在这些智能制造核心零部件上发力。

在数控方面,万江近 3 年有 8 家企业进行了相关研发,分别是东莞市超业精密设备有限公司、东莞市仟净环保设备有限公司、东莞市天驰机电设备有限公司、东莞市长盛刀锯有限公司、东莞市友辉光电科技有限公司、东莞市誉鑫机械有限公司、东莞市众度机械设备有限公司、东莞铭丰包装股份有限公司。其中,项目数量最多的东莞市长盛刀锯有限公司,其共有 3 个数控相关项目;单个项目经费内部支出最多的是东莞市超业精密设备有限公司的利用伺服马达控制的高精度数控注液系统的研发,项目经费内部支出达到 150 万元。

在伺服方面,万江近 3 年有 5 家企业进行了相关研发,分别是东莞市祥博机电设备有限公司、广东每通测控科技股份有限公司、广东振远信息科技有限公司、东莞市鸿企机械有限公司。其中,单个项目经费内部支出最多的是广东每通测控科技股份有限公司实施的六轴机器人步进式联动控制伺服定位送料设备的研发,项目经费内部支出达到 108.8 万元。

在轴承方面,万江仅在 2017 年有 2 家企业进行了相关研发,分别是东莞市福临机械有限公司和东莞艾瑞克精密工具有限公司。其中,单个项目经费内部支出最多的是东莞市福临机械有限公司实施的高精度高效能强密封性轴承座,项目经费内部支出为 64.1 万元。

通过以上分析可以看出,万江街道企业对智能制造的研发主要集中在系统集成以及组装生产线相关方面,而对于智能制造关键零部件、核心应用软件以及卡脖子技术的研发企业和研发投入都相对较少,在可预期的未来这些领域仍然难以突破。

(二) 智能制造广泛推广应用

近年来,万江街道依托通用设备制造、包装印刷、电气机械和器材制造业等主要行业中的龙头企业,以"以点带面,榜样示范"的方式,全面推动先进制造技术的推广应用,取得显著成效,得到市级政府单位的肯定。其获得政府资助的"机器换人"和"自动化智能化"项目超过 20 项,从受政府"机器换人"和"自动化智能化"项目资助的企业来看,通用设备制类企业受资助最多,约占万江受资助企业的35%,其次则是电气机械和器材制造业、印刷包装这两个行业,均约占万江受资助企业的15%。

表1 万江部分受政府资助的智能制造相关项目

序号	企业名称	项目名称
1	东莞市沃德精密机械有限公司	精密零部件加工工艺自动化改造
2	东莞市力博得电子科技有限公司	声波牙刷生产自动化改造
3	东莞市绿雅家用电器有限公司	电风扇生产线自动化改造项目
4	东莞南太时装针织有限公司	针织生产线技术改造项目
5	东莞市凌力电池有限公司	智能型全自动电池生产线新升级改造项目
6	东莞市鸿升纸箱包装有限公司	自动化水性印刷开槽模切设备
7	东莞市伟捷包装实业有限公司	全自动分切机生产设备应用项目
8	东莞市安德标签材料有限公司	自动化标签材料生产线升级改造
9	广东每通测控科技股份有限公司	新建电子测试及工装设备生产线及配套
10	东莞志盛毛织有限公司	毛衫编织生产线智能化技术改造项目
11	东莞市凯中精密机械有限公司	精密数控加工中心生产线技术改造项目
12	东莞市沃德精密机械有限公司	自动化设备及治具部品生产线技改项目
13	东莞市沃德精密机械有限公司	移动终端及3C产业智能装备自动化生产线技术改造项目
14	东莞志盛毛织有限公司	毛衫编织生产线自动化技术改造项目
15	广东顺联动漫科技有限公司	塑胶电子智能玩具生产线自动化改造项目
16	东莞市卓蓝自动化设备有限公司	长寿命低噪行星减速机的自动化生产线改造
17	广东利扬芯片测试股份有限公司	智能手机触摸屏控制芯片批量测试生产线项目
18	东莞市凯中精密机械有限公司	CNC加工中心自动化改造项目
19	东莞市铭泰实业有限公司	齿轮产品自动化生产线技术改造
20	东莞铭丰包装股份有限公司	精美包装盒制品生产线自动化改造项目

1. 通用设备制造业

通用设备制造业是万江街道中小企业最为集中的行业,在2017年万江街道国家高新技术企业中属于通用设备制造业的企业有39家,远远高于其他行业。从细分行业来看,万江街道通用设备制造业主要集中在金属加工机械制造、物料搬运设备制造以及通用零部件制造等，所用常规智能制造设备包括常规的金属切削机床、激光加工机床、自动化专用机床和工业机器人等。其中，通用设备制造业的东莞市沃德精密机械有限公司是万江街道智能制造表现突出的企业之一。该企业是一家专业从事自动化整机设计、制造，以及各类精密零件加工的制造业大型企业，先后从德国，日本引进了高精密的五轴、卧式、车铣复合等数控加工设备。产品的加工精度和加工能力在整个华南地区的同行业中处于领先地位。2017年9月，沃德精密通过了广东省移动终端生产智能装备工程技术研究中心认定，在智能制造领域取得进一步突破。

2. 包装印刷业

包装印刷产业是东莞的四大特色产业之一，也是万江的主要产业之一。仅从企业名称来看，2017年万江街道的规模以上企业中就有11家企业的单位名称中含有"包装"一词。从智能化和自动化改造方面看，包装印刷产业链相对较散，万江的包装印刷设备企业集中在印后处理工序上。东莞铭丰包装股份有限公司、东莞市伟捷包装实业有限公司、东莞市鸿升纸箱包装有限公司等企业是包装印刷产业的主力军。其中，东莞铭丰包装股份有限公司是东莞率先启动智能制造的包装企业，2013年该企业引进广东省机械工程学会万江科技服务站，先后自主开发了自动涂装成套设备、生物质材料模压成型智能装备、全自动数字化立体装配系统等多套包装印刷智能制造设备，实施精美包装盒制品生产线自动化改造项目等多个自动化改造项目。

3. 电气机械和器材制造业

电气机械和器材制造业是当前万江街道主要的行业之一，在2017年万江街道规模以上工业企业中该行业共有17家企业，数量最多。其中代表性企业有东莞基业电气设备有限公司、广东宝士电气有限公司、东莞市凌力电池有限公司等。从"机器换人"和"自动化智能化"项目中，可以看出智能制造在电气机械和器材制造业取得了较为广泛的应用，例如，东莞基业电气设备有限公司重视生产线升级，采用自动化及数码控制机械，保证每个生产环节的产品质量。

四、下一步发展计划

1. 打造以智能制造为核心的先导产业

在"中国制造2025""东莞制造2025"等相关政策的引导下，紧抓

"广深科技创新走廊"建设机遇,推进万江龙湾片区建设引进深圳柴火创客空间,招引一批从事智能硬件、智能家居、智慧建造的企业落地,培育包括高端装备制造业、新能源汽车及新一代信息技术在内的战略新兴产业,引进或孵化一批包括物流、仓储、信息在内的生产性服务业,形成智能制造产业生态集群。

2. 强化智能制造领域产学研合作

围绕万江智能制造企业发展需求,鼓励企业与东莞市新型研发机构开展产学研合作。一是以东莞市万江智能制造行业协会为纽带,引导企业针对智能制造产业共性关键技术同广东华中工业技术研究院等新型研发机构共建研发平台;二是鼓励企业围绕需求,以委托研发、技术转让、联合攻关等形式开展产学研合作,推进科技成果转化;三是鼓励新型研发机构在万江设立智能制造创新中心、孵化器、众创空间等形式的平台,推进万江智能制造产业的高端化发展。

3. 培育智能制造专业技术人才

实施万江街道产业工人素质倍增计划,引进和培养高素质智能制造人才队伍。一是充分发挥广东省机械工程学会万江科技服务站、轨道交通安全监测技术联合实验室、东莞市万江智能制造行业协会等平台的作用,围绕万江企业需求,引进智能制造技能人才、研发人才、创业人才等高素质人才队伍。二是积极举办"万江街道智能制造劳动技能竞赛"等智能制造职业技术竞赛和职业技能培训,调动企业培训员工职业技能的积极性,对参与职业技术竞赛和职业技能培训的企业予以奖励。

寮步镇产业发展报告

近年来,寮步镇致力于打造"智造寮步",支持高端电子信息、智能装备制造、大数据等智能制造关键技术发展,推进智能化、数字化技术在生产制造、物流仓储、经营管理等关键环节的深度应用。寮步镇产业智能制造水平大幅提升,"智造寮步"已取得初步成效,获得了"广东省智能制造专业镇"认定。

一、寮步镇经济发展概况

(一)实体产业不断夯实

寮步镇地处东莞地理几何中心,毗邻市区,接壤松山湖国家高新技术产业开发区,是东莞的经济重镇,位列2017年全国综合实力千强镇第30名。2017年全镇实现地区生产总值增加值264.3亿元,同比增长9.8%。其中第一产业增加值为0.9亿元,下降0.1%;第二产业增加值为142.4亿元,增长14.3%;第三产业增加值为121.0亿元,增长4.8%。全镇规模以上工业增加值为128.6亿元,同比增长17.4%。

2017年,寮步镇落实"东莞制造2025"发展战略,制造业发展提质增效。全镇实现先进制造业工业增加值74.4亿元,同比增长29.9%;实现高技术制造业工业增加值57.3亿元,同比增长36.5%;在规模以上工业增加值中,内资企业实现规模以上工业增加值41.8亿元,同比增长16.5%;外资企业实现规模以上工业增加值86.8亿元,同比增长17.8%。工业投资15.4亿元,同比增长58.6%,其中工业技改投资10.7亿元,同比增长83.8%。

(二)智能装备产业日益壮大

作为东莞唯一的"广东省智能制造专业镇",寮步镇不仅具备了较为完善的智能装备产业链,而且本身智能制造应用市场也极为庞大。据不完全统计,截至2017年末,寮步镇共有工业企业超过3000家,其中90%为制造业企业。从事机械行业的私营企业及工商户达2000余家。33家市级倍增试点企业中有 14 家为智能装备制造企业；186 家高新企业中有 78 家是机械装备企业；全镇上市后备企业 10 家，其中 5 家机械装备企业；全镇 8 家省工程中心，其中机械装备企业 5 家；全镇规上企业 382 家，其中机械装备企业 105 家。

（三）汽车服务业快速发展

寮步镇不仅拥有"中国汽配专业市场十强"的百业工业城，而且投资兴建了东莞国际汽车城和汽配城，形成了汽车配件、汽车展示、汽车维修、汽车美容等相关汽车服务业产业链，拥有汽车维修企业 120 多家，汽车美容企业 70 多家，汽车零部件销售企业 600 多家。近年来，寮步镇进一步升级东莞国际汽车城和百业汽配城，积极培育汽车电商、汽车金融、汽车文化等新业态，带动汽车相关产业链年销售额超过 200 亿元。

二、主要推广措施

（一）优化智能制造发展环境

近年来，寮步镇引导和激励企业加大创新要素投入，加强关键技术人才培养，营造良好的创新发展环境。出台了《寮步镇扶持企业创新发展实施办法》，镇财政设立每年 5000 万元企业发展专项资金，用于资助和奖励企业技术研发投入、高新技术企业认定、企业上市、实施专利和自主品牌战略等。此外，寮步镇还加强智能制造人才培训，镇资源分局联合镇经信局举办了 2017 年"一镇一品"生产企业智能技术培训班，以智能制造技术的发展现状与趋势为主题，从智能制造技术在电子数码生产、五金冲压制造企业、机械电子行业的应用与操作等方面展开，现场还有机器人操作演示。

（二）深入实施"机器换人"计划

寮步镇自 2014 年以来，积极响应市政府号召，全面启动"机器换人"计划，推动镇内规模以上工业企业实施技术改造项目。在东莞市推进企业"机器换人"行动计划（2014—2016 年）实施期间，寮步镇通过开展调查摸底、加强政策宣传、优化指导服务等一系列措施，成功推动全镇"机器换人"项目总投资达 3.5 亿元，工业技改投资增长 46%。涌现出了东莞市瑞必达科技有限公司等一批"机器换人"的典型企业，通过实施"机器换人",成功跻身全国行业前列。2017年寮步镇继续实施"机器换人",以新一轮技术改造,提升企业智能化生产水平。全镇工业技改总投资额再创新高,达到10.7亿元,同比上一年增长87%。

> **瑞必达以智能制造推动企业转型升级**
>
> 　　东莞市瑞必达科技有限公司是寮步镇一家专注于手机及笔记本电脑触摸屏盖板玻璃研发与生产的专业企业。该企业自成立之初,就选定了自主创新实行"机器换人"的路径。之后瑞必达以创新作为驱动力,自主研发智能机械手、培训技术操作员,仅用不到2年就研发出首个"无人工厂",并陆续在各个车间投入使用。这使整个的全制程智能化水平达到70%~80%,局部能够达到100%,生产效率比原来提高15~20倍。
>
> 　　目前,瑞必达自主研发的"机器换人"项目,已经在公司各个车间完成应用,机器换人带动公司业绩每年增长80%。广东省和东莞市政府也高度肯定瑞必达的"机器换人"项目,将其作为示范工程在珠三角企业间进行推广。同时,瑞必达也获得了资本市场的青睐,成立仅3年时间就成功登陆新三板,成为行业领头羊。

(三)智能制造区域间协同发展

　　寮步镇作为松山湖片区"1+6"统筹发展试点地区,充分利用其独特的地理、交通、产业、服务等优势,在智能制造方面加快对接松山湖片区一体化发展。一方面利用松山湖在智能化、自动化技术方面的优势,帮助企业实施机器换人和工业技改;另一方面主动承接松山湖智能装备生产制造环节,与松山湖形成差异化互补的良性发展。松湖智谷产业园以松山湖科技企业中试和产业化资源不足为切入点,专注于为科技企业的中试和产业化活动提供场地和服务,通过现代化的工业大厦、完善的配套设施和一流的运营团队,满足科技企业生产、办公等各项需求,与松山湖科技企业形成良性互补发展模式。

三、智能制造产业发展情况

（一）关键技术逐步突破

从国家重点支持的高新技术领域看，与智能制造相关的关键技术领域是先进制造与自动化。2017年寮步镇在先进制造与自动化相关方面的科技项目达到377个，项目经费内部支出2.93亿元，均高于其他技术领域。

表1 寮步镇先进制造与自动化科研项目情况

序号	技术领域	项目数量	项目经费内部支出/万元	典型项目
1	工业生产过程控制系统	10	58.7	电路测试系统的研发、SMT表面贴装设备的研发、射频测试装备的研发等
2	高性能、智能化仪器仪表	25	315.1	精密高温老化箱的研究与应用、机械键盘多功能在线测试技术开发、高集成度检测光源控制器的开发等
3	先进制造工艺与装备	106	7123	直线马达倾斜点胶设备的研发、线性电控双阀点胶机的研发、基于指纹扣锁的双锁舌结构的研发等
4	新型机械	150	8688.9	基于视觉系统的智能全自动动力电池装配设备的研发、柔性动力电池全自动装配设备的研发、基于压紧工装的动力电池模组焊接设备的研发等
5	电力系统与设备	20	1326.4	太阳能继保供电器的研发、实时监测配电设备的研发、柴油发电机组排烟净化器去除黑烟技术研发等
6	汽车及轨道车辆相关技术	50	6673.1	一种汽车精密零件自动上料机构的研发、一种汽车零件全自动冲压钻孔装置的研发、数字化智能管理的储能电池组的研发等
7	印刷技术	16	5127	带有紫外线杀菌可净化空气多角度异形包装数码印刷机的研发、纸浆托多材料复合模内注塑技术的研发、印刷设备自动配料控制系统的开发等

1. 工业生产过程控制系统

寮步镇2017年在工业生产过程控制系统领域实施企业科研项目10个，项目经费内部支出58.7万元。实施单位有东莞市旺成自动化科技有限公司、东莞市钲晟电子科技有限公司等企业。主要项目有电路测试系统的研发、SMT表面贴装设备的研发、射频测试装备的研发等。

2. 高性能、智能化仪器仪表

寮步镇2017年在高性能、智能化仪器仪表领域实施企业科研项目25个，项目经费内部支出315.1万元。其中，在新型自动化仪器仪表方面，东莞市德思环境仪器有限公司投入150万元，实施了高低温湿热试验箱的研发与开发等5个科研项目；在科学分析仪器和检测仪器方面，东莞市精致自动化科技有限公司、东莞市芦苇电子科技有限公司、东莞市捷新检测设备有限公司等3家企业投入144.4万元，实施了机械键盘多功能在线测试技术开发等15个科研项目；在精确制造中测控仪器仪表方面，广东源兴恒准精密仪器有限公司投入41.7万元，实施了极速对焦全自动影像测量仪的研发等5个科研项目。

3. 先进制造工艺与装备

寮步镇2017年在先进制造工艺及装备领域实施科研项目106个，项目经费内部支出7123万元。其中，在高档数控装备与数控加工技术方面，东莞森玛德数控设备有限公司等6家企业投入1146.5万元，实施了数据交换器面板的高效装夹运输工艺技术的研究等32个科研项目。在机器人领域，东莞辉科机器人自动化股份有限公司等3家企业，实施了六轴二次元锻压机器人等30个项目。在高端装备再制造技术方面，东莞市安达自动化设备有限公司投入2075.3万元，实施了线性电控双阀点胶机的研发等15个科研项目；其余另有东莞嘉丰机电设备有限公司等9家企业，在先进制造工艺及装备实施了基于可编程控制器控制双轴联动无痕点焊技术的研发等44个科研项目。

4. 新型机械

寮步镇2017年在新型机械领域实施科研项目150个，项目经费内部支出8688.9万元。其中，在机械基础件及制造技术方面，东莞阿李自动化股份有限公司等8家企业投入3149.2万元，实施了基于视觉系统的智能全自动动力电池装配设备的研发等39个项目；在通用技术装备制造技术方面，广东飞新达智能设备股份有限公司等投入3802.3万元，实施了基于上位机控制的锡球高速精密激光微焊设备等98个项目；在纺织及其他行业专用设备制造技术方面，东莞市新泽谷机械制造股份有限公司等3家企业投入

1737.4万元，实施了基于在线甄选和品质追溯的三C产品装配插贴一体化装备的研发等13个科研项目。

5. 电力系统与设备

寮步镇2017年在电力系统与设备领域实施科研项目20个，项目经费内部支出1326.4万元。实施单位有广东宾士动力科技有限公司、东莞市开关厂有限公司等，实施项目有太阳能继保供电器的研发、实时监测配电设备的研发、柴油发电机组排烟净化器去除黑烟技术研发等。

6. 汽车及轨道车辆相关技术

寮步镇2017年在汽车及轨道车辆相关技术领域实施科研项目50个，项目经费内部支出6673.1万元。实施单位有东莞海益机械配件有限公司、东莞博力威新能源有限公司、东莞市永强汽车制造有限公司等8家企业，实施项目有一种汽车精密零件自动上料机构的研发、一种汽车零件全自动冲压钻孔装置的研发、数字化智能管理的储能电池组的研发等。

7. 印刷技术

寮步镇2017年在印刷技术领域实施科研项目16个，项目经费内部支出5127万元。实施单位以东莞当纳利印刷有限公司为主，实施项目有带有紫外线杀菌可净化空气多角度异形包装数码印刷机的研发、纸浆托多材料复合模内注塑技术的研发、印刷设备自动配料控制系统的开发等。

（二）智能制造广泛应用

寮步镇的企业主要分布在电子信息制造业、橡胶和塑料制品业、电气机械及设备制造业、家具制造业、纺织服装鞋帽制造业等五大行业。近年来，寮步镇大力实施"机器换人"带动智能制造得到了市政府肯定，多个"机器换人"和自动化智能化改造项目获得政府资金支持。

表2　寮步镇部分"机器换人"和自动化智能化改造项目

序号	公司名称	项目名称
1	科广电子（东莞）有限公司	半导体分立器件封装生产工艺技术改造项目
2	宜来特光电（东莞）有限公司	背光模组自动化组装和检查生产线升级改造项目
3	东莞宇球电子股份有限公司	电脑连接器生产自动化升级改造
4	东莞市贝禹电子科技有限公司	自动化数控设备对生产工艺技术改造
5	东莞艾坤特电子有限公司	产线检测自动化改造项目

续表2

序号	公司名称	项目名称
6	宜来特光电（东莞）有限公司	BLU产品生产设备更新项目
7	东莞高美电子有限公司	节能环保型手机充电器头生产自动化技术改造项目
8	东莞高伟光学电子有限公司	手机摄像头产品生产加工自动化改造项目
9	东莞市长益光电有限公司	光学超精密手机镜头生产线自动化升级改造项目
10	东莞高端精密电子股份有限公司	手机金属外壳等精密金属件生产线自动化升级改造
11	东莞市合力包装制品有限公司	塑料薄膜生产自动化改造
12	东莞华震电器有限公司	喇叭金属零件生产线升级改造
13	东莞洁澳思精密科技股份有限公司	压铸精密五金加工自动化升级改造
14	东莞永立电机有限公司	散热风扇自动化生产改造
15	东莞嘉丰机电设备有限公司	钣金焊接喷涂及机电设备生产线自动化升级改造项目
16	广东宏磊达光电科技有限公司	LED透镜自动化生产线
17	东莞市威骏不织布有限公司	丙纶SS2.4米纺粘法非织造布生产线设备改造项目
18	东莞市鸿欣鞋业有限公司	数控自动PP中底车间自动化改造项目

1. 电子信息制造业

寮步的电子信息制造业企业主要集中在线路板组装和电子产品整机组装两个方面，而线路板组装和电子产品装配行业是劳动密集型行业，用工人数多。在招工难、用工贵的大背景下，线路板组装和电子产品装配行业纷纷采用智能化的电子组装设备和组装辅助设备，成为寮步镇智能制造的主力军。例如，东莞高伟光学电子有限公司采用进口保护膜贴合机、成品转移机等一批智能化设备，提升产能、升级生产线，切实减轻企业用工负担。东莞三星机电有限公司的生产制造实现从以人主到以自动化设备为主的结构性转变等。宜来特光电（东莞）有限公司实施的背光模组自动化组装和检查生产线升级改造项目和BLU产品生产设备更新项目两个智能制造项目，获得政府支持等。在市场压力和政府支持双重推动下，寮步镇电子信息制造业企业实施智能制造相关项目数量快速增加，获得政府资助的项目就超过 10 项。

2. 橡胶和塑料制品业

寮步镇的塑胶产品制造行业规模大，从业人数多，技术积累充分，产品应用领域广，拥有雄进塑料制品（东莞）有限公司、广东方振新材料精密组件有限公司、东莞雄罐印铁制罐有限公司等众多橡胶和塑料制品业企业。近年来，这些橡胶和塑料制品业企业也开始大规模使用注塑机、线切割机、取料机器人等自动化、智能化设备。例如，东莞雄罐印铁制罐有限公司投入 1000 多万元，全面实施"机器换人"项目，采用自动化、半自动化设备生产和销售印铁制罐、五金塑胶制品，生产率大为提升。东莞市合力包装制品有限公司开展对开四色胶印印刷自动化生产线的升级改造项目和塑料薄膜生产自动化改项目，不仅降低用工成本，提升生产效率，还获得政府资助。东莞广德橡胶制品有限公司先后从德国、台湾购进贴合机 4 台、劈刀机 5 台，检布机 2 台等大型自动化、半自动化生产设备对生产线升级改造，提升生产效率。

3. 电气机械及设备制造业

电气机械及设备制造业是智能制造最为重要的行业，一方面生产、组装各类智能化、自动化机械设备的企业都集中于该行业，另一方面该行业也是各类智能化、自动化机械设备重要应用行业，对于金属切削机床、激光加工机床、自动化专用机床和工业机器人等智能化设备需求量较大。例如，东莞市科锐机电设备有限公司是国内知名的锂电池生产设备制造商。科锐不仅长期与清华大学、华中科技大学等院校开展产学研合作，所有生产设备已实现单机自动化和系统智能化，而且推出全自动浆料生产线、全自动隧道式真空干燥线、匀浆自动化生产系统、智能化连续式干燥系统等多款自动化、智能化产品。东莞市 TR 轴承有限公司采用智能化热处理生产线、套圈自动磨削、超精生产线、自动装配线等多种智能化加工设备，对生产过程中的各环节加以严格控制，保证了产品的高质量。东莞市三联机械有限公司自 2001 年建立首条垂直分型自动造型锻造生产线后，又进行多次技术改造，不断引入国外先进智能化生产技术，成为许多知名压缩机生产企业的重要供应商。

4. 家具制造业

家具制造业是东莞的四大特色产业之一，也是寮步镇重要传统特色产业之一。寮步镇拥有东莞迪赛家具有限公司、东莞市创一家具有限公司、东莞市宏艺木业有限公司等 28 家规上家具制造企业。目前，这些家具生产商在木工开料、喷涂、包装三大阶段，均引入自动化、半自动化机械生产线，使家具生产劳动强度降低，生产环境改善，生产效率提升。

5. **纺织服装鞋帽制造业**

纺织服装鞋帽制造业同样是东莞的四大特色产业之一，虽然寮步镇并非该类型专业镇，但是寮步镇的纺织服装鞋帽制造业的规模庞大。寮步镇拥有东莞亮智服装有限公司、东莞市瑞麟毛织有限公司、东莞嘉顺针织有限公司等多家纺织服装鞋帽制造业企业，其中仅规模以上企业就有44家。目前这些纺织服装鞋帽制造业企业大都进行了设备自动化、数字化改造，在智能编织、智能输送、智能悬挂等多个环节取得较大进步。例如，东莞市威骏不织布有限公司实施丙纶SS2.4米纺粘法非织造布生产线设备改造项目，改进生产技术和加工工艺；东莞市鸿欣鞋业有限公司实施数控自动PP中底车间自动化改造项目，提升制鞋生产效率；东莞嘉顺针织有限公司进口电脑织机200多台，并不断加强毛衫制造技术的开拓创新，在人机工程、流程再造等领域都处于领先地位。

四、下一步发展计划

（一）加快提升城市品质

整合寮步镇所有可利用的载体资源，通过新建和升级改造相结合，完善寮步镇内配套设施和综合环境。一是以基础设施为重点完善城市功能配套，做好道路、交通、卫生、环境、绿化等基础设施建设；二是整合现有土地资源，通过新建和工改工，提升空间的利用率，合理规划建造现代化厂房和办公楼；三是主动为企业提供精准服务，探索出台针对本土企业的优惠政策，鼓励现有龙头企业继续扎根寮步，防止优质企业流失。

（二）打造智能制造专业平台

把握广深科技创新走廊建设契机，打造智能制造服务的专业平台。一是依托东莞特种设备检测中心、中外运供应链总部等项目，培育发展第三方检测检验服务平台和现代物流业服务平台；二是以松湖智谷为载体，依托松山湖高新区，引进大数据协同中心，利用赵淦森教授在行业领域的影响力，建设"大数据库+"服务平台；三是依托广东省光电数码专业镇、广东省技术创新专业镇（智能制造），聚集智能制造优质企业，打造国家级孵化器平台。

（三）引导多元化资金投入

综合运用政府、银行、社会资本，探索从多个维度拓宽智能制造企业的外部融资渠道。一是加强与中国装备制造行业协会、中国金融投资协会、中国股权投资研究院、中信证券等机构合作，在百业城片区打造"资本公园"，重点推动区内企业上市和并购，成为上市公司的摇篮；二是引进银行、风投、基金、私募机构等机构进驻松湖智谷，拓展融资担保、融资租赁、商业保理、天使基金、创业投资、股权投资、并购基金业务等金融服务；三是用好5000万元财政专项资金，引导企业实施自动化、智能化和智能制造示范项目，鼓励企业加强人才培训。

（四）加快培养智能制造人才队伍

进一步实施人才强镇战略，针对智能制造发展需求，引进和培养智能制造人才队伍。一是积极引进电子信息、智能制造等人才团队进驻松湖智谷，松湖智谷运营方要大力支持人才团队以及新型研发机构落户发展；二是积极举办"一镇一品"生产企业智能技术培训班、机器换人及职业技能宣讲培训会等培训活动，确定与智能制造相关的培训内容，开发适当的教学方法，扩大培训人数和企业范围；三是加强技能培训（示范）基地建设，完善培训设施，健全职业培训制度，创新培训模式，为智能制造企业培养高素质的技能人才。

Dong Guan

专题篇

企业是市场经济活动的主要参与者，东莞智能制造及其应用发展的繁荣与东莞相关行业企业的蓬勃发展密切相关。截至2017年年底，东莞市规模以上工业7667家，比2011年末增长3424家，年均增速10.4%。自实施"机器换人""倍增计划"等扶持政策以来，东莞智能制造及其应用领域的企业规模数量不断增长。在智能制造应用层（解决方案）、执行层（智能装备）、网络层（上传、分析数据）和感知层（收集生产数据）四个维度，东莞已培育壮大包括系统集成商、智能装备、工业数据库和云计算、工业生产软件、工业互联网、智能产品等覆盖全产业链条的若干企业集群。目前，在以3C电子为代表的若干产业，东莞上下游企业通过密切技术联系建立了以柔性生产为特征的创新链条。利用整个产业链的延伸和在细分领域的拓展，让传统制造业企业与互联网、AI、大数据、云计算等新型高科技密集企业有机结合，成为东莞制造业智能化最重要的内生动力。本篇从行业、技术、产业入手，选取部分重点企业进行案例介绍。

行业案例：东莞中创智能制造系统有限公司

东莞中创智能制造系统有限公司（以下简称"中创智能"）是一家集工业互联网产品研发、生产、销售于一体的高新技术企业，专注于手机结构件、汽车零部件、超精密部件、新能源、刀具、电子制造等精密加工领域，致力于成为国际领先的工业互联网解决方案服务商。中创智能成立于2017年1月，前身为广东劲胜智能集团股份有限公司智能制造事业部，是东莞市智能制造产业协会常务副会长单位。

中创智能是劲胜集团向智能制造方向转型升级的承载窗口，拥有国内第一批智能制造试点示范建设经验，参与建设的劲胜国家智能制造示范点——"移动终端金属加工智能制造新模式"项目获评国家工业和信息化部全国首批智能制造专项项目。该项目具有"三国"（国产智能装备、国产工业软件、国产数控系统）、"六化"（装备自动化、决策自主化、信息集成化、过程可视化、生产柔性化、工艺数字化）、"一核心"（智能工厂大数据平台）的特点。其独立承接建设的湘油泵机加数字化车间项目已获得2018年湖南省省级智能制造示范项目，成立以来已承接建设的智能制造项目几十个，积累形成了一整套数字化工厂的建设方案和实施经验。

一、智能制造解决方案

中创公司的智能制造解决方案业务涵盖和智能工厂建设相关的各个方面，从生产现场的设备联网与数据采集（数据采集网关），到产线信息化管理的车间物联网与可视化管理（I-factory 系统），到制造执行层的数字化车间建设（MES 系统、QIS 系统、WMS 系统），到经营管理层的系统集成应用、智能决策（集成平台、商业智能）。

1. 制造执行系统解决方案

1）中创 MES 制造执行系统

中创 MES 实时通过信息传递对从订单下达到产品完成的整个生产过程进行优化管理，解决生产管理中存在的生产成本居高不下，人工统计费时费力，设备利用率低，生产信息不及时等问题。中创 MES 平台开发了集成接口模块，封装了与 SAP、用友等主流 ERP、OA 等软件系统的接口协议，并已经和 SAP、Oracle、金蝶、用友等主要厂商做过系统集成。

2）中创 QIS 质量管理信息系统

中创 QIS 质量管理信息系统是基于平台化设计思想，采用 B/S 与 C/S 混合架构设计的。中创 QIS 质量管理信息系统无须人工统计分析，就可实现信息共享、质量追溯、成本管理，提高工作效率和效益，帮助企业加强质量问题的监督管理，实现质量人员从"救火"到"预防"的角色转变，从而增强企业核心竞争力。

3）中创 WMS 仓库管理系统

中创 WMS 仓库管理系统通过对数据采集监控、过程管理记录、路径规划智能导向，等一系列功能运用将极大提高工作效率；先进先出全智能分配，避免人为错误，根据实时库存，合理保持和控制企业现有库存；自动采集物料信息，实现对产品的可追溯性。更为重要的是，WMS 系统促进企业管理模式的转变，达到物料信息化管理。

2. 应用决策系统解决方案

1）中创数据集成平台

中创数据集成平台是一款基于分布式架构的 ETL 工具，简单易用，可通过 Web 页面进行数据 ETL 任务的开发、调度、监控，并具有极好的扩展性和可靠性。数据集成平台适配各类数据源，提供无侵入式的增量获取功能，具有高速的数据集成能力。支持各种主流关系型数据库和大数据平台，支持各种类型数据文件；采用分布式架构，多线程、多进程执行任务，线性提升执行性能；B/S架构，图形化开发、运维界面，可自定义调度计划，根据业务需要周期性对作业进行自动调度，无须人工干预；任务断点续传和自动中创数据集成平台产品功能架构回滚功能以及单点容错机制，保证整体作业的高可用性。

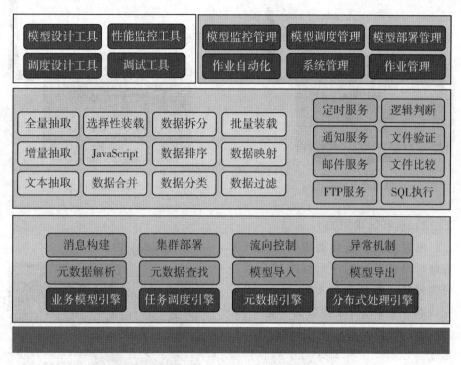

2）中创商业智能平台

中创商业智能平台，关注企业管理用户的分析价值需要，为企业各级管理人员提供最优经营分析模型、决策分析路径、最细粒度的差异动因查询，真正帮助企业管理者做到"洞察秋毫，高效决策"。中创商业智能平台主要从以下四个方面为企业全面完成数据化管理：经营分析（经营指标分析、经营业绩分析）、绩效管理、集团管控、战略决策。从最初的产品定位到最后的实施运营全程服务，帮助企业管理信息化迈向智能化，真正实现数据化运营。

二、端/云产品解决方案

1. 端：数据采集系统

1）数据通讯网关

通过I/O连接，支持多种协议通讯采集，可采集多种设备运行状态及生产数据；设置完成即自主采集并上传数据；支持 300 余种通讯协议，数据可上传至 SQL 数据库，为 MES、SCADA 等平台软件提供数据支持。

数据通讯网关

远程运维网关

2）远程运维网关

可提供虚拟链接通道，使电气工程师对设备进行程序远程编辑及监控更为便捷；兼具数据采集功能，设置完成即自主采集并上传数据；支持 300 余种通讯协议，数据可上传至 SQL 数据库，为 MES、SCADA 等平台软件提供数据支持。

3）边缘计算网关

通过外置式传感器（震动、温度及噪声）对旋转设备的整机及核心部

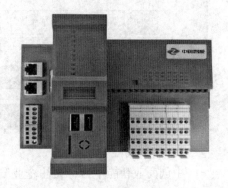

边缘计算网关

件的装配一致性检测，保证设备出厂前及交付客户后设备的品质得保证；通过建立每种健康设备模型，对使用中的设备中进行机械故障诊断、分析及机械部件寿命预测。

2. 云：I-Machine 设备管理平台

1）设备生产商——云设备管理平台

支持设备生产商发展基于云的设备管理、健康管理与预测性维护等服务，从而降低设备运维成本、提升设备运行效能、提高设备服务质量、分清设备运行责任。支持设备生产商开展在线增值服务，拓展新的营收增长点，提升设备品质和核心竞争力。主要功能包括位置分布、位置围栏、远

程运维、保养计划、实时状态、历史状态、实时故障、历史故障、报警分级通知、备件管理、程序优化、远程解锁机、设备建模、设备及部件诊断、实时趋势分析、设备巡检。

2）设备使用商——生产设备管理平台

支持设备使用商获得基于云的设备管理、状态监控、性能提升、故障处理、健康管理等服务，做到实时监控设备当前运行状态、提升设备运行效能、减少设备宕机时间、提高产品合格率。可实现车间设备的可视化管理，及时排除故障，提高设备OEE，使设备效益最大化，打造"无忧工厂"。主要功能包括位置分布、运行状态、时间稼动率、性能稼动率、产品合格率、实时故障、历史故障、报警分级通知、保养计划、备件管理、维修绩效、多层级视图报表。

三、部分行业客户代表名单（排名不分先后）

序号	客户名称	区域	行业	建设内容
1	东莞东裕塑胶制品有限公司	东莞	3C，注塑	数据采集系统、I-facory
2	东莞富兰地工具股份有限公司	东莞	机械加工、机加、喷涂	数字化车间建设、MES、WMS、数据采集系统
3	东莞华杰通讯科技有限公司	东莞	3C，注塑、组装	数字化车间建设、MES、WMS、数据采集系统
4	东莞汇乐环保股份有限公司	东莞	电子、总装	数字化车间建设、MES、WMS、数据采集系统
5	广东劲胜智能集团股份有限公司	东莞	3C、机加、压铸、组装	数字化车间建设、MES、WMS、数据采集系统
6	广州雅耀电器有限公司	广州	家电、注塑、组装	数据采集系统
7	湖南机油泵股份有限公司	衡阳	汽车、机加、总装	数字化车间建设、MES、WMS、APS、数据采集系统
8	四川益企云科技股份有限公司	成都	汽车、注塑、机加	数据采集系统
9	中国航空无线电电子研究所	上海	航空电子、总装	数字化车间建设、MES、WMS、数据采集系统

技术案例：广东速美达自动化股份有限公司

一、公司介绍

广东速美达自动化股份有限公司（以下简称"速美达"）创建于 2004 年，总部位于广东省东莞市。凭借运动控制与机器视觉的核心技术及产品优势，成为国内工业自动化系统集成应用方案商领先企业之一。为客户提供工业机器人、机器视觉、配套周边产品的智能化系统集成方案、智能装备及柔性化智能装配产线，是一家集研发、生产、销售、技术支持和培训为一体的国家高新技术企业。

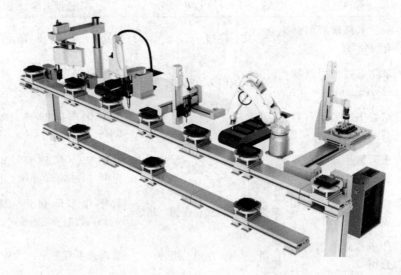

目前，速美达与世界级工业机器人 YAMAHA、ABB、NACHI 为长期战略合作伙伴，应用领域包括定位组装、搬运、装配、检测、打磨、点胶、贴片、打标、锁紧等方面，广泛应用于 3C 电子、新能源汽车、白色家电、包装等制造行业。服务网络遍布全国。

速美达拥有一支专业化的研发团队和经验丰富的管理团队，经过多年的技术积累，在运动控制、机器视觉等自动化产品的集成应用领域，申请专利逾五十项，具备提供一站式自动化、智能化生产解决方案的综合实力。

公司于 2017 年被广东省经济和信息化委员会认定为广东省机器人骨干企业，是东莞智能制造产业协会常务副会长单位。

速美达以多年系统集成方案应用经验为引擎，在公司核心产品优势组合的基础上，整合工业互联网及信息化技术，以智能制造产线及智能工厂为下一阶段发展目标。速美达践行"让人不再像机器一样干活、让机器努力像人一样工作"的企业使命，为自动化行业从"机器换人"到智能制造而不断奋进。

二、主要产品及其应用

经过多年的发展，公司根据市场对自动化、智能化生产的需求，形成了核心组件、系统集成项目、智能设备及产线各系列产品。

1. 系统集成项目

速美达为满足下游客户的自动化生产需求，通过工业机器人、运动控制、机器视觉的系统集成，形成一系列自动化、智能化系统解决方案。

序号	核心主题	产品介绍	应用领域
1	机器人+视觉对位系统	利用工业机器人运动平台和直交运动模组，配合机器人视觉对位系统，实现定位导航、视觉对位、传送带视觉追踪、视觉检测、视觉测量、条码及二维码识别、颜色线序识别、缺陷检测等功能。	应用于组装、贴合、插件、焊接等。
2	精密平台+视觉对位系统	利用UVW对位平台，通过CCD将图像采集到计算机，再通过图像对位处理软件，算出偏移位置和角度，将相应数据传送给外部运动控制器，进行位置纠正。	适用于液晶面板、涂布、切割、丝网印刷、曝光显影、FPC面板贴合、面板打孔、COG、FOG等。
3	机器人+FA系统	将产品生产过程中各工序间通过机器人自动上下料或在机器人上加装各种加工装置（如打螺丝、点胶、焊接等系统组件）或辅助设备按照工艺顺序联结起来，按照一定逻辑控制程序运行，自动完成多个加工工序的自动化生产线。	应用于上下料、点胶、焊接、锁螺丝等。

续表

序号	核心主题	产品介绍	应用领域
4	机器人+力控系统	运用力感应器，通过反馈的力来调节机器人位置和姿势，使打磨工件和打磨头完全吻合，应用于打磨抛光、码垛、精密装配、路径规划等场景。	应用于打磨抛光、码垛搬运、拖动示教、路径规划、精密装配等。
5	通用视觉检测系统	适用于产品尺寸测量、几何形状检出、有无检查判断、物体计数、缺陷检查、字符及条形码识别等常见的工业检测需求。	应用于 3C、锂电、印刷、半导体、激光等行业的定位检测、缺陷检测等。
6	外观检测系统	AOI 视觉智能化检测，为面板瑕疵做外观检测，应用于手机屏、平板电脑、显示器、数码相机、车载显示器。	应用于液晶面板的外观检测。

2. 智能设备及产线

1）全自动液晶面板检查机

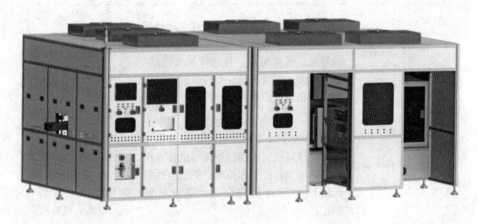

设备介绍：

液晶面板高速高精度全自动检测，针对 CELL 段与 Module 段的液晶面板进行点亮测试；分别从液晶面板的 R、G、B、Black、不同 Lever 下的 Gray 画面，以及客户所提供的特殊画面进行缺陷检测与分析。减少人工，在国内、外分别属于一线水平，对比国内、外同类型产品，在检测数据指标上检测精度提高 10%～15%，功能上在同等情况下产能高 15～20%。

设备优势:

Picth 点全自动对位技术；液晶面板高速高精度全自动检测技术；采用 EtherCAT 网络总线控制技术。

2）全自动背光检测机

检测产品	B/L 成品
兼容尺寸	3～15.6inch（可兼容更大尺寸）
检测精度	20um（可兼容更高检测精度）
检测缺陷	黑点、白点；黑线、白线 黑影、白影；异物、脏污 大视角不良：压划伤、移位、漏光灯眼、溢胶、膜折、脱开
运行效率	≤4s/pcs
检测工站	2 个
相机配置	主视：1 组 900 万 CCD 黑白，辅助相机：4 组 600 万 CCD
点亮率	≥99%
运行方式	线体对接
上下料方式	自动上下料（可对接上下料、分类、复判的设备）
除噪功能	自动滤除表面灰尘
定位	视觉自动寻边
漏检率	≤0.5%
过检率	≤10%
设备尺寸	1700mm * 1750mm * 2200mm

3）全自动液晶面板外观检测设备

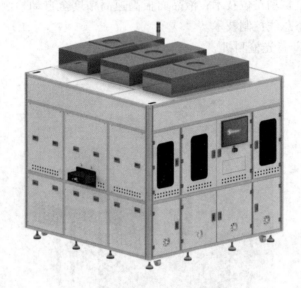

设备特点：

a) 兼容性强，可兼容 3–15.6 寸产品；

b) 数据追溯，保存半年以上的产品检测数据；

c) 数据分类，50 种以上的面板缺陷信息，缺陷类型一目了然；

d) EtherCAT 网络控制，省配线，便于维护；

e) ERP/MES 系统。

4）无人机散热片 PCB 组装线

设备特点：

a) 柔性化循环线设计，各工位独立工作，可任意调整和增减工序；

b) 各组装、点胶工站由机器人＋视觉定位系统组成，提升组装精度；

c) 各工位包含机器视觉检测，提升良率；

d）采用智能电批，扭力、圈数、浮高、滑牙等自动检测，提升螺丝锁打良率；

e）网络伺服、运动控制系统，控制与维护更简便；

f）扫码、MES/ERP 系统，实时监控。

应用领域：

应用于 PCB、手机、平板、白家电、小家电等电子产品组装。

三、部分行业客户代表名单

序号	客户	区域	行业
1	富智康精密电子（廊坊）有限公司	河北	3C
2	瑞声光电科技（常州）有限公司	江苏	3C、电声
3	惠州市德赛电池有限公司	广东	锂电与新能源
4	深圳市欣旺达电气技术有限公司	广东	锂电与新能源
5	深圳科瑞技术股份有限公司	广东	锂电与新能源
6	珠海格力智能装备有限公司	广东	家电
7	广东力顺源智能自动化有限公司	广东	包装
8	大族激光科技产业集团股份有限公司	广东	锂电与新能源
9	苏州领裕电子科技有限公司	江苏	3C
10	惠州比亚迪电池有限公司	广东	锂电与新能源

技术案例：华中数控新一代 iNC 智能数控系统

华中数控是从事数控系统、伺服驱动、伺服电机等数控设备开发、生产的高科技企业，2015 年与东莞劲胜联合打造国内首家 3C 智能制造示范项目。其在中心市场已占据 20%～25% 的国内市场份额。核心产品智能数控系统（iNC-848D）提供了机床指令域大数据汇聚访问接口、机床全生命周期"数字孪生"的数据管理接口和大数据智能（可视化、大数据分析和深度学习）的算法库，为打造智能机床共创、共享、共用的研发模式和商业模式的生态圈提供开放式的技术平台，为机床厂家、行业用户及科研机构创新研制智能机床产品和开展智能化技术研究提供技术支撑。

iNC 智能数控系统主要包括数字化的自动感知—数字孪生、网络化的内部总线（NCUC-Bus）和外部协议（NC-Link）以及开放式平台等基本结构。其中，数字化的自动感知—数字孪生以数控系统内部的电控数据作为大数据主要来源，根据智能化应用软件的实际需要，进行高频数据采集，实现对数控加工过程中影响零件加工质量、效率和工艺系统稳定性的切削力、热、振动、误差等物理量的直接或间接的状态感知的大数据，构成由大数据逆向建模的智能机床的全生命周期的数字孪生模型，实现对智能机床工作行为和工作状态的可追溯的精确描述，并可对智能机床和数控加工过程的理论模型的参数进行修正和预测。

内部强实时现场总线（NCUC-Bus），主要用于实现数控系统内部的电控数据和外接传感器数据的高频采集和汇聚。而网络化数据接口（NC-Link），可以与其他智能设备和信息管理系统的互联互通互控，将智能机床的内部电控数据和传感器数据实时汇聚到车间大数据中心，最终通过互联网相连，实现与工厂的设计、生产、管理系统的信息共享。

iNC 数控系统的技术基础主要包括：①自主感知。通过独创的指令域大数据汇聚方法，按毫秒级采样周期汇集数控系统内部电控数据、插补数据，以及温度、振动、视觉等外部传感器数据，形成数控加工指令域"心电图"和"色谱图"。②自主学习。在大数据中隐含的关联关系中，应用大数据智能技术，进行自主学习，获得数控加工智能化控制知识，通过开放的技术平台，实现智能控制策略、知识的积累和共享。③自主决策。根据数控加工的实时工况和状态信息，利用自主学习所获得的智能控制策略和知识，

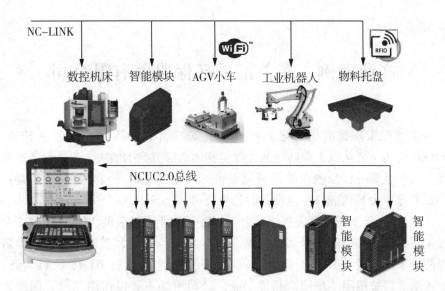

形成多目标优化加工的智能控制"i-代码"。④自主执行。通过传统数控加工的"G-代码"（第一代码）和多目标优化加工的智能控制"i-代码"（第二代码）的同步运行，达到数控加工的优质、高效、可靠、安全和低耗的目的。

目前主要产品有智能高速钻攻中心HSC-430自动化单元、智能立式加工中心VM903以及智能立式加工中心BM8-H、智能数控车床BL5-C等。

产业案例：东莞汇乐环保股份有限公司

东莞汇乐环保股份有限公司成立于2007年，2015年在新三板挂牌。VILLO公司主要从事工业防爆智能除尘整体系统方案的解决，以及设备的研发、销售及服务，是国内防爆通风设备标准化制定的参与者之一，也是国内最具竞争力替代进口除尘设备的公众公司。

经过10年多积累和发展，该公司打造了行业内知名的VILLO品牌工业吸尘器、工业集尘器、焊烟净化器、油雾净化器等四大系列，智能粉尘防爆除尘系统广泛应用于工业生产领域，长期合作伙伴有BYD、大族激光、中国航天科技集团、华曙高科等名企。公司市场主要以国内和欧美国家为主，公司产品具有较强的竞争力，属于工业防爆智能除尘设备一线领域中的主要竞争者。

当前，国内除尘市场规模超过700亿元，其中防爆除尘约占10%，未来3~5年将是防爆除尘设备发展的一个爆发期。预计未来几年国内除尘市场仍将保持快速的增长，复合增长率有望保持在30%左右，到2020年市场规模有望超过2000亿元。

行业案例：广东安昂智能制造供应链技术有限公司

广东安昂智能制造供应链技术有限公司成立于2008年，致力于提升中国传动零部件行业的市场主导地位，以信息化为依托，建立和健全从询价到交付的一站式信息化平台，使供应链的响应速度、准确性不断提升，通过一站式采购平台，制定自动化零部件的设计选型标准、质量控制标准，并依托全过程的供应链信息化管理，把整个供应链环节进行协调、优化，提供从商品购买、询价、到出货一站式的采购服务平台，安昂商城目前有500余家知名品牌入驻，提供了50余万种商品供客户选择，拥有110562自动化行业资料免费下载，300多位自动化行业专家团在线答疑，问题库频道收集了3万多个自动化行业常见问题，帮助客户提升选型效率、节约客户采购成本，缩短产品交货周期，整体降低采购成本。

附录

《东莞市战略性新兴产业发展"十三五"规划》

前言

当前全球新科技革命和产业变革不断取得新突破，国际经济贸易格局、产业分工格局、能源资源版图等正在发生重大变化，预计"十三五"时期，以新一代信息技术、生物技术、新能源等新兴产业为代表的新生产力发展格局将初步形成，新兴产业将成为国际贸易的主导力量。在我国经济社会发展的重要战略机遇期，国家、省将继续实施加快培育和发展战略性新兴产业的决策方针，抓住新常态下的发展机遇，把握国际竞争主动权，打造经济发展的新活力、新引擎。

改革开放以来，我市经济社会建设取得优异成绩，凭借先进的制造业基础，经济总量始终位列省经济发展前列。但随着国际经济复苏缓慢，外需拉动效应明显减弱，而国家工业化城镇化进程加速，国内资源环境约束达到上限，以传统外向型、粗放式发展为主的东莞面临巨大压力，急需经济发展方式转变及产业结构转型升级。在经济社会三期叠加的关键期，东莞应抓住新一轮科技革命和产业变革的重大机遇，坚持以推进经济结构战略性调整为主攻方向，加快培育发展知识技术密集、物质资源消耗少、成长潜力大、综合效益好的战略性新兴产业，充分发挥创新引领作用，在更高起点上形成新的经济增长点，真正走向创新驱动的发展之路。

为推动全市战略性新兴产业更好发展，实现从制造大市向制造强市的转变，结合"十二五"时期东莞市产业发展基础以及未来发展趋势，确定新一代信息技术、高端装备制造、新能源汽车、新材料、生物技术、节能环保、增材制造（3D打印）等七大战略性新兴产业。依据《中国制造2025》《广东省工业转型升级攻坚战三年行动计划（2015—2017年）》《关于实施"东莞制造2025"战略的意见》《东莞市国民经济和社会发展第十三个五年计划》等，编制《东莞市战略性新兴产业发展"十三五"规划》。本规划的规划期为2016—2020年，是"十三五"时期我市战略性新兴产业发展的指导性文件。

第一章 发展基础

一、取得的成绩

"十二五"期间,东莞坚决贯彻落实中央和省委关于产业转型升级和全面深化改革的重大决策部署,针对战略性新兴产业实施了一系列扶持政策,推动全市战略性新兴产业快速发展,规模不断壮大,为"十三五"战略性新兴产业发展打下了良好基础。

(一)战略性新兴产业初具规模

"十二五"期间,全市高端新型电子信息、LED 产业、太阳能光伏、智能装备、新能源汽车、生物及生命健康、节能环保等新兴产业迅速崛起。2015 年,全市手机生产出货量 2.74 亿部,其中,智能手机出货量 2.60 亿部,占全球市场份额超过 1/6,总产值超 2100 亿元,物联网及相关产业实现产值约 680 亿元,云计算相关产业产值超过 800 亿元;LED 产值近 250 亿元;全市在建、已建光伏电站项目 15 项,项目总规模 46.32MW;智能装备制造实现工业总产值 196.28 亿元,机器人企业数已占全国总数的 10%;新能源汽车在轻量化、纯电动中巴领域取得突破,"广东东莞新能源车产业技术联盟""东莞市新能源汽车产业协会"的相关企业总产值接近千亿元;松山湖高新区作为国家级高新区在发展生物技术产业方面优势明显,已引进东阳光药业、博奥生物、三生集团、广济集团、广东瀚森药业等 180 余家生物技术企业,生命科学相关生物技术产业正加快聚集;环保产业产值近 350 亿元,资源循环利用产品销售产值达 411 亿元。

(二)部分关键共性技术取得突破

"十二五"期间,全市研发强度不断提升,推动实施了高速高精度五轴联动大型高架桥式动梁龙门加工中心的研发及产业化、离散制造智能化装备技术研发及产业化应用示范、新一代膜式氧合器的研发与产业化、癌症分子早期超敏检测及疗效跟踪系统、面向锂电池封装的全自动高精度生产线的研发与产业化、数控智能化注塑机的研发与产业化、自动高精度丝网印刷机的研发与产业化、面向液晶面板的大行程数控检测设备的研发与产业化项目等一大批重大科技项目，在数字装备、电线电缆、卫星导航、云计算、数控一代、电动汽车等领域突破了一批关键技术，其中部分还打破了外国技术垄断填补了国内空白，部分厂家的技术水平与产品质量已达国际一流水平，有力地提升了东莞战略性新兴产业的市场竞争力。

（三）创新体系不断完善

大力实施"科技东莞"工程和创新驱动发展战略，深入推动科技、金融与产业融合发展，努力提升区域创新能力。创新载体建设取得突出成效，"十二五"期间，全市新型研发机构数量达到27家，新增认定国家级工程中心1家，认定省级工程中心91家，认定市级工程中心32家；科技企业孵化载体达到36家，其中国家级科技孵化器6家；已与全国100多家高校院所建立了紧密的产学研合作关系，组建了31个省部产学研示范基地和10个省部产学研创新联盟。松山湖高新区被国务院批准纳入珠三角国家自主创新示范区。2015年经认定的国家级高新技术企业总量达到985家，共有省级创新科研团队26个，均居全省第三位。科技创新能力大幅提升，2015年发明专利申请量和授权量分别为11166件和2795件，同比分别增长61.55%和72.11%，分别位居全省第四位和第三位。PCT国际专利申请量为336件，位居全省第三位。

（四）骨干型企业相继涌现

全市深入实施百家企业、百亿企业"双百"工程，通过加快出台和全面落实各项优惠政策，优化企业服务，50亿、100亿龙头企业培育工作成效明显，莞企已在全省战略性新兴产业骨干（培育）企业中占据较大比重。2015年我市主营业务收入超50亿元战略性新兴产业企业11家，其中，超百亿元企业7家。华为终端、步步高电子、宇龙通信、欧珀移动通信、三星视界、华为机器和金宝电子等百亿级企业在壮大行业体量、提升行业技术水平等方面发挥了良好的示范引领作用。

（五）特色产业基地发展壮大

逐渐形成东莞薄膜太阳能光伏产业基地、东莞物联网产业基地、东莞国际机器人产业基地、东莞智能手机产业基地、两岸生物技术产业合作基地、东莞云计算应用战略性新兴产业基地、岭南文化创意产业基地、环保技术处理与装备研发生产基地等战略性新兴产业基地，以新能源、LED、物联网、新材料为主体的产业集聚效应日益明显，培育形成了一批创新型企业集群。

（六）大项目招商取得成效

通过加大资金投入力度，实施多策略招商，推动开展了一大批战略性新兴产业相关项目建设，松山湖华为通信终端总部、步步高二期研发扩产项目、塘厦奥克斯智能手机生产项目、金立手机二期生产项目、东吴实业项目、太阳神总部回迁项目、舜盈光伏项目、恩智浦半导体增资项目等重大项目的实施，有力地促进了我市战略性新兴产业的发展。

二、存在的不足

"十二五"期间，东莞市战略性新兴产业发展初显成效，但发展中还存在一些突出问题，主要表现在核心技术储备不足、产业链条尚不完善、产业用地紧缺、配套基础设施有待改进、金融服务相对滞后、新兴产业融资困难、高新技术企业管理机制改革有待深化、高新人才吸引力有待增强等问题，需要在"十三五"期间予以重点解决。

第二章　面临形势

一、面临的机遇

从全球来看，当前新一轮产业革命方兴未艾，全球制造业格局面临重大调整。云计算、大数据、新能源等战略性新兴产业领域技术日渐成熟，"十三五"期间产业化曙光将更多显现；新国际经贸规则密集制定，"一带一路"战略成为国际合作重要内容，为国家制造业转型升级、创新发展带来新的机遇。

从全国来看，中国经济已经步入新常态。传统产业相对饱和，但基础设施互联互通和一些新技术、新产品、新业态、新商业模式的投资机会大量涌现。新型工业化、信息化、城镇化、农业现代化同步推进，为战略性新兴产业发展提供广阔空间。国家深入实施"中国制造2025""互联网+"和大数据发展战略，以及粤港澳区域经济一体化等战略，为我市战略性新兴产业发展带来了重大机遇。

从全省来看，省委省政府明确将技术改造作为推动产业转型升级的主要抓手，积极创建珠三角国家大数据综合示范区，工业转型明显提速，大众创业、万众创新蔚然成风，我市战略性新兴产业迎来发展机遇期。

二、存在的挑战

一是新兴产业市场需求仍待释放。全球经济低速增长、中国经济进入新常态，将在一段时间内压缩总需求。部分战略性新兴产业依赖终端补贴，市场内生需求仍待培育。

二是研究开发风险较大。战略性新兴产业技术、商业模式和终端产品成熟度较低，核心产业技术储备不足，导致关键设备、关键技术均落后于国际领先水平并基本依赖进口。企业尚未真正成为技术创新的主体，产学研用紧密结合机制没有形成。与全球先进水平相比，我市技术实力仍然有限，研究开发面临较大不确定性。

三是要素约束趋于多重化。经过多年高强度开发，我市在土地空间、劳动力、管理水平、生产技术、环境等关键资源方面的约束不断加大。在招商引智、市场拓展等增量资源获取上，面临来自珠三角以及长三角城市的有力竞争。

四是配套改革难度加大。经济体制、行政体制、法制建设、社会治理等服务于战略性新兴产业发展的重大体制改革步入深水区，协同推进任务艰巨。

总体来看，"十三五"期间，我市战略性新兴产业发展面临的机遇大于挑战，仍然处于可以大有作为的战略机遇期。

第三章 指导思想、基本原则与发展目标

一、指导思想

以邓小平理论、"三个代表"重要思想和科学发展观为指导，深入贯彻习近平总书记系列重要讲话精神，全面贯彻党的十八大和十八届三中、四中、五中全会及省委、市委的各项决策部署，深入推进创新驱动发展，围绕"四个全面"战略部署，充分发扬"敢为人先"莞商精神，牢牢把握新

一轮产业革命的历史契机,以企业为主体,以重点企业、重大项目、重要园区为抓手,以技术创新、体制机制创新为动力,强化规划引导和政策扶持,集聚各项要素资源,加大对信息技术、先进装备和高端装备、新材料、生物技术等领域的谋篇布局,发展壮大战略性新兴产业,推动东莞由制造业大市向制造业强市转变。

二、基本原则

一是市场主导,政府引导。充分发挥市场在资源配置中的决定性作用,突出企业在技术路线选择和项目决策领域的主体地位,提升资源配置效率。注重总体规划和政策引导,不断提升政府在基础设施、公共服务、市场监管等方面履职效能,为战略性新兴产业发展营造良好的外部环境。

二是高端引领,创新驱动。立足东莞坚实的制造基础,主动瞄准新一代信息技术、机器人制造、生物技术、增材制造(3D打印)等高端领域,对标国际国内一流企业。充分利用全球创新资源,链接穗莞深科技创新走廊,提升企业研发能力,构建具有东莞特色的开放型新兴产业创新体系。

三是内生发展,开放合作。适应战略性新兴产业研发的全球化特点,坚持自主创新与引进、吸收再创新相结合,科研机构研发与大众创业、万众创新相结合,全面深化科技领域对内对外合作,深入对接深圳先进技术和创新研发,不拘一格地吸收创新力量服务东莞战略性新兴产业发展。

四是集群发展,产城融合。依托松山湖(生态园)等产业发展平台,不断完善战略性新兴产业发展的生态环境和产业链条,促进产业分工,提升专业水平,实现错位、集群发展。以产业发展需求为导向,科学规划开发城市空间,以城市规划建设和管理水平的不断提升为战略性新兴产业提供有力支撑。

三、发展目标

一是产业发展目标。力争实现到2020年,全市战略性新兴产业规模突破5000亿元,增加值占GDP比重达到16%左右,对经济增长的贡献率显著增强,对产业结构升级、节能减排、增加就业等带动作用明显提高。培育30家产值超100亿元的龙头企业,形成新一代信息技术、高端装备制造、新能源汽车等多个产业集群。

二是创新发展目标。加大技术创新投入,战略性新兴产业重要骨干企业研发投入占销售收入比重力争达到 3.5% 以上，突破掌握一批具有自主知识产权的关键技术，自主创新能力和产业技术水平显著提升。

三是共享发展目标。形成一批具有国际竞争力的大企业和创新型中小企业群体。扩大行业就业人数，实现行业每年吸纳 5 万人就业。力争到 2020 年，纳税过亿高新科技企业占比提高至 35%。

四是改革发展目标。设立促进新兴产业发展专项资金，确保各个产业最低资金使用额，压减行政审批事项幅度，推动 10 家以上企业在资本市场上市融资。

第四章　发展重点

一、做大做强新一代信息技术产业

大力发展新一代通信、新型电子元器件等"产业集群"，以"互联网+"为行动抓手，重点培育物联网、云计算、大数据、下一代互联网等新型业态，抢占人工智能、软件、集成电路设计等高端环节，实现东莞电子信息产业高端引领、创新驱动的战略目标，将东莞打造成世界级的高端新型电子信息产业基地，推进全市电子信息产业向价值链高端迈进。

（一）新一代通信

以华为领航 5G 技术研发为契机，积极布局 5G 网络系统架构技术研发，推进技术测试项目落地，形成以研发驱动制造发展的模式，实现产业结构优化升级。以东莞通信终端制造优势为依托，大力发展智能终端设备制造和移动通信设备制造业，重点整合电池、触摸屏、线路板、晶体振荡器等配套企业，进一步完善新一代移动通信产业链条。大力推广短距离无线通信（如 NFC 技术），实现相关芯片、系统集成等产业的高端引领。推动新一代通信在电子商务、通讯运营、金融服务、企业信息化等领域的应用。积极探索特种光缆产品研发及生产。

（二）新型芯片

重点发展面向新一代电子信息产品的核心存储、处理、通信、控制等领域的核心芯片，实现新型芯片设计、封装、测试等环节的核心技术突破，打造若干款具有国际先进水平、销售量过亿片的芯片产品。支持集成计算与通信功能的芯片、新一代通信芯片、北斗、GPS等导航芯片、便携终端主控多媒体处理器芯片、信息安全专用芯片、大容量存储芯片等产品的研发及生产。

（三）关键电子元器件及组件

重点支持半导体功率器件、高性能传感器、新型光通信器件、高性能芯片、新型半导体分立器件、超导电子器件及功能组件，重点突破新一代集成电源组件，掌握相关核心技术。重点支持高效率功率器件，宽量程、高精度、高性能传感器，应用于网络与通讯设备的新一代集成电源组件，移动终端的高性能触摸屏，移动通信及移动互联网的超导电子器件及功能组件以及基于移动互联网的安全组件。

（四）软件及服务外包产业

配合全省计划，培育软件百强企业，建设一批软件应用重点公共服务平台。加快发展面向4G、5G领域的移动通讯、无线通信、宽带接入、数字视听等产品的应用软件，推进嵌入式软件开发及应用。发展面向电子政务、电子商务、农村信息化、城市及社区信息化、企业信息化和动漫文化创意产业等领域的专用软件。扶持工业行业软件发展，着力推动三维计算机辅助设计软件开发，推动行业应用软件整体解决方案在通信、电力、交通等领域全面应用。积极推进软件服务外包产业发展，着力承接信息通信相关产品嵌入式软件和集成电路的开发、设计和测试业务，大力承接中间件、系统软件、应用软件的开发和测试外包业务。

（五）集成电路设计

围绕移动互联网、物联网、云计算、信息家电等新兴产业的应用需求，强化产业创新能力建设，推进集成电路设计、制造、封测、设备仪器、材料和EDA工具等产业链各环节的紧密协作，带动集成电路设计产业发展。依托松山湖高新区集成电路产业基地，搭建集成电路设计产业发展孵化平台，加快EDA平台、培训中心等基础设施建设，健全松山湖高新区ICC平台服务功能。多渠道吸引投资进入集成电路设计领域，引导产业资源向有基础、有条件的企业和园区集聚，积极引进国内外知名集成电路企业在东莞设立总部和研发中心。

（六）物联网

立足东莞物联网产业基地，坚持企业为核心，联合全市高校、科研机构、物联网产业促进会和优势企业，推进政产学研合作，支持相关单位建立物联网技术（研发）中心及工程实验室，开展关键技术项目攻关，率先突破 RFID、传感器、海量信息处理等产业关键技术，形成相关技术标准。依托专业院校及研究机构，大力推动物联网技术研发和科研成果的产业化，重点发展嵌入式芯片、射频识别、传感器和网络设备等物联网设备制造业，加快形成从材料、技术、器件、系统到传输网络等较完整的物联网制造产业链。以建设"智慧东莞"重大工程为抓手，逐步发展电力、交通、物流、水利、环保、家居、医疗、安防等领域的物联网服务，结合物联网服务运营、软件设计及技术管理，打造国家级物联网推广示范基地。

加强物联网架构安全、异构网络安全、数据安全、个人信息安全等关键技术和产品的研发，促进安全技术成果转化。加强物联网安全技术服务平台建设，大力发展第三方安全评估和保障服务。建立健全物联网安全防护制度，开展物联网产品和系统安全测评与评估。研究制定"早发现、能防御、快恢复"的安全保障机制，确保重要系统的安全可控。对医疗、健康、养老、家居等物联网应用，加强相关产品和服务的评估测评和监督管理，强化个人信息保护。

（七）大数据

强化大数据与网络信息安全保障。加快大数据产业基地建设，推动大数据与移动互联网、云计算、物联网、智慧城市等融合发展，带动大数据清洗、挖掘、分析、展示、应用和服务产业化。加快政府数据共享及开放步伐，运用大数据提升政府治理水平，全面推动大数据在政务、信用、交通、医疗、卫生、就业、社保、地理、教育、环境、金融等领域的应用，带动社会公众开展大数据增值性、公益性开发和创新应用，充分释放数据红利，激发大众创业、万众创新活力。通过"产学研用"方式，建立大数据研究机构和产业联盟，重点突破大数据关键技术的研究。重点推进工业大数据开发利用，建设工业大数据平台，推动工业生产制造智能化升级和工业生产服务柔性化改造。积极引进国内外大数据龙头企业，深化合作，加快工业、商业及民生等领域的大数据产品的商业化。全力引进建设大数据产业重点项目，培育大数据骨干企业和创新型中小企业，加快建设大数据公共服务平台。

（八）云计算

提升优化云计算布局，以产业升级云促进制造业转型升级，以政务应用云打造创新共享资源平台，以民生服务云提高人民生活质量。重点突破云制造平台中的云端站点自动加载、数据安全加密、状态动态监控、资源动态分配及协同分布设计等一批核心关键技术，支持企业及科研院所建立安全可控的云操作系统，构建电子政务云平台。支持企业及科研院所建立医疗"健康云"系统，推进远程医疗、远程会诊等医疗服务和远程健康管理、自助健康体检等健康管理服务。支持在云安全、服务质量、开放接口、体系架构、评估认证等方面设立标准和规范，完善检验检测体系。努力拓展云计算服务，支持云计算中心运营企业发展基于 IaaS 和 PaaS 模式的计算、存储和网络资源等租用业务，积极开发灾难备份、网络加速、数据挖掘、信息安全等增值服务。

（九）人工智能

依托珠三角人工智能创业创新氛围，以华为布局人工智能领域为引领，加速培育人工智能产业生态，推动人工智能基础科学研究，加快视频、地图及行业应用数据等人工智能海量训练资源库和基础资源服务公共平台建设，鼓励领先企业或机构提供人工智能研发工具以及检验评测、创业咨询、人才培养等服务。发展多元化、个性化、定制化智能硬件和智能化系统，重点推进智能家居、智能汽车、智能安防、智慧健康、智能机器人等研发和产业化发展。

（十）高端消费电子产品

积极布局健康保健、医疗看护、信息娱乐等领域的可穿戴设备。打造无人机总部基地，提升无人机研发水平，推进电商物流、环境监测、城市安全监控等领域的无人机产业化发展。抢先布局虚拟现实（VR）蓝海，培育 VR 领军型企业，推动虚拟现实技术应用到视频游戏、医疗保健、零售、教育等领域，打造全方位的 VR 生态圈。

二、加快发展高端装备制造、新能源汽车优势产业

（一）高端装备制造业

着力攻克机器人制造核心技术，打造完整的工业机器人制造产业链，加强机器人产业基地建设。强化基础配套能力，积极发展以数字化、柔性化及系统集成技术为核心的智能制造装备。依托高速铁路和珠三角城际轨道等重点工程建设，大力发展轨道交通装备制造业。以东莞质检中心为基础，建立完善的制造业服务检测程序和标准。

1. 机器人产业

重点产品。优先发展3C制造、焊接、搬运、加工等先进适用的搬运机器人（AGV）、清洁装配机器人、打磨机器人、抛光机器人等工业机器人。依托顺道智能制造协同创新研究院重点推进巡逻机器人、家用警卫机器人、前台机器人、陪伴教育机器人、医疗机器人、变形机器人等智能成果的落地和产业化。注重发展无人机、无人艇、空间机器人等特种机器人。积极布局发展柔性机器人、微纳机器人等下一代机器人，抢占未来机器人产业制高点，避免高端产业低端化。

重点发展技术。构建工业机器人及系统集成商、零部件供应商、服务提供商协同发展格局，重点研发机器人本体优化设计技术、机器人离线编程与仿真技术、智能装备传感器技术、基于外部传感的机器人运动控制技术、网络化机器人控制技术、故障诊断与安全维护技术等关键核心技术。助推谐波传动技术的推广应用。重点零部件。提升运动控制器、伺服驱动器产业化规模。

重点零部件。提升运动控制器、伺服控制器产业化规模，以提高稳定性和可靠性为目标，重点攻克高精度交直流伺服电机、控制器等关键零部件技术逐步形成生产力。引导现有电子信息、机械加工等行业的制造业企业开展产品升级，发展工业机器人机器视觉传感器及组件、编码器、伺服、电源、模具、工装夹具、磁力吸盘、真空吸盘、工业级无线射频识别RFID传感器、接触传感器（微动开关、光电开关）、力学传感器（关节力传感器、腕力传感器、指力传感器）等零部件。重点推进谐波传动减速器相关系列产品成果的落地和产业化。

2. 高档数控加工装备

重点产品。提升现有数控加工装备企业产品技术水平，引导企业重点

发展高速、精密、智能、复合数控金属加工机床，高效、精密电加工和激光加工等特种加工机床，柔性加工自动化生产线，伺服压力冲压机及智能冲压生产线。发展自动化纸质包材设备、自动智能制箱制盒设备、自动多色移印机、高端丝网印刷机、生产型激光数字印刷设备等自动化水平高的包装和印刷装备。

重点发展技术。重点突破加工过程自适应控制技术、在线目标识别技术、加工参数的智能优化与选择技术、网络制造技术、直接驱动技术。

重点零部件。巩固提升编码器、工件/工具识别传感器、温度变送器、压力变送器、称重传感器、执行机构、位移传感器等新型传感器产品及配套智能数显仪表产品的发展水平。加快发展高速、高效、高精度、高可靠性功能部件和机床附件，全数字、开放式、高性能数控系统装备及伺服驱动装置。

3. 先进轨道交通装备

加快轨道交通新材料、新技术和新工艺的应用，重点突破体系化安全保障、节能环保、数字化、智能化、网络化技术，研制先进可靠适用的产品和轻量化、模块化、谱系化产品。吸引轨道交通材料、车轮和车轴、轮对等龙头企业来莞，建设集轨道交通关键零部件研发设计、金属材料、机械加工、装备制造及光机电与系统集成服务的产业基地，打造国内领先的先进轨道交通装备制造基地。

4. 海洋工程装备

重点研究基于新型高性能钢材料的大型船舶与海洋平台装备的腐蚀控制技术。突破深远海数据采集装备、数据传输装备、信息融合处理装备以及数据应用服务装备等所需的信息传输关键技术。布局海洋常规油气资源勘探（开采）与生产装备、水面支持装备，深水、超深水钻井船，铺管起重船，海洋支持船等工程船舶与装置的研制与集成创新。

（二）新能源汽车产业

以松山湖高新区和麻涌镇为着力点，积极抢抓国家加快新能源汽车推广应用的政策机遇以及新能源汽车产业进入快速成长期的市场机遇，以纯电动汽车为主攻方向，加强政策引导与集约资源要素，加快发展插电式混合动力汽车、纯电动汽车，积极推进新能源汽车产业园建设，培育整车和关键零部件品牌。

1. 整车制造

重点发展插电式混合动力、纯电动、中混以上混合动力乘用车和客车，鼓励发展微型电动车、特种用途电动汽车、新一代轻型纯电动汽车和LNG（液化天然气）汽车生产，引进国内或者国外新能源汽车整车厂，支持本地新能源汽车整车生产企业和项目获得行业准入资质、取得生产论证、建立整车生产能力。整合东莞现有基础，建设中巴和轻型车生产厂，支持新能源汽车整车生产企业和项目获得国家核准和行业准入。

2. 核心零部件

动力电池方面，重点发展锂离子电池及其管理系统，鼓励发展车用超级电容系统和下一代高比能动力电池；加快发展锂离子电池隔膜、正极、负极等关键材料，支持锂电池企业大规模整合。电机方面，重点发展大功率永磁电机及其控制系统，加快永磁电机耐高温材料、电力电子模块、高可靠控制器、传感器、执行器、能量优化管理系统等配套产品。电控方面，重点发展电动汽车整车控制系统，加快开发混合动力多能源管理系统，积极发展大功率IGBT（车用绝缘栅双极晶体管）等车用功率型电子元器件。电动化附件方面，积极发展车用电助力转向、能量回馈式电助力制动、电动空调等零部件。轻量化方面，重点推进车用轻量化材料的研发与产业化，加快轻量化底盘结构和轻量化车身结构的开发与升级。

3. 产业链与配套设施

推动形成龙头企业带动、关键零部件与配套企业积极参与的良好发展态势。重点发展慢速充电设备、车载充电设备、大功率快速充电设备以及电池的快换技术及设备。鼓励研发充电设施接网、计量计费、监控等技术。推进与智能电网相融合的能量转换、充电、电池组检测维护技术与设备的研发与产业化。加快发展充电站、充气站的安全配套设备。完善新能源汽车检测、试验和维修等配套服务体系。

4. 关键技术与标准

重点加强新能源汽车动力电池、电机、电控系统及相关高性能材料等关键技术和产品科技攻关，加强产学研结合，开展核心技术研发和新产品开发服务，鼓励新能源汽车骨干企业、相关机构组建工程技术研究开发中心、重点实验室等。依托市质检中心，联合其他研究机构和相关单位，建设国家级新能源汽车关键零配件检测中心。争取中国汽车维修行业协会支持，联合专业技术力量，探索建立新能源汽车同质配件检测认证中心。积极参与锂离子电池、微型电动车、特种车等新能源汽车标准和光伏充电桩标准的研究和制定。积极推动专利标准化和标准产业化。

5. 智能网联发展

加快新能源汽车向智能化、网联化方向发展。推进智能网联汽车技术创新，着力推动关键零部件研发，重点支持传感器、控制芯片、北斗高精度定位、车载终端、操作系统等核心技术研发及产业化。促进智能汽车与周围环境和设施的泛在互联，在保障安全前提下，实现资源整合和数据开放共享，推动宽带网络基础设施建设和多行业共建智能网联汽车大数据交互平台。

6. 应用环境建设

继续完善新能源汽车购置和使用财政扶持政策及税收优惠政策，出台支持充电、充气设施建设的优惠措施。做好新能源汽车示范应用推广，支持大型企业集团和物流服务企业开展特种新能源汽车的应用。引导社会力量共同参与加快新能源汽车充电、维护、运营等基础设施建设，探索裸车销售、电池租赁、整车租赁、快换电池、充维结合等新型商业模式。建立和完善新能源汽车技术研发、检测和试验公共服务平台。

三、积极培育生物技术、节能环保、新材料、增材制造（3D 打印）等潜力产业

（一）生物技术产业

立足东莞生物医药产业基础、技术基础和资源优势，面向产业转型、两型社会建设、民生健康需求，充分利用两岸生物技术合作基地，以生物技术大健康产业为方向培育及引进重大项目，加速关键技术创新和产业化，大力推进信息化、大数据、"互联网+"在生物技术产业中的应用，促进重点产业特色化、集群化、高端化发展。

1. 生物医药

生物制药方面，依托东阳光药业、沈阳三生华南总部等药物研发的领先优势，支持承接乙肝、丙肝、胰腺癌、脑肿瘤等海外授权新药的研发生产。加大对人源化抗体药物、创新疫苗、基因工程蛋白质及多肽药物生产项目的本土培育力度。

现代中药方面，依托石龙众生药业中成药的优势，建设东莞中成药基地。着力发展中药新药、现代新型中药饮片、生物培养和拟生态条件下规模化种植的濒危稀缺中药材等。加强中药的剂型改造和二次创新，优先发展用于治疗肿瘤、肝病、心脑血管病、艾滋病、抑郁症、糖尿病、更年期综合征、流感等免疫功能性疾病、病毒性疾病和老年性疾病等的中成药。

新型疫苗和诊断试剂方面，加快新型预防性疫苗、基因重组疫苗、治

疗性疫苗、诊断和治疗用单克隆抗体、新型病原体诊断试剂的研发和产业化进程。推广临床生化诊断试剂，加快免疫诊断技术的升级开发，加快分子诊断和即时诊断（POCT）试剂的研制与成果转化。

2. 创新药物

优先发展具有自主知识产权和广阔市场前景的生物药物和化学合成新药，力争在基因工程药物、单克隆抗体药物、基因治疗药物等方面取得新突破。大力发展蛋白质工程药物，加大治疗艾滋病药物的研发力度。积极开发对治疗常见病和重大疾病具有显著疗效的小分子药物，促进手性合成、激素合成、抗生素半合成等领域取得新进展。加强溶栓药物、急救药物、心血管药物、代谢病药物、老年病药物的研发和产业化。加快推进缓释、控释、靶向、透皮、黏膜给药制剂等各类新型药物制剂及给药系统的开发和产业化，提高药物制剂整体水平。

3. 基因产业

引进和扶持国内领先的基因测序企业在莞开拓业务，开展基因测序工程示范试点，推动精准医疗快速发展。推进基因检测技术在遗传性疾病、肿瘤、心脑血管疾病和感染性疾病等重大疾病防治上的应用。依托具有个体化医学检测等资质的基因检测技术应用示范中心，开发新的疾病基因检测技术。

4. 生物医学工程

推进生物医学材料、生物人工器官、临床诊断治疗设备等生物医学工程产品的规模化发展，重点发展新一代具有组织诱导性的组织工程和人工器官及生物医学工程产品。重点突破材料表面生物功能化改性技术，微创伤治疗技术与器械，可植入性芯片及微电子器械的设计和制备。建立和完善多种来源成体干细胞从实验室到临床应用的标准与规范，建设综合性干细胞库。

5. 先进医疗器械与设备

依托现代牙科、上药桑尼克、普门科技、东阳光等企业在研发及生产上的突出优势，重点发展数字化医疗影像设备、分析系统、诊断系统、检测系统等设备，发展新型医用诊断仪器与设备、医用电子监护仪器与设备、医院药品智能管控系统、药品零售和O2O模式下终端自助发药设备，加快硼中子治癌设备的研发生产。加快具有联网功能的家用自我诊断和个人健康监控穿戴设备等智能医疗产品研发，重点扶持全降解血管支架等高值医用耗材的研发生产。支持建设各级创新实验和体验平台，促进高端智能医疗设备的快速成型化和迭代升级。

6. 生物服务

支持具备条件的生物制造企业向制造服务领域拓展，培育专业化的生物技术方案供应商，强化生物技术的，研发设计—生产制造—运营管理全产业链环节。提高生物技术水平，鼓励生物农业、生物制造、生物能源等领域企业参与国内外技术交流。积极承接国外生物产业的制造外包和服务外包，促进生物技术产业向高端化发展。

（二）节能环保产业

大力培育服务主体，推广节能环保产品，研发、示范、推广一批节能环保先进技术装备。支持节能环保服务模式创新，促进产业发展壮大。

1. 节能环保机械

鼓励和支持企业加快推进电机及拖动节能设备、节能监测设备、余热余压利用、锅炉窑炉及相关产品等核心节能技术装备升级。支持输电线路状态监测系统设备、柔性交流输电设备、柔性直流输电设备、高压直流输电设备、智能配电设备、分布式电源和微网控制保护及接入设备等产品的研发和产业化。推进新型节能建筑材料、高效节能照明产品、高效节能电器等产品和系统制造。

2. 污染防治设备

大力发展大气污染防治技术和设备、环境污染监测技术和设备、水污染防治技术和设备、固废处理处置技术和设备、生态修复技术和设备和清洁生产技术和设备。大力推进有毒有害污染物防控、危险废物处理处骼技术设备的开发和产业化。

3. 生物环保工艺

以工业废水处理、土壤修复、水污染治理、有机垃圾治理等为重点，引进培育企业开发生物环保新技术、新工艺、新设备，重点研发微生物工业清洗、重金属污染微生物修复技术、土壤微生物修复技术、原位水质改善技术、农业面源及城市生活塑料生物分解技术等，积极发展高效复合微生物制剂等生物技术产品，推进生物环保产业化发展。

4. 服务业态多元化

大力发展以节能产品设计、装备生产制造、工程安装、设施运营、整体节能等业务环节为重点，规范发展技术咨询、节能评估、能源审计、碳交易等服务业态。鼓励发展合同环境服务和环境治理特许经营模式，支持生态环境修复、环境风险与损害评价、排污权交易等新兴环保服务业。构建电子产品等废弃物回收、交易和溯源平台。

（三）新材料产业

依托松山湖高新区，以市场应用广、产业化程度高、带动作用强、战略意义大的材料门类为重点，着力孵化培育龙头企业，以局部技术突破和重点产品开发为近期目标，优化提升新型功能材料和先进结构材料的产品技术结构、应用水平和产业化能力，积极探索前沿新材料的研制与技术应用。以重大科技基础设施散裂中子源（CSNS）为平台，加快新材料研发机构聚集，促进新材料产业发展。

1. 储能材料

重点突破锂电池用新一代高比容磷酸盐系、镍锰钴三元系正极材料等关键材料的产业化工艺与装备技术；突破高比容量、高电压类正极材料和硅基复合负极材料的关键技术，开发高安全性电解质和隔膜材料，形成高比能锂离子动力电池的材料体系。

2. 特种玻璃与建筑材料

支持产业创新升级，大力推广 Low-E 玻璃等功能玻璃，积极推进嵌入型静态智能玻璃、电致变色智能玻璃、SOLAR-E 太阳能热反射环保夹层玻璃等智能玻璃的研发和产业化。发展"节能＋功能"一体化、环境友好型的非金属矿物功能材料。促进绿色建筑产业化发展，开发生产"节能、减排、安全、便利和可循环"的绿色建筑材料，重点研发推广节能玻璃、陶瓷薄砖、节水洁具、高性能混凝土、高性能陶瓷、部品部件、绿色化学建材、绿色墙体材料、外墙保温材料等优良品种。

3. 电子功能材料

推进新型电子材料的研发和产业化，组织实施液态金属、非晶合金、OLED、柔性玻璃、光学薄膜、电子浆料和其他电子专用材料产业工程，促进电子信息产业结构调整和优化升级。

4. 高性能金属材料

重点开发超轻汽车高强度钢、先进铝合金、镁合金、钛合金材料，工程塑料和复合材料等轻量化材料。重点发展先进金属材料，如高温超导材料。鼓励开发稀土永磁驱动电机材料。

5. 功能性高分子材料

研究开发先进制造与高端电子信息等领域用高性能有机高分子材料与复合材料的关键技术，包括机器人尤其是在严苛环境下工作的机器人、生物医用、军工、高端电子信息等领域用的新型功能性高分子材料，如软质防弹衣、OLED 有机发光材料等。

6. 应用型半导体材料

重点支持与功率电子、半导体照明、光通信、生物医用等相关应用型半导体器件配套关键材料的开发与产业化，实现规模化生产。重视以氮化镓（GaN）、碳化硅（SiC）等宽禁带化合物半导体材料为基础的下一代半导体技术，建设第三代半导体基地。支持大尺寸 Si 基 GaN 电力电子材料产业化、大尺寸蓝宝石图形衬底低成本化制造关键技术开发及产业化、白光 OLED 照明器件材料开发与产业化等。

7. 生物材料

重点支持药物控制释放材料、组织工程材料、生物活性材料、诊断和治疗材料、可降解和吸收生物材料、人造血液等新材料的研发及产业化。大力发展可再生的修复材料，如可诱导细胞再生及干细胞分化生物活性材料、可吸收的骨钉、骨板材料等。

（四）增材制造（3D 打印）产业

基于东莞资源优势与产业基础，抢先布局增材制造（3D 打印）产业，打造特色鲜明、产业链条完善、辐射带动力强的增材制造产业基地。

1. 重点突破专用材料

依托高校、科研机构开展增材制造（3D 打印）专用材料特性研究与设计，鼓励东莞鸿纳新材料科技有限公司等优势材料生产企业从事增材制造专用材料研发和生产，突破一批金属类、非金属类及医用增材制造（3D 打印）等专用材料。针对金属增材制造（3D 打印）专用材料，优化粉末大小、形状和化学性质等材料特性，针对非金属增材制造（3D 打印）专用材料，提高现有材料在耐高温、高强度等方面的性能，降低材料成本，力争实现钛合金、高强钢、部分耐高温高强度工程塑料等专用材料的自主生产，满足产业发展和应用的需求。重点发展纳米材料及石墨烯等前沿新型材料在增材制造（3D 打印）中的应用。

2. 提升工艺技术水平

积极搭建增材制造（3D 打印）工艺技术研发平台，建立以企业为主体，产学研用相结合的协同创新机制，加快提升一批有重大应用需求、广泛应用前景的增材制造工艺技术水平。加强自主研发，开发相应的数字模型、专用工艺软件及控制软件，支持企业研发增材制造（3D 打印）所需的建模、设计、仿真等软件工具，在三维图像扫描、计算机辅助设计等领域实现突破。加强增材制造装备（3D 打印）及核心器件研发，重点研制与增材制造（3D 打印）装备配套的嵌入式软件系统及核心器件，提升装备软、硬件协同能力。

3. 创新产品推广运用

加快增材制造（3D打印）在手板产业、模具制造、珠宝成型、动漫文化、牙科等生物医药领域的应用步伐，建设增材制造（3D打印）应用示范基地。促进增材制造（3D打印）与科学普及、创客创意、教育培训、电子商务、艺术时尚、加工服务等众多领域深度结合，实现增材制造（3D打印）技术在设计创意、模具模型、教育培训等领域产业化规模发展。以示范项目为推手，探索生物医学、航空航天等工业领域。

四、推动散裂中子源基础设施建设及关联产业布局

依托大科学装置，规划建设东莞中子科学城，围绕大科学装置在中子科学城积极开展产业布局，争取中子科学城成为省级园区以及国家级园区，并推动其成为国家大众创业万众创新示范基地等国家级平台。

重点发展与散裂中子源相关的大医疗健康、新材料、新能源汽车、电子信息等4个主导产业及11个重点发展子产业，包括生物药制造、化学药制造、医疗器械及设备制造、先进金属材料、新型无机非金属材料、高端新型电子元器件、前沿新型材料、高性能有机高分子材料及复合材料行业、新型汽车关键部件和新能源及装备、新型电子元器件、通信产品等。

第五章　产业空间布局

一、总体布局

根据东莞市战略性新兴产业发展重点，结合全市区位交通、产业基础以及城市功能分布，明确全市战略性新兴产业总体空间布局为"两带多节点"的产业发展格局。

"两带"。一是以松山湖（生态园）为龙头的主体产业带。深化莞深同城，强化与深圳高新技术产业带融合发展，对接深圳龙岗、光明高新技术产业基地及横岗等优势传统产业基地。二是以东莞市中心城区为核心的主体产业带。推进东莞市城区战略性新兴产业高端服务业发展，建设战略性新兴产业服务与制造基地，加强与广州东部工业区、广州科学城与广州中

新知识城建设的互动，重点发展高端新型电子信息、新材料、生物技术等。

"多节点"是指位于"穗莞深科技创新走廊"上的水乡特色发展经济区、中心城区、长安滨海新区以及东莞市的虎门港开发区、横沥科技园、广东银瓶合作创新区等战略性新兴产业高端功能区。促进生产要素、知识要素、创新要素在各节点内合理集聚，提高战略性新兴产业集中度及发展高度。

二、重点产业布局

（一）新一代信息技术

实现一个"核'新'区（即以松山湖高新区为中心，全力打造以高新技术产业为核心的高端新型电子信息产业区）、四个示范区（即石龙镇建成全市信息化建设推广示范区，石碣镇建成全市外向型信息产业转型升级示范区，清溪镇建成全市信息产业园区集聚发展示范区，虎门港建成全国物联网应用产业示范区）、五个特色化产业群（即移动互联网产业群、物联网产业群、大数据产业群、云计算产业群、集成电路产业群）"的科学布局，构筑东莞高端电子信息产业"大基地"。

移动互联网产业群。依托松山湖高新区新一代互联通信产业发展的雄厚基础，吸引大批致力于技术引领的创新型企业，打造升级版的松山湖移动互联产业集群。创建以东莞国富科技孵化器和中国科技开发院东莞松山湖中科创新广场两个产业园区（孵化器）为产业创新孵化载体，力争孵化百家以上移动软件和应用开发为主的移动互联网行业企业。打造以台湾高科技园为载体，华为机器、宇龙通讯等为龙头，大普通信、晶广半导体等为基础的移动通信装备制造产业集群。

发挥华为总部基地集聚效应，加快吸引智能手机领域总部型、平台型、基地型项目入驻，将松山湖高新区打造成以研发设计为核心，以关键配套环节为重点，以智能手机公共服务平台为支撑的国际智能手机产业集群。依托清溪、凤岗、塘厦、黄江、大朗、大岭山、长安镇等邻深片发展区背靠深圳的区位优势，主动承接深圳市智能手机制造产业转移，争取将邻深片发展区打造成为深圳智能手机制造产业和人才双转移核心承载区。

物联网产业群。以"智慧城市"为主要抓手，打造松山湖"新一代物联网通信"基地，建设松山湖物联网创新技术服务、物联网通信产业园区。利用石碣镇电子元器件的制造优势，大力推进石碣物联网器件装备产业园区建设，引导本地电子企业之间加强合作，做大做强物联网器件与装备产业。以长安、大朗、虎门、厚街等专业镇为重要载体，依托各镇在五金机械、毛织、纺织服装、家具等制造产业中的优势，重点打造一批高水平、高智能化的"智慧制造"应用示范项目基地。

大数据产业群。以莞城大数据产业中心项目为核心，开展南城、东城与长安的"智慧城市"示范工程，打造为新兴产业企业及政府政务提供大型计算和海量数据存储服务的产业集群。依托现有物联网、云计算、智能手机等战略性新兴产业集群优势，支持在松山湖高新区、长安镇、石碣镇、石龙镇、清溪镇、虎门港等电子信息集聚地建设大数据产业基地，争取认定为省级大数据产业基地。

云计算产业群。以东莞跨境贸易电子商务中心为试点，着力打造以云基础设施服务（IaaS）与产品、云平台服务（PaaS）与产品为主的研发和生产核心基地。借助石龙和南城的产业基础，着力建设以云计算技术研发和软件服务（SaaS）为主的创新产业集群。发挥水乡片区临近广州的区位优势，积极引入金融、通信、电子商务、现代物流等企业及相应云计算数据中心，重点发展电子商务云、现代物流云及相关云应用服务。

集成电路产业群。依托松山湖高新区的发展基础，打造集电源管理芯片设计、北斗导航及GPS芯片研发、视频监控及数码照相芯片设计、传感芯片及器件研发、单片机及电子元器件芯片设计等高性能芯片领域的产业集群。以三清半导体为典型代表，打造清溪镇为东莞市电子信息产业结构调整重点示范镇。

（二）高端装备制造产业

以松山湖高新区及广东银瓶合作创新区为重要基地发展高端装备制造业集聚区，将万江街道、凤岗镇、东坑镇、麻涌镇、长安新区设立为后备发展基地。用港口优势，建设立沙岛高端制造业集聚区，拓展周边战略合作，形成结构和功能互补的高端装备制造业产业体系。

工业机器人产业基地。构建"一核一环、组团发展"的机器人产业空间布局。"一核"即全力支持建设松山湖国际机器人产业基地和广东省智能机器人研究院，将松山湖高新区打造成为东莞工业机器人智能装备产业的核心区。"一环"即结合松山湖、大朗、大岭山、万江、长安、东城、寮步、虎门、厚街、常平、横沥、塘厦、石碣、清溪、南城等镇街园区现有产业基础，构建东莞市工业机器人智能装备产业聚集发展带。"组团发展"即重点围绕东莞电子信息、电气机械、汽车模具制造、服装、制鞋、毛织、家具食品等行业对智能装备需求，构建以装备应用企业和装备制造企业为主体的供需组团。

高档数控加工装备基地。以松山湖高新区、广东银瓶合作创新区为主体产业聚集区，推动大朗、常平、万江等周边镇街机床、车床、冲床、CNC加工中心等现有机械设备制造业调整，优化增量结构，形成具有特色的和产业链配套优势的数控加工装备产业基地；以厚街、南城为中心建设智能制鞋机械基地；以大朗、常平为中心建设智能纺织机械基地；以厚街为中心建设家具制造智能装备基地。

（三）新能源汽车

以松山湖高新区和麻涌镇为核心，建设集新一代纯电动汽车研发机构、测试机构、整车生产及应用示范为一体的产业基地。整合长安、厚街、凤岗、中堂镇等现有汽车配套企业，打造具有完整产业链体系的新能源汽车产业集群。以东莞新能源电子科技有限公司、东莞迈科科技有限公司、东莞市杉杉电池材料有限公司为龙头，建设锂电池研发和制造基地，形成动力电池正负极材料、电池隔膜、电解液、电池管理系统相配套的产业链。以易事特为龙头企业，建设电动汽车充电桩设备、维护、销售等应用企业群。依托东莞中山大学研究院和宜安科技，建设电动汽车轻量化材料及部件研发与生产基地。

（四）生物技术

以两岸生物技术产业合作基地为核心，以松山湖高新区为产业中心区，依托穗莞深科技创新走廊汇聚研发平台，以引进新药、高端仿制药及先进医疗器械为切入点，逐步形成以生物医药为主体，创新研发和成果转化为核心，新药及医疗器械、干细胞和再生医学、生物新技术与转化医学为重点，近期布局与长远规划相结合的产业布局。重点布局三个平台：一是在松山湖加快建设一批生物公共技术服务平台，围绕松山湖生物医药工程中心、市食品药品检测中心等公共医药平台为基础平台；二是以广东省医疗器械检测中心东莞分中心为关键平台，重点推进东莞大型医疗器械、体外诊断以及医用高值耗材的发展；三是以松山湖广州中医药数理工程研究院为重要平台，集中发展现代中药产业，全力打造"广东药港"。

（五）节能环保

以东莞生态产业园城市湿地为特色，打造现代高端产业、循环经济和生态产业示范园区；以中堂、常平、大朗、麻涌、沙田、长安、虎门等镇造纸、印染、电镀废水处理为抓手，促进东莞环保专业基地建设；以横沥、清溪、虎门、麻涌、常平镇垃圾处理为基础，促进东莞固体废弃物处理技术升级。以中以国际科技合作产业园和中英低碳环保产业园为核心，大力引进水处理技术应用企业，推动水处理环保产业发展。

（六）新材料

建设以松山湖为核心的新材料产业制造基地，以广东生益科技股份有限公司松山湖、东城和万江厂区为支撑，打造中国大陆最大的覆铜板专业生产基地，推进东莞软性光电材料产研中心及高性能覆铜板基地建设；以松山湖高新区为依托，推进新材料技术研发，加速节能环保幕墙、低碳新材料等项目建设；以中堂绿色建筑产业园为依托，推动绿色建筑产业发展，打造省级绿色建筑工业化示范基地；以麻涌东莞南玻太阳能玻璃有限公司为龙头，打造全国最大的太阳能超白玻璃供应基地；围绕企石中镓半导体科技有限公司氮化镓（GaN）基衬底材料产业化项目，建立衬底材料制备基地。

（七）增材制造（3D打印）

依托横沥镇3D打印技术公共服务平台，重点建设以增材制造（3D打印）产业为核心的企业孵化系统、工程研究系统和技术支撑服务体系，在材料、装备、工艺、软件等关键环节实现率先突破，形成从产品设计到工业应用的完整产业链条。依托东莞中心城区为主体的现代服务业主体功能区，面向航空航天、汽车、家电、文化创意、生物医疗、创新教育等领域推进增材制造（3D打印）产业发展。

第六章　重大工程

一、科技创新引领工程

（一）突破核心共性技术

抓好引进、消化、吸收、再创新和集成创新，积极推进原始创新，实现产业技术跨越式发展。开展"优新高基"关键领域的自主创新,推进新一代通信、物联网、大数据清洗、挖掘及分析、云计算、下一代互联网、软件与集成电路设计、数字家庭、关键元器件、专用电子设备、工业机器人、新能源汽车等自主创新重大专项,掌握核心和共性技术,重点突破深刻影响产业发展的关键核心技术,培育发展战略性新兴产业。

(二)加强科技创新平台建设

打造"重大项目—骨干企业—孵化载体—产业园区(联盟)"平台建设路线。鼓励在莞研究机构、领军企业承接国家科技计划、重大科研项目,开展前沿性技术研究。引导骨干企业建立高水平研发机构,加强重点实验室、企业技术中心、产业技术创新平台、工程技术研发中心、国家级检测平台及认证服务机构等载体建设,整合优势平台资源,增强重点行业、领军企业技术创新能力。加强高新园区的科技企业孵化器建设和专业园区建设,依托科技园区聚集创业投资机构、技术转移机构和科技中介服务机构,形成培育和发展战略性新兴产业的有利条件。鼓励企业与高等院校、科研院所展开合作,建立具有持续创新发展能力的产业联盟,开展战略性新兴产业关键技术、重大专项项目产业化攻关。依托松山湖大学创新城、国际机器人产业基地、台湾高科技园、两岸生物技术产业合作基地、中以产业园等科技产业园区,集聚一批创新型企业和科技创新载体,推进协同创新,推动建立国内一流的创新示范园区。

依托国家谐波传动技术研究推广中心,联合国际一流智能机器人科研机构,引入谐波减速器以及智能机器人方面的技术成果和高端研发团队,建设成立广东顺道国家谐波智能制造基地,打造囊括机器人核心零部件、本体制造、配套服务和系统集成四个核心环节,集研发、生产、应用为一体的机器人技术创新研究基地,促进我市快速成为国内领先的以高端智能机器人研发、制造等为代表的"智慧产业高地"。

以散裂中子源(CSNS)项目为依托,布局建设国家重点实验室群,积极承接国家重大科技专项,为生命科学、纳米科学、新型材料科学、医药研发等领域提供先进、强大的技术支撑,促进基础科学研究成果向应用成果转化,为我市创新驱动发展战略提供支撑。

(三)深化科技创新体制改革

突出产业和市场导向,加快大学创新城建设,打造新型研发机构平台建设的新标杆。继续深化东莞理工学院与全国知名大学、科研机构和科技型企业合作建设研究院。突破传统科研机构体制模式，赋予新型研发机构理事会和院务会更多的自主经营权，实行企业化运作。支持以市级事业单位形式设立的新型研发机构盘活资产，筹集技术成果转化及产业化发展资金。加快科技研发成果转化，建立知识产权质押融资风险补偿机制，探索研究新型研发机构利用固定资产抵押、融资、科技用房产权分割转让、成果作价入股孵化企业、成果转让转化收益奖励等体制机制改革。鼓励新型研发机构开展科学研究、成果转化、企业孵化等业务，更好为企业提供服务。

（四）强化东莞市创新地位

强化松山湖高新区的创新中心地位，以建设珠三角国家自主创新示范区为契机，努力实现超常规发展，打造成为全市创新驱动发展的集聚区、生力军、加速器和创新核。完善创新布局，以园区为核心和主要节点，沿松山湖新城路、生态园大道延伸，集聚国内外各类创新资源，打造东莞市的"创新轴"，形成南连深圳大沙河创新区、光明新区、南山区，北接广州科学城，横贯珠三角东岸的"创新走廊"。

二、骨干企业培育工程

（一）加快培育地标型企业

全面开展"育龙工程"，按照"扶强龙、兴小龙、育新龙"的思路，加快培育一批创新型龙头企业，推动优势骨干企业跨地区、跨行业发展，打造一批大公司和企业集团。依托落户松山湖的华为终端总部项目、中集集团集装箱总部项目以及落户虎门中国电子东莞产业基地项目，发挥规模骨干企业对工业经济的支撑和带动作用，支持企业通过技术改造、品牌建设、兼并重组等方式做强做大，培育形成拥有自主知识产权、知名品牌、具有国际竞争力的"地标型"企业集团。

（二）培育"专精特新"企业

深入实施高新技术企业"育苗造林"行动和成长型中小企业培育计划，推动战略性新兴产业优势企业高速发展，培养一批"专精特新"的高成长性中小企业群，提升产业竞争实力。鼓励企业积极主动纳入"倍增计划"中，强化成长能力。

（三）引导企业加大研发投入

支持企业建立研发准备金制度，引导企业加大研发投入。鼓励和引导工业骨干企业建设研发机构，优先支持具备条件的科技型企业建设高水平的国家级、省级和市级工程技术研究中心、重点实验室、企业技术中心、院士工作站、博士后科研工作站、博士后创新实践基地等研发机构。支持规模以上企业增加对关键技术和核心技术研发的投入，鼓励企业将研发设计等生产性服务环节与生产制造环节分离，设立独立法人研发中心，加快向产业链上游延伸。鼓励外资企业在我市建设区域性研发中心。

三、产业布局集聚工程

（一）坚持龙头带动

发挥龙头企业的辐射、示范和引领作用，带动产业集群发展，实现产业转型升级。加快优质资源和环节重组，搭建科技转化服务平台建设。鼓励龙头企业组建技术联盟和产业联盟，建设行业信息化应用、环境资源等公共服务平台，整合供应链、资金链和物流链，支持龙头企业建设配套产业园，与中小企业建立稳定协作关系，构建以龙头企业为核心的区域生产网络。依据"倍增计划"支持兼并重组，促进一批大型企业、龙头企业发展壮大。

（二）推进融合互动

加快推进"两化"深度融合，面向行业、企业提供信息咨询、技术研发、产业链协同等服务，大力推广智能制造生产模式，积极发展电子商务和平台经济，全面推进中小企业信息化。加快传统产业与战略性新兴产业融合，引导纺织、模具等传统行业向高端领域转型，大力发展生产性服务业，不断推进制造业服务化进程，构建两化深度融合的产业集聚区。

（三）推行多样化引进

大力推广全国首创的电子商务企业集群注册制度，吸引众多创业人群，激发经济内生增长活力。对接珠三角、长三角乃至京津冀产业转移浪潮，重点引进以央企为代表的大型企业集团，加大对企业研发中心、区域总部项目落户支持力度。引导企业通过股权收购、产权受让等各种形式，进行跨地区、跨行业的资产并购重组。吸引国内外新兴产业龙头企业的关键零部件生产基地、研发基地、企业总部等落户到我市，加快产业纵向整合。

四、万众创新扶持工程

（一）打造众创载体

鼓励各类科技园、孵化器、创业基地、创业园等，加快与互联网融合创新，打造线上线下相结合的万众创新载体。鼓励创客空间、创业咖啡、创新工场等新型众创空间发展，推动基于"互联网+"的战略性新兴产业创新活动加速发展。鼓励虚拟众创空间的建设，为创新者对接跨行业、跨学科、跨地域的线上资源。

（二）推进众包协作

支持企业与研发机构搭建网络平台，整合需求定义、工业设计、产品研发、云服务、售后服务等全产业链众包资源，提供创意—作品—产品—商品—用品各个转化阶段所需众包服务解决方案，促进成本降低和提质增效，推动产品技术的跨学科融合创新。鼓励企业通过网络社区等形式广泛征集用户创意，促进产品规划与市场需求无缝对接，实现万众创新与企业发展相互促动。

（三）倡导众扶共享

鼓励东莞理工学院等高校科研机构与大中企业向小微企业和创业者开放科研设施，开放标准与共享资源。支持建立节能环保产业联盟、新材料技术行业协会、生物技术协会等行业组织，加强对小微企业和创业者的支持。

五、产品推广示范工程

坚持以应用促发展，围绕关键领域，组织开展关键技术应用和示范工程，推进创新成果转化与新兴市场培育。鼓励政府采购向具有自主知识产权的新技术和新产品倾斜，将新兴产业消费品纳入扩大内需的主要内容，促进高端制造、新型电子信息、新能源汽车、节能环保等领域的发展。重点做好工厂智能化示范、云计算典型示范、新能源汽车运营示范等三大示范工程。力争到 2020 年，在全市五大支柱产业建设 20～30 个应用国产智能数控装备的智能制造示范车间；鼓励金融、文化、教育、医疗、交通等信息化水平较高的行业，率先运用云计算技术，提供覆盖市民的各类云计算服务。

六、国际合作拓展工程

（一）进一步提高开放水平

依托重点园区，引导外资投向新一代信息技术、高端装备、新能源汽车、3D 打印、新材料、生物技术等战略性新兴产业，提升承接和吸纳国际产业转移的规模和能力。鼓励引进一批世界 500 强企业在东莞设立总部或区域总部、研发中心、营销中心等功能性机构。

（二）加强国际产能合作

鼓励高端装备、先进技术、优势产能向境外转移。支持有条件的企业开展境外投资，建立研发中心、实验基地和全球营销及服务体系；依托互联网开展网络协同设计、精准营销、增值服务创新、媒体品牌推广等，建立全球产业链体系，提高国际化经营能力和服务水平。鼓励优势企业加快发展国际总承包、总集成。探索设立并购基金，支持企业通过并购实现扩张。支持企业到境外注册商标，培育国际化品牌。加强企业和产品国际认证合作。

第七章　保障措施与组织实施

一、加强组织统筹协调

加强东莞市战略性新兴产业发展部门间联动，统筹协调解决战略性新兴产业发展中遇到的问题，形成资源共享、协同推进的工作格局。发改部门牵头负责规划实施工作，有关职能部门按职责分工、分头推进、密切配合，积极研究解决规划实施中出现的新情况、新问题。强化行业和企业自律，发挥行业协会在企业投资、经营决策方面的指导、协调和监督作用。

二、提高政府服务效能

充分吸收智库和行业专家充实政策咨询顾问队伍，利用大数据、云计算等信息技术提升决策的科学性和有效性。深化行政审批制度改革，在项目审批、工商登记、资格认定、土地利用等方面，减少和优化审批程序。深入推进"五证合一"，探索"多证合一"，激发企业活力。对新兴产业领军企业、重点项目申报等开辟"绿色通道"。加强市场监管，重点完善知识产权保护机制。依法加大对各种侵犯知识产权和制售假冒伪劣商品违法行为的打击力度。

三、加大财税支持力度

继续加大财政资金投入力度，前三年每年安排不少于15亿元资金，设立战略性新兴产业专项，发展壮大新一代信息技术、高端装备制造、新能源汽车等三大重点产业，后两年逐步加大生物技术、节能环保、新材料、增材制造（3D打印）等新兴产业的扶持力度。以扶持产业链关键环节及产业服务体系为重点领域，通过贷款贴息、首台套奖励、以奖代补、补助（引导）资金、保费补贴等方式，支持核心技术研发、产业基地建设及重大项目培育。进一步落实激励企业自主创新的税收政策，充分发挥税收杠杆作用。创新运用PPP等融资模式，撬动社会资本参与战略性新兴产业发展。依据"倍增计划"普惠政策清单，落实对高新技术企业的财政支持。成立产业并购基金，优先在战略性新兴产业领域发起设立若干支产业并购子基金，支持"倍增计划"中相关企业实施产业链的纵向兼并整合或横向协同发展，实现做大做强。

四、坚决保障产业用地

加大"工改工"项目的支持力度，严格控制"工改居"，限制"工改商"，支持国有企业参与"工改工"项目改造。通过调整税费返还、财政补助、"绿色通道"等优惠政策，加大土地改造盘活力度。以节约集约土地为核心，统筹整合资源空间布局，保障战略性新兴产业重大项目建设。完善处罚预警和强制收回制度，严格经营性闲置土地管理，闲置满2年一律强制收回。规范闲置土地延期申请、审批流程，明确延期动工条件，单宗土地最多只能申请 2 次延期，每次不超过 1 年。对接"倍增计划"，建立战略性新兴产业相关企业用地指标需求与增长效率挂钩的工作机制，对企业优质项目纳入重大项目管理，解决重大项目新增用地需求。

五、积极落实人才制度

加大东莞高层次人才引进力度，鼓励研发人员向高新技术企业流动，帮助高层次人才解决创新创业中的实际困难。留住骨干人才，实施创新人才培养计划，安排专项资金用于企业经营管理者和技术骨干核心竞争力提升。按照"就高从优不重复"的原则，对符合条件的成长型企业人才给予 5000～20000 元不等的补贴。积极推进高技能人才国际培养计划，对开设国际课程班的公办高职院校、中职学校给予专项资金扶持，安排学生到境外应用型大学或职业院校实习交流 3～6 个月，每人每月资助 5000 元。考取国际或境外（含港澳台）技能资格证书，每人补助 5000 元。发挥高校和科研院所的支撑和引领作用，加强战略性新兴产业相关专业学科建设，支持高校增加服务经济社会发展的急需专业和学位点。调整优化人才入户办法，降低人才入户门槛，优化积分制度项目设置，落实人才安居保障，不拘一格地汇聚全球英才服务东莞战略性新兴产业发展。

六、促进科技金融发展

加快集聚金融资源，加大对战略性新兴产业发展的支持力度，提升金融服务实体经济的能力。综合运用科技发展基金、创投资金、风险补偿、贷款贴息以及财政资金后补贴等多种形式，引导和带动社会资本参与战略性新兴产业中处于早中期的创新创业企业。构建以政府为引导、企业投入为主体，政府资金与社会资金、债权资金与股权资金、间接融资与直接融资有机结合的科技投融资体系。引导各类金融机构创新金融产品、改进服务模式、搭建服务平台，探索开展投贷联动模式、银保联动贷款、选择权贷款和企业股权化直投业务。支持符合条件的战略性新兴企业上市融资、再融资和开展并购重组。鼓励符合东莞战略性新兴产业重点发展方向的小微企业通过互联网非公开股权融资方式募集资金。鼓励高端装备制造、节能环保、新能源汽车、生物技术等战略性新兴产业通过运用"互联网 + 金融"，将创新能力与民间资本导向战略性新兴产业。

七、提高技术转化成效

建立以市场为导向、以企业为创新主体的研发体制,组织有经验的企业家、技术专家定期到企业指导科技产品的推广和入市工作,加速资金回笼速度,促进企业新一轮的技术更新和应用。建立以企业为主体,以产学研用协同创新为目的的产业技术联盟,积极组织市内外相关企业、高校院所以及有突出能力的个人或团队开展联合技术攻关。加快博士后科研工作站、科研基地和开发基地的建设步伐。建立与自主创新导向相适应的技术研发、转化和评价机制,开展股权激励和科技成果转化奖励试点。积极引导科研机构、高新技术企业和创新型企业对做在突出贡献的科技人员和经营管理人员实施期权、技术入股、股权奖励等多种形式的激励机制。

八、推进区域国际合作

依托松山湖高新区、广东银瓶合作创新区、长安滨海新区、虎门港等重点园区,加强区域产业分工合作,推动跨区域产业链相互延伸,打造创新要素集聚区、自由贸易试验区、高端制造业承接区、自由贸易试验区、电商供应链服务区,实现穗莞深、粤港澳共赢发展。

充分利用"一带一路"建设的战略机遇,加强与沿线国家在战略性新兴产业方面的合作和交流。发挥中国(东莞)国际科技合作周、高层次人才活动周等的平台作用,加深与国际优势企业、高端研发机构的合作交流,推进各领域的深度合作,努力将东莞打造为"世界先进制造中心"。

东莞市重点新兴产业发展规划
（2018—2025年）

一、前言

东莞依托电子信息、装备制造、纺织服装、食品饮料、家具制造等"五大支柱、四大特色"产业不断优化升级，新一代电子信息、机器人、智能终端、新能源汽车等新兴产业不断发展壮大，以及散裂中子源大科学装置等科技创新载体的前瞻布局，2017年地区生产总值达7582亿元，位居全国19名，五年来年均增长8.39%，是唯一列入"广深科技创新走廊"的地级市。

党的十九大提出，中国特色社会主义进入了新时代，"我国经济已由高速增长阶段转向高质量发展阶段，正处在转变发展方式、优化经济结构、转换增长动力的攻关期，建设现代化经济体系是跨越关口的迫切要求和我国发展的战略目标。必须坚持质量第一、效益优先"，确立了创新、协调、绿色、开放、共享的发展理念。在经济发展新常态下，坚持创新驱动发展战略和可持续发展战略，着眼于实体经济发展，大力发展新兴产业，为我国在国际竞争中占据有利地位，"推动我国经济实力、科技实力、国防实力、综合国力进入世界前列"。

放眼全球，战略性新兴产业浪潮方兴未艾，新一轮科技革命和产业变革从蓄势待发进入群体迸发时期，新一轮制造业争夺战在欧美主导下打响，发达国家纷纷提出再工业化战略，以重夺国际制造业竞争主导权。美国积极发展智能制造、新能源、生物技术等高附加值制造业，英国重点发展超低碳汽车、生命科学医药以及尖端制造业，法国政府建立战略投资基金发展能源、汽车、航空等产业。全球产业链资源分布正在重新构建，现有国际分工体系正面临调整，新一轮科技革命和产业变革带来新机遇和新格局。

面向2025年，东莞必须加快动能转换，坚持传统产业提质增效、坚持优势产业巩固发展，对新兴产业谋篇布局，引领产业迈向中高端和经济社会可持续发展。聚焦新一代信息技术、高端装备制造、新材料、新能源、生命科学和生物技术五大新兴领域，突破新一代人工智能、新一代信息通信、智能终端、工业机器人、高端智能制造装备、先进材料、新能源汽车、高性能电池、生物医药和高端医疗器械等十大重点产业，是抢占新一轮竞争制高点的战略需要，是建设粤港澳大湾区先进制造业中心的重要支撑，是建设现代产业体系、实现质量发展的实施保障，是新时代赋予东莞的历史使命。

二、发展基础

（一）发展现状

东莞坚持以习近平新时代中国特色社会主义思想为指导引领，按照"新时代·新征程·新东莞"的总体要求，推进创新转型发展、全面开放格局、区域协调发展、美丽东莞建设、社会和谐善治、文化繁荣兴盛"六大跃升"，力争高质量发展。目前，全市创新驱动发展进一步升级，对外开放水平进一步提高，制造业转型升级进一步加快，经济发展动能进一步增强。

1. 总体特点

1）综合竞争力显著提升

2017年，东莞地区生产总值7582亿元，五年年均增长.39%；人均地区生产总值9.13万元（约1.35万美元），五年年均增长8.32%。全年实现财政收入1647亿元，市一般公共预算收入592亿元。社会消费品零售总额突破2500亿元，进出口总额超过1.2万亿元，本外币存款余额超过1.2万亿元。上市公司43家，后备上市公司135家，"新三板"挂牌企业202家。28个镇全部入选全国千强镇，13个镇入围前100名，虎门、长安进入500亿元俱乐部。在中科院、腾讯等发布的相关报告中，东莞综合经济竞争力、城市人口吸引力、智慧生活综合指数分别排名全国第14、第5和第6位。东莞充满活力的经济形象、生态宜居的城市形象、和谐友善的文明形象，得到进一步提升。

2）经济结构持续优化

017年，东莞三次产业结构为0.3：47.4：52.3，先进制造业增加值占规模以上工业增加值比重达50.5%，高技术制造业增加值占规模以上工业增加值比重达39.0%，现代服务业增加值占服务业增加值比重达60.6%，内资工业增加值、一般贸易进出口、高新技术产品出口占比均超四成。民营经济增加值占GDP比重提高到49.3%，市场主体突破100万户。全市一般贸易（含保税物流）占比达46.0%。外企内销总额增长19.0%，占内外销比重达 38.1%，提高 3.1 个百分点。"东莞制造+电子商务"深度融合。清溪保税物流中心（B 型）、国际邮件互换局兼交换站投入运营。国际小包出口 8821 万件，增长 24.3%，总量排全国第四。

3）创新能力逐步提升

培育创新主体硕果累累，创新能力逐步提升，2017 年全市新增高新技术企业 2030 家，总数达 4058 家，位居省内地级市首位。全市专利申请量和授权量分别为 81275 件和 45204 件。其中，发明专利申请量为 20402 件，排全省第 4 位；发明专利授权量为 4969 件，排全省第 3 位；PCT 国际专利申请量为 1829 件，排全省第 3 位。创新型研发机构总数 32 家，科技企业孵化载体 98 家，其中国家级 15 家；全市目前引进省创新科研团队立项总数 36 个，居全省第三；引进市级创新科研团队总数 38 个。松山湖材料实验室进入全省首批启动的 4 个实验室行列。

4）实体经济快速发展

214 家市级、1054 家镇级试点企业借力重点企业规模与效益倍增计划，从科技创新、发展总部经济、推进兼并重组、开展服务型制造、加强产业链整合、强化资本运作等六方面获益，受惠于"实体经济十条"，2017 至 2020 年企业预计可减负约 350 亿元，以先进制造业为核心的实体经济取得快速发展。市级倍增企业主营业务收入超过 6000 亿元，增长 27% 以上；税收超过 140 亿元，增长 29% 以上。加快打造智能制造全生态链，全市机器人及智能装备制造企业 163 家，主营业务收入增长 30%。智能手机出货量 3.28 亿台，主营收入增长超过 36%，华为、OPPO、VIVO 手机出货量稳居全球前六。

2. 存在问题

多年的高速增长为东莞奠定了坚实的发展基础，但产业和经济发展也存在短板和挑战。

1）传统产业增长乏力，转型升级任务迫切

2017 年，东莞纺织服装鞋帽制造业、玩具及文体用品制造业、家具制造业、化工制品制造业等传统行业增长乏力，规上工业增加值增速分别为 0.2%、2.9%、-0.2%、5.7%，拉低全市工业增速。新型显示、新能源装备、智能制造装备等新兴产业有较快增长，但体量依然较小，难以支撑全市工业增长。立足长远发展，东莞应当进一步丰富产业生态，拓展新增长点，构建更加合理、平衡、可持续的产业格局，增强整体抗风险能力。

2）产业层次整体偏低，产业结构有待优化

发展方式仍比较粗放，相当部分产业仍处于价值链中低端环节，缺乏核心技术和自主品牌，工业增加值率较低，2016年规上工业增加值率为20.2%，在全省21个地市中排名第17位。面对外部需求萎缩以及发达国家和发展中国家产业发展的"双重挤压"形势，经济运行存在潜在风险，增加了转方式、保增长、调结构、防风险的压力。

3）高端要素集聚不足，创新能力有待提升

城市格局、城市品质和营商环境对人才、技术、资本等高端要素的集聚能力有待提高。科技研发投入相对不足，创新能力有待增强，高端人才、创新人才占总量比例较小，劳动力结构有待优化。全市创新企业与创新载体相对偏少，面对激烈竞争，创新投入与创新能力不足成为东莞中长期发展的短板。提升创新实力，保持发展动能，是东莞发展的重要战略选择。

4）空间资源日渐紧缺，可持续发展有待加强

土地要素供给紧张，集约节约利用水平不高，"三旧"改造、城市更新重构利益平衡机制难度大。土地资源紧张与重点企业新增土地需求旺盛矛盾凸显，"倍增计划"等重点企业增资扩产意愿强烈，用地需求迫切。土地资源整合难度大，严重制约项目落地，现有用地计划指标难以满足经济社会发展需求，制约经济、产业可持续发展。

（二）面临形势

探索发展之路，需放眼世界，深刻认识当今时代的重大变革与深远影响，增强忧患意识与担当精神，抢抓发展机遇，释放改革活力，打造东莞创新发展新优势。

1. 科技革命方兴未艾，创新决定竞争成败

全球新一轮科技、产业革命方兴未艾，"创新"日益成为国际竞争的成败关键。科技创新对生产、生活的渗透影响持续深化，世界经济格局加速重构。国家围绕科技创新持续加码，《中国制造2025》、"互联网+"、《新一代人工智能发展规划》等战略陆续推出。惟创新者进，惟创新者强，惟创新者胜，创新成为引领发展的第一动力。

2. 国家发展日新月异，湾区经济引领时代

中国经济发展水平和国际地位持续跃升，粤港澳大湾区成为参与国际竞争合作的"新前线"。中国仅用三十年走完产业发展史的数百年历程，与世界的联系越发紧密，开放的大门更加敞开。踏准新一轮开放浪潮，粤港澳大湾区城市群建设已上升为国家战略，肩负代表中国参与世界经济竞争的重大任务，东莞也承载着建设具有全球影响力先进制造基地的重大使命。

3. 信息技术赋能制造，融合催生新兴经济

新一代信息技术与制造业深度融合，正在引发影响深远的产业变革，形成新的生产方式、产业形态、商业模式和经济增长点。基于信息物理系统的智能装备、智能工厂等智能制造正在引领制造方式变革；网络众包、协同设计、大规模个性化定制、精准供应链管理、全生命周期管理、电子商务等正在重塑产业价值链体系；可穿戴智能产品、智能家电等智能终端产品不断拓展制造业新领域，制造业转型升级、创新发展迎来重大机遇。

4. 绿色低碳引领变革，生物经济迅猛发展

顺应绿色低碳发展大潮，清洁生产技术应用规模持续拓展，新能源革命正在改变现有国际能源版图。基因组学及其关联技术迅猛发展，精准医学、生物合成、工业化育种等新模式加快演进推广，生物新经济有望引领人类生产生活迈入新天地。

三、发展目标

（一）指导思想

全面贯彻党的十九大精神，贯彻新发展理念，坚持质量第一、效益优先，加快建设科技创新、现代金融、人力资源与实体经济协同发展的产业体系，推动经济发展质量变革、效率变革、动力变革，迎接新时代、聚焦新产业、发展新经济。立足粤港澳大湾区几何中心区位优势，坚持产城融合、聚焦高端、特色发展，加快发展先进制造业，推动互联网、大数据、人工智能和实体经济深度融合，探索经济、社会、环境全面协调可持续发展的体制机制和发展方式，加快推动高质量发展，成为"实现四个走在全国前列"的排头兵。

（二）发展原则

坚持创新驱动，促进产业高端高新发展。始终将创新作为产业发展的"灵魂"和"动力"，将创新贯穿于产业发展的全领域、全过程。瞄准产业变革方向，高起点培育战略性新兴产业，努力抢占产业价值链高端。推动科技创新与制度创新、管理创新、商业模式创新、业态创新和文化创新相结合，夯实现代化产业基础。

坚持质量引领，推动产业集约集群发展。打造质量东莞、品牌东莞，提高土地、环境、能源等配置效率，聚焦重点产业、重点企业，完善产业

链。全面推进质量、标准、品牌、信誉"四位一体"建设,推动产业链、创新链、资金链融合,增创产业质量优势,实现经济、社会、城市、文化、生态发展全面提质。

坚持开放合作,高起点融入全球制造体系。抢抓粤港澳大湾区建设战略、"一带一路"倡议等战略契机,对接全球高端创新资源,强化与深圳、广州等城市产业创新合作,积极推动人才、技术、资本、信息等要素在东莞融合、创新,孕育新技术、新产业、新模式、新业态,抢占未来发展先机。

坚持协同发展,高质量构建现代产业体系。坚持传统产业、优势产业、新兴产业并举,以先进适用技术对传统优势产业进行智能化、绿色化改造,强化产品标准化建设水平,以文化积淀、创意融合提升东莞制造品牌,推动"东莞"制造走向国际市场。加速传统产业与数字经济、平台经济的融合发展,挖掘新模式、创新新理念、把握新机遇,提升现代服务业服务水平,高质量构建面向未来、面向全球的现代产业体系。

专栏1 东莞市重点新兴产业选择研究

基于产业基础、空间区位、比较优势、上位规划等,结合科技、产业发展趋势,研究适合东莞重点布局的产业领域。选取原则如下:

以优质高潜为方向。瞄准具有基础和优势以及未来可成长为万亿级、千亿级的新兴产业。东莞电子信息制造业(新一代信息技术)、高端装备制造业(机器人和智能装备)基础坚实,2017年GDP占比分别为15.1%和7.8%。2017年东莞新材料产业产值约660亿元,企业超280家,在金属合金、功能玻璃、高分子复合材料、覆铜板、氮化镓衬底等方面具备产业基础。2017年东莞锂电池产业规模超400亿元,消费电子类锂电池产值占全国的25%,位居全国第二。新能源领域拥有汇嵘能源、迈科新能源、杉杉电池、中汽宏远、钜威动力、易事特、阿尔派、五星太阳能、东莞南玻等骨干企业。生物医药领域拥有东阳光药业、博奥生物、三生集团、广济集团、广东瀚森药业等180余家生物技术企业、277家医疗器械产业企业。上述五个领域均处于价值链高附加值环节,具有高发展潜力。

以上位规划为依托。在《中国制造2025》、《"十三五"国家战略性新兴产业发展规划》、《新一代人工智能发展规划》、《广深科技创新走廊规划》、《广东省战略性新兴产业发展"十三五"规划》、《广东省智能制造发展规划(2015—2025年)》、《广东省先进制造业发展"十三五"规划》等国家级和省级系列规划政策中，新一代信息技术、高端装备制造、新材料、新能源、生命科学和生物技术等均被列为重点发展的产业领域。

以比较优势为基础。东莞作为粤港澳大湾区和广深科技创新走廊的重要节点，连接两大科技创新区，有发展高新技术产业的基础；已建有散裂中子源等国家大科学装置，对发展新材料、新能源、生物技术等具有很强的支撑作用；拥有世界上最完整的电子信息产业链和较为齐全的制造业产业链上下游配套，在发展信息技术产业方面具有独特的竞争优势；充裕的产业空间资源，为发展新一代信息技术、机器人、智能装备及其他先进制造业提供了宽阔的承载平台。

以区域协同为手段。均衡取舍东莞的比较优势与转出企业的产出潜力，有选择性承接深圳、广州等城市的产业转移。与佛山、中山、珠海、江门等珠三角城市进行错位发展，避免同质竞争，实现大湾区产业协同发展。

综上分析，遴选新一代信息技术、高端装备制造、新材料、新能源、生命科学和生物技术等五大领域作为东莞布局的重点新兴领域，瞄准新一代人工智能、新一代信息通信、智能终端、工业机器人、高端智能制造装备、先进材料、新能源汽车、高性能电池、生物医药及高端医疗器械等十大产业进行重点突破。

（三）发展目标

1. 总体目标

到 2025 年，五大新兴产业领域发展成为新支柱，重点新兴产业规模年均增长 18.6% 以上，总规模超过 40000 亿元。支撑东莞产业结构实现战略性调整，可持续发展能力显著增强，将东莞建成有全球影响力的先进制造中心和创新型城市。

再经过若干年努力，拥有一批掌握前沿引领技术和现代工程技术的企业。持续突破一批原创性、颠覆性技术，成为全国重要的新兴科技与产业创新发展策源地，支撑经济高质量和可持续发展，建成国际一流的先进制造中心。

2. 具体目标

融合支撑能力跃升。信息技术、智能制造向经济社会各领域加速渗透，促进生产方式和发展模式变革，不断催生新技术、新模式、新业态、新产业，推动融合性新兴产业成为经济社会发展的新动力和新支柱。

产业规模快速壮大。以新一代信息技术为核心的信息产业、以机器人、智能装备为核心的高端装备制造产业、新材料、新能源、生命科学和生物技术产业产值，至 2025 年，分别超过 24000 亿元、11000 亿元、2000 亿元、2000 亿元、1000 亿元。

创新能力显著增强。建成一批大科学装置、制造业创新中心、工程实验室、重点实验室、工程（技术）中心等重大创新平台，重点产业创新型体系基本形成。至 2025 年，国家高新技术企业超过 1 万家，取得专利超过 13.8 万件。

集聚发展成效突出。建成汇聚科研、生产、生活、生态等要素和产业配套好、辐射带动能力强的十大重点产业集聚区，培育发展 2 个万亿级产业集群、3 个千亿级产业集群，引进和壮大一批具有全球影响力的龙头企业。

表 1   东莞市重点新兴产业发展预期性指标

序号	类别	指标	单位	2017 年	2020 年	2025 年	复合增长率
1	产业规模	新一代信息技术产业产值	亿元	≈5800	>11000	>24000	19.4%
2		高端装备制造产业产值	亿元	≈3000	>5500	>11000	17.6%
3		新材料产业产值	亿元	≈660	>1200	>2000	14.9%
4		新能源产业产值	亿元	≈600	>1100	>2000	16.2%
5		生命科学和生物技术产业产值	亿元	≈200	>500	>1000	22.3%
6		五大产业总产值	亿元	≈10200	>19000	>40000	18.6%
7	发展效益	国家高新技术企业数量	家	4058	6000	10000	11.9%
8		专利授权数量	万件	4.5	6.8	13.8	15%
9		发明专利授权数量	件	4969	>7500	>15000	14.8%
10	要素投入	创新创业领军人才	人	70	100	175	12.1%
11		R&D 支出占 GDP 比重	%	2.6	2.9	3.4	3.4%

专栏 2   苏州产业发展路径研究

2009 年苏州 GDP 为 7740 亿元，与东莞 2017 年 7582 亿元相近，2017 年苏州 GDP 较 2009 年翻了一番，达到 17320 亿元，是 2017 年东莞 GDP 两倍以上。苏州 GDP 的快速增长源于新兴产业的高速发展。苏州新兴产业产值从 2009 年 6912 亿元大幅上升至 2011 年 11500 亿，增长幅度达 66.4%。

其中，新材料、新型平板显示和高端装备制造发展速度最快，2011年产值分别达到2850亿元、2586亿元和1828亿元。到2016年，这三个领域产值位列苏州市新兴产业产值规模前三强：新材料3976亿元、高端装备制造3428亿元、新型平板显示2894亿元，三个领域产值之和占工业总产值的29%。

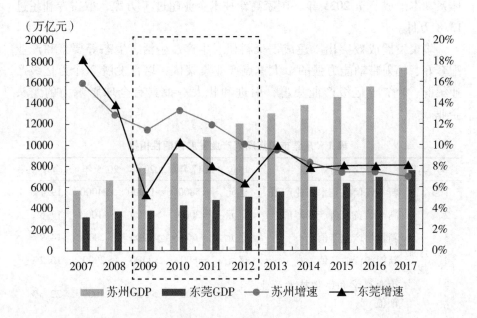

苏州实现经济跨越式发展的主要做法如下：

1. 强化升级转型，新兴产业成为经济新引擎

2009年起，苏州旗帜鲜明地发展新兴产业，不断调整工业结构，重点发展新能源、新材料、新医药等新兴产业，加大力度提高自主创新能力。仅2009年，苏州便投资260亿元组织实施自主创新重点项目112个，R&D经费超过150亿元。这一举措收效显著。2010年，新兴产业实现产值7101亿元，增长29%。到2016年，新兴产业投资已达到千亿级别，占全社会固定资产投资比重25%，而新兴产业产值则突破了1.5万亿，并且保持稳健增长。

2. 融合递进突出重点，做大做强新兴产业

2009年至2016年，苏州持续优化产业选择，不断提升优势产业地位。2009年，"5+6"产业体系包括5个传统支柱产业（电子信息、装备制造、纺织化纤服装、冶金及有色金属、轻工、石化及精加工）和6大新兴产业（新能源、新医药、新材料、智能电网、新型平板显示和传感器）。2010年，

新兴产业领域扩展到 8 个（增加智能电网和物联网、软件和高端装备制造）。2016 年，苏州确立电子信息产业的超级地位，明确纳米和生物制药技术高地特点，发展高端装备制造、新材料、新能源、医疗器械和生物医药等六大先进制造业体系进行支撑，目标到 2020 年形成十大年产值过千亿的高端产业集群。

发展启示及经验借鉴：一是加快产业升级转型，产业结构调整有序推进；二是定位精准、重点突出，加速助推新兴产业发展。

专栏3　世界三大湾区产业发展经验研究

世界三大湾区均以先进制造业和新兴产业为发展支柱，且各湾区内主要城市之间形成了产业分工明确、资源优势互补的特点。美国旧金山湾区最大的三个城市之中，旧金山以旅游、商业、金融中心，圣何塞是信息科技企业集聚地，而奥克兰发展高端制造，同时也是加州伯克利大学所在地。纽约湾区的核心纽约在金融、文化、时尚、贸易等多个领域全面发展，湾区东北部的康涅狄格州是高端装备制造中心和对冲基金聚集地，新泽西则以生物制药为名片。东京湾区整体以制造业和港口贸易见长，东京发展金融业和现代服务业，京滨、京叶工业带承接东京外溢的工业，发展重工和高端制造。

发展启示及经验借鉴：三大湾区城市的产业各有特色、优势互补、协同发展，形成湾区经济圈。广州和深圳是粤港澳大湾区金融、科技、产业和创新的重要极点，东莞制造业优势突出，对其形成有力支撑。东莞围绕高端制造和先进材料等领域构建新兴产业体系，进一步夯实优势，将在粤港澳大湾区产业生态中发挥重要作用。

四、聚焦五大新兴领域，突破十大重点产业

为紧抓全球新一轮产业变革机遇，在新时代经济潮流中保持竞争优势，要进一步聚焦重点产业发展方向。立足东莞产业发展优势，以中国制造2025 为主攻方向，夯实先进制造业基础，持续做大做强数字经济，加快发展新一代产业，在新一代信息技术、高端装备制造、新材料、新能源、生命科学和生物技术等重点新兴领域形成集群优势，构建以科技创新为引擎、以智能制造为核心、以新一代产业为重点、以数字经济为引领的现代产业

体系，实现产业高端集聚发展和创新融合发展，打造未来发展新优势，助力形成湾区增长新格局。力争到2025年发展形成千亿乃至万亿级产业集群。

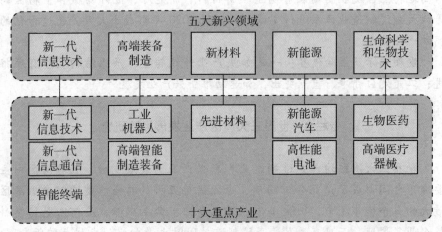

图1　东莞重点新兴产业框架图

（一）新一代信息技术领域

抢抓新一代信息技术发展机遇，加快实施智能化战略，大力发展数字经济，在人工智能、信息通信、智能终端、核心元器件等领域开展技术攻关，抢占5G网络、物联网、大数据、云计算等"高端环节"，加快从制造向智造转变，将东莞打造成屹立于粤港澳大湾区的世界级高端电子信息产业高地。

重点发展新一代人工智能。推动人工智能基础科学研究，鼓励基于人工智能的计算机视听觉、生物特征识别、复杂环境识别、新型人机交互、自然语言理解、网络信息安全等应用技术的研发和产业化，加快布局新型智慧城市示范应用，重点推进智能家居、智慧交通、智慧健康等产业化发展。鼓励传统产业与人工智能深度融合，推进传统产业智能化升级，以技术革新带动传统产业实现发展动能转换。

重点发展新一代信息通信。加快新一代网络设备、软件定义网络设备和模块化数据中心成套装备开发。推进5G网络系统架构技术研发，发展新一代通信网络信息安全解决方案，布局5G通信技术商业化应用，实现公共区域免费无线局域网高速和广域连续覆盖。推动新一代通信在生产制造、商务服务等领域的应用和产业化，支持面向网络协同的行业应用软件研发与系统集成。

重点发展智能终端。加快不同应用领域的专用移动智能终端产品和具备智能交互能力的新型智能手机研发,推进移动通信系统设备、移动通信仪器仪表、移动终端等产业化。布局发展虚拟现实(VR)、增强现实(AR)、智能家电、智能穿戴设备、车载终端等新领域。全面发展面向金融、交通、医疗、能源等行业特色应用的专业终端设备。支持印刷电路、新型平板显示技术、数字家庭音视频技术、智能语音技术等关键技术攻关和产业化。

发展关键电子元器件。加大智能手机系统、集成电路、高性能芯片、传感器、存储器、控制器研发力度,支持光收发器件、高频磁性元件、高效率功率器件等产业化。支持宽量程、高精度、高性能传感器建设,鼓励应用于网络与通讯设备的新一代集成电源组件建设,鼓励移动终端的高性能触摸屏、新型光通信器件、特种连接器、新型半导体分立器件产业化。支持移动通信及移动互联网的超导电子器件及功能组件以及基于移动互联网的安全组件等领域的产业化。

发展物联网技术。支持物联网技术(研发)中心及工程实验室建设,支持核心敏感元器件的研制与产业化,开展微型智能传感器、MEMS 传感器(微机电系统)集成、超高频或微波 RFID(无线射频识别)、融合通信模组等技术研究。发展嵌入式芯片、射频识别芯片、传感器和网络设备等物联网设备制造业。推动在交通、能源、物流、水利、环保、医疗、安防等城市基础设施领域部署物联网终端,发展覆盖生产生活领域的物联网应用和服务。

发展云计算与大数据。发展通用海量数据存储和管理软件、大数据挖掘分析软件、非结构化数据处理软件、数据可视化软件等软件产品和数据存储、数据采集等硬件产品。支持弹性计算、资源监控管理等关键技术突破,发展面向工业、农业、政务、社会保障、医疗健康、教育、交通等重点领域的云平台与云服务。

专栏4 新一代信息技术产业建设工程

建设泛在智能化基础设施平台:推动智能化信息基础设施建设,实现以信息传输为核心的数字化、网络化、安全化的信息基础设施体系,布局5G等新一代通信系统,完善物联网信息平台,加快视频、地图及其他行业应用场景下的数据库搭建,完善人工智能海量训练资源库和基础资源服务公共平台建设,强化数据安全与隐私保护。

组建集成电路设计和封测中心：打造国际先进集成电路设计环境，吸引大湾区内优秀的集成电路设计和封测企业，着力提升国产 FPGA 芯片设计水平，不断增强封装测试能力，形成具有核心知识产权的芯片设计技术，打破国外限制和封锁。

（二）高端装备制造领域

紧抓全球产业变革和粤港澳大湾区建设的发展机遇，提升原始创新能力，推进示范应用和产业化，打造东莞"智能制造"品牌，将东莞建设成为服务湾区、影响国际的机器人和智能装备产业基地。

重点发展工业机器人。紧盯关键零部件、机器人本体、系统集成、终端应用等核心环节，加速关键零部件国产化，突破机器人本体优化设计、机器人离线编程与仿真、智能装备传感器等核心技术。针对需求量大、环境要求高、劳动强度大的工业领域发展弧焊机器人、真空（洁净）机器人、全自主编程智能工业机器人、双臂机器人、重载 AGV 等工业机器人产品。构建工业机器人及智能化装备制造商、系统集成商、零部件供应商、服务提供商信息循环体系，建设零部件标准、机器人性能、操作程序、客户需求及满意度等数据库。加强信息网络技术与机器人技术融合创新，促进工业机器人智能化和多能化。

重点发展高端智能制造装备。推进数字化仿真智能工厂、智能生产线建设，发展智能个性化定制系统、智能数据采集器、真空机器人、高性能数控系统。鼓励电子信息制造、纺织、家具、玩具、食品饮料等传统优势产业生产过程数字化、柔性化和智能化建设。加快智能制造成套设备的产业化和示范应用，提升发展智能制造成套设备。重点发展电子制造智能专用装备、传统制造高档数控加工装备、自动化物流成套设备、增材制造（3D 打印）装备等专用设备。

加快培育发展服务机器人。针对现代服务和特殊作业对服务机器人的需求，发展消防救援机器人、手术机器人、智能型公共服务机器人、智能护理机器人等产品，推进专业服务机器人实现系列化。发展深水勘探机器人、海底维修机器人、海底工程建造机器人等产品。突破核心关键技术，提升服务机器人的智能水平、稳定性和适应性。

积极布局高端激光装备制造。发展激光加工机床、激光自动焊接设备等精密/超精密加工装备，布局高端激光产业上游核心器件，突破高功率核心技术，提升光纤激光器、固体激光器、半导体激光器、皮秒激光器等的自主研发能力，加速合束器、隔离器、泵源封装、大功率准直器等核心元器件国产化进程，突破高功率半导体芯片和高能掺杂光纤等关键器件自主技术。提倡激光装备产品通用化、标准化生产，加速产业化应用，逐步替代传统加工方式。发展激光3D增材制造技术，促进3D打印与传统工艺融合。

专栏5 高端装备制造产业建设工程

建设智能制造关键共性技术平台：围绕感知、控制、决策和执行等智能功能，加大对智能制造关键技术装备、智能产品、重大成套装备、数字化车间的开发和应用，突破先进感知与测量、高精度运动控制、高可靠智能控制、建模与仿真、工业互联网安全等一批关键共性技术。研发智能制造相关的核心支撑软件，布局和积累一批核心知识产权，为制造装备和制造过程的智能化提供技术支撑。

建设高端机器人研发平台：以松山湖国际机器人产业基地和广东省智能机器人研究院为依托，联合国际一流智能机器人科研机构，不断引入机器人技术成果和高端团队，建设产学研用相结合的工业机器人和服务机器人技术研发基地与孵化平台。

搭建智能化工厂改造体系：支持第三方机构提供分析诊断、创新评估等服务，鼓励系统集成商、装备供应商、软件供应商等深度合作，针对企业实际需求，研究制定简便易行的智能化改造方案，推广一批成熟使用的单元装备和先进技术。推广适合企业发展需求的信息化产品和服务，促进互联网和信息技术在生产制造、经营管理、市场营销各个环节中的应用。推进云制造，构建智能制造和服务平台。

（三）新材料领域

依托松山湖材料实验室和散裂中子源（CSNS）大科学装置等，大力凝聚国内外在材料领域具有优势的高校院所，引进海内外高端科研团队，重点发展先进材料、加快布局前沿材料，打通从基础科学发现、关键技术突破到产业应用的完整创新链，积极推动材料科学重大成果转化和产业化，以中子科学城为核心，培育发展龙头企业和一批创新能力强、市场活力足的中小型创新科技企业，打造完整的先进材料产业链，努力将东莞建设成为国际先进材料产业的研发高地、先进材料产业化基地和产业集聚区。

重点发展先进材料。提升先进基础材料制造水平，重点提升基础零部件用钢等先进钢铁材料，以先进铝合金、镁合金、钛合金材料为主的高性能合金材料，电光陶瓷、压电陶瓷、碳化硅陶瓷等先进陶瓷，Low-E玻璃、智能玻璃等特种建筑玻璃及专用原料，超白太阳能玻璃、柔性玻璃、光学玻璃等新型无机非金属材料，新型橡胶、高端工程塑料、先进涂层材料、功能性高分子材料等，推进材料生产过程的智能化和绿色化改造，重点突破材料性能及成分控制、生产加工及应用等工艺技术，不断优化品种结构，提高质量稳定性和服役寿命，降低生产成本，提高国际竞争力。围绕新一代信息技术、高端装备制造、新能源、生命科学和生物技术等新兴产业领域发展需求，推动先进战略材料的研发和规模应用，重点发展氮化镓（GaN）、碳化硅（SiC）等第三代半导体材料和以OLED、柔性显示等为核心的新型显示材料，电子浆料、覆铜板、光电材料、靶材等电子功能材料，耐高温及耐蚀合金、高强轻型合金等高端装备用特种合金，稀土永磁驱动电机材料，以及光伏电池材料、柔性电子材料等新型能源材料、生物医用材料等，完善原辅料配套体系，提高材料成品率和性能稳定性，加快进入全球高端制造供应体系。

加快布局前沿材料。突破一批金属类、非金属类及医用类等增材制造专用材料，加快建设增材制造应用示范基地。发展纳米催化材料、纳米电子材料、纳米防水材料、纳米碳管等纳米材料。发展碳纳米管、高性能碳纤维、高性能石墨负极等先进碳材料。发展拓扑量子材料、量子磁性材料、轻元素量子材料、量子芯片和量子计算核心材料。发展新型超导材料、液态金属材料、热电与光电材料、软物质与生物材料、智能材料、石墨烯等其他前沿新材料。

专栏6　新材料产业建设工程

建设散裂中子源新材料研发孵化基地：依托散裂中子源大科学装置，加速新材料研发和产业化，加快推进新材料产品标准与下游行业设计规范的衔接配套建设。针对优势领域设立关键共性技术、材料检测与试验、知识产权和应用场景推广等平台。完善大科学装置管理运营模式，引进国际一流科研机构设立分支机构，推动高校、研究机构和企业深度合作，打造基础研究创新科学极地、前沿技术开发高地、高端产业转化园地为一体的新材料产业生态圈。

建设半导体材料研究中心：围绕晶片制造与芯片制造，重点发展氮化镓（GaN）、碳化硅（SiC）等第三代半导体材料，推进功率器件、射频器件与光电器件等第三代半导体器件的产业化，推动大尺寸蓝宝石图形衬底低成本化制造关键技术开发及产业化。

建设纳米材料与器件研发应用平台：依托松山湖材料实验室和东莞上海大学纳米技术研究院，围绕电子器件、增强复合材料、药物输送、水处理、纳米医药、三维石墨烯材料等产业方向，加速纳米材料在能源、环境、电子芯片、生物医药等领域的产业化进程，构筑应用导向，产学研结合的产业集群。

（四）新能源领域

把握绿色发展和"一带一路"建设战略契机，重点突破新能源汽车及关键零部件和高性能电池，大力发展新型能源和智慧能源技术，推进项目示范应用和高技术产业化，促进产业链协调发展，形成若干国际、国内知名品牌，推动东莞新能源产业实现新跨越。

重点发展新能源汽车。推进新能源汽车整车产业链升级发展，发展上游关键材料、核心零部件及下游配套基础设施。在整车领域，提升新能源客车整车制造实力，引进国内外优质新能源乘用车企业，鼓励本土企业与国内外企业开展技术及资本合作。在上游材料及核心零部件领域，积极发展轻型车用结构件、车用超级电容、动力电池系统、大功率永磁电机及其控制系统、整车控制系统、混合动力多能源管理系统。在下游配套基础设施领域，支持充电设施建设，鼓励发展充电设备、电池快换技术及设备，鼓励充电设施接网、计量计费、监控等技术研发，完善电池组及整车检测、试验和维修等配套服务体系。

重点发展高性能电池。巩固锂电池产业链完整、龙头企业众多、产业水平全国领先的产业优势，升级消费类锂电池，延伸动力电池、储能电池产业领域，发展新型电池技术。在消费类电池领域，发展高安全、高容量、轻薄化、快速充电的新型锂电池，配套提升锂电池生产装备。在动力电池领域，发展电池正负极材料、电芯生产、电池管理系统以及电池组集成。在储能领域，发展储能电池、逆变器、能量管理系统，支持光伏与储能融合发展。在新型电池领域，发展燃料电池、固态电池，突破新型电池制备的关键技术和材料，支持新型电池产业化。

大力发展新型能源。重点发展高效光电光热、高效储能、分布式能源，加速提升新能源产品经济性，促进多能互补和协同优化。推动太阳能多元化规模化发展,大力发展太阳能集成应用技术,推动高效低成本太阳能利用新技术和新材料产业化。

积极布局智慧能源。大力发展智能电网技术,发展和挖掘系统调峰能力。加快发展智能电网关键装备,支持发展智能仪表仪器、变电站成套装备、智能配电网成套装备、柔性直流输配电设备、大容量电力电子器件和材料、电能质量产品等领域。试点示范建立能源智慧监测平台,推进互联网、信息技术与能源产业深度融合,促进能源生产、传输和消费领域智慧化发展。

专栏7 新能源产业建设工程

构建新能源汽车技术创新联盟:充分发挥新能源汽车产业协会作用,围绕整车企业,鼓励上游材料、关键零部件及下游配套设施生产企业参与共建共享技术联盟,密切跟踪国际技术发展趋势和市场需求,整合湾区内创新资源,鼓励深度合作开展产业链技术创新,提高自主知识产权含量,提升产品设计。

提升新能源汽车推广应用体系:首先在公交领域全面推广新能源客车,支持党政机关采购新能源公务乘用车,加快物流等服务行业推广新能源商用车,加快完善充电设施配套建设,给予新能源汽车便捷通行政策优惠等。

建立高性能电池技术标准检测平台:主动建立健全高性能电池技术标准,引入第三方评价机构对电池性能、生产设备、生产工艺等进行评估评价,鼓励企业购置自动化生产设备、采用信息化管理系统,提高电池生产的一致性水平和全周期信息化管理水平。

(五)生命科学和生物技术领域

抢抓全球生命科学和生物科技发展浪潮,推动国内外大型生物研究机构和企业在东莞发展,突出前沿性、原创性技术创新,着力突破创新药物、高端医疗器械等领域,壮大大健康产业集群。

重点发展生物医药。承接乙肝、丙肝、胰腺癌、脑肿瘤等海外授权新药的研发生产。支持单克隆抗体、抗体偶联药物、双特异抗体药物、重组胰岛素、治疗性疫苗的研究与开发。推进在心脑血管、糖尿病、肿瘤等常见疾病的药物研发。加快发展中药新药、现代新型中药的研发与培育,建设具有地方特色的创新型新药研发机构。利用散裂中子源优势,支持硼中子俘获治疗技术开发以及用于"硼中子俘获疗法"的小分子硼药和含硼的生物配合物等硼药研发及产业化。

重点发展高端医疗器械。加快数字化医疗影像设备、核医疗设备、新型医用诊断设备、医用电子监护设备、医院药品智能管控系统、检验与生化仪器和激光仪器等大型医疗设备的研发与生产。布局具有联网功能的家用自我诊断和个人健康监控穿戴设备等智能医疗产品研发。加强与第三代测序核心技术的国际领先机构的合作，共同攻克精准诊断健康人群疾病风险技术难关。

积极布局生物保健。推进第二代功能食品（新型功能食品），包括多糖、辅酶Q10等功能食品配料及相关的营养保健品、功能食品的研发。引进和开发具有降低胆固醇、强化骨骼等保健功能的脂质、维生素、矿物质元素等保健品。支持具有营养功能和调节生理活动功能的第三代功能食品的生产和开发。

积极发展大健康产业。充分发挥健康大数据的基础支撑作用，加快发展数字化健康设备和产品，鼓励开发和应用各类健康相关软件。建立数字化健康管理系统，发展设备、医疗、数据与服务融合的新兴业态，建立集预防、评估、跟踪、干预、指导与随访为一体的健康管理模式，推进整合粤港澳大湾区公共卫生信息，实现本地和远程的健康信息管理互联互通，提升健康管理服务水平。

推动布局生物技术服务产业。推动研发创新与实验外包服务、第三方公共检测外包服务、生命科学技术推广服务和生物信息数据库等加快发展。完善生物技术服务市场机制，扶持生物医药技术研发、测试、服务外包等专业服务的发展。完善生物技术服务标准和基础设施建设，实现技术服务专业化、高端化、标准化发展。

专栏8 生命科学和生物技术产业建设工程

建设生命科学基础科研平台：依托散裂中子源，吸引和建设一批生命科学高端研究机构，聚焦创新药物临床前研究、细胞免疫治疗核心科研问题攻关及靶向性疫苗的研发，建成涵盖生命科学基础研究、模式动物实验、药物一致性评价、生物安全性分析等研究平台，全面实现生物研发技术科学化、规范化、专业化、规模化发展。

推动药品生产体系化：建设创新药物高端研发机构，着力创新药物临床前研究和疫苗的研发与普及，建成涵盖药物合成、药物缓控释制、新药质量标准、药理药效与一致性评价、新药药代动力学与安全性等多领域生产及评价系统。发展中药新药、现代新型中药饮片、生物培养和人工模拟生态条件下规模化种植的濒危稀缺中药材。

打造高端医疗器械应用平台：推动高端医疗应用平台建设，鼓励产学研医深度合作，根据疾病谱变化和民众健康需求，加快医疗器械产业化，推进供给侧改革，增强高端医疗器械供给能力，产品质量向国际高端水平迈进。

搭建第三方医学检测平台：支持建设第三方医学检测数据库和公共技术服务平台，建立健全第三方医学检测服务行业标准和技术质量评价体系，建设第三方医学检测机构与医疗机构的数字化互联互认系统。推进以企业为主体的第三方医学检测服务模式创新。以医学检验、卫生检验为核心，重点开展生殖孕育、重大疾病的全基因组关联分析技术、分子分型技术等关键技术研究，开展早期诊断分子标志物的开发。

五、发展布局

立足产业自发集聚基础，结合产业发展空间需求，以营造产业生态与推动产城融合为导向，为东莞重点新兴产业在空间尺度上构建"一核三带十区"的发展布局，打造十大产业集聚区，升级东莞产业发展新阵列。

（一）构建"一核"

依托散裂中子源、松山湖材料实验室以及众多集聚发展的新型研发机构，构建以松山湖高新区科技研发创新和高技术产业为源头驱动的重点产业发展核心区，完善松山湖片区创新创造集聚功能，发展总部基地、创新平台、服务中心等，培育产业发展新动能。

（二）打造"三带"

突出东莞区位特色，发挥产业集聚带动作用，南联港深、北接广惠，实现区域协调发展。

——西部高端高新产业带。发挥水乡新城、滨海湾新区的"临海"优势，对接深圳西部发展轴，在深度、广度拓展新兴
产业发展新空间，集聚发展新材料、新能源、智能终端。

——中部创新创造产业带。依托松山湖高新区，融入港深莞"世界新

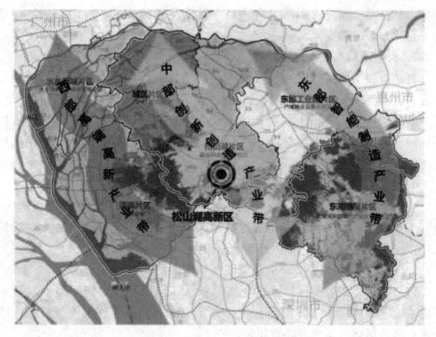

图2　东莞重点新兴产业空间布局图

硅谷"活力高能带，发挥科技创新引领作用，集聚发展新一代信息技术、新材料、生命科学和生物技术产业、机器人。

——东部智能制造产业带。依托东莞临深片区，积极对接深圳东部、中部发展轴，发挥制造业集聚优势，集聚发展机器人和智能制造产业。

（三）集聚"十区"

1. 新一代人工智能产业集聚区

打造以松山湖为源头创新的新一代人工智能产业集聚区，加强国际国内合作、区域内外联动，打通基础研究、应用研究、成果转化链条，鼓励与新材料领域的交叉科学研究，促进人工智能应用示范。

2. 新一代信息通信产业集聚区

依托东莞成熟的电子信息产业基础，围绕新一代信息通信产业开展大数据、云计算等研发、应用，延长产业链、加强产业间联系，打造以东城、石龙、石碣、黄江、常平等镇为关键节点的新一代信息通信产业集聚区。加快布局网络基础设施建设，提升新一代信息通信技术的服务能力，鼓励智慧应用，在医疗、交通、教育、政务服务、城市管理等新型智慧城市领域推进新产品、新技术示范，促进新一代信息通信技术产业由基础性设施向平台化服务的转变。

3. 智能终端产业集聚区

打造以松山湖高新区和长安镇为核心的智能终端产业集聚区。主动发挥现有智能终端企业的集聚效应，加快吸引智能手机领域总部型、平台型、基地型项目入驻，将松山湖高新区、长安镇打造成以研发设计为核心，以关键配套环节为重点，以智能手机公共服务平台为支撑的国际智能手机产业集群。

4. 工业机器人产业集聚区

打造以松山湖大学创新城为机器人科技研发中心，以松山湖高新区、东部工业园区、银瓶合作创新区为机器人制造业重要基地，集聚发展机器人产业。构建东莞工业机器人产业聚集发展带。

5. 高端智能制造装备产业集聚区

打造以东部工业园区、银瓶合作创新区、临深片区为智能装备制造业重要基地，支持常平镇等培育自主品牌，积极对接深圳技术创新资源，结合现有制造基础，集聚发展智能装备产业。

6. 先进材料产业集聚区

依托散裂中子源和松山湖材料实验室，打造以松山湖区、寮步镇、大朗镇、企石镇等为节点的第三代半导体材料产业集聚区，以常平镇、道滘镇等为节点的高分子材料产业集聚区，以松山湖区、横沥镇、清溪镇等为支点的新型金属材料集聚区。

7. 新能源汽车产业集聚区

打造以麻涌镇为整车制造中心、以谢岗镇为关键零部件制造中心的新能源汽车产业集聚区。力争引进更多先进整车制造企业，加快关键零部件生产企业的集聚，探索发展氢能源汽车，强化麻涌镇作为珠三角汽车博览中心的地位和影响力，逐步打造"生产—博览—集散"一体化的珠三角汽车之都，谢岗镇依托智能制造，重点发展新能源汽车关键零部件。

8. 高性能电池产业集聚区

打造以松山湖、长安镇、麻涌镇、谢岗镇为重点生产基地的高性能电池产业集聚区，长安镇聚焦消费类锂电池、麻涌镇、谢岗镇聚焦动力电池和储能电池，推动制造环节的自动化和智能化水平，松山湖聚焦新型电池研发和产业化，紧跟技术发展前沿，打造新型电池创新高地。

9. 生物医药产业集聚区

打造以松山湖高新区为核心，以石龙镇、长安镇为节点的生物医药产业集聚区。紧贴莞台两岸生物技术产业合作基地布局，在松山湖聚焦生物医药产业发展。充分发挥全产业链优势，形成高密度、多元化核心集聚区和研发基地。石龙镇、长安镇依托原有产业基础，发展药品制造。

10. 高端医疗器械产业集聚区

发挥松山湖高新区的集聚作用，加大对国内外优质医疗器械企业的招商力度，培育孵化专精特新中小企业，逐步形成特色鲜明、优势突出的高端医疗器械产业集聚区。

六、全面推进"4+"行动，改造提升传统产业

坚持传统产业、优势产业、新兴产业并举，加快提升产业自动化与智能化水平，利用新技术突破产业发展瓶颈，以高端品牌代替低端生产、同质加工。推动传统产业标准化建设，加强对知识产权工作的引导，帮助企业强化知识产权创造、运用、管理和保护。提升产品生产对传统文化、创意文化的融入，增强传统产业自主创新能力。

（一）推进"数字+"行动

持续推进智能化升级改造。依托工业机器人、高端装备制造等产业基础，大力推动传统产业机械化升级改造，支持传统产业向机械化、自动化生产、部件标准化制作、工艺规范化作业转型。支持传统产业采用先进设备，优化企业生产线，采用高端数控机械提高传统产业加工精度和生产效率。鼓励推进传统产业智能化，建设智能工厂。加快推进人机智能交互、物联网等技术和装备在传统产业中的应用，建立产业质量数据库、企业质量信用数据库采集与管理系统，完善产品质量可追溯系统及配套硬件设备。

建立消费新需求满足机制。加快物联网、云计算、大数据等信息技术在传统产业上的应用，挖掘终端市场需求和消费趋势，形成面向生产组织全过程的数据信息。支持传统产业利用用户个性化需求，推进生产制造和供应链管理等关键环节的柔性化改造，开展基于个性化产品的服务模式和商业模式创新。加强传统产业全生命周期管理、供应链管理，促进设计与制造、产供销一体、业务和财务衔接等关键环节集成，实现传统产业的智能管控。

发展网络营销等新型模式。鼓励传统产业利用电子商务平台优化采购体系和分销体系，积极开拓网络销售渠道。鼓励传统产业利用电商平台的大数据资源，提升精准营销能力，全面深化定制电子商务应用。引导传

产业将用户体验与客户引流相结合,倡导线上线下融合协同发展。鼓励传统产业利用移动社交、新媒体等新渠道,发展社交电商等网络营销新模式。

(二)推进"品牌+"行动

加大企业品牌建设。强化传统产业品牌发展和竞争意识,培育知名品牌,建立完善品牌培育管理体系,着力加快自主品牌培育,减少行业企业贴牌生产。鼓励传统产业企业开展品牌价值评价,发布品牌价值评价榜单,推动产业集聚品牌区域试点。支持品牌企业到国外设立研发设计机构、营销网络,促进品牌产品出口。支持着眼于品牌国际化、设计创意、时尚研究、市场开拓的跨国并购合作,提升品牌全球化资源整合能力。支持传统产业企业进行商标国际注册,开展知识产权布局。

提升区域品牌影响。依托现有产业生态,鼓励传统产业强化产业特色,扩大区域产品知名度,引导传统产业树立集群区域品牌意识,维护区域品牌形象。鼓励传统产业以区域品牌为标志,开展各种推广和宣传活动。支持传统产业组团参加国际性展会,鼓励传统产业加大对区域品牌建设的宣传力度,提高社会认知度。

培育品牌生态环境。支持传统产业完成物流开发、产品生产、服务水平、研究开发,以及延伸出的资金流、商流、信息流开发等相互关联的品牌生态建设。鼓励传统产业围绕品牌生态单元,进一步改善产业本身和支撑系统,优化物流配送系统、提高设计研发能力、建立品牌发展产业基金、推广信息技术和移动互联技术。

(三)推进"标准+"行动

全面实施标准化战略。着力加强产业标准化生产技术应用,支持分品种制定先进、实用、操作性强的生产技术规程,分技术制定生产技术方案。鼓励传统产业以标准共建共享和互联互通,支撑和推动科技创新、制度创新、产业创新和管理创新。加快促进传统产业技术专利化、专利标准化、标准产业化。鼓励传统产业设立标准创新贡献奖,建设标准化研究中心。鼓励传统产业以硬标准占据市场主动权,抢占规则话语权与产业竞争力制高点,助力传统产业走向国际市场。

构建"东莞制造"标准化体系。鼓励传统产业引领"东莞制造"提质增效升级,支持传统产业大力推动传统块状经济向现代产业集群转变。支持传统产业规模以上工业企业全面对标采标,实施传统产业标准化提升工程,鼓励传统产业开展与国外先进标准对标工作,根据标准化水平差距,制定标准化提档路线图。

（四）推进"文化+"行动

宣扬东莞制造文化。鼓励传统产业深度发掘制造文化内涵，宣扬"东莞制造"精益求精、追求品质、开放包容的本质特征。支持构建传统产业的产业文化体系，着力将东莞打造成为世界一流的制造业名城文化品牌。

融入文化创意氛围。鼓励传统产业加强文化植入、创意设计和互联网技术的融合创新，引导传统产业把产品的实用功能与绿色环保、文化创意相融合，实现产品向精细、高档方向发展。支持传统产业挖掘企业精神内涵，提供拥有企业特色的产业和服务，支持传统产业自主设计研发各种文化创意产品，从经营产品向经营"工艺品"转型，提升产品附加值。

积淀产品文化底蕴。重点提高传统产业生产标准要求，鼓励培育一批"专、精、特、新"的企业群体。支持传统产业多层面打造承载平台，促进文创、会展、传媒等行业繁荣发展，促进文化软实力实现质的飞越。支持传统产业塑造有文化、有品位、有个性、有魅力的产品形象，促进人流、物流、资金流、信息流的聚集，提高传统产业品质、精神形象。

七、发展机制

充分发挥规划对全市面向2025年的重点新兴产业发展的统领作用，明确各部门分工，构建政策支撑体系，全面加强规划组织实施和统筹协调，持续健全保障规划实施的长效机制，确保规划实施取得明显成效。

（一）建立重点新兴产业发展协调机制

为加强重点新兴产业发展工作的统筹领导，成立东莞市新兴产业发展领导小组，由市政府主要领导任组长，各分管市领导任副组长，各相关部门主要领导任小组成员，领导小组办公室设在市发改局。在领导小组框架内，由市发改局、经信局、科技局、商务局、财政局等部门共同对拟扶持的重点新兴产业项目进行审议并报领导小组审定，形成市政府统筹领导，各部门分工协作、共同参与的重点新兴产业培育发展协同机制。

（二）创新重点新兴产业发展协同机制

1. 构建完善重点新兴产业发展引领机制

由市发改局牵头市有关部门和各方力量共同开展东莞现代产业体系中

长期发展规划研究，提出重点发展领域和方向，进而提出产业发展工作意见建议；各有关部门按照分工，研究形成各重点新兴产业专项规划并抓好落实，制定专项支持政策、招商引智目录，谋划打造一批特色产业基地、园区。构建形成"1+N"的规划引领体系和政策支持体系，强化资金、人才、土地等要素资源支撑，全面营造一流的产业创新发展生态系统，促进重点新兴产业快速、健康、可持续发展。

2. 优化产业发展专项资金扶持机制

一是优化资金引导。进一步优化财政资金对产业发展的引导机制，设立新兴产业发展专项资金，更好地发挥市场配置资源的决定性作用，综合运用贷款贴息、担保贷款、设备融资租赁、直接补助、股权投资等方式，建立健全无偿与有偿并行、事前与事后结合的多元化扶持方式。设立重点新兴产业发展专项基金，发挥财政专项资金的撬动、引导作用，着力激活市场主体活力，积极引导金融资金和民间资本投向重点产业，鼓励创业投资机构和产业投资基金投资重点新兴产业项目，逐步形成多元化、多渠道的重点新兴产业投入体系。

二是强化创新扶持。各相关职能部门联合组织实施东莞重点新兴产业发展规划，推进产业链、创新链、资金链融合，围绕企业各个发展阶段的创新进行扶持，借鉴参考深圳市经验做法，包括重点新兴产业的基础研究知识创新、技术创新、协同创新、高技术产业化、创新载体建设、"创新链+产业链"融合专项、产业链关键环节提升、示范应用推广、品牌培育、市场准入认证、技术改造、学科建设、国家/省配套等类别项目的扶持工作。

3. 建立完善产业发展评价考核机制

一是建立产业高质量发展综合评价机制。参考先进经验做法，以新兴产业为试点，在全省率先建立"亩产效益"综合评价机制，针对用地5亩以上工业企业先行实施"亩产效益"综合评价，后续视情况逐步拓展到所有产业工业企业以及产业集聚区、经济开发区、高新园区等。规模以上工业企业综合评价以亩均税收、亩均增加值、全员劳动生产率、单位能耗增加值、单位排放增加值、R&D经费支出占主营业务收入之比6项指标为主，提升重点新兴产业发展质量效益。

二是强化工作责任考核评估。积极开展对规划指标、政策措施和重大工程等实施情况的跟踪监测分析，强化动态管理，提高规划实施效果。进一步细化各镇街、各部门的任务分工，建立规划实施定期考核机制，引入第三方专业机构实施评估，全面客观评价规划落实情况。密切关注国内外新兴产业发展动态，适时调整规划实施重点、政策举措及保障机制。健全重点新兴产业统计指标体系和统计制度，探索建立新兴产业重点企业大数据监控平台，加强产业监测和统计分析，为监测评估和政策制定提供基础支撑。

（三）优化重点新兴产业发展支撑体系

1. 创新人才引育

加强对重点新兴产业高端环节和产业链缺失环节进行深入研究和精准定位，遵循高新技术产业发展规律，设立专门部门全球遴选和发掘前沿领域的战略科学家、科技领军人才和创新企业家，逐步建立起一支符合发展需求的人才队伍。发挥东莞基于外贸和出口国际化程度相对较高优势，建立与国际接轨的人才服务制度，完善市场化、国际化人才评价机制，构建创新价值导向的收入分配机制。发挥高校和科研院所的支撑和引领作用，加强重点新兴产业相关专业学科建设，支持高校增加服务经济社会发展的急需专业和学位点。

2. 强化用地保障

加大土地资源供应力度，规划新建一批各具特色的高新技术产业基地和园区，建成一批集聚度高、关联性强、带动效应好的产业集聚区。优化产业用地供应机制，降低优质产业项目的土地成本，优先保障重大产业项目落地。加大创新型产业用房供给，允许符合条件的闲置产业用地建设创新型产业用房，实行创新型产业用房租金优惠。

3. 优化招商选资

明确重点招商方向，围绕新一代信息技术、高端装备制造、新材料、新能源、生命科学和生物技术领域五大新兴产业领域，修订完善产业招商目录，开展精准招商。

设立专业部门对接，对深圳、广州重点产业优质企业进行定向招商，特别是引进龙头企业的研发制造环节，破解深广两地土地资源稀缺、要素成本高等瓶颈，实现深莞穗三地产业协作、共赢发展。

坚持科学评估项目，引入第三方机构，客观独立对拟引进项目进行评估；对已引进项目，优化引入项目绩效考核机制，对项目GDP和财政贡献等绩效进行考核，设置达标奖励制度。

附件：1. 十大重点新兴产业聚集区。
　　　2. 东莞市新兴产业发展协调机制和部门分工。

附件1 十大重点新兴产业集聚区

序号	产业集聚区
1	新一代人工智能产业集聚区
2	新一代信息通信产业集聚区
3	智能终端产业集聚区
4	工业机器人产业集聚区
5	高端智能制造装备产业集聚区
6	先进材料产业集聚区
7	新能源汽车产业集聚区
8	高性能电池产业集聚区
9	生物医药产业集聚区
10	高端医疗器械产业集聚区

附件2 东莞市新兴产业发展协调机制和部门分工

为加强重点新兴产业发展工作的统筹领导,成立新兴产业发展领导小组,由市政府主要领导任组长,各分管市领导任副组长,各相关部门主要领导任小组成员,领导小组办公室设在市发改局。在领导小组框架内,由市发改局、经信局、科技局等产业主管部门和财政部门共同对拟扶持的重点新兴产业项目进行审议,审议通过后上报领导小组审定。领导小组成员单位定期向领导小组办公室报送有关工作情况和信息,形成市政府统筹领导,各部门分工协作、共同参与的重点新兴产业培育发展协同机制。

一、领导小组主要职责

研究部署和指导全市促进重点新兴产业发展的各项工作;研究制定促进重点新兴产业发展的政策措施;审议重点新兴产业重大项目计划、重大专项资金安排等重大事项;协调解决促进全市重点新兴产业发展遇到的重大问题;明确各成员单位职责分工,部署工作计划;督促和检查各有关成员单位推进及政策配套落实情况;不定期召开会议对全市重点新兴产业培育工作进行研究部署。

二、领导小组办公室主要职责

协调落实领导小组关于促进重点新兴产业的各项工作事宜;负责领导小组有关会议的筹备及各成员单位的日常协调、统筹工作;组织推进制定重点新兴产业的相关配套政策和文件;协调办理需提交领导小组审议的重大事项;指导各成员单位建立完善工作机制;跟踪了解重点新兴产业培育工作的进展情况,建立信息沟通机制,收集、整理、发布重点新兴产业工作各项信息;组织开展重点新兴产业有关调研并提出工作建议;对各成员单位推进重点新兴产业培育工作进行督促,协调推进目标责任考核评价工作。

三、领导小组成员单位职责

(一)市发改局:联合组织实施重点新兴产业发展规划,牵头推动新能源、生命科学和生物技术发展,协调新型智慧城市发展,开展重点新兴产业的高技术产业化、创新能力建设(工程实验室、公共服务平台、工程研究中心等)、"创新链+产业链"融合专项、学科建设、国家/省配套等类别项目的扶持工作。

(二)市经信局:联合组织实施重点新兴产业发展规划,牵头推动新一代信息技术、高端装备制造发展,协调传统产业的提升发展,开展产业链关键环节提升、示范应用推广、技术改造、创新能力建设(企业技术中心、公共服务平台等)、国家/省配套项目、品牌培育、市场准入认证等类别项目的扶持工作。

(三)市科技局:联合组织实施重点新兴产业发展规划,牵头推动新材料和新一代人工智能发展,开展重点新兴产业的知识创新(基础研究、创业资助等)、技术创新(技术开发、技术攻关等)、协同创新(国家/省配套项目)、创新环境建设(重点实验室、公共服务平台、工程中心)等类别项目的扶持工作。会同有关部门引进重点新兴产业领域的领军人才和创新科研团队。

(四)市府金融工作局:联合组织实施重点新兴产业发展规划,研究提出促进重点新兴产业发展金融政策措施;积极引导各类金融资源投入重点新兴产业领域;大力支持重点新兴产业企业挂牌上市;支持引导股权投资基金发展,为重点新兴产业提供创投服务。

(五)市商务局:联合组织实施重点新兴产业发展规划,协调推进重点新兴产业重点项目和技术的国际交流和合作;加大重点新兴产业的招商引资力度,积极引导境外资本投向重点新兴产业领域;加强对重点新兴产业项目的服务管理,协调解决项目落户和增资扩产遇到的困难和问题;鼓励有关企业开展重点新兴产业核心技术自主研发,加快重点新兴产业培育。

(六)市财政局:配合各产业主管部门研究提出促进重点新兴产业发展的财政政策,落实财政支持资金,研究制订相应的资金管理办法。

(七)市人才办:围绕重点新兴产业领域加强干部培训。

(八)市教育局:配合有关部门引进重点新兴产业高端人才及创新科研团队;推动各高校积极开展重点新兴产业专业设置、人才培养和储备;支持各有关高校积极参与重点新兴产业领域科研创新。

(九)市人力资源局:配合各产业主管部门提出促进重点新兴产业发展的人才战略,加强重点新兴产业发展急需的创新型人才,以及适应重点新兴产业发展的专业技术人才、技能人才和管理人才的培养和交流。

(十)市国土局:研究落实促进重点新兴产业发展的土地政策,保障重大项目用地;在审批权限内,对项目建设涉及的农用地转用、土地征收审查和报批给予优先办理。

（十一）市统计局：做好重点新兴产业统计指标体系相关工作，加强数据统计及数据的运行监测分析。

（十二）市国资委：鼓励市属企业大力开展重点新兴产业核心技术自主研发，加快重点新兴产业培育；引导国有资本积极向重大新兴产业投资、布局；加大重大投资项目的招商引技力度，积极探索市属企业与外资、民营多元化合作新模式。

（十三）市税务局：贯彻落实重点新兴产业领域企业研发费税前加计扣除税收优惠政策。

（十四）东莞银监分局：研究提出促进重点新兴产业发展的信贷政策，引导和协调商业银行加大对重点新兴产业的信贷投放。

（十五）市质监局：加强标准化的宣传工作，推动重点新兴产业标准化工作，研究完善技术标准促进重点新兴产业发展的政策措施，支持相关企事业单位抱团研究制定产业各级标准，引导企业将专利技术和科技成果融入标准，推动创新成果产业化，鼓励企业以标准推动产业国际化，加强公共检测服务平台建设。

东莞市产业结构调整规划
（2008—2017 年）

推进产业结构调整和产品转型升级，提高经济发展的质量和效益，是东莞落实科学发展观的最核心任务。根据《广东省委、省政府关于加快建设现代产业体系的决定》《东莞市国民经济和社会发展"十一五"规划纲要》等，制定本规划。

本规划期限 2008 年—2012 年，展望到 2017 年。

一、产业结构的现状与问题

（一）发展现实

改革开放以来，东莞顺应了国家改革开放的大环境和国际产业发展规律，充分利用政策、区位和人文等优势，有效承接了港台地区和其他发达国家的产业转移，大力发展外源型经济，形成了较为完善的产业体系，综合实力显著增强，为产业转型发展打下良好的基础。2007 年，全市生产总值 3151 亿元，比上年增长 18.1%；来源于东莞的财政总收入 539.5 亿元，其中市财政一般预算收入 186 亿元；进出口总额 1050 亿美元，综合经济实力位居全国大中城市前列。

1. 产业结构逐步优化

三次产业比例调整为 0.4∶57.1∶42.5。大力发展高新技术产业，2007 年全市高新技术产业产值达 2227 亿元，高新技术产业产值占全市工业总产值 33.4%。金融保险业、会展物流、科技服务等现代服务业快速发展，展会总数位居全省第三，培育了名家具展、服交会、毛织展等知名本土展览品牌项目，引进多个国际大型物流企业和零售企业，商贸市场活跃。

2. 工业支柱产业凸现

电子信息、电气机械工业总产值占规模以上工业总产值比重超过 40%，以信息产业为主体，配套的深度和广度有较大的提高，形成了电子信息、服装、家具、毛织、五金模具等产业集群，发展了一批特色产业和专业镇，集群效应增强。

3. 内外源型经济稳步提升

外向型经济持续发展，外贸进出口总值突破 1 千亿美元，实际利用外资持续稳定增长，增资扩产成为利用外资的重要形式，外商投资项目规模增大，服务业成为吸收外资的新亮点。民营经济规模不断扩大，全市个体工商户和私营企业超过 40 万家，民营经济实现增加值占全市生产总值的 31%，缴税总额占全市总税收的 40%。

4. 发展环境日趋完善

扎实推进城市建设，大力开展"四清理"、"五整治"和基础设施工程，实施"碧水、蓝天、绿地、宜居、绿色 GDP"等五大工程，城市功能得到完善，城市面貌大大改善，成为国家卫生城市、国家园林城市、国际花园城市。

（二）存在问题

东莞市的产业发展同时也面临诸多不利因素的制约和挑战，主要表现在：一是发展方式粗放，三产发展相对缓慢，服务支撑能力不强。二是研发投入低，技术人才不足，自主创新能力不强。三是资源制约明显，土地资源匮乏，电力缺口较大，水资源紧缺。四是对外依存度高，民营经济发展滞后，竞争力不强。五是人口结构不合理，人口数量大，人均产出不强。六是镇街发展不平衡，模式同源，产业同构，资源利用效益较低。

随着国内外环境的变化，区域竞争的加剧，各类资源日益紧缺，我市原有的比较优势明显减弱，不主动调整产业结构，就会在激烈的区域竞争中丧失优势。

（三）调整的机遇

1. 国际产业发展机遇

国际产业调整转移日益向高新科化、服务化方向发展，制造业链条中的部分服务环节加速分离，现代物流、金融保险、商务服务等生产性服务业加速发展，产业内部结构也出现不断细分化趋势，产业集群在推动区域经济发展中的作用日益突出，新业态、新产业不断出现。同时，国家、地区和企业间的交往与合作日趋紧密，企业并购及资产重组活动频繁，生产要素全球化流动加快，产业国际化程度不断提高。

2. 国内产业政策导向机遇

国家大力推进自主创新，鼓励发展高端产业，推进高新技术产业和生产性服务业发展。省委省政府先后出台了《推进产业转移和劳动力转移的决定》和《加快建设现代产业体系的决定》，为东莞的产业结构升级转型指明方向，提供良好的机遇。

3. 自身具备推动升级的条件

我市的产业基础比较扎实，产业链条比较完整，配套能力比较强，这有利于吸引优质项目来莞投资，促进产业升级。经过多年的发展，经济实力加强、城市功能完善，有利于聚集知识、技术、人才等要素资源承接发展高端产业和现代服务业的发展。有条件、有能力把握新一轮发展的机遇，实现产业结构升级转型。

二、指导思想与总体目标

（一）指导思想

以科学发展观为指导，以解放思想和改革创新为动力，以市场为导向，以提升产业整体竞争力为目标，以增强自主创新能力、转变发展方式为中心环节，以资源集约利用为手段，以强化政策导向、科学规划和完善统筹协调机制为保障，遵循产业发展规律，坚持节约发展、清洁发展、安全发展和可持续发展，加快构建现代产业体系，促进经济又好又快发展。

（二）总体目标

坚持以科学发展观为统领，以建设现代制造业名城为目标，走新型工业化道路，加快发展第三产业，优化调整第二产业，精细发展第一产业，努力打造以现代服务业和高新技术产业为先导、以先进制造业和传统优势产业为支撑、以现代农业为重要补充的现代产业体系。通过转变经济发展方式，调整产业结构，优化空间布局，完善城市综合服务功能，进一步增强创新能力，提高质量效益，提升产业综合竞争力，使产业创新能力明显提升、产品附加值明显提高、单位产出明显提高、第三产业比重明显提高、单位生产总值能耗明显下降，减少人口规模，提高人口素质，实现经济社会全面协调可持续发展。

1. 经济总量稳定增长

经济保持稳定增长，预计2012年生产总值超5000亿元，年均增长10%以上。

2. 产业结构明显优化

到2012年，第三产业增加值占GDP比重提高到47%以上；电子信息制造业增加值占规模以上工业增加值比重提高到40%以上；高新技术产品产值占工业增加值比重30%；民营经济增加值占GDP比重提高到35%以上。

3. 产品技术结构明显优化

加快建设自主创新体系，高新技术企业发展壮大，传统特色产业得到改造提升，风险投资体系比较完善，培育一批在国内外具有竞争能力和影响力的自有品牌。到2012年，企业R&D经费支出达到企业主营收入的2%，专利申请量达到15000件，授权量达到10000件，商标注册量达到40000件，中国名牌产品、驰名商标拥有量达到60个。

4. 企业组织结构明显优化

加工贸易企业转型升级成效显著。推进企业专业化、规模化、集成化，形成一批拥有核心技术和自主品牌、具有较强国内国际竞争力的大公司和企业集团，打造5个年营业收入100亿元以上企业，50个年营业收入10亿元以上企业，发展一大批"专、优、特、精"的中小企业。

5. 人口结构明显优化

到2012年，有效控制人口规模，形成与产业结构相协调的人口结构。全市常住人口控制在650万人左右，人才总量增加到142万人以上，户籍人口比重增加，人口结构明显优化，人口素质明显提高，促进人口与资源、环境协调发展。

6. 空间布局结构明显优化

以主体功能区、产业基地和服务业集聚区为重点，促进区域生产力合理布局，鼓励要素向园区集聚、企业向园区集中，形成通讯、光电、创意产业等一批新集群，产业集中度明显提高，产业集聚力明显增强。

7. 资源配置结构明显优化

实现经济效益与生态效益的有机统一，形成资源节约型、清洁生产型和生态环保型的产业产品结构，资源能源消耗明显降低，可持续发展能力不断增强。到2012年，新投产工业项目用地单位面积投资强度达标率为95%，单位工业用地面积实现工业增加值增长率20%；全市单位GDP能耗降低16%；万元地区生产总值水耗下降16%；工业用水重复利用率达到50%。

到2020年，形成以服务业为主的产业结构，三次产业协调发展；科技创新水平明显提高，对经济发展的引领和支撑作用明显增强；产业布局更加协调，形成分工合理、各具特色的空间格局；主要污染物排放总量明显下降，单位地区生产总值能耗达到全国先进水平，人口结构明显优化，形成人与自然和谐相处的生态环境；产业整体竞争力领先珠三角，形成具有国际竞争力的现代产业体系。

（三）基本原则

进退有序，调稳结合。坚持有所为有所不为，按照东莞结构调整的目标要求，积极发展符合东莞发展功能定位的高技术产业、现代服务业和先进制造业等高端产业，推进高能耗、高物耗、高污染、低附加值产业的有序退出；坚持淘汰落后产业与扶持优势产业相结合，在保持稳定的前提下，积极探索引导产业发展的新模式，进一步完善有利于结构调整优化的政策体系，稳步推进产业结构优化升级。

分类指导，点面结合。坚持区别对待，分类指导，分步实施。根据不同区域、不同行业的现状和特点，运用有区别的政策，采取有区别的措施，充分发挥各地的产业优势，大力发展产业集群和区域特色经济，形成分工合理、优势互补的产业体系，促进区域经济协调发展。要分类、分区域、分行业推进试点工作，形成经验，有序推进全市范围及重点领域产业结构调整。

自主创新，内外结合。把提高自主创新能力作为调整产业结构、提高核心竞争力的中心环节，把技术改造作为提升特色优势产业技术装备水平的重要手段，把加工贸易转型升级作为重要内容，充分发挥外资企业多的产业优势，努力提高引进消化吸收再创新能力，培育具有核心竞争力的新兴先导产业，推动提高产业整体技术水平。以外源经济为动力，加快加工贸易企业转型升级，挖掘和激发内源优势，大力发展民营经济，培育发展"两自企业"，实现内外源经济相互促进、协调发展。

统筹协调，政企结合。坚持规划先行，加强统筹协调，实现土地规划、城市规划与产业规划的合理衔接，城镇化和农业现代化进程，加快城乡区域产业结构和布局调整，加强综合协调，积极完善产业政策，建立有效的工作机制，综合运用规划、政策、项目、价格等手段，合理配置和有效运用各类资源，构建以企业为主体的产业结构调整体系。

三、产业结构调整的方向和重点

总体思路是：以提升产业水平和提高人口素质为目标，以稳定现有优质企业为前提，以加工贸易升级转型为重点，以推动产业链的延伸、引进高端企业和发展总部经济为手段，按照"高端带动、适度重化、自主创新、循环集约、试点先行、整体推进"的原则，重点发展电子信息、电气机械、纺织服装、商贸物流等支柱产业，强化金融、会展、文化创意、科技服务等服务支撑，稳定提升食品饮料、制鞋玩具、造纸等特色优势产业，大力培育发展生物医药、新能源、新材料等战略产业，促进产业发展高端化、适度重型化，努力实现产业综合竞争能力和城市综合服务能力双突破。

（一）加快发展现代服务业，提高第三产业比重和水平

加快发展现代服务业，是推动经济发展方式转变的重要手段，是提高城市综合辐射力的重要途径，要大力发展以生产性服务业为重心的现代服务业，为产业结构转型升级提供重要的服务支撑。

1. 充分发挥金融、物流、会展、中介及信息服务等生产性服务业的综合功能，促进现代服务业和制造业有机融合

金融业。积极推进金融改革和金融创新，把东莞打造成区域性金融机构聚集区、金融服务创新区、金融生态示范区和金融后台中心区。

——积极探索金融创新，促进产业结构升级。建设金融新产品、新服务试验区，探索筹建小额贷款公司、货币经纪公司、基金管理公司等新型金融组织。推动发展中小企业发展信托基金和住房信托基金，培育和发展产业投资基金和融资租赁业务，吸引民间资本进入投融资领域。

——扩大金融开放，推进区域金融合作。统筹优化金融产业的整体布局，不断完善金融市场主体，建设具有东莞特色、门类齐全、功能完备的金融组织体系，积极引进台资及国际金融机构来莞设立地区总部或分支机构，吸引更多金融机构落户东莞。鼓励金融产品和服务创新，支持发展多层次资本市场，发展产业风险投资基金，鼓励多种形式的科技创新及风险创业投资。加强与穗深等珠三角地区金融机构合作。

——大力发展地方金融，树立地方金融品牌。着力推动东莞银行、东莞证券上市，扶持市农村信用合作社转制为农村商业银行，按照上市公司标准改造信托公司，鼓励地方金融机构跨区域经营，增强地方金融竞争力。

——加强金融基础建设，优化金融生态。整合信息资源，构建统一征信系统和金融交流平台。规划建设金融商务区，引导金融机构聚集发展。大力引进国内外金融机构建立电子交易资讯处理中心、产品研发中心、客户服务中心、金融业务及数据备份中心等后台，将东莞建成为广东省内的金融机构后台服务中心，吸引国内外产业资本和金融资本流向东莞。

——通过政策扶持，推动信用中介体系建设，组建实力较为雄厚、运营规范的信用担保公司、信用评估机构、保险公估公司、会计师事务所等社会中介服务体系，完善信用再担保体系。

物流业。建设完善现代物流基础设施,大力发展综合物流、保税物流和第三方物流,建设区域性物流中心,逐步形成"大流通、大通关、大口岸"的格局。

——大力发展综合保税区、综合物流中心、专业物流中心和配送分拨中心,加大虎门港规划建设力度,完善港口码头、通港道路等基础设施,优化口岸环境,完善金融、代理、生活等配套设施,申请合理配置多个保税物流中心,建设珠三角重要的工业原材料进口及集装箱货物出口中心。

——鼓励和支持资源性综合物流和第三方物流企业,完善物流综合信息平台和电子口岸建设,支持现代物流企业拓展网络服务体系,发展骨干型物流企业,形成以第三方、第四方物流企业及供应链服务企业为主体的物流产业群。

——加大开放物流市场,积极引进一批国内外先进的现代物流企业,推进现代物流业国际化。引导本土企业积极参与外资企业的本土化进程,提高物流企业的营运水平。

——鼓励和支持发展铁路物流,做好客运和货运与火车站的有序衔接,发挥火车站的辐射作用,带动周边镇区的物流、人流、商流发展。

会展业。完善会展基础设施建设,巩固现有展会品牌,鼓励会展业进行优化整合,构建虎门、厚街、城区商务会展产业带,全力打造面向国际的区域性会展中心。

——统筹基础设施建设,进一步发展和完善配套服务,逐步将会议展览中心建设成为集产品展示、经贸洽谈、商务采购、专业论坛、文化交流、旅游观光为一体的多功能展馆。

——充分发挥品牌会展的效应和带动作用,积极扶持电子、家具、服装、通讯设备等专业会展品牌。重点办好电博会、厚街名家具展、虎门服装交易会、大朗织交会等较具国际影响的展会,打造具有行业特色和地方特色的会展品牌。

——支持通过兼并、收购、相互参股、结成战略联盟等方式壮大会展企业实力。鼓励外商投资会展业,加强对外合作特别是港台地区合作,吸引国际、国内大型会展公司、著名会展服务公司以及国外政府机构到我市举办各种类型的会展,进一步提高会展业的综合竞争能力。

——加强会展与产业经济的互补联动。利用会展活动对参展商和观展商的吸引作用,大力培育新的专业会展;引导会展活动的延伸,发展会展行业咨询、管理信息系统、网络信息服务,举办产业上游和下游配套会展,使会展服务于制造业产业链中的各个环节,促进会展活动与产业发展有机结合，形成商务会展与制造业的良性互动模式。

中介服务业。依托产业优势，加快发展专业化、规范化、国际化的商务服务，为产业优化升级提供有力支撑。

——构建与国际接轨的中介服务体系。积极发展和规范法律服务、会计审计、咨询、认证认可、评估、广告等知识密集型服务业，形成支撑先进制造业高端发展的服务体系。

——支持中介服务业发展。鼓励民间资金进入中介服务业，积极引进一批境外知名的商务服务机构在我市设立分支机构或办事处，鼓励有条件的中介组织加强与境外中介组织的合作，拓展国际业务，提升整体服务能力。

——优化中介服务发展环境，规范中介服务行业管理，积极培育行业协会。推进中介服务业信用体系建设。

信息服务业。充分发挥信息产业集聚优势，加快应用信息技术推动产业升级，提升信息服务水平。

——推动信息技术和互联网的应用，完善信息网络基础设施，吸引国内外优秀服务商落户东莞，加快发展互联网、信息技术、数字与网络增值、电信与广电运营等服务。

——加快发展软件与集成电路设计、网络信息服务、信息服务外包等行业。重点鼓励发展行业应用软件、嵌入式软件、软件服务、数字内容处理等的研发与应用，鼓励具有自主知识产权的 IC 研发、集成、应用和推广。积极推动数字设计创意业发展。

——加快推进电子商务，建立健全信用、认证、标准、支付等电子商务交易应用平台与支撑服务平台。推进电子政务和电子社区工程建设，建立统一电子政务基础设施、基础信息资源和各类业务协同平台，促进政策公共服务和社区服务信息化。实现智能交通、远程教育、数字社区、便民服务信息系统等方面的技术应用。

——重点推广无线射频识别（RFID）、全球定位系统（GPS）、地理信息系统（GIS）等自动识别和采集跟踪技术的应用及产业化。整合物流信息资源，建设公共物流信息平台，推进制造业设计、生产和管理各环节信息技术的全面应用，支持面向制造业集成化、自动化和智能化的信息技术产品和服务的发展。推进商业、餐饮、劳务、旅游等传统服务业的信息化。

——加快建设我市人口、法人、自然资源、宏观经济、专利等对经济社会发展具有重要作用的基础资源数据库，加强基础信息资源的开放、互联和共享。加快信息资源采集、整理、加工和应用的产业化，推进商业性信息资源开发利用。加强公益性信息资源增值服务，建设若干个全市性数据资源服务中心和网络数据中心。

2. 着力培育科技服务、文化创意、总部经济、服务外包等新兴服务业

科技服务业。以提高自主创新能力为核心，支持科研开发、产品设计、质量检测、工程规划、技术推广、环境监测等行业发展，为经济社会发展提供科技支撑。

——以松山湖为依托，支持公共研发平台、科技企业孵化器和加速器建设，重点推进软件、工业设计、集成电路设计、生物医药和新材料、新能源等专业科技孵化器，引进港台科技创新资源，做大做强生产力促进中心。

——鼓励设立各类技术检验检测、科技咨询与项目评估、专利代理、技术产权交易与风险投资等中介机构，积极发展科技中介服务，引导科技服务向专业化、规范化和规模化发展。

——完善知识产权信息化服务平台，建设以专利、商标为主的分析检索平台和预警服务系统，建立重点行业专利数据库和商标信息库，推动科技成果的产权实现资本化、股份化。组建知识产权法律援助中心，提供知识产权政策咨询和法律援助服务。

文化创意。依托制造业基础，以研发设计、咨询策划、文化传媒、时尚消费为重点，构筑创意产业链，拓展延伸使其形成规模，培养一批富有竞争力的创意产业集群。

——有效整合文化资源，大力扶持大众传媒、印刷复制、影视制作、动漫游戏，拓展文化创作与艺术表演、艺术培训、文化旅游等文化创意，规范发展文化娱乐、网络文化和文化中介。

——鼓励发展工业设计、服装服饰设计、家居家具设计、广告设计、模具设计等工业创意，发挥创意设计在引导消费、丰富生活的作用。

——有效整合镇街特色文化资源，鼓励利用有特点的闲置厂房进行改造，发展创意产业园和特色文化产业园。重点依托鸦片战争遗址、粤晖园传统文化、可园岭南文化等文化资源，建设一批集创意、文化与旅游于一体的文化产业园区。

——培育高科技创意产业集群。加强文化产业与信息技术等高新技术的融合，促成数字视听、网络音乐、网络游戏等新兴产业的快速成长，建设以数字内容为主的创意产业集群等。

总部经济。充分利用我市地理区位、市场体制、投资环境等方面的比较优势，积极吸引国内外大企业集团来莞设立总部、地区总部、研发中心、采购中心、营销中心等。

——打造总部经济功能区。以功能性组团错位发展为原则，着力打造以松山湖、生态园为主体的高端制造业和高新技术产业总部经济功能区，以主城区为主体的商贸、会展、金融、中介等高端服务业总部经济功能区，以虎门港为主体的物流产业总部经济功能区，形成定位明确、分工协作、互补配套的发展布局。

——完善总部经济的发展环境。根据总部经济的功能和业态需求，完善总部经济功能区基础设施和公共服务设施建设，构建中央商务区（CBD），重点发展银行、证券、基金、保险、法律、会计、咨询等业务领域，促使物流、资金流、信息流融通交汇，提高对跨国公司和国内知名大型企业在CBD设立地区总部的吸引力。

——增强总部经济的植根性。充分发挥企业总部区域集聚、辐射和引领功能，进一步完善优势产业链条，优化产业配套环境，发挥总部经济的技术创新和市场扩张作用，提高总部机构业务与本地产业的融合度。

服务外包。加强服务外包队伍和设施建设，努力将我市建设成为服务外包的重要基地。

——以承接国际服务业外包为突破口，加快引进一批国内外大型外包企业，鼓励企业为外国及港澳台公司、其他经济组织提供外包服务。

——以承接香港公司服务业外包为突破口，拓展以客户内部数据分析、用户化解决方案和系统设计、运营、维护为主的信息技术外包服务，发展供应链管理、财务管理、后勤管理、人力资源管理、数据处理及分析、客户服务等业务流程外包和创意设计外包。

——支持并资助服务外包企业申请国际资质认证，鼓励服务外包企业进行技术改造，培育自主品牌，提高企业承接服务外包的能力和水平。

3. 加快应用科学管理模式、先进适用技术和现代经营业态优化提升商贸、旅游等传统优势服务业的质量水平

商贸服务业。加强商业网点规划和建设，优化商业设施资源配置，大力发展特色化、专业化市场和各类商务中心，建设现代商业网络体系。

——改进提升传统商业区。重点提升中心城区、虎门和常平等商业服务功能，强化对各级商业中心、重要商业街和大型商业设施规划、规模、布局的管理，引导商业分区域分档次发展，发展集现代商贸和传统文化于一体的商贸文化旅游产业。

——大力培育发展大型专业批发市场。继续做大农副产品、纺织服装、塑胶原料、家具、建筑与装饰产品市场、五金模具、电子产品等市场集群。

——积极发展新兴商贸业态。积极推动连锁经营、仓储超市、专卖经营、专业配送等现代商贸业态的发展,促进以网络为基础的新型商业发展。

——积极培育发展贸易分销企业,推动分销代理制发展,主动拓展国内外市场,建立自己销售渠道和网络,掌握市场发展动向,增强经济发展主动性和稳定性。

——加快发展社区商业。优化升级现有的社区商业,整合商业资源,加快社区新业态、业种店铺建设,扩大商业设施总规模,完善服务功能。

旅游业。建设国际性新型旅游城市,扩大旅游产业辐射力,提高东莞的知名度和美誉度。

——全力打造会展休闲商都旅游品牌。利用好现代城市景观和现代产业等旅游资源,充分体现现代港口、时尚潮流、历史文化、外向经济等形象元素,以办好节庆活动丰富旅游文化内涵,强化城市旅游。

——完善旅游设施建设。建设一批生态旅游景区和历史文化旅游景区,加快城市公共交通和各主要景区交通网络建设,加强旅游信息化建设,完善旅游交通沿线指示牌以及城市公共信息网等配套设施,加强旅游区域合作。

——开发旅游特色产品。重点打造生态休闲和时尚商务旅游印象区,推出商务会展、休闲度假、文化娱乐三大精品旅游线路,将东莞打造成为以商务会展、城市休闲为重点,以娱乐、酒店、餐饮为特色,以运动、文化为补充的珠三角重要商务会展休闲度假的旅游城市。

4. 大力发展教育培训、社区服务等公共服务事业,促进房地产业健康发展

教育培训。完善教育培训系统,以培养专业化人才、提升市民素质为目标,发展与产业结构调整要求相适应的教育培训业。

——做强职业教育。加快中职学校新建、扩建项目实施进度,充实设施设备,统筹规划专业设置。建设职教城,加快建设职业技术学院、市理工学校新校、高级技工学校新校区、市职业技能实训中心等项目。鼓励发展各种形式的职业培训,培养中高级技能人才和科技人才。

——加强农村劳动力技能培训。积极开展职业资格、上岗适用技能、地方特色产业技能和灵活就业技能等培训,提升创业就业技能,鼓励有条件的职业院校与粤北山区和东西两翼合作,积极接纳其学生到我市就读,以联合办学等的方式推动省内劳动力向我市转移。

——支持和引导企业内部培训市场的发展,完善职业培训和技能培训市场,发展政府引导、各方参与的市场化、社会化职业培训体系,促进教育培训市场的完善和成熟。加强与国内外教育机构、管理咨询公司的合作，推动教育培训向现代化、国际化和专业化发展。

社区服务业。优化社区服务结构，形成有效满足社区居民基本生活消费需求的社区服务网络。

——以政府投资建设为主，鼓励社会力量支持，完善社区基础设施、服务设施建设，加强社区环境建设，构建社区交通网络。

——建立全市社区综合信息网络平台，构建联通市镇（街道）社区三级的网络平台，实现互联互通和资源共享，实现社区管理数字化、信息化、规范化。建立以社区服务为主要功能的社区智能呼叫中心。

——拓展社区服务领域。鼓励公益性民间组织进入社区，并通过政府"购买服务"等形式，动员社会力量承办各类便民利民的社区服务，促进经营型社区服务产业化。加快发展养老托幼、家庭护理、关心青少年成长、劳动、社保、医疗卫生、计生等社区服务，拓展新莞人服务。

房地产业。按人口发展规模，科学引导房地产合理发展，努力实现房地产市场总量基本平衡、结构基本合理、增长基本稳定，初步建成完善的住房保障体系。

——改善住房供应结构。重点发展中低价位、中小套型普通商品住房，停止别墅类房地产开发项目的土地供应，严格限制低密度、大套型住房的土地供应。

——加强房地产市场引导。建立健全房地产市场信息系统和信息发布制度，在完善一级市场的同时，推动二手房市场的发育，规范租赁市场，鼓励梯级消费。

——加强住房保障体系建设。继续发展和规范经济适用房、廉租房等保障性住房，满足低收入家庭的住房需求。规划建设科技人员公寓。

——优化房地产开发布局。商品房重点布局在轨道交通、大容量公共交通和主要交通走廊沿线以及城镇中心区、产业聚集区域，强化人口疏散功能。

（二）调整优化工业结构，提升制造业整体竞争力

以提升自主创新能力和整体产业竞争力为核心，以信息化与工业化融合为主线，大力发展高新技术产业和先进制造业，推进加工贸易升级转型，加快形成健全的产业链和产业群，提高产业结构的适度重型化水平和自主创新水平，推进优势传统产业集群化。

1. 做大做强信息产业，大力发展高新技术产业

把信息产业作为带动高新技术产业发展的核心产业，以建设"信息产业国家高技术产业基地"为龙头，发挥信息产业规模大、配套齐、制造能力强的优势，依托松山湖科技产业园区，推动信息产业集聚发展，带动全市产业层次提升。

（1）突出重点，打造信息产业强市。

——重点扶持平板显示产业。制定专项产业扶持政策，争取引进具国际领先技术的 TFT—LCD 项目，加快推进广东 OLED 研究院及示范生产线项目，力争将我市打造为全省乃至全国 OLED 技术研发及产业化生产的重要基地。

——培育发展集成电路产业。重点引进大型集成电路芯片生产线项目，完善信息制造产业链；培育集成电路设计业发展，增强集成电路关键设备仪器和基础材料的开发能力，提高高密度封装测试能力，全面提升集成电路产业发展水平。

——加快发展 LED 光电产业。利用广东省（企石）光电产业基地等载体，引进培育一批 LED 和太阳能光伏产业龙头企业，建设一批光电技术检测中心和研究机构，完善光电产业发展公共技术支撑体系，形成光电产业集聚。大力推进新型节能照明灯具、LED 背光源等大功率 LED 技术研发及产业化应用，加快薄膜光伏电池和其他非晶硅薄膜电池等前沿技术及组件的研发和产业化。

——着力发展通信设备制造产业。以发展第三代（3G）移动通信为契机，坚持"标准主导，需求引导"，重点发展高性能移动通信终端，特别是新型智能手机和 3G 手机。支持广东电子工业研究院联合有关公司共建微波与通信平台，支持东莞电子信息工程研究院开发新一代宽带无线通讯基站。

（2）大力发展高新技术优势产业群，强化高新技术产业的核心竞争力。把握世界科技创新和产业发展趋势，通过自主创新掌握一大批具有自主知识产权的核心技术和前沿技术，开发一批重大高新技术产品，扩大高新技术产业规模。

——重点发展软件、下一代网络与通讯、数字视听、数字家庭、生物医药等战略创新产业，形成完善的产业链和创新能力较强的企业群。

——鼓励建设海洋生物、智能控制、精密机械、环境工程、新材料、新能源与节能等主要技术领域的新兴产业孵化器。

——充分发挥散裂中子源项目的基础研究平台优势，积极与中科院、中广核等开展合作，创造条件，规划建设核电科技产业园和核技术产业基地，有选择地发展核装备制造、技术支持服务及核医疗应用等领域，围绕散裂中子源项目技术的民用化、产业化，积极做好质子治疗装置、民用加速器等项目的研究和引进工作。

——支持核心技术和关键设备研发，力争在电子信息、生物医药、新能源、新材料优势产业、关键领域取得重大技术突破，推动高新技术成果产业化。扶持一批高成长性的创新型高科技中小企业，培育新的增长点。

2. 加快发展先进制造业，推进工业适度重型化

（1）装备制造业。重点抓好装备制造业重点企业的扶持和服务，促进企业做强做大，示范带动全市装备制造业加快发展。积极利用数字技术和先进自动化技术改造提升装备制造业，以电子信息、通讯设备、电气机械、汽车零配件、船舶制造、精密模具、中高压输电设备等为重点，大力发展新型特色专用装备制造业，提高装备制造业技术水平。

——通信设备及计算机制造业。重点发展计算机整机、网络设备及零配件、通信终端设备、数字激光视盘、数字音频、数字电视、电子元器件及新型电子材料。

——电气机械及器材制造业。重点发展通用及专用电动机，控制及驱动微电机，高效节能环保型动力设备，通讯电缆及光纤、光缆和专用新型电源产品等。

——机械设备制造业。重点发展与我市产业结合密切的专用设备。包括电子元器件专用设备、电子整机装嵌设备、纺织服装和制鞋专用设备、塑料加工专用设备、环境污染防治专用设备、汽车专用维修配套设备、食品饮料生产加工专用设备，积极发展通用数控机械设备、高速精密特种轴承以及各种金属铸造模具和塑料用模具等。

——数控加工设备。重点发展数控车床、数控折弯机、数控冲压设备、激光切割等数控设备，发展传统产业生产用设备的信息化改造、电子专用配套设备体系、以数字化为主要特征的技术和产品。

——交通运输设备制造业。大力培植专用特种整车生产，加强与周边地区整车项目的产业配套，积极发展汽车零部件产业。重点发展轿车用发动机配套件、车用轴承、车用电机、车身/底盘电子装备、汽车安全电子设备、电子遥控器、电气分配和电子导航系统、汽车电子仪表等。

——船舶制造业。依托现有大型企业和优质项目，加快发展壮大船舶工业制造业，不断培育和完善产业链条依托现有企业，开发游艇产品。以广东中远船务造船项目为依托，重点发展船舶控制与自动化、通讯导航、仪器仪表等船用设备制造，逐步发展高性能、特种船舶，开发海洋工程平台产品。积极支持游艇制造，优化船舶工业产品的结构，提升产业附加值。

（2）石化产业。充分利用重工业化的发展契机，依托产业发展带动和虎门港加快开发的优势，建设一批石化下游加工项目，促进产业适度重型化。

——规划建设好立沙岛石化基地，引进发展一批产业关联度高、带动能力强、有利于产业配套对接的大型化工能源项目，引导原有化工企业进园生产，推动相关产业做强做大。推行环保绿色清洁生产，加快高附加值、低污染化工产品的开发和产业化。

——重点发展新领域精细化工、化工新材料和基础有机化学品为主体的石化深加工产业集群，重点发展电子化学品、食品添加剂、造纸化学品、高档涂料等，以产业配套为导向，重点发展有机硅材料、塑料合金和碳四深加工等项目。依托热电、煤化一体项目，发展碳一化工及新能源。

3. 积极培育生物医药、新能源、新材料和环保产业等潜力产业

（1）生物医药产业。加强引进与研发创新，大力推动生物工程和医药产业，加强中药创新研究，开发电子医疗器械，提高制药装备和药品包装的技术水平。

——加快生物技术在工业、医药、环保等领域的应用。引进国外先进制剂工艺技术，改进和开发新制剂、新剂型。

——研制开发新型、优势化学原料药及其制剂，天然药物原料制备技术，积极开展前沿技术应用研究。重点开发心脑血管、恶性肿瘤等多发性地方疾病的诊断技术和防治药物，开发推广单克隆抗体和基因工程抗体药物，研制活组织或生物替代物。

——加强中药复方、新剂型工艺研究和中医药系统挖掘，开发中药制药工艺、技术和设备，推广应用现代生物技术和信息技术，提升中医药水平。

——重点研制新型医学影像系统、诊治医疗装备、制剂机械设备及质量检测设备。发展社区医疗及家庭保健医疗设备、技术和社区医疗保健网络系统。

——以新型食品、饲料生物技术、医药生物技术开发为重点，重点研究开发食用菌、酵母、生物酶、微生物蛋白和生物医药产品。

（2）新能源产业。以太阳能、生物能、风能等为重点，促进新能源产业发展。

——支持新能源设备产业发展。重点支持以太阳能电池、太阳能生产设备、核电设备、风能设备、新型贮能设备为主体的新能源设备产业，抓住产业高端。

——推广应用水煤浆技术，支持环保水煤浆项目和煤气化联合循环洁净煤发电项目建设，发展煤气化、沼气、天然气等清洁能源。

——鼓励新能源开发及高效节能技术的技术创新，以太阳能热发电、生物质能的开发和利用等为重点，加快引进新能源重点项目，建设新能源研究院、国际科技合作等研发平台，发展一批新能源企业，提升技术创新能力。

——以政府采购为手段，通过重大示范工程，加强新能源产品的推广应用，培育新能源产品市场。推广合同能源管理等节能服务，发展节能服务业。

（3）新材料。打造和建立完整的新材料产业体系和产业链，逐步形成产业规模。

——大力发展电子信息材料、新型金属材料、电池材料、磁性材料、新型高分子材料、高性能陶瓷材料、复合材料、纳米材料等新材料。鼓励发展多层板敷铜板，重点开发多功能、智能、仿生等复合材料。

——鼓励发展新型节能环保材料和建筑材料，包括优质节能复合门窗、新型墙体材料、绝热隔音材料、防水材料和建筑密封材料及建筑涂料的开发生产。

——支持 LOW—E 玻璃、SOLAR—E 太阳能热反射环保夹层玻璃等汽车玻璃开发生产。

（4）环保产业。围绕环境污染治理的重点领域，大力发展环境服务业和资源综合利用业，重点发展环境工程承包服务。

——以锅炉脱硫除尘、有机废气废水治理、城市污水污泥处理、垃圾焚烧等为重点引进、消化先进技术设备，提升污染治理水平。鼓励发展环境保护需要的设备和产品的研发、制造。

——加强资源综合利用，重点发展蚀刻废液、电镀废液、电镀污泥的综合利用和废纸、废塑料等再生资源循环利用技术、工艺和装备以及垃圾按类分拣及发电等无害化处理。

——建立环保技术服务专业机构和环保科研基地，加强污染治理技术、固体废物处理处置技术、资源再生利用技术、河涌及水库淤（污）泥处置技术、清洁生产技术、生态保护技术、污染物监测监控技术的研究开发和推广应用服务。

4. 以技术创新和品牌带动全面提升优势传统产业

按照布局集中、产业集聚、土地集约的原则，以集群化、品牌化为方向，发展传统产业簇群，推进产业集聚发展。按照现代都市工业发展方向，加快利用高新技术和先进适用技术把传统产业逐步改造为知识、信息、技术和技能密集产业。

——建立和完善以企业技术中心为核心的企业技术创新体系，加快信息服务和技术创新平台建设，支持企业建立以设计开发、生产制造为核心的制造集成系统，提高传统产业连续生产过程自动化、控制智能化及管理信息化水平，加大引进国际先进技术装备力度，提高劳动生产率和整体竞争力。

——实施名牌带动战略，加快名牌产品和驰名、著名商标培育，推进区域品牌、行业名牌和产品名牌的创建，设立区域性纺织服装、制鞋、玩具、家具等设计研究中心、行业技术创新中心和产品生态质量检测中心，建设专业化市场物流体系，加强品牌生产、产品设计、市场开拓等，建立和扩大国际营销渠道，提高优势传统产业自有品牌产品出口比重。

——在家具、玩具、模具等行业大力推广生产设计CAD技术及企业信息化改造工程，全面普及推行ISO9000质量管理、ISO14000环境管理及OHSAS18000职业安全管理技术标准，规范企业的运作。

——科学规划环保产业园和生态工业园，加大节能、节水新技术、新工艺、新设备和新材料的研究开发和推广应用，促进生产工艺的优化，实施清洁生产，发展循环经济，推进资源综合利用。

——通过资产重组、整合、环保控制、技术改造等措施，扩大企业规模，发展龙头企业。有序转移一批产品档次低、劳动密集、耗能高的纺织服装生产企业和生产环节，支持高增长、高技术、高效益的企业发展，实现资源优化配置。

（1）纺织服装制造业。从简单加工装配向深度加工和全过程设计制造方面升级，完善服装产业链条和配套，鼓励发展附加值高、前景好的新产品，以毛织、服装、家纺、产业用纺织品等终端产品为龙头，以染整织造技术进步、织物面料开发为突破口，加快形成纺织服装特色产业技术创新体系，发展成为国际区域性纺织服装信息中心、生产中心和贸易中心。

（2）家具制造业。重点开发生态环保家具及绿色原辅料、高档时尚家居系列、办公家具、纸家具、便携式家具以及特殊功能性家具等。重视对家具时尚潮流和本土文化特色设计，实现产品功能化、时尚化、品牌化、系列化。

（3）玩具制造业。鼓励应用大规模集成电路技术、网络技术、复合材料、先进表面处理工艺等新技术开发新产品，发展应用新型安全环保型材质的玩具产品，重点开发电子玩具、成人玩具、儿童益智玩具以及互动式玩具产品等。

（4）五金模具业。采用先进的表面处理技术，提高标准件的使用率，提高模具标准化水平、设计制造水平和产品质量。要重视塑料模具发展，推广应用新技术工艺，节省原材料和节约能源。

（5）造纸及纸制品业。发展低定量、高质量、低消耗、高效率的造纸技术，研究开发废纸处理、纤维回收和防治污染、保护环境的适用技术。重点开发科技含量较高的特种纸及纸板，新增产量以高级箱纸板和纸制品为主，提高包装用纸及纸板高档产品比例，建设国内最大的高档包装纸板生产基地和纸制品出口生产基地。

（6）食品饮料制造业。重点发展发展粮油深加工、畜禽产品深加工、果蔬深加工，拓宽新的食品加工与制造领域，加快有机食品、保健食品及旅游食品等产业发展。开发高档精制糖、高档食用调和油、果汁饮料、茶饮料、乳饮料、功能性运动性饮料以及啤酒新产品，重点开发优质高档酱油、高档蚝油、复合调味品、高活力新型酶制剂及功能性发酵制品，开发低糖、低脂及功能性糖制食品、糕点和饼干。

（三）促进农业产业化经营，发展都市型现代农业

按照都市型现代农业的发展方向，加大农业结构调整力度，切实转变农业增长方式，加强农林生态保护，促进农业规模化、现代化、市场化经营，完善农业基础设施和产业体系。

1. 加快农业产业园区建设

因地制宜，规划建设若干区域化分布、专业化生产的农业产业园，带动周边地区发展成为产业化生产基地，建成第一产业的集约发展区域，推动农业向组团式发展转变。加强农业资源整合，完善设施配套，加快推进农业园区的信息化、标准化和精细化建设，搭建农业科技创新、成果转化和示范推广的平台。

2. 优化提升种养业结构

稳定粮食综合生产能力，进一步优化种植业结构，实行蕉园改种，鼓励蕉农开展水旱轮作，多种植水稻、玉米等粮食作物，增加粮食产量。拓展种植业的经济、生态、景观、传统文化以及示范带动等综合效益，突出发展以蔬菜、优质水果、花卉苗木等为重点的特色观光农业和以观赏鱼现代水产养殖业和文化休闲渔业。以畜禽饲养异地化、加工集群化、流通与销售网络化、服务社会化为总体方向，进一步加大异地定点供莞生猪基地

建设步伐，推进畜牧业投入品生产、畜禽产品加工、储藏以及运销等产业发展。探索开展蔬菜供莞基地建设，保障主要农产品有效供给及质量安全。

3. 积极培育和扶持农业产业化组织

扶持发展农业龙头企业和农民专业合作组织，推进农产品精加工、深加工，逐步实现农业专业化生产、规模化经营，实施农业名牌产品带动战略，着力提高名牌产品、无公害农产品、绿色食品和有机农产品的比重，提高农产品的附加值。加强农业流通体系建设，健全农产品安全监测和质量认证体系、动植物防疫检疫体系，扩大农业对外开放和农产品出口，提高农产品市场化规模。

4. 加强生态保护

坚决落实基本农田保护，探索建立农业生态补偿机制，对超额完成基本农田保护任务的镇给予经济补偿，以平衡发达地区与欠发达地区的利益关系，调动欠发达地区保护耕地、保护生态的积极性。加强农田环境的规划改造，完善农业基础设施，加强水利、土壤、道路、环境整治，提高农业技术含量，拓展农业的经济、生态、景观等综合效益。保护和利用好全市92.67万亩林地，探索建立林业生态补偿机制，大力发展林业生态，发挥其环境保护和生态修复功能。

5. 提高农业机械化水平

认真贯彻省扶持农业机械化发展的政策，逐步扩大农机具购置补贴的规模、范围和机型，积极引进推广先进农机具，大力推行大棚实施、节水灌溉设施等农业现代化装备、进一步扶持农机示范基地建设。

四、优化产业空间布局

按照"一中心、多支点"的组团式城市发展格局和"中心提升、东西推进、西北拓展"的思路，坚持以产业发展与区域经济、生态环境协调发展为前提，以优化总体布局、突出区域特色为导向，立足基础共享、优势互补、错位发展、合理分工的发展要求，按照功能协调互动、产业相对集聚、生态环境和谐的布局原则，依托现有产业基础与资源条件，根据各镇街资源环境条件、产业基础和比较优势，结合落实国家、省主体功能区规划要求，强化区域功能对接、优势互补、联动发展，注重各产业功能区、居住和服务配套功能区的相互衔接、相互依托，实现经济与人口、资源、环境的协调产业合理布局，构筑产业集聚化和一体化布局格局。

（一）打造"一核三带五功能区"的空间布局

通过引导资源合理配置和产业梯度发展，强化梯度集聚，促进各类产业向城市集中，向园区集中，形成由中心城区为核心，松山湖—生态园、虎门—长安—厚街、常平—樟木头—塘厦三大产业带、以及五大功能区组成的产业空间布局体系。

一核：逐步把中心城区打造成最具经济活力、市场竞争力、产业辐射力的现代产业核心区。着重发展为金融、文化创意、教育、商贸、信息、高新技术产业中心和总部经济中心，强化其综合服务和高端产业发展的核心地位。

三带："松山湖—生态园"建设成为区域性技术创新中心、区域性教育培训中心、企业总部中心。"虎门、长安、厚街"建设成为区域性商贸流通中心、专业性会展中心、商务和休闲旅游中心，信息服务中心、全市高端生产服务发展的重点地区。"常平、樟木头、塘厦"成为珠三角的区域性商贸流通中心、商务和休闲旅游中心、区域性铁路交通枢纽。

五大功能区：建设五个产业功能区。一是以中心城区、松山湖科技产业园区为主体的现代服务业主体功能区。强化主城区现代服务业主体功能的综合服务功能，以知识型服务业为重点，消费性服务业为基础，生产性服务业为支撑，完善中央商务区、中央生活区和行政文化区的功能设施，重点发展加快发展商贸金融业和文化创意产业，提升政治、文化、教育、信息及商务服务中心功能，建设企业总部基地，发展总部经济，充分发挥主城区的辐射带动作用。中心城区着重发展商贸物流、文化教育以及知识密集型的高增值生产性服务业；松山湖产业园着重发展创新设计、研发、高等教育培训等高端服务业。二是以松山湖北部工业园以及石龙、石碣、塘厦、清溪、黄江、长安等镇为主体，建设高新技术产业主体功能区，重点发展电子信息业、生物医药、新能源等高新技术产业。三是以东莞生态园、东部工业园以及特色产业集群镇为主体的先进制造业主体功能区，重点发展装备制造、新材料等产业。四是以虎门港为依托，以麻涌临港产业基地、虎门—沙田临港产业基地为主体的临港产业主体功能区，重点发展仓储、石化、港口物流等临港产业。五是现代农业主体功能区，形成"五大功能组团"，即东北埔田特色农业组团、东南山地生态农业组团、中南科技农业组团、西北平原精品农业组团和西南滨海湿地农业组团，发展特色农业、休闲度假、生态旅游产业。

（二）全力打造高端功能区

按照产业集群和循环经济的理念加快松山湖科技产业园、虎门港开发区、东莞生态园、东部工业园和长安滨海新区发展，促进生产要素合理集聚，提高产业集中度。

松山湖科技产业园区。成为国内外著名企业聚集中心、研发创新服务中心、人才教育中心、高新技术产业基地和总部经济基地。

——以国家信息产业高技术产业基地、国家火炬创新创业园的建设为契机，进一步优化园区布局，增强松山湖作为全市科技中心的功能。

——瞄准全市产业升级的需求，大力吸引国内外科技含量高、附加值高、产业关联度高和带动能力强的大项目落户，建成全市科学发展的示范区、产业升级的引领区。

——大力发展研发、设计等产业支援服务业，落实IT研发园、生物信息港、创意设计园等重点项目建设，加快建设中子科学中心等科研院所和各类公共科技平台，推进滨湖生态旅游区建设，增强园区环境优势。

虎门港。打造集约化、规模化、专业化、信息化的区域性现代物流中心和资源节约型工业港口、生态型绿色港湾，建设综合型临港产业带和物流总部基地，使虎门港成为带动物流业、发展重化产业和沿海产业发展的龙头。

——发挥港口优势，实施港城互动、产业带动，围绕以信息化为中心的现代物流为主体，优先发展集装箱物流产业，重点发展石化、煤炭、粮食、汽车等物流及加工产业，协同发展旅游休闲、生态建设产业，延伸发展高端制造业和高级生产性服务业。

——重点建设沙田港区。着力建设西大坦集装箱、立沙岛石化和麻涌散杂货等3大基地，加快西大坦保税物流园区、快件海关监管中心、临港工业出口加工区、国际商品进出口展示中心、长安新区码头工程等建设，完善港口配套功能，大力发展生产性服务业，提升港口综合竞争力。

东莞生态园。按照湿地生态园、高端产业发展及配套服务区的发展定位，编制完善相关规划，启动水系综合整治、生态绿化及道路工程等建设，加快推进产业配套基础设施建设，规划建设职教城，积极引进优质高效项目和产业链缺失项目，培养发展电子信息及装备制造高端产业、先进制造业总部、创意产品制造和旅游业。

东部工业园。以现代制造业生产加工为主，兼有研发及产业配套服务功能，建设成现代制造业示范工业园。围绕提升和完善产业配套体系，重点吸纳周边镇区产业,支持工业园区特色产业链延伸配套,形成产业集群的关键项目,着力提升土地集约利用水平,推进产业链式延伸,企业集群式组合,资源循环利用,提高投入产出水平。在促进现有电子信息、纺织服装、五金机械等产业发展的同时,高起点规划发展光电、精密装备等高端制造业。

滨海新区。加快做好长安填海区建设规划和立项申报,逐步开展围垦填海工作。以沿江高速、虎门港及宝安机场为依托,集中发展高端服务业和创意产业。

(三)建设特色优势产业集聚区

以电子信息产业为龙头,以现有镇街形成的不同特色产业为基础,以强化特色为核心,整合园区资源,推动区域产业错位发展,促进产业集群的形成和发展,构建若干特色产业区。

信息产业基地。按照核心区与扩散区相连、点面结合的网络格局,建设一核心、多组团的国家信息产业高技术产业基地。以松山湖IT产品研发园为核心,重点建设企业孵化系统、工程研究系统和技术支撑服务体系。建设五大组团:市区组团,着力发展软件、数字创意、数字传媒等信息服务业。石龙组团,发展具有自主技术和品牌优势的光学电子、信息等高科技产业及电脑配件、电子元器件等。塘厦组团,发展电源、通讯电子、汽车电子、航空电子等产业链,以产业集聚推动产业升级。长安组团,发展移动通讯终端、电脑周边设备等。东部组团,发展电子专用设备、半导体集成电路、LED节能灯、液晶显示器等。

重化产业基地。以石龙、长安、虎门、常平为主体发展电子工业专用设备制造业、模具及塑料机械制造业、轻纺机械制造业,推动寮步特种汽车、麻涌造船基地发展。利用港口优势,建设立沙岛化工集聚区,引进中石化等大型企业,拓展周边战略合作,形成以进口原料、大宗化工品和高端精细化工品项目为主的石化产品生产加工和储运中心,建成大型石化下游产业集聚区。建设谢岗镇小型精细化工集聚区,发展利用惠州原料进行深加工的项目。

纺织服装产业基地。以虎门时装生产营销产业基地,麻涌望牛墩纺织服装产业基地,大朗常平横沥毛织产业基地为重点,打造"虎门服装"、"大朗毛织"区域性品牌,做大做强省级产业集群升级示范区,完善产业链、延伸企业价值链,形成区域特色鲜明、竞争力强的纺织服装产业区。

家具制造基地。发展提升大岭山、厚街家具产业区,强化资源整合,形成集家具设计制造、家具配套、家具展示和国际采购"三位一体"的产业链,并将部分加工制造环节向低成本地区转移,提升家具业的整体竞争力,逐步发展成为全国家具集散地和交易平台。

玩具制鞋基地。发展提升以横沥—常平为主体玩具制造业基地,以厚街—高埗为主体的制鞋业基地。构建松山湖玩具创意中心,建设厚街鞋业设计中心和亚洲鞋业总部,通过品牌+创新+环保,延伸产业链,促进产业由劳动密集型向技术密集型转变。

模具制造基地。发挥长安在华南地区机械五金模具集散地的优势,规划建设集生产加工、展示销售等功能为一体的五金模具产业园,完善以汽车零配件模具、家电塑料模具、精密冲压模具制造的五金模具产业集群。发展提升石龙—石碣、中堂—望牛墩为主体的西北集群和以常平—横沥—黄江为主体的中部集群。

造纸及纸制品基地。依托规模企业,重点发展以中堂—麻涌为主体的西北造纸产业区,石龙—石碣、大岭山为主体的印刷产业区,以万江为主体的纸品产业区。

食品饮料制造基地。重点发展麻涌—洪梅粮油食品加工基地、石龙—南城食品饮料制造业基地、茶山食品产业基地。

(四)建设现代服务业集聚区

加快培育服务业支柱产业和重点行业龙头企业,合理规划布局一批产业特色鲜明,空间相对集中、具有较强影响力的现代服务业集聚区,使之成为服务业对外辐射功能中心,形成现代服务业发展的新载体。

专业性技术创新区。建设松山湖IT产品研发园、莞港创新科技园、生物信息港等专业园,打造专业技术创新中心。依托各镇街优势产业和重点企业,建设输配电设备检测中心、纺织服装质量检验检测中心、石排华南计量测试中心、茶山食品检测中心等一批专业研究机构和研发、检测平台,形成技术创新集聚。

创意产业集聚区。依托区域制造业发展,结合文化产业发展的实际,以主城区、松山湖以及中心镇、特色镇为重点,培育创意产业基地。重点打造莞城创意产业中心园、东城数字创意产业园、石龙现代信息服务园、松山湖创意产业孵化器、粤晖园文化产业基地及可园传统文化区、鸦片战争遗址传统文化园区等综合创意产业基地,依托传统优势产业集群,建设特色产业创意示范基地,重点打造虎门服装、大朗毛织、厚街家具和唯美建筑(陶瓷)艺术创意示范基地。

商贸流通集聚区。引导各类商贸企业总部及新型业态项目向主城区集中，强化主城区商业主中心地位。优化商品结构和消费环境，发展物流、批发市场，培育特色商业街和现代购物中心，把松山湖、虎门、常平、厚街、塘厦、长安、樟木头、石龙等发展成区域性商贸流通中心。继续做大做强虎门服装、厚街家具、大朗毛织、长安五金模具机械等市场集群。

专业会展服务集聚区。以厚街、虎门、常平等为主，利用交通区位优势以及制造、酒店、商务等产业配套优势，以广东现代国际展览中心为龙头，整合会展中心资源，打造会展区域品牌。厚街发展为国际家具营销中心和专业会展中心，建设虎门服装、常平农副产品、长安五金机械专业展销中心和专业性信息服务基地。

物流服务集聚区。以虎门港和常平大京九物流基地为龙头，引导各类物流企业尤其是第三方物流企业向物流基地和物流园区集聚，把虎门港建设成为珠三角地区工业产品、原材料、石化产品的重要港口和保税物流中心，将常平大京九物流基地发展成为衔接大京九沿线和珠三角地区以及海外（境外）的双向物资集散基地。同时大力推动常平、虎门、沙田、麻涌、万江、石龙等镇物流产业集聚发展。

旅游服务集聚区。充分利用各镇特色旅游资源、配套服务设施，以生态休闲、文化和商务旅游为重点，打造以"松山湖、莞城、同沙、生态园"为主的最具岭南文化特色的城市休闲、现代娱乐旅游印象区和以"虎门、虎门港、长安、厚街"为主的时尚潮流、历史文化的商务会展旅游印象区。建设麻涌—中堂—望牛墩水乡、塘厦高尔夫、常平—樟木头休闲旅游基地及谢岗生态文化旅游基地。依托蚝岗贝丘遗址、虎门销烟和炮台旧址、东江纵队纪念馆和抗战遗迹、南社和塘尾明清古村落、袁崇焕故居打造历史文化旅游基地。以东莞民俗风情文化为主题，依托广场文化、麒麟艺术、龙舟竞赛、卖身节、荷花节等发展民俗风情旅游。

（五）加快空间资源的改造整合

积极稳妥推进"三旧"改造。制订旧城、旧村、旧工业区（旧厂房）的改造整合规划，落实有关支持政策，按照集聚化、规模化和市场化原则，实现功能转换和产业置换，加速高消耗、高污染、低效益产业的退出，为鼓励发展类企业腾出发展空间。加快旧工业园区的改造整合，对在产业集聚上错位的现有企业进行用地置换，优化厂区布局，更加集约、更高效益地利用土地资源，促进产业的置换和提升。通过对"三旧"的二次开发和改造提升，逐步改变整体城市功能，优化产业空间布局，提升城市形象。

要运用市场和行政手段逐步将高能耗、低贡献、重污染、安全隐患大的企业迁出东莞，腾出用地空间。

加强空间资源整合。以轨道交通建设整合城市空间功能，合理引导和促进城市发展。实施城区镇中心区"退二进三"工程，加快服务业发展。以现代都市型产业为主，对旧工业区进行分类改造成功能置换区、工贸混合区和升级改造区。通过规划调整以及有关管理措施，将工业用地置换为居住、商业、文卫、绿地、配套基础设施等其他城市功能。镇中心区及有条件的村在"两旧"改造的基础上，积极发展商业项目和创意项目，提高土地使用效益。推进制造业生产环节的区外转移，在主城区的外围布置工业组团，形成价值链空间分工和区域职能分工，促进区域共同发展。

加快整合镇街工业集聚区。加强镇街工业园区和工业用地的整合，实施拆旧建新、拆小建大、拆零建园，完善设施，优化布局，提高管理水平和承接产业能力。完善区内基础设施以及商业、文化、医疗卫生等功能配套，改善厂区及周边环境。结合旧村、旧厂改造，整合土地资源，优化厂区布局。

五、支撑体系建设

（一）基础设施支撑工程

——构建"城乡一体、快速安全"的现代大交通格局。按照建设轨道交通、强化主干公路、提升镇街联网公路、改造村际道路、增加对外通道的思路，积极配合全省重大交通项目建设，加快市域轨道交通、东莞新客站、虎门港码头、从莞高速、博深高速、番莞高速等项目建设，加快建设"内聚外联"的轨道交通网络，推进市际联网道路建设，加强市域路网和重点园区道路建设。

——建设覆盖全市、互联互通、宽带高速的信息网络。统筹建设与社会个性化需求相适应的网络基础设施，抓好第三代移动通讯、数字电视和通信管网基础设施的建设，促进电信、电视、计算机三网融合，打造信息高速主干网。加快光纤铺设、宽带接入、无线网络覆盖工作，努力实现光纤到楼、宽带入户。加快推进信息技术在产品制造、管理、电子商务等领域的应用。

——完善稳定可靠、来源多样、网络化的能源基础设施。抓好输变电工程建设，提高电网输送能力。加强用电管理，加强电力需求侧管理，推广能效电厂。加快电厂整合,按照"压小上大"的思路,推动以煤气化为基础的多联产(IGCC)示范工程。大力推动太阳能、生物质能等可再生能源的推广和应用。加快天然气利用步伐,逐步形成高效、可靠的天然气供气网络。

——构筑供水安全、水源充足、管网连环、覆盖城乡的给水网。加快建设东江与水库联网供水工程和污水再生利用设施建设,多渠道开发利用水源,实现多种水源联合调度,提高供水安全保障能力。做好从河源直供水的规划论证工作,实施优质供水工程,改造供水管网。合理布局供水设施,整合改造镇级、村级水厂,实现一网全覆盖。加强流域水土综合治理,强化面源污染防治,重点开展内河涌综合整治特别是东引运河整治,加快水库、河涌清淤治污工作,全面改善水环境质量。加快建设水质监测网络,不断提高供水质量。

——完善防灾减灾体系。统筹城市防洪排涝,加强全市重大水利工程规划,加强防洪除涝、防风暴潮工程建设,建设沿江沿海防洪御潮工程、高标准城市防洪工程、东江干堤等主要江河堤防工程,完善防洪保障体系;加强灾害性天气的监测、预报与预警能力建设,完善各有关部门的联动机制,提高灾害防御能力。

(二)加工贸易升级转型工程

——加强扶持引导。把加工贸易企业转型升级作为产业结构调整的重要基础,实施"三大核心工程",建设广东省加工贸易转型升级试点城市。制订加工贸易升级转型扶持政策,设立加工贸易转型升级专项资金,对加工贸易技术创新、转型发展和产业转移等进行奖励和资助,建立健全政策辅导平台、集中服务平台、保税物流平台以及市场营销平台、技术提升平台、升级转型辅导平台等升级转型服务机构和平台,重点建设电子口岸、口岸保税物流中心、厂货直销中心等,为加工贸易升级转型提供全面引导和全方位支持服务。

——稳步推进转型。落实"三来一补"不停产转"三资"企业的政策,加强对来料加工转"三资"的引导。设立内销"快速通道",支持和帮助加工贸易企业开拓内销市场、扩大内销份额。支持企业创建自有品牌,推动加工贸易扎根本土。加强高端服务业、总部经济和重点高新技术产业项目的引进工作,力争成为区域产业链上重要的制造研发基地、采购物流基地以及服务基地。鼓励现有加工贸易企业走多种经营的路子,从事以生产性服务业为主的现代服务业,进入现代物流、会展、服务外包、中介服务、金融保险、信息服务、现代商贸和旅游等领域。

——大力推进升级。鼓励加工贸易产品升级,从简单加工、劳动密集的纺织、制鞋、塑胶等传统产品,向精细加工、资本、技术、知识密集的机电产品和高新技术产品转变。引导加工贸易企业增资扩产,更新技术设备,引入更高技术、更高增值的制造环节和研发机构,提升技术研发和产品设计的能力。积极推动中小企业从简单的加工装配向设计制造、自主研发、品牌营销和综合服务等方向升级。大力鼓励民营企业发展加工贸易,逐步使民营企业成为加工贸易的主体。

——有序推进转移。加快市环保产业园的规划建设进度,强化污染企业进园管理,逐步使我市产业配套需要保留的、污染较大的企业实现进园生产和统一管理。加大产业转移的统筹力度,加快市级产业转移园规划建设,整合已获省批准的镇街一级产业转移园,改善资金环境,推进基础设施建设,提升园区对企业的吸引力,在保持稳定的前提下,推进高耗能、高污染、低附加值、产业关联度不强的劳动密集型产业和简单加工装配的生产制造环节向产业转移园转移。研究建立转出地或转移企业的补偿和激励机制,鼓励和扶持企业把总部留在我市,让我市成为外迁企业的研发、设计、接单、通关、物流等的基地。

(三)投资保障工程

——保持投资稳定增长。建立高效、灵活、规范的投融资机制,大力拓宽和创新投融资渠道,保持全社会投资总额稳定增长。加强项目的策划、开发和储备,建设一批事关全市经济社会发展大局的基础性、战略性、支撑性的重大项目。加强投资重点引导,以财政资金引导社会资金加大高新技术产业和现代服务业投入。建立健全公共投资调控和监管体系,推进政府投资的科学化、法制化、透明化和民主化。

——强化技术改造投资。扶持现有企业做大做强,以技术改造投资实现内延扩大再生产。鼓励企业利用国家优惠政策,引进先进技术装备,提高企业技术装备水平,提高产品质量,增强企业国际竞争力;鼓励企业实施"异地搬迁技术改造",推进"退二进三"政策;以信息化带动工业化,提高自动化生产水平,促进先进制造业基地形成,缓解土地、能源、资源和劳动力紧缺矛盾。

——加大引资力度。加快吸引利用好国内外优质资本,促进内外源经济协调可持续发展。强化"以商引商"和原有企业增资扩产等引资方式,扩大项目招商、专业招商、委托招商,以完善和延伸制造业产业链条、扩大引资领域为主要方向，针对制造业产业链条薄弱环节、缺失部分和生产性服务业进行重点招商引资，进一步做强先进制造业，提高服务业利用外资比例和水平。转变引资策略，注重对国内大企业、大集团资金和项目的引进，加强与国有企业、军工企业合作，引进一批规模大、带动强、效益好、稳定性好的项目。

——大力发展民营经济。实施扶优扶强战略，制定落实促进民营经济发展的政策措施，拓宽民营企业投资领域和渠道，以培育龙头型民营企业为目标，加强对大企业、大项目的扶持。发展壮大风险投资事业，提高市财政在贷款贴息方面的支持力度，引导和扶持民营企业上市融资，解决制约企业发展的资金问题，实现资产有效增值。鼓励民营企业与外资企业开展合作，强化民营企业与外资企业在产业链上的配套，加快推进加工贸易企业本土化。积极搭建民营企业"走出去"平台，引导民营企业通过直接投资、业务合作、产业对接等方式，发展跨市、跨省、跨国经营，努力开拓国内外市场，推动民营经济做强做大。

——打造具竞争力的企业集团。引进产业带动性大的项目和著名跨国公司，鼓励企业通过外引内联、资本运作、资产重组、企业上市，全球配置资源，实现资产的优化组合和投资的多元化，围绕提高企业规模水平和产业集中度，通过联合重组、兼并收购、产业延伸、协作配套等多种手段和途径，推动优势骨干企业跨地区、跨行业发展，打造一批拥有自主知识产权、主业突出、品牌优势明显、核心竞争力强的大公司和企业集团。

（四）科技创新支撑工程

——强化科技创新载体建设。围绕产业发展的重要产品研发和技术升级两大重点，强化松山湖科技产业园"科技中心"的功能，重点选取电子通信、装备制造、新能源、新材料等领域，推动行业或区域技术创新服务平台建设，大力扶持公共科技创新平台、行业技术研究平台、企业技术中心和企业工程技术研究开发中心等科技创新载体。建设若干集研究开发、技术支持、技术推广、信息咨询人才培训等功能为一体的产业共性技术创新中心，重点提升特色产业共性技术开发能力。

——完善科技投融资体系建设。强化国家开发银行科技型中小企业融资平台的功能。充分发挥科技创业投资合伙企业（有限合伙）的作用，引导民间资本投资科技创新。设立创业投资引导资金，引导外围创投机构进驻东莞，发展壮大科技风险投资产业。大力推动科技企业上市融资，做大做强龙头科技企业。

——推进科技合作与交流。加强与高等院校、科研院所的全面合作，推动产学研合作向更深、更广的层次发展。加快建设省部产学研示范城市，推进产学研战略联盟、示范基地、示范项目的建设和实施。鼓励和支持大型高新技术企业以跨国并购、设立海外研发中心等方式整合国际技术资源，跨越专利封锁和技术壁垒。建立国际科技交流和合作的创新网络，丰富莞港、莞台的合作方式，提升与欧美、日韩等国家和地区科技交流与合作的档次，继续办好东莞国际科技合作周，集聚科技创新资源。

——加强知识产权能力建设。加强与国家、省标准研究机构合作，鼓励企业积极参与技术标准的研制。推动企业和行业积极采用国际标准和国外先进标准，通过消化吸收再创新，形成有自主知识产权的技术和标准。以促进发明创造为重点，提高知识产权创造水平。建设专利技术交易中心，鼓励专利技术交易，发展知识产权和技术标准服务业，鼓励企业引进和购买先进技术，积极推动拥有知识产权的创新成果商品化、产业化，加强知识产权保护。加大知识产权保护力度，完善知识产权信息化服务平台，提高企业知识产权管理水平。

（五）人才资源支撑工程

——建立以产业引导、促进就业和人口疏解的新型发展机制。以产业发展实现高层次人才的集聚，实现劳动就业与社会保障有机结合，促进农村劳动力的专业化和职业化。解决人才引进培养中住房、配偶工作、子女入学、创新创业扶持等实际问题，引进和留住人才。健全人才培训体系，选派各领域优秀人才到国内外著名院校培训学习。

——围绕重点产业需求，以人才实用性为目标，加强虎门港、松山湖、东部生态园等产业园区和东莞理工学院、东莞职业技术学院等本地高校、以及国内外先进培训机构的有机合作，采用多种培训形式，建立一支"本地化"的专业技术队伍和技工队伍。鼓励企业与高校、机构联合培养复合型人才和高技能人才，逐步实现人才孵化、人才培养到人才输出的提升和转变。

——加快博士后科研工作站、留学人员创业园、博士创业园和其他科技创新平台的建设，实施"高层次高技能急需紧缺人才绿色通道"，出台吸引领军人才政策集聚高层次人才。

——改革现有职业教育体系，大力发展职业教育，大力培养产业发展急需的高素质产业工人，加大农村劳动力职业技能培训的支持力度，提高农村劳动力素质，促进农村富余劳动力转移。

（六）制度环境支撑工程

——加强城市品牌经营能力建设。以国际视野、开放思维、市场理念引导产业发展，营造有利于产业发展的制度环境。依托历史文化及品牌资源，积极培育、筹划、争取国内外重大体育赛事、重大品牌展会、重大时尚盛会、重大音乐戏剧影视演艺活动，形成系列品牌支撑，打造东莞城市品牌，营造与培育、发展、引进相适应的支撑环境。

——按照公开、公平、规范原则，加快完善产业准入制度，提高传统制造业和传统服务业的准入要求，实现资源和能源的集约利用；放宽现代制造业和现代服务业市场准入条件，鼓励和支持各类资本进入法律、法规没有明令禁入的服务领域。严格控制高耗能、高污染项目。

——培育鼓励创业文化，建立健全社会化服务体系。大力弘扬和倡导自主创业，建立扶持全民创业的服务平台。加快积极为中小企业的发展提供信息咨询、市场开拓、筹资融资、贷款担保、技术支持、人才培训等服务，推动中小企业与大企业在产业延伸、产品配套、生产流通等方面形成分工协作关系，提高生产专业化水平，促进中小企业技术进步，扶持中小企业发展。

——创新政府组织体系，健全行政管理机制。推进政府机构改革，规范政府职能，打破行政分割和部门利益格局，形成决策、执行、监督既相互制约又相互协调的政府架构。探索实施相对集中行政审批权改革，加快电子政务建设，实行网上行政审批、网上公共服务和网上监控。健全科学民主决策机制，完善政府集体决策、专家咨询、社会公示和听证制度，建设法治政府、效能型政府和建设服务型政府。强化外部监督体制，增强政府工作透明度。

（七）环境保障支撑工程

——加大环境治理力度。加快建立反映资源稀缺程度、污染排放数量和市场供求关系的资源要素利用体制机制。实行阶梯水价电价、高耗行业差别水价电价制度，稳步提高城市污水、生活垃圾、废物废气等的处置收费标准，严格执行污染物排放标准。加快污水处理与收集系统建设，推行固体废弃物集中处理，防治有毒有害工艺废气污染，强化对绿地、水系、生态保护区的保护。

——推行集约型、节约型、生态型的产业发展模式。科学规划土地资源，优化用地结构，提高土地开发强度。新增项目除满足环保评估要求外，市属园区每亩投资不低于 250 万元，镇区建设用地每亩投资不低于 150 万元。实行"四整四聚"，整合城镇建设向重点发展地区集聚，整合工业建设向园区集聚，整合住宅建设向中心区集聚，整合耕地资源向规模经营集聚，提高土地资源利用效率。严格控制建设用地指标的审批，完善和规范土地市场交易行为。

——发展循环经济，推广低投入、高产出、低污染、可循环的发展模式。制定和完善有利于循环经济发展的产业政策、价格政策、财税政策，积极鼓励和引导绿色消费。强力推进节能减排，开展固定资产投资项目节能评估，加强对项目建设和运行过程中的监督检查，严格控制高耗能行业增长，大力发展低耗能产业，着重降低工业、建筑、交通、政府机构和公用设施四大领域的单位能耗。制定全市供水总量控制总目标，分行业、分镇街制定分配用水指标，推进循环经济示范小区建设，确保节能措施与能效指标的落实。

——严守生态控制线。严格执行《东莞市市域生态控制线规划》，坚守 1103 平方公里的城市生态控制线。以市东南部、中南部、西南部山体控制区为重点，以东江及其沿岸、狮子洋及其沿岸、南部山地林场为轴线，建设东江南支流生态廊道、寒溪河生态廊道、东引运河至同沙生态廊道、石马河北部—黄江生态廊道，打造成"三轴、四廊、三区、多节点串连"的生态景观结构。

六、政策与保障措施

（一）加强统筹协调

完善产业政策体系。制订完善产业结构调整的相关政策，包括重点产业扶持政策，重点项目和关键性项目引进鼓励政策，加工贸易企业转型升级扶持政策，中小企业融资政策，"科技东莞"工程配套政策，高污染、高耗能、用工多、低层次企业转移政策等政策文件，引导产业结构转型升级。

加强区域发展协调。处理好产业布局的跨区域性与镇街行政分割的矛盾，建立完善区域沟通机制和区域合作机制，针对涉及共同利益的基础设施建设、产业布局、公共资源利用、生态环境保护等重大问题，加强政策协调与沟通磋商。建立完善利益协调和利益补偿机制，推进跨镇区大型基础设施、公共设施共享，整合发挥公共资源效益。建立产业梯度转移调控机制，实现区域间经济的协同发展。

探索完善利益分配机制。根据各镇（街）推进产业转移、人口素质提升的情况，探索调高产业转移实绩突出镇（街）的税收分成，减少产业转移对部分镇（街）财政收入造成的负面影响。通过专项补助或购买服务的形式，逐步剥离社区（村）对治安、环卫、市政建设等公共投入，切实减轻基层支出负担。探索税收分成到村的政策措施，成立产业转移退出援助基金，用于镇村尤其是村一级应对产业结构调整过程中的风险。加强对土地开发的统筹，探索建立"市、镇主导开发，市、镇、村三级分利"的发展模式。

（二）加强规划导向

实施产业结构调整指导目录。依据国家和省的《产业结构调整指导目录》，结合我市产业发展要求，制定出台《东莞市产业结构调整指导目录》，明确鼓励、限制和淘汰三类目录（未列入目录的为允许类），制定相应的政策措施，鼓励和支持发展先进生产能力，限制和淘汰落后生产能力，有序推进产业转型。积极发展循环经济，合理引导投资方向，防止盲目投资和低水平重复建设。

建立空间布局引导机制。根据产业空间发展的规划，突出重点产业区和专业集聚区的产业定位，综合运用规划、土地、投资、信贷等手段，优先保证重点区域、重点产业、重大项目土地供应，吸引重大产业项目向功能区集中，重大基础设施和标志性公共服务设施项目向集聚区布局，促进产业空间集聚。

强化规划实施管理。强化政府对空间资源的集中统一管理，充分发挥产业规划的导向和统筹作用，使规划成为政府调控市场的重要政策杠杆，成为实现资源高效集约利用的重要途径，成为引导资源合理配置和产业集聚发展的重要手段。强化产业规划与城市规划、土地规划的衔接。在规划正式颁布后，跟进制定产业发展实施方案，科学制订和实施经济社会发展年度计划，分解落实产业结构调整的目标和任务，增强规划的可操作性。规划实施过程中建立评价和监督机制，实行动态跟踪管理，并适时修订完善。

（三）加强政策引导

加强财政导向。对符合我市现代产业发展方向的高端产业，制订专门的产业发展财政扶持政策，着力支持产业链关键缺失项目的引进，加快推进产业产品置换升级，引导高消耗、低效益、低附加值的企业或其生产环节,向省内产业转移园区或其他地区有序转移。补贴对因农田保护区、自然保护区、生态绿线规划等影响发展的镇村,支持国家、省各类产业项目建设资金等的配套,支持因产业转移造成经济困难的镇村;整合现有的"科技东莞"、技术改造等各项专项资金,着重投向公共服务技术支撑平台建设、关键技术和共性技术原始创新攻关及其引进技术的消化吸收再创新、应用基础研究、重大科技成果的中试和产业化等方面。加快建立财政投入为引导、企业和社会投入为主体的多元化产业发展投入机制。

强化行业准入管理。对国家已实施准入管理的行业,在对其新建和改扩建项目进行投资立项、环境评价、土地供应、信贷融资、节能评估和审查、电力供给等审核时,进行严格把关。对准入条件执行情况进行监督检查,引导现有企业规范发展。

(四)加强组织领导

完善工作协调机制。发挥市产业结构调整工作领导小组的作用,切实加强对产业发展方向、产业空间布局、产业政策制定实施、重大项目策划引进、用地指标落实、产业发展基金使用等环节的统筹和协调,加强对全市产业结构调整工作的指导和监督检查,确保有关政策和各项工作落实到位。建立定期评估制度,协调解决产业结构调整中遇到的问题,并根据情况及时调整相关政策。

落实工作责任制度。落实责任分工制度,各级各有关部门密切配合,形成合力,按照市产业结构调整的总体部署,制订详细的实施方案和工作计划,积极推进相关领域产业结构调整工作。实行产业结构调整升级的工作汇报制度,定期抽取一些部门和镇街汇报工作进展情况。落实督查考核制度,开展经常性的督促检查,主动邀请人大、政协参与。

完善科学考核机制。科学设置统计指标体系,探索完善新兴业态的统计方法,更好地满足产业发展分析、指导和推进等工作的需要。建立健全有利于加快产业结构调整的考核指标体系,重点评价优化经济结构和转变发展方式的状况,强化对发展现代服务业、资源消耗、环境保护、自主创新等的评价,弱化对经济增长速度等的评价,并按分类指导的原则,在不同指标的权重设置方面充分体现区域发展的要求。实行部门、镇街一把手负责制,把产业结构调整的考核指标纳入部门、镇街政绩考核体系。

东莞市核心技术攻关"攀登计划"实施方案
（2017—2020 年）

为贯彻落实《"十三五"国家科技创新规划》（国发〔2016〕43 号）、《"十三五"广东省科技创新规划（2016—2020 年）》（粤科规划字〔2017〕38 号）、《东莞市科学与技术发展"十三五"规划》（东府办〔2017〕47 号）、《东莞市推动建设科技产业创新中心走在前列行动计划》（东创新办〔2016〕16 号）和《关于打造创新驱动发展升级版的行动计划（2017—2020 年）》（东委发〔2017〕15 号），大力推进实施创新驱动发展战略，增强自主创新能力，加速推动我市重点产业转型升级和培育战略新兴产业，现结合我市实际，制订我市核心技术攻关"攀登计划"实施方案如下：

一、总体思路

（一）立足产业，超前部署

把握新一轮科技革命和产业变革趋势，针对制约我市重点产业发展的瓶颈和薄弱环节，强化战略谋划和前瞻部署，加强部分有创新基础和潜在优势的支柱产业、战略新兴产业核心环节的技术攻关，力争率先突破，赢得战略主动，提高产业的核心竞争力和可持续发展能力，优化产业格局。

（二）重点突破，形成亮点

围绕我市重点产业发展的技术需求，集中力量，突出重点，整合各类资源，重点围绕智能制造和高端装备、以移动互联与器件为核心的高端新型电子信息、云计算与大数据、新能源汽车、新材料、生物医药等六大技术领域，鼓励引导研发前沿化、高端化，实现有效突破，形成若干亮点和优势环节。

（三）开放合作，协同创新

鼓励引导企业与国内外高校院所加强合作，推进协同创新，形成企业、高校院所、服务机构联动的产业创新体系。借粤港澳大湾区建设和粤港澳科技创新合作契机，推进莞港澳、穗莞、深莞惠合作，引进优势创新资源。推进军民融合，争取引进国防科工系统创新资源，联合开展军民两用核心技术攻关与应用。

（四）统筹协调，多方联动

加强上下联动，主动与国家、省上级部门沟通对接，争取更多的创新资源落户东莞。加强横向协同，建立由部门、高校、科研单位等共同参与的协同创新机制，形成我市重点产业核心技术攻关的强大合力。加强市镇联动，发挥镇街在场地、资金、服务等优势资源，加快重大核心技术攻关项目的实施落地。

二、工作目标

经过3年努力，全市重点产业核心技术攻关取得初步成效，推动我市支柱产业转型升级和战略性新兴产业跨越发展。到2020年，力争实施重点产业核心技术攻关项目100项，突破重大技术瓶颈70项以上，其中达到国际领先水平5项，国际先进水平10项，国内先进水平20项；形成拥有自主知识产权、具有竞争力的新产品50项以上。

三、主要任务

（一）组织实施核心技术攻关重点项目

围绕产业链部署创新链，组织实施核心技术攻关重点项目，集中力量突破一批关键共性技术，研发一批具有核心知识产权和产业化能力的关键技术成果，取得了良好的经济效益和社会效益。

1. 支持领域

围绕《东莞市重点产业核心技术攻关目录》（详见附件）提出的重点领域。

2. 支持对象

上年销售收入达1亿元（含）以上且建有研发机构的企业，或成立时间3年以内且销售收入超过2000万元以上的企业。

3. 分配方式

竞争性分配和市镇联动。

4. 支持额度

每个项目市财政资助额度不超过 2000 万元，其中：（1）总投入在 1 亿元（含）以上、该领域项目评审得分第一名、纳入倍增计划企业的项目，资助 2000 万元；（2）总投入在 5000 万元（含）以上、该领域项目评审得分第一名的项目，资助 1000 万元；（3）其它项目资助额度不超过 500 万元。如申请额度少于应资助额度，按申请额度支持。

5. 自筹经费比例

项目自筹经费与市财政项目资助经费的比例不少于 3：1，其中项目新增自筹经费与市财政项目资助经费的比例不少于 1：1。

6. 资金拨付

项目主要采用拨贷联动方式支持。但市镇联动重点项目可采用分期拨付方式，即分两期拨付：第一期，中期检查合格，按项目已投入经费占项目预算总投入的比例予以资助，最高不超过资助总额的 70%；第二期，项目验收通过后，按照项目实际总投入占计划总投入的比例清算资助资金。如果验收不通过或提前终止结题的，不再拨付剩余资助资金。

7. 对我市经济社会发展具有重大意义的特大型创新项目资助方式及额度可采用一事一议方式报市政府审定

具体立项管理按照《东莞市科技计划项目资助管理办法（修订）》执行，每年支持的重点方向和申报要求将在当年发布的申报通知及申报指南明确。

（二）组织实施核心技术攻关前沿项目

加强前瞻性技术布局，支持创新型企业、高校院所、新型研发机构等单位开展实施核心技术攻关前沿项目的基础研究和应用研究，突破一批前沿新技术，并完成样机或小试等，抢占新兴产业技术制高点。

1. 支持领域

《东莞市重点产业核心技术攻关目录》提出的重点领域以及其它前沿新技术。

2. 支持对象

在我市注册的高校院所、新型研发机构、建有省级以上研发机构的企业。

3. 分配方式

竞争性分配。

4. 支持额度

每个项目资助额度不超过 200 万元。

5. 自筹经费比例

项目承担单位为企业的，项目自筹经费与市财政项目资助经费的比例不少于 3：1，其中项目新增自筹经费与市财政项目资助经费的比例不少于 1：1；项目承担单位为高校院所、新型研发机构的，项目新增自筹经费与市财政项目资助经费的比例不少于 1：1；若承担单位为市财政全额供养单位的，可无需自筹研发投入。

6. 资金拨付

资助资金分三期拨付：第一期，在项目立项并签订合同后拨付 30%；第二期，经中期检查合格，按项目已投入经费占项目预算投入的比例进行拨付，最高不超过立项资助总额的 70%（含第一期已拨付资金）；第三期，项目验收通过后，再拨付剩余资助资金。其中项目承担单位为财政全额供养单位，资助经费按照国家有关财务规章制度进行管理。如果验收不通过或提前终止结题的，不再拨付剩余资助资金；并根据项目已投入支出实际情况，按比例扣除合理支出后，收回多余的已拨付资金。

具体立项管理按照《东莞市科技计划项目资助管理办法（修订）》执行。每年支持的重点方向和申报要求将在当年发布的申报通知及申报指南明确。

（三）组织实施引进创新科研团队项目

鼓励东莞的企业、高等院校、科研机构引进海内外高层次创新科研团队，扶持其持续开展项目研发和产业化工作，重点围绕产业发展的核心关键技术问题进行研究，持续为优化我市经济结构、实现产业高级化发展提供坚强的人才保障和智力支撑。

1. 支持领域

高端新型电子信息、智能装备、新能源、新材料、生物技术及医疗器械、节能环保、核技术应用等战略性新兴产业。

2. 支持对象

处于国内外先进水平、对我市产业转型升级有重大影响、能带来重大经济效益和社会效益的创新科研团队。

3. 支持额度及支持方式

对市团队项目按其层次、创新能力及项目先进性评定为 A、B、C 三个等级，分别给予 1000 万元、800 万元、500 万元立项资助。

4. 自筹经费比例

项目承担单位为企业的，自筹经费与市财政项目资助经费的比例不少于3∶1。项目承担单位为高校或新型研发机构的，可不受自筹资金投入比例的限制，但在同等条件下优先支持自筹资金配套能力强的高校及新型研发机构引进人才团队。

5. 资金拨付

对获立项的创新科研团队项目，采用一次性立项资助；待项目结题验收后视其团队引进和项目实施成效，再给予不超过立项资助额度的奖励经费。

具体按照《东莞市引进创新科研团队项目实施管理办法》执行。

（四）引进组建重大公共科技创新平台

围绕我市产业战略发展的重大技术需求，引进境内外著名高校院所、国家级研发机构、行业龙头企业或优秀创新科研团队等创新资源建设的为我市提供公共服务的公共创新载体，扶持其持续开展核心技术攻关活动，为我市企业、研究机构提供技术研发、检测等科技服务，推动我市战略性新兴产业加快发展，形成新的经济增长点。

1. 支持领域

符合我市的产业布局和战略发展，能够满足我市现有重大产业技术需求，能充分利用现有产业基础引领发展战略性新兴产业，并属于《东莞市战略性新兴产业"十三五"规划》或《东莞市科学与技术发展"十三五"规划》重点发展的产业；或产业方向属于我市优势产业，且其工业增加值占全市工业增加值30%以上。

2. 支持对象

最新年份QS世界大学排名前200名学校中的工科类院校；国家公布的"双一流"建设高校和"985"、"211"高校，以及其他拥有"双一流"建设学科的高校（建设方向须为该学科）；国家级重点科研机构或省政府认定（支持）的重点科研机构；上年度销售额超百亿元且建有国家级工程中心或重点实验室等公共创新平台的行业龙头企业；市政府确定的对我市实施创新驱动发展战略具有重大意义的优秀创新科研团队。

3. 支持额度及支持方式

建立适应市场规律，包括财政资金、社会资本、风险投资等的多元投入模式，其中市财政扶持资金原则上不超过平台建设资金的50%；如确需市财政资金投入超过50%的，经市政府同意，超出比例的部分由市政府指定国有资产管理单位占有并获取相应的收益。已通过验收的平台，上年度考核结果为优秀的，市财政给予经费奖励；根据年度预算安排，其中排名前3名的，每家给予不超过500万元的奖励，第4-5名，每家给予不超过300万元的奖励，其余的每家给予不超过100万元的奖励。

具体按照《东莞市引进组建重大公共科技创新平台管理办法》执行。

四、保障措施

（一）强化政策资金保障

加大市财政资金扶持力度，从2018年起，每年安排财政资金用于支持核心技术攻关重点和前沿项目等项目实施。实施市镇联动，引导镇街（园区）积极参与，鼓励镇街（园区）给予相关项目资金配套资助或奖励；对镇街（园区）推荐的市镇联动重点项目，镇街（园区）按1：1比例给予相关项目资金配套资助或奖励（次发达镇按1：0.5比例配套）。发挥财政资金的撬动作用，多渠道引导企业、科研机构、社会机构的资金投入到产业核心技术攻关及产业化当中。

（二）建立决策咨询机制

成立市核心技术攻关专家咨询委员会，邀请行业技术专家学者、企业家、行业协会代表组成，委员会的主要任务是根据主管部门的工作需要，对我市组织开展核心技术攻关的重要决策计划如项目申报指南、第三方评审报告、结题验收报告等内容提供咨询评估意见和建议。

（三）发展壮大创新型龙头企业

落实东莞市重点企业规模与效益"倍增计划"，推动各类创新资源向倍增计划试点企业集聚，推动企业尽快实现倍增，并发展成为行业龙头企业。实施高新技术企业"树标提质"行动，大力推动企业研发机构建设。鼓励创新型企业做大做强，鼓励企业围绕创新链开展并购重组，加快发展壮大一批综合竞争力强、发展后劲足、行业带动力强的优势企业。积极争取建有行业领先研发机构及检测机构的创新型企业落户东莞，特别是拥有国家工程实验室、国家重点实验室、国家工程（技术）研究中心、国家企业技术中心的创新型企业在莞设立分支机构或分公司，并支持其在东莞持续开展创新研发活动。

（四）强化核心技术发展趋势研究

支持省内外高等院校、研究机构、服务机构及骨干企业对我市重点技术领域的现状进行摸底调查，分析其竞争优势和劣势以及在全省、全国的位置，理清国内外其技术领域的发展现状及趋势，并提出我市在该技术领域的发展建议，形成重点技术领域发展趋势研究报告，供市委市政府及有关部门决策参考。

（五）创新管理机制

建立核心技术攻关项目库，由市直部门、镇街、高新技术企业每年推荐优质项目入库，作为编制项目指南和立项的重要依据。根据国家和省有关科研项目管理改革的有关要求，进一步创新核心技术攻关项目和资金管理方式，建立科学高效、宽容失败的科研管理新机制。下放项目合同变更权限，除项目核心团队、项目预算、主要技术指标和经济指标外，其它内容变动小于50%的，由项目负责人根据项目需要自行变更，并报主管部门备案。

东莞市特色人才特殊政策实施办法
（2018年修订版）

第一章 总 则

第一条 为加快实施"人才东莞"战略，构建人才型城市，充分发挥各类特色人才在"加快转型升级、建设幸福东莞、实现高水平崛起"中的引领和支撑作用，引进特定的人才群体，聚焦特色的行业、产业和领域，实行特殊的政策措施，营造特优的人才环境，特制定本办法。

第二条 本办法所指的"特色人才"包括在我市实施创新驱动发展战略，推进产业转型升级过程中重点发展的行业、产业、领域紧缺急需或做出相应贡献的高层次人才。"特色人才"共分为五大类，包括：

（一）特级人才，是指具有突出的学术造诣、社会影响力和创新创业能力的国际顶尖人才，或对我市经济社会发展做出重大贡献的经认定、评定的高层次人才。

（二）一类人才，是指获得相关国家级、特别份量的省级荣誉、奖项和技术职务及称号，或对我市经济社会发展做出突出贡献的经认定、评定的高层次人才。

（三）二类人才，是指获得相关省部级、特别份量的市级荣誉、奖项和技术职务及称号的，或一类人才中相应国家级荣誉、奖项和技术职务及称号的次位，或对我市经济社会发展做出重要贡献的经认定、评定的高层次人才。

（四）三类人才，是指获得相关市级荣誉、奖项和技术职务及称号的，或二类人才中国家、省级荣誉、奖项和技术职务及称号的次位，或对我市经济社会发展做出较大贡献的经认定、评定的高层次人才。

（五）四类人才，是指三类人才中获得相关市级荣誉、奖项和技术职务及称号的次位，或对我市经济社会发展做出积极贡献的经认定、评定的高层次人才。

同时，包括相当于特级、一、二、三、四类人才的国（境）外人才和经市委、市政府认定的特色人才。

第二章 资金资助和奖励

第三条 科研、配套资助

（一）国家级人才配套资助。对于中央"千人计划"、"国家特支计划"等国家级荣誉和奖励，在我市申报并成功入选的人才，视人才项目层次及对我市经济社会贡献等情况，由市财政按国家资助的1：1至1：2的比例配套资助资金；由市外迁入我市的人才，视人才项目层次及对我市经济社会贡献等情况，由市财政按国家资助的1：0.5至1：1的比例配套资助资金，国家政策规定不予地方资金配套的除外。

（二）省级人才配套资助。对入选广东省引进创新创业团队和领军人才的团队和个人，视人才项目层次及对我市经济社会贡献等情况，由市财政按省财政资助1：0.5至1：1比例给予配套资助。国家、省政策规定不予地方资金配套的除外。

获得其他省级、国家级或以上荣誉和奖励的，可采用一事一议的方式报市政府研定配套资助事宜。

第四条 创业资助和奖励

（一）对获得我市引进创新科研团队项目立项的团队，市财政将视团队的层次一次性给予500万元至1000万元的立项资助；在团队项目通过结题验收后，我市将从税收贡献、知识产权成果产出、项目资金投入、技术研发和产业化进程、人才引育等方面对团队项目的实施情况及经济产业发展贡献程度进行综合评价，并一次性给予不高于其立项资助经费额度的奖励经费。

（二）对我市确定立项的引进创新创业领军人才，给予100万元至200万元创新创业启动资金扶持；项目实施2年后，根据其营业额和税收、技术创新推进、行业带动、技术项目绩效、高层次人才聚集程度进行综合评价，给予领军人才100万元至300万元创新创业奖励。

第五条 创业扶持

（一）贷款贴息

本办法实施期间，特色人才在我市通过银行贷款融资创办企业获得银行贷款的，市财政按其贷款期内实际支付利息最高不超过70%的比例给予贴息，贴息时间最长不超过两年，每家企业每年最高贴息100万元。

（二）场租补贴

本办法实施期间，特色人才在我市创办企业，各镇街（园区）要对本辖区范围内特色人才所创办企业给予场地租金补贴。每家企业纳入补贴范围的场地面积原则上不超过 100 平方米，每平方米每月补贴额不超过 30 元，补贴期限不超过 2 年。

第三章 生活待遇

第六条 居留和出入境

（一）中央"千人计划"引进的外籍人才及其随迁外籍配偶和未成年子女申请在中国永久居留的，市公安局在 10 天内完成初审工作并上报省公安厅，50 天内发放《外国人永久居留证》。其他类别特色人才及其随迁外籍配偶和未成年子女，符合《外国人永久居留证》申请条件的，市公安局在受理申请的两个月内完成初审上报工作。

（二）外籍人才及其随迁外籍配偶和未成年子女，尚未获得《外国人永久居留证》，可以办理 2–5 年的居留许可，在居留许可的有效期内多次出入境，并提供签证到期提醒服务。

（三）为特色人才及其家属开放快速绿色通道，快速办理外国人就业证、居留许可等相关证件，相关业务必须在其提交申请日起 5 个工作日内办结。居留许可有效期可放宽至 2 年以上。

（四）市车管部门开通绿色通道，对与我国签订互相认可的境外驾驶证，特色人才凭通行证或护照、在我市居住和工作证明，优先办理境外驾驶证换发国内驾驶证业务。

第七条 落户

（一）特色人才落户东莞的，由公安机关简化程序，优化办理，并对没有加入其它国籍和没有在国外定居的人员，在全市范围内可以选择工作属地、房产属地所在社区落户。属华侨身份的，由市外事侨务局优先办理。

（二）打破以"落户东莞"为依据的政策限制，在我市就业创业人才可凭劳动合同、社保缴纳、个人所得税完税凭证、公司注册登记等证明材料申请享受我市住房奖励等人才资助政策。

第八条 住房

（一）租住人才公寓。鼓励各镇（街道）、园区、企业建设高层次人才公寓，为工作关系在本市，且尚未在本市购买商品住宅房的人才，提供租住人才公寓优惠。

（二）租房补贴。对于来莞工作，且尚未在本市购买商品住宅房，也未申请人才公寓的，可申请租房补贴租住商品住宅房，补贴年限不超过三年。特级人才可享受每月最高5000元租房补贴，一类人才可享受每月最高3000元租房补贴，二类人才可享受每月最高2500元租房补贴，三类人才可享受每月最高2000元租房补贴，四类人才可享受每月最高1500元租房补贴。

（三）购房补贴。特色人才（配偶、未成年子女）未在本市范围内享受过房改房、解困房、安居房、经济适用住房或参加单位内部集资建房等购房优惠政策，并未在本市购买过商品住宅房，在获得东莞市特色人才称号后，为解决特色人才在莞住房问题，以本人（或配偶、未成年子女）名义在本市首次购买商品住宅房，按特色人才类别给予购房补贴。特级人才给予最高不超过250万元购房补贴，一类人才给予最高不超过200万元购房补贴，二类人才给予最高不超过150万元购房补贴，三类人才给予最高不超过100万元购房补贴，四类人才给予最高不超过30万元购房补贴。购房补贴从成为特色人才的当年起接受申请，从成功申请的下一年起按5年等额发放。

第九条　医疗

（一）特色人才及其直系亲属可在我市任意一间二级（含按二级管理）以上医院享受绿色通道服务，快速便捷就医。

（二）为特色人才每年提供一次健康体检服务，制定个性化保健方案，提供健康咨询、健康评估、健康干预等服务，为期三年。

（三）特色人才在市定点医院就医时，由导医护士全程陪同，并帮助办理门诊、急诊、住院等手续，如遇病情比较严重的疑难病例，优先安排专家会诊，提供优质医疗和护理服务。

第十条　社保

（一）引进的境外人才及其配偶、子女，凡与国内企业建立劳动关系或在国内创业的，在国家相关规定出台前，可按照《关于在东莞市就业的港澳台侨及外籍人员参加社会保险有关问题的通知》（东社保〔2010〕44号）规定，将在我市就业的境外人才纳入我市社会保险参保范围。境外人才在我市参保并缴费后，按照权利与义务相对应的原则，其各项保险的相关待遇均按我市现行的相关规定给予支付。

（二）建立企业年金的用人单位，可对引进人才作重点倾斜，在规定范围内提高其企业年金单位缴费额度；尚未建立企业年金的用人单位符合建立企业年金条件的，可优先为引进特色人才建立企业年金，再逐步覆盖全体职工。同时，用人单位也可以为其办理商业补充保险。

（三）特色人才在我市工作服务期间，无论其在何单位任职，不受单位参保形式的限制，允许其在参加我市社会基本医疗保险的基础上参加住院补充医疗保险及医疗保险个人账户，享受相应的医疗保险待遇，并允许其未在本市就业的配偶及直系亲属以灵活就业人员的方式参保。

（四）引进人才达到退休年龄时，参加企业职工养老保险累计缴费不足15年的，可由用人单位按相关规定为其进行补缴。

（五）对特色人才参加社会医疗保险（含市内外参保）个人缴费部分，按其类别分别给予每人每年定额补助4000元、3000元、2000元、1000元、600元，补助年限不超过三年。

第十一条　税收

（一）人才取得的省级人民政府、国务院部委和人民解放军军以上单位，以及外国组织、国际组织颁发的科学、教育、技术、文化、卫生、体育、环境保护等方面的奖金，免纳个人所得税。

（二）特色人才按照对我市经济社会发展贡献程度按其上一年度所缴个人工薪收入所得税地方留成部分80%的标准予以补贴，每人每年最高补贴不超过50万元，不超过三年。

（三）引进外籍人才以非现金或实报实销形式取得的住房补贴、伙食补贴、搬迁费、洗衣费，暂免纳个人所得税。从外商投资企业取得的股息、红利，以及按合理标准取得的出差补贴、语言训练费、子女教育费等，暂时免纳个人所得税。

第十二条　通关

（一）回国定居或来华工作连续一年以上（含）的特级、一、二类人才进境时，协助其申请省部级有关高层次人才认定证书，并在取得认定后，在规定范围内合理数量的科研、教学物品，海关依据有关规定予以免税验放。进境规定范围内合理数量的自用物品，海关依据有关规定予以免税验放；可以申请从境外运进自用机动车辆1辆（限小轿车、越野车、9座及以下的小客车），海关依据有关规定予以征税验放。

（二）海外留学人才来莞创办的企业属于国家鼓励发展的投资项目，在投资总额内因生产需要进口必要的自用设备和按照合同随设备进口的技术及配套件、备件，除国家规定不予免税的商品外，可申请办理减免税手续。

第十三条　配偶安置

（一）引进人才配偶一同来莞并愿意在本市就业的，按照双向选择的原则，根据人才配偶原就业情况及个人条件，有关部门及用人单位积极做好联系协调等工作。

（二）用人单位安置就业有困难的，各级人力资源和社会保障部门积极帮助推荐就业。

第十四条 子女入学

（一）特色人才子女入学时可在特色人才工作单位或落户所在的镇街（园区）选择入学，由市或镇街教育部门直接安排到市一级以上（含市一级）义务教育阶段公办中小学就读，并享受免费义务教育待遇；初中毕业生可按本市户籍学生待遇报考高中阶段学校。

（二）其他人才子女在入学时除通过积分制途径申请入读义务教育阶段学校外，还可按企业投资规模和税收贡献等按分配指标数优先安排入读义务教育阶段公办学校。

（三）引进人才子女办理转学手续，教育行政部门优先受理办结。

第十五条 薪酬

（一）用人单位参照引进人才回国或来莞前的收入水平，协商确定引进人才的合理薪酬，可不受国内薪酬体系的限制。

（二）用人单位及有关主管部门对作出突出贡献的创新创业人才，可实施期权、股权和企业年金等中长期激励方式。

第十六条 其他

（一）在我市各级行政办事窗口可享受绿色通道，快速便捷办理相关业务。

（二）免费游览东莞市纳入政府定价、指导价管理的景区。

（三）其他新增服务。

（四）国家、省、市对引进人才的其他待遇规定，从其规定。

第四章　日常管理

第十七条 人才的认定评定工作由市人才工作领导小组统筹领导，日常管理工作由市人力资源局负责，具体业务工作由市人力资源局会同相关单位共同实施。

第十八条 每两年编制一次人才目录，基本明确顶尖人才、国家、省和市级的荣誉、奖项和技术职务及称号的范围，为人才认定、评定提供标准和依据。

第十九条 各级优秀的人才达到或接近高一级别特色人才标准的，均可以申请高一级别特色人才评审，由市人力资源局会同相关部门进行资格审查，经第三方评估机构进行综合评审，报分管市领导审定后，公示无异议的，确定为高一级别特色人才。

第二十条　人才在同类优惠政策符合多种优惠层级的，只可以享受一种优惠形式，不可以重复享受。人才同时符合多个人才层级的，按照其最高人才层级享受优惠政策，但其自愿按照低人才层级申请的，不可以按照高人才层级再次申请；人才层级提升后，符合规定条件、标准的，按照不重复得利的原则调整相关人才优惠标准。

第二十一条　建立健全人才资助、奖励和补贴等支出效益监管和绩效评价制度。通过第三方评估等形式，对人才、团队的产业化和成果化进行考核，不断提高人才、团队引进培养的科学性、针对性和实效性。

第二十二条　建立支持特色人才创新创业的知识产权激励与保护机制，鼓励特色人才创新成果知识产权化，推动特色人才的自主知识产权优先在东莞实现产业化和资本化，并为其提供知识产权优先服务和重点保护。

第二十三条　有下列情况之一的，不再享受本办法规定的有关资助、奖励和生活待遇：

（一）在申报各级财政扶持资金、各类人才计划和科技项目，以及从事科学研究中，存在弄虚作假的；

（二）因个人原因或工作变动不在东莞工作的；

（三）其他应当予以撤销的情形。

其中，上述第（一）种情形需依法追回有关财政资助、奖励、补贴及荣誉称号。

第二十四条　本办法明确的人才生活待遇，按照属地原则，由所在镇（街道）、园区职能部门提供相应服务，鼓励通过购买社会服务提升人才服务质量。

第二十五条　引才奖励

对为我市引进特级人才、一类人才、二类人才、三类人才和四类人才的企业、社会组织和非全额财政核拨的事业单位，每引进1名按其人才层次分别给予50万元、20万元、10万元、5万元、2万元奖励。每个单位每年最高可获50万元奖励。各镇街、园区对其辖区范围内招才引智工作突出的村（社区）和企业可适当予以奖励。

第五章 附　则

第二十六条 本办法所指"特色人才"，应在2013年3月13日后来莞工作或创业，且年龄应未满60周岁（年龄计算以申报当年1月1日为限）。有特别突出贡献者，年龄条件可适当放宽。

第二十七条 党政机关、参照公务员法管理的事业单位人员，原则上不列入认定评定对象。有突出贡献者，经市政府同意后，列入认定评定对象。

第二十八条 本办法由市人力资源局会同相关部门共同解释。

第二十九条 本办法自2016年1月1日起正式实施，有效期至2020年12月31日止。在2015年12月31日前认定、评定的东莞市特色人才适用《东莞市特色人才特殊政策暂行办法》（东委发〔2013〕8号）；其后认定、评定的东莞市特色人才适用本办法。

附件1-1：东莞市特色人才目录（2016年—2017年）

附件1-1
东莞市特色人才目录
（2016年—2017年）

第一章　特级人才

第一条 荣誉称号的认定范围

1. 诺贝尔奖获得者；

2. 中国、美国、英国、德国、法国、日本、意大利、加拿大、瑞典、丹麦、挪威、芬兰、比利时、瑞士、奥地利、荷兰、西班牙、澳大利亚、新西兰、俄罗斯、以色列、印度、乌克兰、新加坡、韩国的科学院院士、工程院院士（即成员（member），见中国科学院国际合作局网站http://www.bic.cas.cn）；

3. 中国社会科学院学部委员、荣誉学部委员。

第二条 奖励项目的认定范围

1. 获得以下奖项：中国国家最高科学技术奖、美国国家科学奖章、美国国家技术创新奖章、法国全国科研中心科研奖章、英国皇家金质奖章、科普利奖章、图灵奖、菲尔兹奖、沃尔夫数学奖、阿贝尔奖、拉斯克奖、克拉福德奖、日本国际奖、京都奖、邵逸夫奖；

2. 获中国政府"友谊奖"的专家；

3. 近5年，获得国际著名建筑奖（见说明1）、著名文学奖（见说明2）、著名电影、电视、戏剧奖（见说明3）、著名音乐奖（见说明4）、著名广告奖（见说明5）中最高级别个人奖项及国际一类艺术比赛（见说明6）大奖。

第三条 技术职务及称号的认定范围

1. 世界500强企业总部首席执行官、首席技术官或技术研发负责人（见说明7）；

2. 国际著名金融机构（见说明8）首席执行官或首席专家；

3. 国际著名会计师事务所（见说明9）首席执行官；

4. 担任过国际著名学术组织（见说明10）主席或副主席；

5. 担任过国际标准化组织（ISO）标样委员会委员；

6. 美国、英国、德国、法国、日本、意大利、加拿大重大科技计划项目成果负责人或首席科学家；

7. 担任过世界知名大学（见说明11）校长、副校长；

8. 担任过世界著名乐团（见说明12）首席指挥、艺术总监、首席演奏家；

9. 担任过国际著名艺术比赛（见说明6）评委会主席、副主席；

10. 近5年，直接培养出奥运会冠军或近两届列入奥运会项目的世界杯、世锦赛冠军的主教练员；

11. 获美国、日本、欧盟国家授权发明专利或拥有核心技术国内发明专利，且上两个年度缴纳个人所得税均在全市排名前10名的企业董事长、总经理或首席技术专家。

第二章 一类人才

第四条 荣誉称号的认定范围

国家百千万人才工程第一、二层次人选、新世纪百千万人才工程国家级人选；中央"千人计划"、"国家特支计划"入选者；国家有突出贡献中青年专家；全国杰出专业技术人才；中国工艺美术大师；全国工程勘察设计大师；长江学者奖励计划"长江学者成就奖"项目获奖者（近5年）；全国优秀科技工作者；东莞市一类名医。

第五条 奖励项目的认定范围（近五年获奖）

（一）自然科学和工程技术领域

1. 国家自然科学奖一等奖前5名完成人，国家自然科学奖二等奖前3名完成人；

2. 国家技术发明奖一等奖前5名完成人，国家技术发明奖二等奖前3名完成人；

3. 国家科技进步奖特等奖前5名完成人，国家科技进步一等奖前3名完成人；

4. 中国青年科学家奖；

5. 中国专利金奖（须为专利发明人或设计人）；

6. 近5年，获得过国际著名工业设计IF奖的金奖、红点奖的至尊奖和美国IDEA奖。

（二）其他综合领域

1. 世界知识产权组织版权创意金奖人物奖；

2. 南粤功勋奖和南粤创新奖（以及同类省级奖励）；

3. "珠江人才计划"广东省引进创新创业团队带头人和领军人才；

4. "广东特支计划"第一层次"杰出人才"入选者（且项目通过结题验收）；

5. 获得"精神文明建设'五个一工程'奖"、"茅盾文学奖"、"鲁迅文学奖"、"文华奖"、"群星奖"等国家级常设性文艺类重要奖项（第一主创人员）。

第六条 技术职务及称号的认定范围（近五年获评选或聘任）

（一）自然科学和工程技术领域

1. 国家高技术研究发展计划（863计划）专家委员会主任、副主任，领域专家组组长、副组长；

2. 国家重点基础研究发展计划（973计划）专家顾问组组长、副组长，领域专家咨询组组长、副组长；

3. 国家科技重大专项总体组技术总师、技术副总师，重大专项项目技术负责人；

4. 国家科技支撑计划项目技术负责人（且项目已通过结题验收）；

5. 国家自然科学基金重大项目负责人，国家杰出青年科学基金项目负责人，创新研究群体项目负责人（且项目已通过结题验收）；

6. 国家实验室、国家重点实验室、国家工程实验室、国家工程研究

（技术）中心、国家认定技术中心首席科学家。

（二）其他综合领域

1. 全国专业标准化技术委员会主任委员；
2. 获得"中华技能大奖"荣誉称号的高技能人才；
3. 国家社会科学基金重大项目负责人；
4. 获美国、日本、欧盟国家授权发明专利或拥有核心技术国内发明专利，且上两个年度缴纳个人所得税均在全市排名前30名的企业董事长、总经理或首席技术专家；
5. 上年度在中国金融机构排名前10强，注册地设在东莞的金融或类金融机构，担任董事长、行长（总经理）满三年的人员。

第七条 评定标准

（一）经营管理领域

1. 以近5年的业绩和贡献为导向，且在国际500强、国内100强或其他知名企业内担任过高级管理职务，或具备引进重要重大项目的管理能力，来莞工作后能够显著推动我市经济社会转型升级，取得突出社会经济效益的经营管理特色人才；
2. 以近5年的业绩和贡献为导向，且在海外拥有国际发明专利或拥有核心技术国内发明专利在东莞创业，其专利技术国际领先或填补国内空白，所创企业被认定为国家高新技术企业的企业董事长、总经理或首席技术专家。

（二）自然科学和工程技术领域

以近5年的业绩和贡献为导向，且在国际500强、国内100强或其他知名机构内担任过高级技术职务或首席技术顾问，拥有国际领先水平的自主知识产权和发明专利，具备以下条件之一：

1. 来莞工作后能够将自主技术项目化和产业化，形成广阔市场前景，能够带动一个特色产业的高技术特色人才；
2. 来莞工作后能够对推动我市经济社会转型升级起到不可或缺的关键作用的高技术特色人才。

（三）其他领域

以近5年的业绩和贡献为导向，由行业主管部门推荐，经综合审定，达到一类人才标准或水平，为我市经济社会发展急需、社会贡献突出的其他领域高层次人才。

第三章　二类人才

第八条　荣誉称号的认定范围

享受国务院特殊津贴人员；省部级有突出贡献的中青年专家；省级以上优秀专家；省工艺美术大师；国家百千万知识产权人才工程第一层次人选；长江学者奖励计划"特聘教授、讲座教授"聘任人选（近5年）；广东省丁颖科技奖获得者；东莞市二类名医。

第九条　奖励项目的认定范围（近五年获奖）

（一）自然科学和工程技术领域

1. 长江韬奋奖；

2. 省（自治区、直辖市）科学技术奖特等奖前5名完成人、一等奖前3名完成人；

3. 省级科学技术奖突出贡献奖；

4. 近5年，获得过国际著名工业设计IF奖的金奖、红点奖，中国红星奖工业设计大赛金奖及以上获得者（主创设计师）。

（二）其他综合领域

1. 中国专利优秀奖、省专利奖金奖（须为专利发明人或设计人）；

2. "珠江人才计划"广东省引进创新创业团队带头人以外的核心成员；

3. 东莞市引进创新创业科研团队带头人和领军人才；

4. 科技部创新人才推进计划中青年科技创新领军人才、科技创业人才、重点领域创新团队带头人；

5. 高等院校国家重点学科带头人；

6. "广东特支计划"第二层次"领军人才"入选者（且项目通过结题验收）。

第十条　技术职务及称号的认定范围（近五年获评选或聘任）

（一）自然科学和工程技术领域

1. 国家高技术研究发展计划（863计划）重大项目负责人，重点项目负责人；

2. 国家重点基础研究发展计划（973计划）专题专家组组长、副组长，重大科学问题专家组组长、副组长，重大科学研究计划重大项目首席科学家，重大科学问题导向项目首席科学家；

3. 国家科技重大专项课题技术负责人（且课题通过结题验收）；

4. 国家科技支撑计划课题技术负责人（且项目已通过结题验收）；

5. 国家自然科学基金重点项目、重大研究计划项目、重点国际（地区）合作研究项目负责人，国家自然科学基金优秀青年科学基金项目负责人（且课题通过结题验收）；

6. 科技部国际科技合作计划项目中方项目第 1 负责人（且完成项目通过验收）；

7. 国家实验室副主任前 2 名，国家重点实验室副主任前 2 名，国家工程实验室副主任前 2 名；

8. 国家工程研究中心副主任前 2 名；国家工程技术研究中心主任副主任前 2 名；国家认定技术中心前 2 名；

9. 部省级实验室主任，部省级重点实验室主任，部省级工程实验室主任（且项目通过结题验收）；

10. 部省级工程研究中心主任，部省级工程技术研究中心主任、省级企业技术中心主任（且项目通过结题验收）。

（二）其他综合领域

1. 全国专业标准化技术委员会副主任委员；

2. 获得"全国技术能手"荣誉称号的高技能人才；

3. 国家社会科学基金项目负责人（且项目已通过结题验收）；国家社会科学基金项目优秀成果奖一等奖前 2 名；

4. 获美国、日本、欧盟国家授权发明专利或拥有核心技术国内发明专利，且上两个年度缴纳个人所得税均在全市排名前 50 名的企业董事长、总经理或首席技术专家；

5. 上年度在中国金融机构排名 11 至 50 位，具备独立法人资格、注册地设在东莞的金融或类金融机构，担任董事长、行长（总经理）满三年的人员。

第十一条 评定标准

（一）经营管理领域

以近 5 年的业绩和贡献为导向，且在国际 500 强、国内 100 强或其他知名企业内担任过高级管理职务，或具备引进重大项目的管理能力，来莞工作后能够在我市经济社会发展中发挥重要作用，取得重要社会经济效益的经营管理特色人才。

（二）自然科学和工程技术领域

以近 5 年的业绩和贡献为导向，且在国际 500 强、国内 100 强或其他知名机构内担任过高级技术职务或首席技术顾问，拥有国际先进水平、国内领先的自主知识产权和发明专利，具备以下条件之一：

1. 来莞工作后能够将自主技术项目化和产业化，形成广阔市场前景，产生较大社会经济效益的高技术特色人才；

2. 来莞工作后能够对推动我市经济社会转型升级起到重要关键作用的高技术特色人才。

（三）其他领域

以近5年的业绩和贡献为导向，由行业主管部门推荐，经综合审定，达到二类人才标准或水平，为我市经济社会发展急需、社会贡献重要的其他领域高层次人才。

第四章　三类人才

第十二条　荣誉称号的认定范围

近5年，获得南粤技术能手奖、广东省技术能手、东莞市优秀技能人才一等奖的高技能人才、长江学者奖励计划"青年学者"聘任人选、东莞市三类名医。

第十三条　奖励项目的认定范围（近五年获奖）

（一）自然科学和工程技术领域

1. 省（自治区、直辖市）科学技术奖二等奖第1完成人；

2. 市级（地级市及以上）科学技术奖一等奖及以上奖项第1完成人。

（二）其他综合领域

1. 省专利奖优秀奖（须为专利发明人或设计人）；

2. 东莞市专业技术拔尖人才；

3. 东莞市培养科技创新团队带头人和领军人入选者；

4. 近5年，获得过中国红星奖，广东省省长杯工业设计大赛产品大奖、概念一等奖（即前10名）获得者（主创设计师），芙蓉杯工业设计大赛金奖获得者（主创设计师）等国内先进省份省级工业设计大奖一等奖/金奖获得者；

5. "广东特支计划"第三层次"青年拔尖人才"入选者（且项目通过结题验收）。

第十四条　技术职务及称号的认定范围（近五年获评选或聘任）

（一）自然科学和工程技术领域

1. 国家高技术研究发展计划（863计划）课题组组长、副组长（且课题通过结题验收）；

2. 国家重点基础研究发展计划（973 计划）课题组组长、副组长（且课题通过结题验收）；

3. 国家科技重大专项课题第 2、3 负责人（且课题通过结题验收）；

4. 国家科技支撑计划课题第 2、3 负责人（且课题通过结题验收）；

5. 科技部国际科技合作计划项目中方主要参加人员前 3 名（且完成项目通过验收）。

（二）其他综合领域

1. 担任全国专业标准化技术委员会分技术委员会主任委员；

2. 高等院校省重点学科带头人；

3. 获得 2 项以上发明专利或 10 项以上实用新型专利授权，并取得博士学位的人员（申请人应为发明人，且该专利的专利权人须为申请人本人或在我市依法注册的企事业单位）；

4. 广东省中小学特级教师；

5. 国际发明专利或核心技术国内发明专利的发明人，且上两个年度缴纳个人所得税均在全市排名前 100 名的企业董事长、总经理或首席技术专家；

6. 上年度在中国金融机构排名 51 位至 200 位，具备独立法人资格、注册地设在东莞的金融或类金融机构，担任董事长、行长（总经理）满三年的人员；

7. 曾被聘任为中国证监会发审委成员，且与我市金融机构签订三年以上劳动合同的人员；

8. 在我市依法注册设立，且最近 3 年内完成在我市的投资达 3000 万（含）以上的创业投资机构合伙人或连续 3 年担任副总经理及以上职务且持股不低于 5% 的高级管理人才；

9. 在我市依法注册设立，最近一年主营业务收入达 1 亿元以上，且获得创业投资机构首轮创业投资额 500 万元以上或累计获得创业投资额 1000 万元以上（须资金到位并持续投资满 1 年）的企业中持股比例不低于 10%（股份须在企业获得创业投资前取得）的企业法定代表人，或作为企业主要创始人担任企业副总经理及以上职务的高级经营人才。

第十五条 评定标准

（一）经营管理领域

以近 5 年的业绩和贡献为导向，且在国内外比较大型的企业内担任过中层以上管理职务，来莞工作后能够在我市经济社会发展中发挥重要的管理作用，在提升和优化我市现代化企业管理水平方面取得较大的社会经济效益的经营管理特色人才。

（二）自然科学和工程技术领域

以近5年的业绩和贡献为导向，且在国内外大型企业或其他机构内担任过高级技术职务或高级技术顾问，拥有国内先进水平的自主知识产权和发明专利，具备以下条件之一：

1. 来莞工作后能够将自主技术项目化和产业化，形成广阔市场前景，能够产生较大的社会经济效益的高技术特色人才；

2. 来莞工作后能够对推动我市经济社会转型升级起到攻坚作用的高技术特色人才。

（三）其他领域

以近5年的业绩和贡献为导向，由行业主管部门推荐，经综合审定，达到三类人才标准或水平，为我市经济社会发展急需、社会贡献较大的其他领域高层次人才。

第五章　四类人才

第十六条　荣誉称号的认定范围

近5年东莞市优秀科技工作者。

第十七条　奖励项目的认定范围

近5年，获得过广东省省长杯工业设计大赛，芙蓉杯工业设计大赛等国内先进省份省级工业设计大赛，DiD Award（东莞杯）国际工业设计大奖赛金奖获得者。

第十八条　技术职务及称号的认定范围（近5年或评选或聘任）

（一）自然科学和工程技术领域

国家自然科学基金项目、青年科学基金项目第1负责人（且课题通过结题验收）。

（二）其他综合领域

1. 获得1项以上发明专利授权（申请人应为发明人，且该专利的专利权人须为申请人本人或在我市依法注册的企事业单位），获得国内全日制博士研究生学位或在海外知名大学取得博士学位，且与我市上市（后备）企业、新三板挂牌企业、国家级高新技术企业、省市认定的大型骨干企业、新型研发机构签订三年以上劳动合同的人员；

2. 具备正高级专业技术资格或具备高级技师职业资格，且与我市上市（后备）企业、新三板挂牌企业、国家级高新技术企业、省市认定的大型骨干企业、新型研发机构签订三年以上劳动合同的人员；

3. 具备正高级专业技术资格或具备高级技师职业资格的市级医学重点专科学科带头人；

4. 近5年成为我市高等院校博士生导师的人员；

5. 国际发明专利或核心技术国内发明专利的发明人，且上两个年度缴纳个人所得税均在全市排名前200名的企业董事长、总经理或首席技术专家；

6. 上年度在中国金融机构排名201位至500位，具备独立法人资格、注册地设在东莞的金融或类金融机构，担任董事长、行长（总经理）满三年的人员；

7. 具备保荐代表人或中国精算师资格，且业已获得注册会计师、注册审计师、注册资产评估师、法律职业资格等专业执业资格至少一项以上，并与驻莞金融机构签订三年以上劳动合同的人员；

8. 在我市依法注册设立，最近一年主营业务收入达5000万元以上，且获得创业投资机构首轮创业投资额200万元以上或累计获得创业投资额500万元以上（须资金到位并持续投资满1年）的企业中持股比例不低于5%（股份须在企业获得创业投资前取得）的企业法定代表人，或作为企业主要创始人担任企业副总经理及以上职务的高级经营人才；

9. 具有两次（含）以上作为主要创办人（企业注册时持股超过50%）创办企业成功（企业年主营业务收入达到5000万元以上）的经验，并在东莞作为主要创办人（企业注册时持股超过50%）依法注册设立具备独立法人资格的企业（企业年主营业务收入达到3000万元以上）的创业人才。

第十九条 评定范围

以近5年的业绩和贡献为导向，由行业主管部门推荐，经综合审定，达到四类人才标准或水平，为我市经济社会发展急需、作出积极社会贡献的高层次人才。

第六章 其他人才

第二十条 相当于特级、一、二、三、四类人才的国（境）外人才和经市委、市政府认定的紧缺急需的其他方面的相当于上述五类层级的人才。

说明：

1. 国际著名建筑奖：

普利兹克建筑奖（Pritzker Prize）

金块奖（Gold Nugget）

国际建筑奖（International Prize for Architecture）

阿卡汉建筑奖（Aga Khan Awards for Architecture）

亚洲建协建筑奖（ARCASIA awards for Architecture）

开放建筑大奖（Open Architecture Prize）

2. 国际著名文学奖：

诺贝尔文学奖（Nobel Prize in Literature）

美国国家图书奖（National Book Award）

普利策文学奖（Pulitzer Prize for Literature）

英国布克奖（The Man Booker Prize）

法国龚古尔文学奖（Prix Goncourt）

3. 国际著名电影、电视、戏剧奖：

奥斯卡电影金像奖（Academy Awards）

戛纳电影节（Festival De Cannes）

威尼斯电影节（Venice International Film Festival）

柏林电影节（Berlin International Film Festival）

香港电影金像奖（Hong Kong Film Awards）

台湾金马奖（Golden Horse Awards）

艾美奖（Emmy Awards）

班夫世界电视节奖（Banff World Television Festival）

东尼奖（Tony's Awards）

4. 国际著名音乐奖：

格莱美音乐奖（Grammy Awards）

英国水星音乐奖（Mercury Prize）

美国乡村音乐协会大奖（CMT Music Awards）

全美音乐奖（American Music Awards）

全英音乐奖（British Record Industry Trust Awards）

公告牌音乐大奖（Billboard Music Awards）

朱诺奖（Juno Awards）

保拉音乐奖（Polar prize）

5. 国际著名广告奖：

美国金铅笔奖（The One Show）

伦敦国际广告奖（London International Advertising Awards）

戛纳广告大奖（Cannes Lions Advertising Campaign）

莫比杰出广告奖（The Mobius Advertising Awards）

克里奥国际广告奖（Clio Awards）

纽约广告奖（The New York Festivals）

6. 以文化部鼓励参加的国际艺术比赛名单为准。

7. "世界500强"即美国《财富》杂志每年评选的"全球最大500家公司"。

8. 国际著名金融机构：

美国高盛（Goldman Sachs）

摩根士丹利（Morgan Stanley）

摩根大通（JPMorgan Chase）

花旗银行（Citibank）

美国国际集团（AIG，American International Group）

英国汇丰银行（HSBC）

法国兴业银行（Societe Generale）

法国巴黎银行（BNP Paribas）

法国巴黎百富勤有限公司（BNP Paribas Peregrine）

荷兰银行（ABN AMRO Bank）

荷兰国际集团（ING Group）

德意志银行（Deutsche Bank）

德累斯顿银行（Dresdner Bank AG）

瑞士信贷第一波士顿（Credit Suisse First Boston）

瑞士联合银行集团（United Bank of Switzerland）

日本瑞穗集团（Mizuho Financial Group, Inc.）

三菱UFJ金融集团（Mitsubishi UFJ Financial Group, Inc.）

三井住友金融集团（Sumitomo Mitsui Financial Group）

新加坡星展银行（DBS Bank Limited）

9. 国际著名会计师事务所：

普华永道会计师事务所（Pricewaterhouse Coopers）

德勤会计师事务所（Deloitte & Touche）

安永会计师事务所（Ernst & Young）

毕马威会计师事务所（KPMG）

捷安国际会计师事务所（AGN International）
艾格斯国际会计师事务所（IGAF）
安博国际会计联盟（INPACT International）
博太国际会计师事务所（Baker Tilly International）
贝克国际会计师事务所（BKR International）
德豪国际会计师事务所（BDO International）
费都寿国际会计师事务所（Fiducial Global）
浩华国际会计师事务所（Horwath International）
浩信国际会计师事务所（HLB International）
华利信国际会计师事务所（Morison International）
均富国际会计师事务所（Grant Thornton International）
克瑞斯顿国际会计师事务所（Kreston International）
罗申美国际会计师事务所（RSM International）
联合会计师国际会计师事务所（CPAAI）
摩斯伦国际会计师事务所（Moores Rowland International）

10. 国际著名学术组织：

电气与电子工程师学会（美国）—IEEE（The Institute of Electrical And Electronics Engineers）
电气工程师学会（英国）—IEE（The Institutions of Electrical Engineers）
国际电工委员会—IEC（International Electrotechnical Commission）
美国物理学会—APS（American Physical Society）
美国医药生物工程学会—AIMBE（American Institute for Medical and Biological Engineering）
美国计算机协会—ACM（Association for Computing Machinery）

11. 上海交通大学高等教育研究院《世界大学学术排名》或泰晤士报《全球顶尖大学排行榜》排名前200名的境外大学。

12. 世界著名乐团：

柏林爱乐乐团（Berlin Philharmonic Orchestra）
维也纳爱乐乐团（Vienna Philharmonic Orchestra）
伦敦交响乐团（London Symphony Orchestra）
芝加哥交响乐团（Chicago Symphony Orchestra）
巴伐利亚广播交响乐团（Bavarian Symphony Orchestra）
法国国家管弦乐团（Orchestra National de France）
费城管弦乐团（Philadelphia Orchestra）

克里夫兰管弦乐团（Cleveland Orchestra）
洛杉矶爱乐乐团（Los Angeles Philharmonic Orchestra）
布达佩斯节庆管弦乐团（Budapest Festival Orchestra）
德累斯顿国立歌剧院乐团（Dresden Staatskapelle）
波士顿交响乐团（Boston Symphony Orchestra）
纽约爱乐乐团（New York Philharmonic Orchestra）
旧金山交响乐团（San Francisco Symphony Orchestra）
以色列爱乐乐团（Israel Philharmonic Orchestra）
马林斯基剧院管弦乐团（Mariinsky Theatre Orchestra）
俄罗斯国家管弦乐团（Russian National Orchestra）
圣彼得堡爱乐乐团（St Petersburg Philharmonic Orchestra）
莱比锡布商大厦乐团（Leipzig Gewandhaus Orchestra）
大都会歌剧院管弦乐团（Metropolitan Opera Orchestra）
捷克爱乐乐团（Czech Philharmonic Orchestra）
日本广播协会交响乐团（NHK Symphony Orchestra）
斋藤纪念管弦乐团（Saito Kinen Orchestra）
阿姆斯特丹皇家音乐厅管弦乐团（Royal Concertgebouw Orchestra）
多伦多交响乐团（Toronto Symphony Orchestra）

东莞市加快新型研发机构发展实施办法
（修订）

第一章 总 则

第一条 为贯彻落实《广东省科学技术厅关于印发〈广东省科学技术厅关于新型研发机构管理的暂行办法〉的通知》（粤科产学研字〔2017〕69号）、《广东省科学技术厅关于印发〈关于支持新型研发机构发展的试行办法〉的通知》（粤科产学研字〔2015〕69号）和《中共东莞市委、东莞市人民政府印发〈关于打造创新驱动发展升级版的行动计划（2017－2020年）〉的通知》（东委发〔2017〕15号）的精神，加快推动我市新型研发机构的建设发展，特制定本办法。

第二条 本办法所称的新型研发机构是指在本市行政区域内投资主体多元化、建设模式多样化、运行机制市场化、管理制度现代化，在科技研发、成果转化、科技企业孵化育成、高端人才集聚和培养等方面具有鲜明特色，产学研紧密结合、独立核算、自主经营、自负盈亏、可持续发展的法人组织或机构。

第三条 东莞市科学技术局是我市新型研发机构的业务主管部门，负责制定新型研发机构建设发展规划和政策；统筹协调解决新型研发机构发展过程中遇到的重大问题；组织开展新型研发机构专项资金的申报、实施和监督管理。

市财政安排资金用于支持新型研发机构的建设发展。市科技局根据年度相关工作的实际情况和专项资金预算安排情况，制定新型研发机构建设的年度经费预

第二章 认定与管理

第四条 新型研发机构建设的主要任务包括：

（一）开展科技研发。新型研发机构应围绕我市重点发展领域的前沿技术、战略性产业关键共性技术、支柱产业核心技术等开展研发，解决产业发展中的技术瓶颈，为全市创新驱动发展提供支撑。

（二）科技成果转化。新型研发机构应积极贯彻落实国家、省、市关于科技成果转化的政策，完善机构成果转化的体制机制，加快推动科技成果向市场转化。结合全市产业发展需求，开展各类技术服务。

（三）科技企业孵化育成。以技术成果为纽带，联合多方资金和团队，积极开展科技型企业的孵化与育成，为地方经济和科技创新发展提供支撑。

（四）积聚高端人才。吸引相关技术领域高端人才及团队，在优势领域引进、培养高端人才队伍。

第五条 申请认定为市级新型研发机构的单位应符合以下基本条件：

（一）申报单位在我市注册运营，须以独立法人名称进行申报，拥有独立的办公和科研场所，建立了现代科研机构管理制度、科研项目管理制度、科研经费财务会计核算制度，具有市场化运作的体制机制和激励创新的用人机制。

（二）具有相对稳定的资金来源，年度研究开发经费支出不低于年营业收入总额的20%。

（三）拥有一支相对稳定的高水平研发队伍，市政府财政资金主导设立的多方共建的重大公共科技创新平台在职研发人员占在职员工总数比例不低于30%；镇街主导设立的专业镇创新平台在职研发人员占在职员工总数比例不低于10%；社会组织或企业自建的研发机构在职研发人员占在职员工总数比例不低于15%。

（四）以研发活动为主，具有明确的研发主攻方向，发展战略清晰，在前沿技术研究、工程技术开发、科技成果转化、创业与孵化育成等方面有鲜明特色，具备进行研究、开发和试验所需的科研仪器、设备等。

主要从事生产制造、教学教育、检验检测、园区管理等活动的单位不纳入新型研发机构认定范围。具体条件将在每年的申请指南中根据实际情况动态调整。

第六条 市级新型研发机构认定申请和审批流程：

（一）申请单位根据东莞市科学技术局发布的新型研发机构认定申请通知提交申请材料到所属镇街（园区）科技部门；

（二）镇街（园区）科技部门对申请材料进行审查通过后推荐到东莞市科学技术局；

（三）东莞市科学技术局对申请材料进行形式审查通过后，可委托第三方组织专家进行评审；

（四）东莞市科学技术局根据专家评审意见研究拟出新型研发机构认定清单，并向社会公示7天；

（五）公示期满，无异议或异议处理后，由东莞市科学技术局下达认定通知。

第七条 凡已获省科技厅认定为省级新型研发机构或由市政府立项支持并按新型研发机构特征组建的重大公共科技创新平台或专业镇创新服务平台等研发机构，提出申请后可直接认定为市级新型研发机构，由东莞市科学技术局下达认定通知。

第八条 东莞市科学技术局每3年对通过认定的市级新型研发机构进行资格复核。复核合格的单位继续保持新型研发机构资格；对复核不合格的单位，要求其限期整改，整改后再复检，复检不合格的，取消东莞市新型研发机构的资格。逾期不提出复审的，资格到期自动失效。

第九条 建立新型研发机构动态管理机制，各新型研发机构应于每季末按照要求填报本季度经营信息，每年2月份前提交上年度经营基本信息和建设情况总结报告。对上报严重虚假内容和数据的机构，经核实后取消其市级新型研发机构资格，三年内不得再次申请。

第十条 新型研发机构发生名称变更、重大人员变动、投资主体变更、主营业务变动、科研活动终止等重大事项变化的，应在事后三个月内提交变更申请，进行资格审核。如不提交申请或资格审核不通过，取消其市级新型研发机构资格，三年内不得再次申请。

第三章 建设扶持

第十一条 凡认定为市级新型研发机构享受如下政策优惠：

（一）鼓励在我市从事研发活动的单位申请认定为市级新型研发机构，市财政对获得认定为市级新型研发机构的单位，一次性给予不超过50万元的财政资金奖励，用于资助新型研发机构的研发和运营经费。已获工程技术研究中心、重点实验室、工程实验室、博士后工作站、院士工作站、科技特派员工作站、规模以上工业企业研发机构资助等市级研发机构资助的单位，按"就高不就低"的原则予以差额奖励。（利用财政资金比例超过50%建设的新型研发机构不享受此资助奖励）

（二）新型研发机构在申报、承担各级财政科技计划项目时，可享受高校院所、科研事业单位同等资格待遇。

（三）新型研发机构的科研人员参与职称评审与岗位考核时，发明专利转化应用情况与论文指标可同等对待，技术转让成交额与纵向课题指标可同等对待。

（四）对新型研发机构引进的高水平技术和管理人才，可按"人才东莞"相关政策给予资金扶持、落户、住房、医疗、配偶安置、子女入学等方面的优惠待遇。

（五）对新型研发机构的科研建设发展项目，可依法优先安排建设用地，市有关部门优先审批。符合国家、省、市有关规定的非营利性科研机构自用的房产、土地，可享受相关税收优惠政策。

第十二条 鼓励在我市从事研发活动的单位申请认定为省级新型研发机构，市财政对获得认定为省级新型研发机构的单位，一次性给予不超过100万元的财政资金奖励，用于资助新型研发机构的研发和运营经费。（对同一单位认定市级新型研发机构与省级新型研发机构可叠加奖励，奖励金额累计不超过150万元。）

第四章 监督管理与绩效评价

第十三条 新型研发机构发展专项资金的监督管理与绩效评价按照东莞市"科技东莞"工程专项资金有关管理规定执行。市政府另有规定的，从其规定。

第十四条 获得专项资金的单位要切实加强对专项资金的使用管理，专款专用，不得以任何形式改变其用途，自觉接受财政、审核、监察部门的监督检查，严格执行财务规章制度和会计核算制度。

对提供虚假材料和骗取专项资金的单位，一经发现，立即终止合作，追回财政专项资金，5年内停止其申报专项资金资格，向社会公开其不守信用信息；涉嫌刑事犯罪的，移交司法机关追究刑事责任。

第五章 附 则

第十五条 本办法由东莞市科学技术局负责解释。

第十六条 本办法自发布之日起实施,有效期至 2021 年 12 月 31 日。我市此前出台的有关政策,凡与本办法规定不一致的,按本办法执财政、审核、监察部门的监督检查,严格执行财务规章制度和会计核算制度。

后　　记

　　本蓝皮书由东莞市政府倡议发起，由东莞市工业和信息化局业务指导，由广东省社会科学院、东莞市智能制造协会等单位共同主编。作为一部反映东莞市智能制造及其应用的系列蓝皮书，本书意在持续跟踪、观察东莞市智能制造及其应用发展轨迹，从理论高度总结东莞制造智能化的实践经验并预测展望东莞智能制造发展前景，其研究内容较全面地反映了东莞智能制造及其应用总体状况及当年制造智能化的热点、难点和重点，也反映了东莞市对制造智能化的不断探索和总结。

　　2018年4月，《东莞市智能制造及其应用蓝皮书》首卷撰写工作开始启动。作为蓝皮书开篇之卷，本书以总结、推广东莞市重点制造产业转型升级的经验为研究旨意，以期进一步推动智能制造产业的普及与发展，增强东莞市制造产业智能化示范引领效应，树立东莞智能制造产业新城的品牌形象。广东省社科院副院长章扬定和广东省社科院产业经济研究所所长向晓梅根据目前东莞市智能制造及其应用的需要和撰写组各成员的优势研究方向确定了全书的研究框架。全书写作安排如下：总论篇由广东省社会科学院课题组负责，产业篇由东莞理工学院课题组负责，技术篇由东莞理工学院课题组负责，人才篇由东莞理工学院课题组负责，区域篇由东莞市生产力促进中心课题组负责，专题篇由东莞智能制造协会负责。正值《东莞市智能制造机器应用蓝皮书（2018）》付梓出版之际，真诚地感谢广东劲胜智能集团股份有限公司、东莞中创智能制造系统有限公司、东莞汇乐环保股份有限公司、东莞巨高机床有限公司、广东汇兴精工智造股份有限公司、广东安昂智能制造供应链技术有限公司、广东速美达自动化股份有限公司、东莞手诺互联网科技有限公司对本书相关调研工作的大力支持，东莞智能制造协会戴敏秘书长和广东省社会科学院邓江年研究员、严若谷副研究员、李超海副研究员、陈志明副研究员、谷雨博士在本次蓝皮书的组稿、联系和统稿工作中投入大量时间和精力，在此也一并表示感谢！